PRODUKTION: PRAXIS AM PC

Sage Classic Line 2008 Produktion

© Neue Welt Verlag GmbH

Brawaweg 5 • 85465 Langenpreising
Telefon 08762 – 726 58 90 • Fax 08762 – 726 58 91
info@neue-welt-verlag.de

Februar 2008

Gedruckt in Deutschland

Autor: Jörg Merk

ISBN 978-3-937957-45-6
EAN 9783937957456

Die verwendeten Software Namen und Bezeichnungen sind überwiegend geschützte Begriffe und unterliegen als solche den Bestimmungen des Urheberrechtsschutzes.

Die Unternehmen, Namen und Daten in den hierin befindlichen Beispielen sind frei erfunden, soweit dies nicht anders angegeben ist. Ähnlichkeiten mit bestehenden Firmen sind rein zufälliger Natur und keinesfalls beabsichtigt.

Dieses Produkt ist urheberrechtlich geschützt. Ohne schriftliche Zustimmung des Neue Welt Verlages sind die Vervielfältigung, insbesondere das Fotokopieren, Verbreitung, Übersetzungen, Mikroverfilmungen oder die Einspeicherung und Bearbeitung in elektronischen Systemen nicht gestattet und strafbar (§ 106 UrhG).

VORWORT:

Dieses Schulungshandbuch zeigt dem Anwender der Classic Line 2008 auf anschauliche Weise und mit praxisnahen Übungen, wie das Tagesgeschäft der Produktion in der Classic Line umgesetzt werden kann.

Es geht darum, einen Überblick über die wichtigsten Funktionen und Verknüpfungen der Produktion zu bekommen, um möglichst schnell den Echtbetrieb aufzunehmen.

Dieses Schulungsbuch hat nicht die Absicht, ein Handbuch zu ersetzen oder die Bedienung eines PCs zu erklären. Hier geht es rein um Fragen der Produktion und deren praktische Umsetzung. Das Ganze wird illustriert mit Screenshots, Aufgaben, Belegen, praktischen Übungen und Fragen zur Selbstkontrolle.

Die Produktion ist sehr eng mit der Auftragsbearbeitung und dem Bestellwesen verzahnt, deshalb empfehlen wir jedem, der in der Produktion arbeitet, sich auch einmal intensiv mit den Arbeitsabläufen der Auftragsbearbeitung und dem Bestellwesen vertraut zu machen. Insbesondere mit den Bereichen, die Einfluss auf die Produktion haben.

Da in diesem Buch systematisch der komplette Aufbau der Produktion in der Classic Line erarbeitet wird, setzen wir die im Kapitel erklärten Funktionen in der Folge voraus und gehen nur noch auf Änderungen und neue Funktionalitäten ein. Dadurch wird es möglich, auf laufende Wiederholungen zu verzichten und die Lektüre spannender zu gestalten.

Für die Übungen haben wir uns für die Firma Musikladen GmbH entschieden, eine Firma, die Stereoanlagen und Boxen baut und Musik CDs und Videos anbietet. Das ist eine Materie, mit der sich jeder sehr leicht identifizieren kann und mit umso mehr Freude an die Arbeit geht.

Um eine bessere Kontrolle zu bieten, wird es zu den praktischen Aufgaben jeweils auch einen Datenbestand mit den erfassten Stammdaten und Belegen geben, der es Ihnen ermöglicht, Ihre Ergebnisse abzugleichen.

Zu Beginn geht es erst einmal darum, die wichtigsten Verknüpfungen zwischen der Produktion, der Auftragsbearbeitung und dem Bestellwesen zu erarbeiten. Nach der Erfassung der zusätzlichen Stammdaten und einem kleinen Exkurs in die Möglichkeiten der Disposition geht es gleich an die Produktionsstücklisten und die Produktionsplanung.

Im nächsten Teil des Handbuches geht es dann um die Produktionsaufträge, alle erforderlichen Auswertungen und die Möglichkeiten der Abstimmung und Korrektur.

Anschließend werden wir auf die Kapazitätsplanung und die Nachkalkulation eingehen.

Zielsetzung dieses Buches ist die einfache, praxisnahe Arbeit mit der Produktion der Classic Line im Standard. Für die anderen Module gibt es eigene Bücher.

Viel Spaß bei der Lektüre.

Inhaltsverzeichnis

Vorbereitende Arbeiten	4
Allgemeines zur Classic Line	6
Die Symbole	9
Die Druckereinrichtung	13
Anlage eines eigenen Mandanten	16
Der Mandantenstamm	19
Stammdaten	25
Grundlagen	27
Mitarbeiterstamm	30
Der Lieferantenstamm	32
Betriebsmittel	42
Der Arbeitsplatz in der Produktion	46
Arbeitsgänge	49
Der Artikelstamm	55
Die Produktionsstückliste	70
Der Produktionsartikel	70
Stammdatenlisten	83
Artikelliste	83
Der Produktionsauftrag	87
Anlegen eines Produktionsauftrages	88
Listen, Auswertungen und Rückmeldungen	103
Produktionsauftrag rückmelden.	106
Statistiklauf	111
Kapazitätsplanung und mehrstufige Produktionsstücklisten	116
Die Kapazitätsplanung	116
Die mehrstufige Produktionsstückliste	120
Produktionsauftrag für eine mehrstufige Stückliste	128
Rückmeldungen	135
Einzelrückmeldungen erfassen	135
Perioden- und Jahresabschluss	143
Produktionsvorschläge	147
Erfassen von Mindestbestand und Kundenauftrag	147
Der Produktionsvorschlag	153
Stapelbearbeitung Produktionsaufträge	157
Tipps und Tricks	161
Arbeiten mit Favoriten	161
Anpassen der Optionen	162
Druck in Datei	163
Fragen und Aufgaben	166
Nachwort	169

Vorbereitende Arbeiten

Bevor Sie in der Classic Line die Produktion nutzen, sollten Sie einige nützliche Vorarbeiten erledigen.

Erstellen Sie eine Checkliste mit den Unterlagen und Informationen, die Sie für die Einrichtung Ihrer Produktion benötigen. Die folgende Übersicht mag dabei als Vorlage zur Orientierung dienen, wird aber sicherlich im Einzelfall um weitere Punkte zu ergänzen sein.

Welche Artikel werden für die Produktion benötigt? Handelt es sich dabei um selbst erstellte Artikel oder um Zukaufteile?

Wie sieht Ihre Bestandsführung aus? Gibt es nur auftragsbezogene Produktion oder wird auch auf Lager produziert?

Wie soll der Bedarf einzelner Artikel ermittelt werden?

Gibt es für einzelne/alle Artikel Mindestbestände?

Wollen Sie alle Artikel selbst produzieren oder arbeiten Sie auch mit Fremdfertigung?

Soll eine Kapazitätsplanung gemacht werden und wenn ja, arbeiten Sie mit Industrieminuten (1 Std. = 100 Minuten) oder Echt-Minuten?

Sollen externe Programme (z.B. Webshop, CRM) mit Daten versorgt werden?

Sollen Daten aus anderen Programmen importiert werden? (z.B. der Artikelstamm aus einem elektronischen Katalog). Sollen diese Daten einmalig eingelesen werden oder regelmäßig?

Welche Belege gibt es (Materialentnahme, Arbeitsschein, Produktionsauftrag,...)? Welche Anpassungen sind erforderlich?

Arbeiten Sie mit EAN-Nummern?

Haben Sie eine BDE (**B**etriebs**d**aten**e**rfassung)? Soll hier eine Schnittstelle zur Produktion geschaffen werden?

Wollen Sie die erfassten Arbeitszeiten aus der Produktion automatisch in die Lohnbuchhaltung übertragen?

Welche Besonderheiten gibt es in Ihrem Betrieb? (z.B. Seriennummern, Stücklisten, Chargen,....)

Eine gute Struktur und Vorbereitung im Vorfeld ist sehr wichtig, weil manche Daten nachträglich nicht mehr geändert werden können, oder die Änderungen mit großem Aufwand verbunden sind. Ich empfehle Ihnen, zu Beginn Ihrer Arbeiten im Programm, eine kleine Musterfirma anzulegen und mit einigen Datensätzen einmal den kompletten Ablauf durchzuspielen, dann sehen Sie leichter, wo Änderungen erforderlich sind.

Wichtig

Stichwort Datensicherung: Gibt es ein Sicherungskonzept? Eine regelmäßige Datensicherung auf ein externes Medium ist zwingend erforderlich; eine Sicherung auf der Festplatte ist keinesfalls ausreichend.

Praxistipp

Je besser Sie im Vorfeld Ihre Daten strukturieren und Ihre Besonderheiten berücksichtigen, desto leichter ist es, alle Erfordernisse gleich zu Beginn zu berücksichtigen. Nachträgliche Änderungen in der Struktur sind aufwendiger und bringen immer einen Bruch in den Auswertungen mit sich.

Wenn Sie schon eine Software im Einsatz haben und umsteigen: Vergessen Sie Ihr bisheriges System; jedes Programm arbeitet anders, d.h. setzen Sie bitte keine Funktionen voraus, die Sie von Ihrem bisherigen Programm kennen. Gehen Sie Ihren Arbeitsablauf durch und prüfen Sie, wo die Unterschiede liegen. Bevor Sie dann Änderungen am Programm vornehmen, prüfen Sie bitte, ob es im Einzelfall nicht sinnvoller ist, die Arbeitsabläufe zu ändern und sich am Programm zu orientieren. Nur wenn die Abläufe und die Software aufeinander abgestimmt werden, ergibt sich am Ende eine optimale Integration. Erstellen Sie in jedem Fall ein Pflichtenheft, in dem alle für Sie wichtigen Anforderungen und Belege exakt erfasst werden. Dann können Sie die einzelnen Punkte Schritt für Schritt abarbeiten, ohne etwas zu vergessen.

Kapitel 1

Allgemeines zur Classic Line

Vorab einige grundlegende Informationen zur Bedienung der Classic Line, der Einrichtung von Druckern und zur Datensicherung.

Zum Start der Classic Line machen Sie einen Doppelklick auf das entsprechende Symbol auf Ihrem Arbeitsplatz. Bei einer Standardinstallation müssen Sie in der jetzt geöffneten Maske nur auf OK klicken und schon geht's los. Bei einer individuellen Installation geben Sie Ihre Benutzerkennung und Ihr Passwort ein.

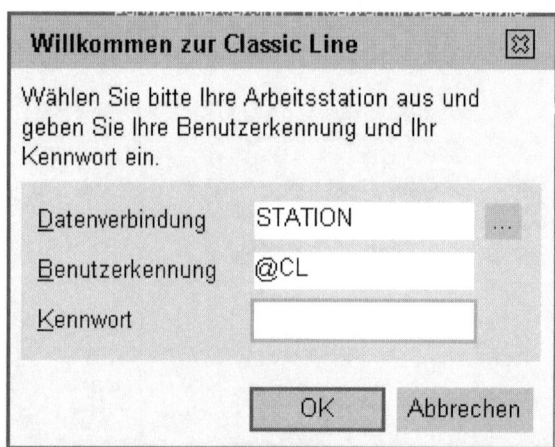

STARTBILD DER CLASSIC LINE. Wählen Sie die Datenverbindung für Ihren Arbeitsplatz aus und geben Sie Ihre Benutzerkennung und Ihr Kennwort ein.

Bevor Sie jetzt mit der Arbeit beginnen, wollen wir gemeinsam einen Mandanten auswählen, einen Drucker einrichten und Sie mit den wichtigsten Einstellungen und Funktionstasten vertraut machen.

📖 Praxistipp

Selbstverständlich finden Sie auf der Classic Line CD auch alle Handbücher als PDF-Datei und können hier bei Bedarf nachlesen oder einzelne Kapitel ausdrucken.

Nach einer Neuinstallation der Classic Line finden Sie sich beim ersten Start des Programms im Mandant 000 wieder. Dabei fällt sofort auf, dass die Farben im Programm geändert wurden von grün auf blau und einige Symbole wurden verändert bzw. neue ergänzt.

ALLGEMEINES ZUR CLASSIC LINE

📂 **Wichtig**

Der Mandant 000 enthält keine vollständigen Daten und ist zum Arbeiten nicht geeignet. Er dient lediglich zum Start des Programms und zur Installation von Updates. Er darf weder gelöscht werden, weil ein Programmstart sonst nicht mehr möglich ist, noch sollte er als Mandant genutzt werden.

Beim ersten Start der Classic Line befinden Sie sich automatisch im Mandant 000, Grundmandant Deutschland.

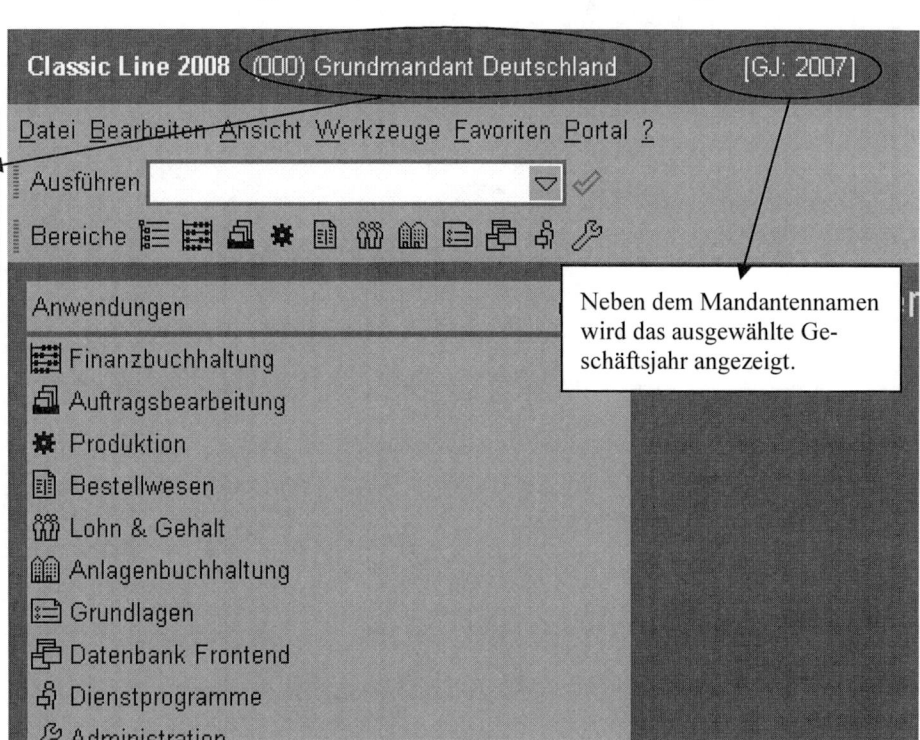

Neben dem Mandantennamen wird das ausgewählte Geschäftsjahr angezeigt.

STARTBILD DER CLASSIC LINE. Prüfen Sie, in welchem Mandanten und in welchem Geschäftsjahr Sie sich befinden.

Wenn Sie nach dem Start der Classic Line **Datei → Geschäftsdaten** auswählen, haben Sie im Standard nur noch den Mandanten 0. Die Einrichtung der Vorlagen- und Demomandanten funktioniert seit der Classic Line 3.4 nicht mehr über die Installation. In der Classic Line 2008 müssen Sie einen neuen Mandanten anlegen, um einen Demomandanten oder eine Vorlage zu verwenden.

Wenn Sie als Händler beim Kunden installieren, weisen Sie Ihre Kunden bitte auf die Änderungen in bei der Installation von Vorlagen hin und erledigen Sie die Installation des Demomandanten gleich mit.[1] Dasselbe gilt für die Vorlagenmandanten mit den Kontenrahmen (z.B. SKR03 oder SKR04). Das hat den Vorteil, dass Sie im System wirklich nur die Mandanten haben, die Sie auch selbst angelegt haben.

📖 **Praxistipp**

Starten Sie unmittelbar nach der Installation das Liveupdate und aktualisieren Sie Ihr Programm auf den neuesten Stand. Gerade bei diesen Versionen, die auf Null enden (z.B. 4.0) kommen oft schon nach wenigen Tagen/Wochen die ersten Aktualisierungen. So gab es für die Classic Line 2008 bereits im September 2007 ein erstes Liveupdate.

---

[1] Viele sagen, Sie brauchen keinen Demomandanten. In der Praxis ist es aber oft hilfreich, sich an Hand des Demomandanten mit neuen Funktionen vertraut zu machen (z.B. der Formatierung der Mahntexte oder der Anlage der Steuerschlüssel für den §13b). Interessant ist z.B. die Möglichkeit, im Demomandanten die Verwendung neuer Steuerschlüssel zu testen.

ALLGEMEINES ZUR CLASSIC LINE

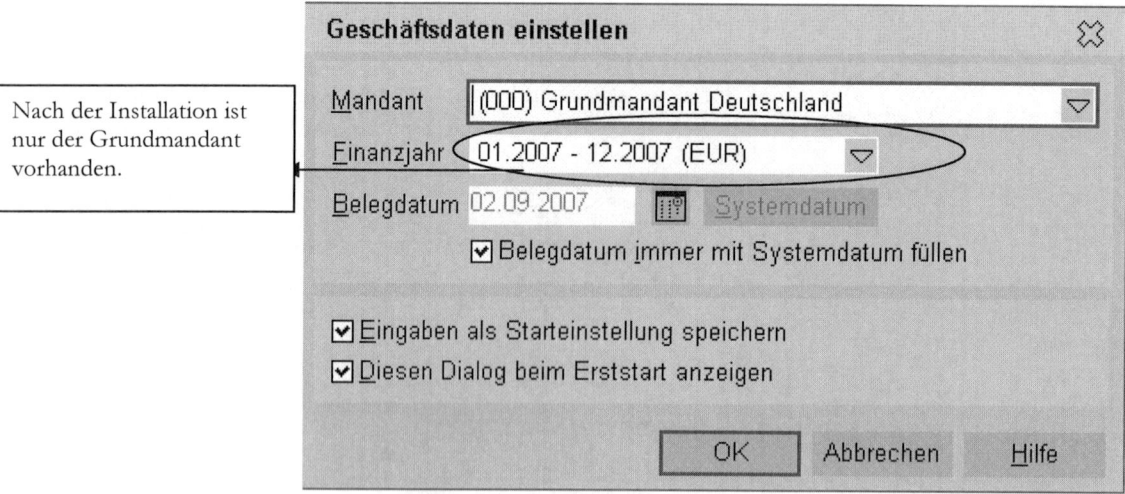

Nach der Installation ist nur der Grundmandant vorhanden.

GESCHÄFTSDATEN EINSTELLEN. Die Auswahl beschränkt sich nach der Installation auf den Grundmandanten.

Unter **Administration → Mandantenverwaltung → Mandanten** anlegen haben Sie seit der Version 3.4 die Möglichkeit, Demomandanten anzulegen oder auf Vorlagenmandanten zuzugreifen. Das hat den großen Vorteil, dass Sie den Demomandanten jetzt jederzeit wieder neu einspielen können, ohne, dass Sie dazu eine Installations-CD benötigen.

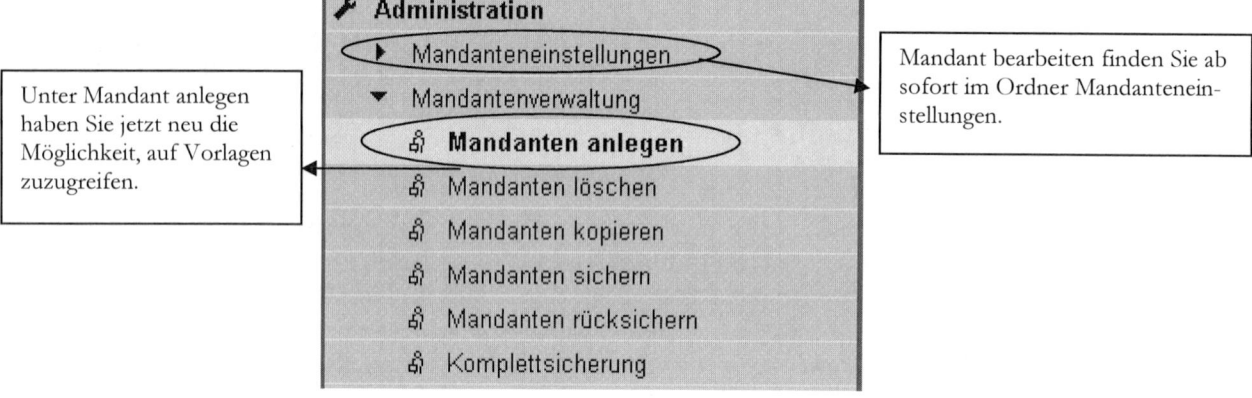

Unter Mandant anlegen haben Sie jetzt neu die Möglichkeit, auf Vorlagen zuzugreifen.

Mandant bearbeiten finden Sie ab sofort im Ordner Mandanteneinstellungen.

MANDANTEN ANLEGEN. Hier legen Sie auch den Demomandanten an.

📂 **Wichtig**

Bitte spielen Sie den Demomandanten neu ein und übernehmen Sie Ihn nicht aus der alten Version. Im neuen Demomandanten gibt es Beispiele für die Anlage der Steuergebiete und den § 13b und die neuen Steuerschlüssel und –klassen.

Der Demomandant und die Vorlagenmandanten wurden für die Classic Line 2008 komplett überarbeitet. Die Steuerumstellung auf 19% ist implementiert und die alten, nicht mehr benötigten Steuersätze wurden entfernt.

Über **Datei → Geschäftsdaten wählen** können Sie jetzt den Mandanten 991, Demomandant Deutschland, auswählen (sofern bereits installiert). Hier finden Sie neben einem Kontenrahmen (**SKR 03**) auch für alle Bereiche der Classic Line Stammdaten, um sich vor der Arbeit mit dem eigenen Mandanten schon einmal mit dem Programm vertraut zu machen.

ALLGEMEINES ZUR CLASSIC LINE

Wählen Sie das gewünschte Finanzjahr aus; es stehen maximal 10 Jahre zur Auswahl.

Hier legen Sie fest, ob dieser Dialog beim Programmstart immer automatisch angezeigt werden soll.

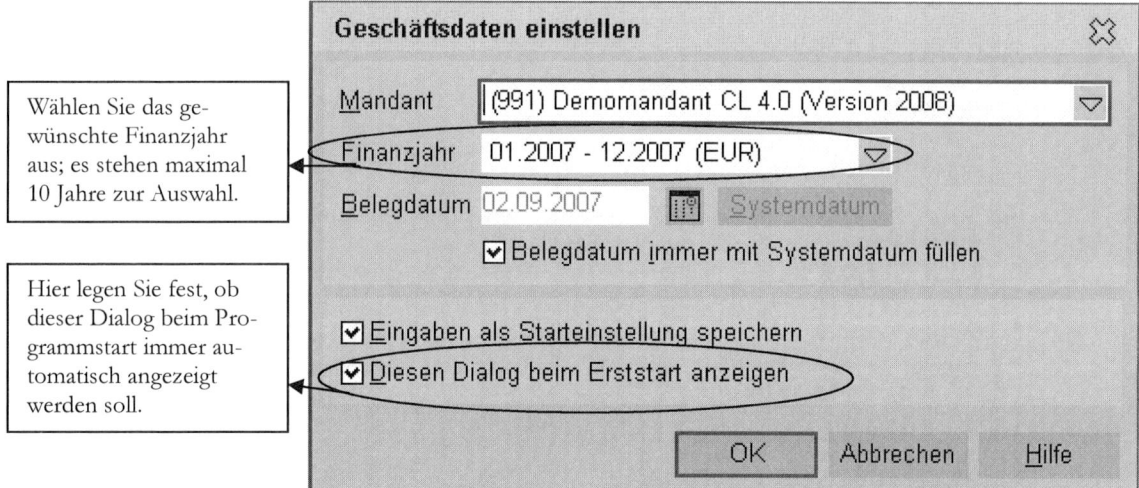

GESCHÄFTSDATEN AUSWÄHLEN. Wählen Sie hier mit F2 oder der Maus den gewünschten Mandanten und das Geschäftsjahr aus.

Bevor wir jetzt in der Classic Line einen Drucker einrichten, ein paar kurze Worte zur Navigation im Programm. Wir haben im Programm, wie im MS Windows üblich, überall sog. Pulldown Menüs, die man durch Anklicken mit der Maus nach unten aufklappen kann.

Wie in anderen Windowsprogrammen können Sie bei jedem Menüpunkt ein Untermenü aufklappen und dort die gewünschte Funktion auswählen.

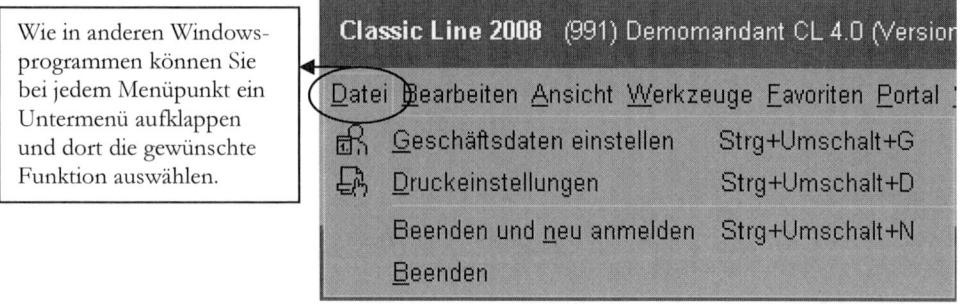

AUFGEKLAPPTES MENUE. Hinter vielen Menüpunkten finden Sie Tastenkombinationen zum Aufruf der gewünschten Funktion. Das ermöglicht ein schnelleres Arbeiten ohne Maus.

Die Symbole

Um Ihnen den Einstieg zu erleichtern, werden wir in der folgenden Übersicht die Funktionen aller neuen Symbole auflisten. Dabei gehen wir von oben nach unten und von links nach rechts durch das Menü und anschließend in die einzelne Anwendung.

Im Menü:

Finanzbuchhaltung

Auftragsbearbeitung

DIE SYMBOLE

 Produktion

 Bestellwesen

 Lohn & Gehalt

 Anlagenbuchhaltung

 Grundlagen

 Datenbank Frontend

 Dienstprogramme

 Administration

 Menübaum verschieben (rechts – links)

 ESC →Verlassen, schließen

 F2 → Datum auswählen

 Geschäftsdaten auswählen

 Druckeinstellungen

 Ausschneiden

 STRG+C → Kopieren

 STRG+V → Einfügen

DIE SYMBOLE

 F4 → Löschen

 STRG+Umschalt+F → Anwendung suchen

 Ansicht speichern

 STRG+Umschalt+K → Kalender

 STRG+Umschalt+R → Taschenrechner

 STRG+Umschalt+T → Telefon (setzt voraus, dass die Tapischnittstelle zur Telefonanlage eingerichtet ist).

 F1 → Hilfe, oder **STRG+F1** → Inhalt

 Programm zur Stammdatenerfassung

 Programm zur Vorgangserfassung

 Programm zum Listendruck

In der Eingabemaske (z.B. im Kundenstamm):

 F2 → Suche; **Umschalt+F2** → erweiterte Suche

 F12 → Eingabehistorie

 Bild nach oben → Blättern (zurück)

 Bild nach unten → Blättern (vorwärts)

 F10 → Neue Nummer, neuer Vorgang

DIE SYMBOLE

 ENTER → Bestätigen, speichern

 F9 → Details

 F2 → Suche; F11 → Optionen auswählen

 F7 → E-Mail schreiben

 F7 → Website öffnen

 J+ENTER → Datensatz speichern (in der OK-Abfrage)

 N+ENTER → nicht speichern, Änderungen verwerfen (in der OK-Abfrage)

Statt **J** können Sie auch **+** eingeben und statt **N** ein **-**, das ermöglicht Ihnen an dieser Stelle in der OK-Abfrage die Arbeit mit dem Ziffernblock.

Wie bisher, werden in der Fußzeile jeweils im gerade geöffneten Programm unterstützte Funktionstasten angezeigt.

```
F2=Suche Kunde, Umschalt+F2=Erweiterte Suche Kunde, F12=Eingabehistorie, F10=Neuer Kunde
```

In der Vorgangserfassung:

 F3 → Position einfügen (an der aktiven Position)

 F10 → Position anfügen (am Ende)

Auf die ein oder andere wichtige Funktion werden wir im Rahmen unserer Übungen noch genauer eingehen. Jetzt noch schnell einen Drucker mit Druckvorschau einrichten und schon geht's los mit der eigenen Firma.

📖 **Praxistipp**

Bereits in der Classic Line 2007 wurde die Hilfe (**F1**) komplett überarbeitet. Neben zahlreichen Ergänzungen und Verbesserungen gibt es neu in der Hilfe einen E-Mail Button, damit der Anwender unmittelbar zu einem bestehenden Eintrag Verbesserungsvorschläge machen kann. Das ist wirklich praxisnah und zeigt, dass wieder vermehrt auf Kundenwünsche und –forderungen eingegangen wird. In der heutigen Zeit ein wichtiger Ansatz, um ein praxisnahes Programm zu liefern.

Die Druckereinrichtung

Unter dem Menüpunkt **Administration** → **Druckeinstellungen** → **Druckerzuweisung** können Sie in der Classic Line einen Drucker zuweisen. Wichtig dabei: Sie können nur Drucker einrichten, die auf Ihrem Arbeitsplatz im Windows bereits installiert sind.

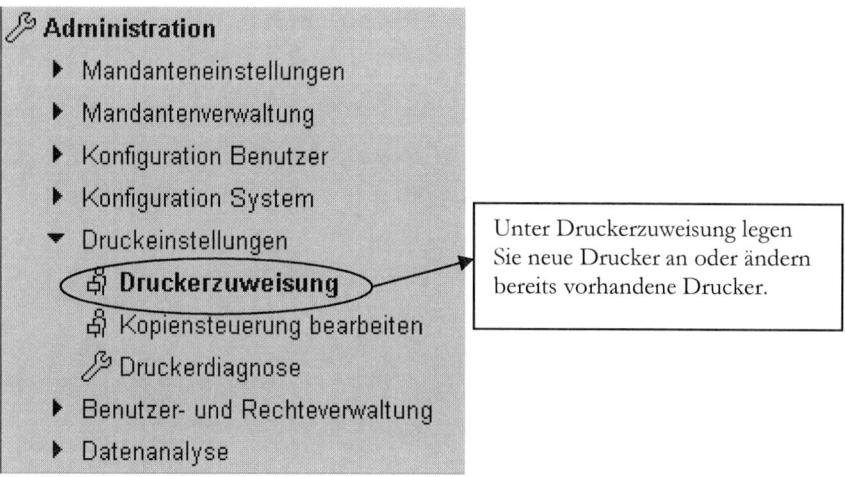

Unter Druckerzuweisung legen Sie neue Drucker an oder ändern bereits vorhandene Drucker.

DRUCKERZUWEISUNG. Hier können Sie für die Classic Line beliebige Drucker zuordnen.

Dabei können Sie die Drucker lokal einrichten oder auch im Netz für andere Benutzer in der Classic Line freigeben. Das funktioniert allerdings nur, wenn der ausgewählte Drucker an jedem Arbeitsplatz identisch eingerichtet ist und die Einrichtung durch den Benutzer **@CL** erfolgt.

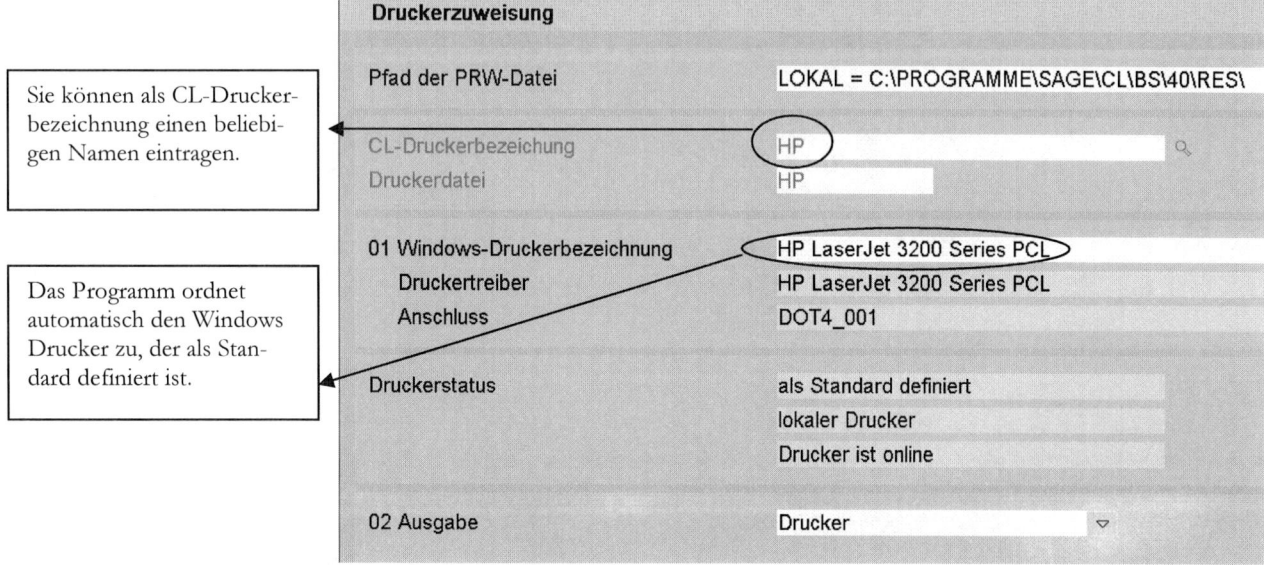

Sie können als CL-Druckerbezeichnung einen beliebigen Namen eintragen.

Das Programm ordnet automatisch den Windows Drucker zu, der als Standard definiert ist.

DRUCKERZUWEISUNG. Vergeben Sie im Feld CL-Druckerbezeichnung einen beliebigen Namen. Das System bindet automatisch den Standarddrucker ein. Wenn Sie in der Classic Line einen anderen Drucker verwenden möchten, dann geben Sie in der OK-Abfrage ein E für Drucker einrichten ein. Es werden dann alle an diesem Arbeitsplatz installierten Drucker zur Auswahl angeboten.

Darüber hinaus haben Sie in der OK-Abfrage noch die Möglichkeit über **F2** die Randeinstellungen zu verändern oder eigene Schriften für diesen Druckertreiber zu

DIE DRUCKEREINRICHTUNG

hinterlegen. Im **Feld 02** Ausgabe ist es auch möglich, einen Faxdrucker einzurichten. Voraussetzung dafür ist allerdings, dass der Faxdrucker (z.B. Tobit Faxware) unter Windows bereits verfügbar ist.

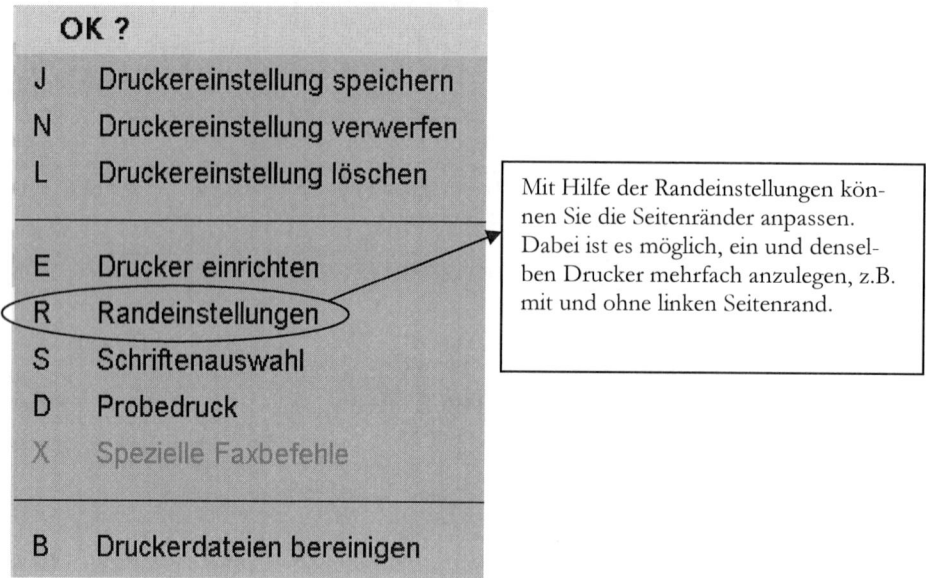

OK-ABFRAGE. Hier können Sie für den ausgewählten Drucker noch individuelle Einstellungen vornehmen.

Sobald Sie alle gewünschten Anpassungen vorgenommen haben, wählen Sie J und speichern Ihre Druckeinstellung. Unter **Datei → Druckeinstellungen** können Sie den soeben angelegten Drucker jetzt auswählen.

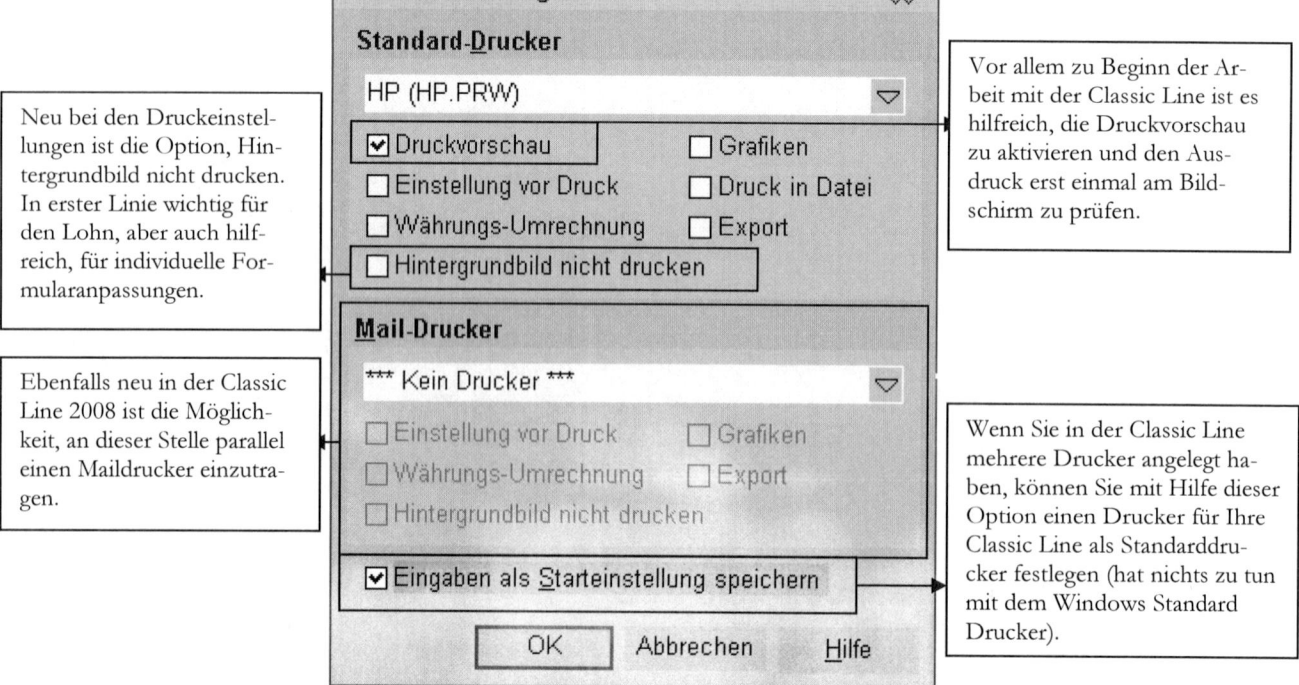

DRUCKEINSTELLUNGEN. Hier können Sie einen Classic Line Drucker für den aktuellen Ausdruck auswählen oder als Starteinstellung speichern.

DIE DRUCKEREINRICHTUNG

In der Druckauswahl stehen Ihnen weitere Optionen für den aktuellen Druck zur Verfügung. Diese sind in der Hilfe (**F1**) recht ausführlich erklärt.

Lernzielkontrolle:

☺ **Testen Sie Ihr Wissen**

1) Wie installieren Sie in der Classic Line 2008 einen Demomandanten?
2) Wie legen Sie einen neuen Drucker an?
3) Welche Funktion hat die **F1**-Taste?
4) Wie legen Sie einen neuen Mandanten an?
5) Mit welcher Tastenkombination können Sie einen Feldinhalt kopieren?
6) Mit welcher Tastenkombination fügen Sie die Daten aus der Zwischenablage in ein Feld ein?
7) Welche Funktion hat die **F10**-Taste?
8) Wie können Sie mit dem Ziffernblock **ja** oder **nein** eingeben?
9) Wie können Sie den Druck eines Hintergrundbildes unterdrücken?
10) Wie speichern Sie in der Classic Line einen Drucker als Standarddrucker?

Praktische Übungen:

 **Tastaturübungen**

1) Installieren Sie den neuen Demomandanten auf der Nummer 990.
2) Legen Sie einen neuen Drucker HP-List an; geben Sie für den linken Seitenrand 7 mm ein.

Kapitel 2

Anlage eines eigenen Mandanten

Hier richten wir unseren eigenen Mandanten ein, mit allen für die Produktion wichtigen Grundlagen.

Zur Neuanlage eines Mandanten[2] in der Classic Line wählen Sie bitte einen leeren Kontenrahmen als Vorlage (z.B. SKR03 Kontenrahmen für Kapitalgesellschaften) und bauen Sie in diesem Mandanten Ihre Firma auf.

Wählen Sie im Menü unter **Administration → Mandantenverwaltung → Mandanten anlegen.** Geben Sie die von Ihnen gewünschte Nummer ein (in unserem Beispiel die Nummer 400) und wählen Sie als Vorlage den SKR03 (Kap.-Ges.).

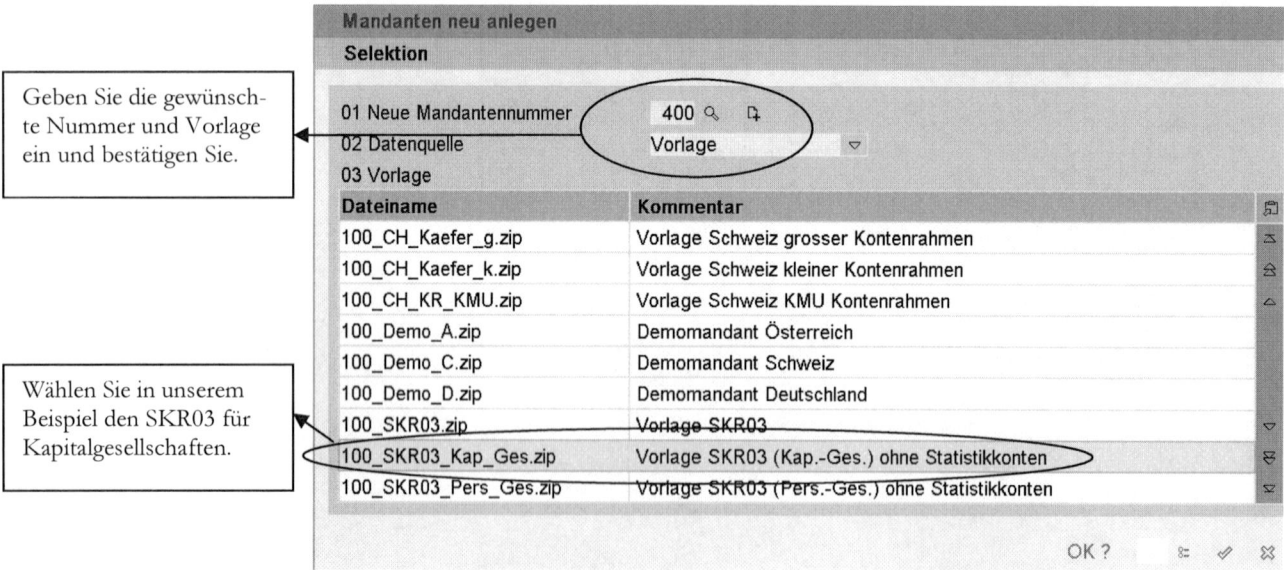

Geben Sie die gewünschte Nummer und Vorlage ein und bestätigen Sie.

Wählen Sie in unserem Beispiel den SKR03 für Kapitalgesellschaften.

MANDANTEN ANLEGEN. Geben Sie jetzt ein, welchen Mandanten Sie als Vorlage (Quellmandant) nehmen wollen.

---

[2] Der Mandant ist unsere eigene Firma. Der Begriff kommt von dem Wort Mandat. Ihr Steuerberater bekommt von Ihnen das Mandat (den Auftrag) Ihre Buchhaltung und Ihre Steuererklärungen zu machen. Aus seiner Sicht ist Ihre Firma ein Mandant, eine in sich abgeschlossene Firma mit eigenem Kontenrahmen, Kunden und Lieferanten.

ANLAGE EINES EIGENEN MANDANTEN

📁 **Wichtig**

Achtung: wenn Sie als Vorlage einen bereits bestehenden Mandanten wählen, werden nur die Grundeinstellungen des Mandanten übernommen, nicht aber der Kontenrahmen. D.h. Sie haben eine leere Hülle, mit der Sie nicht arbeiten können.

> Hier sehen Sie noch einmal die Nummer des Mandanten, den Sie gerade angelegt haben.

Hinweis

ⓘ Der Mandant 400 wurde angelegt.

Wechseln Sie über den Dialog <Geschäftsdaten wählen> in den neuen Mandanten und nehmen Sie die Änderung der Mandanteneinstellungen vor.

[OK]

HINWEIS. Die Meldung zeigt Ihnen, dass der neue Mandant korrekt angelegt wurde.

Für einige von Ihnen stellt sich hier sicherlich die Frage: wofür brauche ich einen Kontenrahmen, wenn ich nur in der Produktion arbeiten möchte und die Buchhaltung bei meinem Steuerberater gemacht wird.[3] Mit dem Kontenrahmen werden auch eine Reihe von Grundlagen vorbelegt, die für eine spätere Erweiterung der Programme z.B. um die Finanzbuchhaltung zwingend erforderlich sind. Wir nehmen für dieses Handbuch den SKR03 als Vorlage.

Um Ihnen unsere Auswahl zu erläutern, vorab ein Portrait der Firma, mit der wir diesen Kurs bestreiten werden:

Die Firma Musikladen GmbH ist ein Unternehmen mit 5 Mitarbeitern, das HiFi-Boxen produziert. Daneben werden komplette Stereoanlagen und CDs und Videos verkauft. Die Buchhaltung und die Lohnabrechnung machen wir im Haus. Wir starten mit der Produktion im Oktober 2007. Da es sich also um eine Kapitalgesellschaft handelt, wählen wir als Basis für unseren Mandanten die Vorlage SKR03 (Kapitalgesellschaften).

Wichtig bei der Anlage oder Kopie eines Mandanten:

📁 **Wichtig**

Im Quellmandant darf keine Datei geöffnet sein und der Zielmandant darf noch nicht vorhanden sein. Sie können mit der Funktion "Mandant anlegen" oder "Mandant kopieren" also nicht einen bereits bestehenden Mandanten überschreiben.

Als nächstes wählen Sie unter **Datei → Geschäftsdaten einstellen** Ihren neu angelegten Mandanten 400 aus.

---

[3] Es sei an dieser Stelle der Hinweis erlaubt: In aller Regel wird im System nicht nur isoliert die Produktion eingesetzt, sondern die Produktion in Verbindung mit dem Bestellwesen und der Auftragsbearbeitung.

ANLAGE EINES EIGENEN MANDANTEN

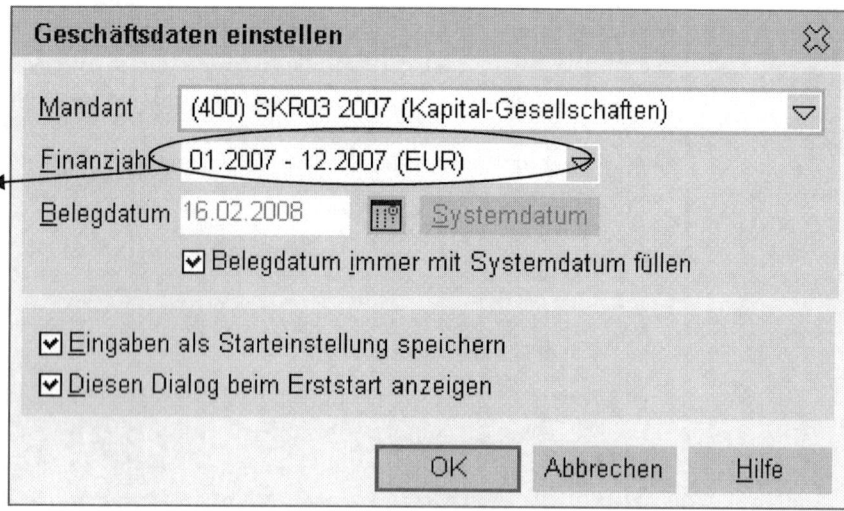

Hier wird vom System immer das aktuellste Geschäftsjahr des ausgewählten Mandanten angezeigt; das Geschäftsjahr in den Vorlagen ist abhängig vom Zeitpunkt der Installation.

MANDANTEN AUSWAHL. Über **Datei → Geschäftsdaten einstellen** können Sie jetzt in der Zeile Mandant den neu angelegten Mandant 400 auswählen.

In dieser Maske können Sie zum ausgewählten Mandanten auch das Geschäftsjahr auswählen. Das Geschäftsjahr ist in der Classic Line nur für die Finanzbuchhaltung wichtig und wird auch nur bei einem **Jahresabschluss in der Buchhaltung** aktualisiert.. Mit der Möglichkeit, Belegdatum immer mit Systemdatum füllen, schlägt das System generell für alle Vorgänge das Tagesdatum vor. Die Option "Diesen Dialog beim Erststart anzeigen" ist nur sinnvoll, wenn Sie mit unterschiedlichen Mandanten (Firmen) arbeiten.

Wenn Sie bereits das Jahresupdate installiert haben, kommt unter Umständen die folgende Meldung:

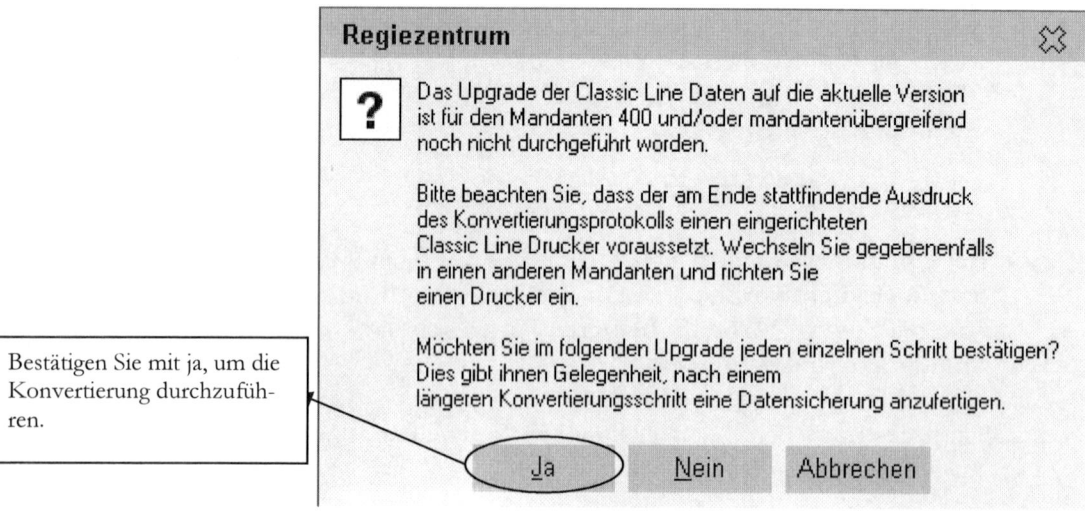

Bestätigen Sie mit ja, um die Konvertierung durchzuführen.

UPGRADE DER DATEN. Da nicht bei jedem Update automatisch alle Mandantenvorlagen neu ausgeliefert werden, kann es vorkommen, dass für einen gerade installierten Mandanten eine Datenkonvertierung erforderlich ist[4].

---

[4] Wichtig bei Mehrplatzinstallationen: die Konvertierung kann nur mit dem Benutzer @CL durchgeführt werden.

ANLAGE EINES EIGENEN MANDANTEN

Diese Meldung können Sie ebenso mit Ja beantworten, wie die nachfolgende. Da es sich um eine Neuanlage eines Mandanten handelt, ist eine Datensicherung in unserem Fall nicht erforderlich.

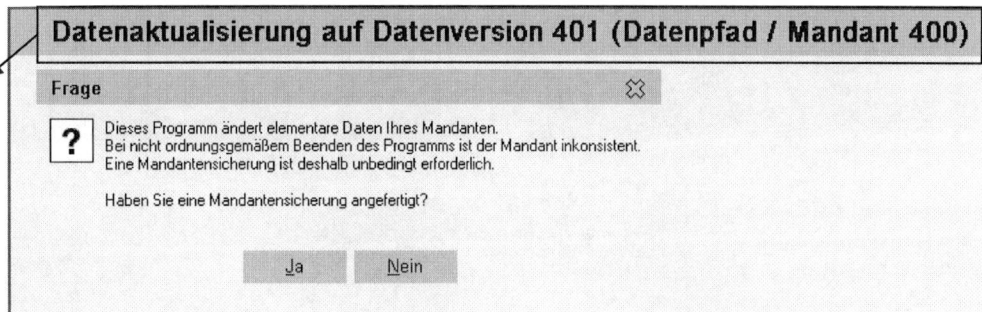

In der Kopfzeile wird immer angezeigt, von welcher auf welche Version die Daten gerade konvertiert werden.

DATENAKTUALILIERUNG. In der Kopfzeile wird jeweils der aktuelle Schritt der Datenaktualisierung angezeigt. Bitte alle Meldungen bestätigen, bis die Konvertierung abgeschlossen ist.

Nach Abschluss der Konvertierung, werden als Erstes unter **Administration → Mandanteneinstellungen → Mandant bearbeiten**, alle für diesen Mandanten wichtigen Grundlagen eingestellt.

Der Mandantenstamm

Im Mandantenstamm werden für die Firma allgemein gültige Grundeinstellungen vorgenommen, die auf verschiedene Programmteile Einfluss haben. Manche dieser Einstellungen können später im laufenden Betrieb nicht mehr geändert werden.

📁 **Wichtig**

Daher ist es wichtig, diese Eingaben systematisch und mit großer Sorgfalt vorzunehmen. Bei Unsicherheit über die Bedeutung oder die Auswirkung einzelner Eingaben empfiehlt es sich, mit **F1** die **Hilfe** zu Rate zu ziehen und das Ein oder Andere in Ruhe nachzulesen.

Änderungen im Mandantenstamm sollten nur gemacht werden, wenn sonst niemand im Programm arbeitet und die Classic Line kein weiteres Mal geöffnet ist. Später im Echtbetrieb ist es empfehlenswert, vor solchen Änderungen eben eine Datensicherung zu erstellen und die Änderungen zu dokumentieren.
Unter **Administration → Mandanteneinstellungen → Mandanten bearbeiten** öffnen Sie den Mandantenstamm.

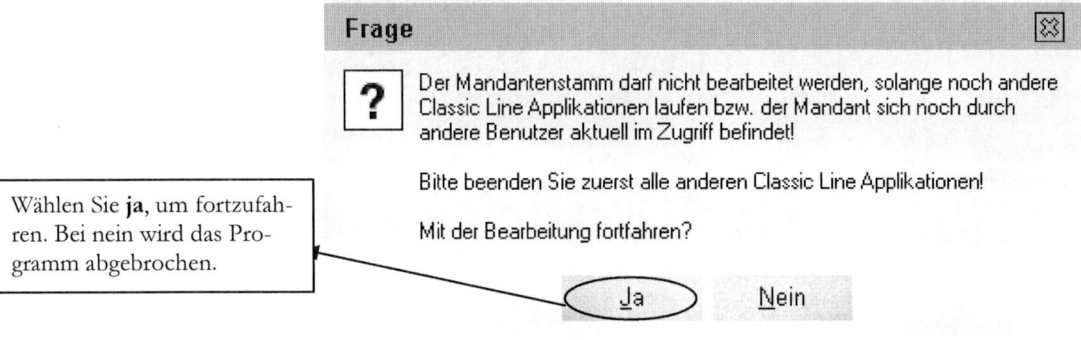

Wählen Sie **ja**, um fortzufahren. Bei nein wird das Programm abgebrochen.

SICHERHEITSABFRAGE. Bitte prüfen Sie vor Beginn der Arbeit im Mandantenstamm, ob noch weitere Programmfenster der Classic Line geöffnet sind, bzw. ob bei einer Netzwerkinstallation noch andere Teilnehmer in der Classic Line arbeiten.

DER MANDANTENSTAMM

Bestätigen Sie die Meldung und erfassen Sie alle wichtigen Daten im Mandantenstamm, angefangen mit der Bezeichnung. Der Name des Mandanten erscheint nicht nur am Bildschirm, wenn man den Mandanten aufgerufen hat, er wird auch in den meisten Listen und Auswertungen mit angedruckt. Hier geben wir unsere Musikladen GmbH ein.

Der Briefkopf für Korrespondenzformulare kann verwendet werden, wenn auf weißes Papier gedruckt werden soll, d.h. nicht mit eigenem Briefpapier gearbeitet wird.

Neu seit der CL 2007 sind die Karteireiter in den einzelnen Masken.

In diesem Bereich können Sie ihre Daten für den Briefkopf hinterlegen; das ist sinnvoll, wenn Sie kein gedrucktes Briefpapier haben und deshalb alle Angaben aus dem Programm drucken möchten. Vorteil gegenüber einem direkten Eintrag im Formular: Bei Änderungen reicht es, diese einmal zentral vorzunehmen.

Geben Sie hier Ihre eigene Umsatzsteuer Identnummer ein. Sie kann in allen Formularen angedruckt werden.

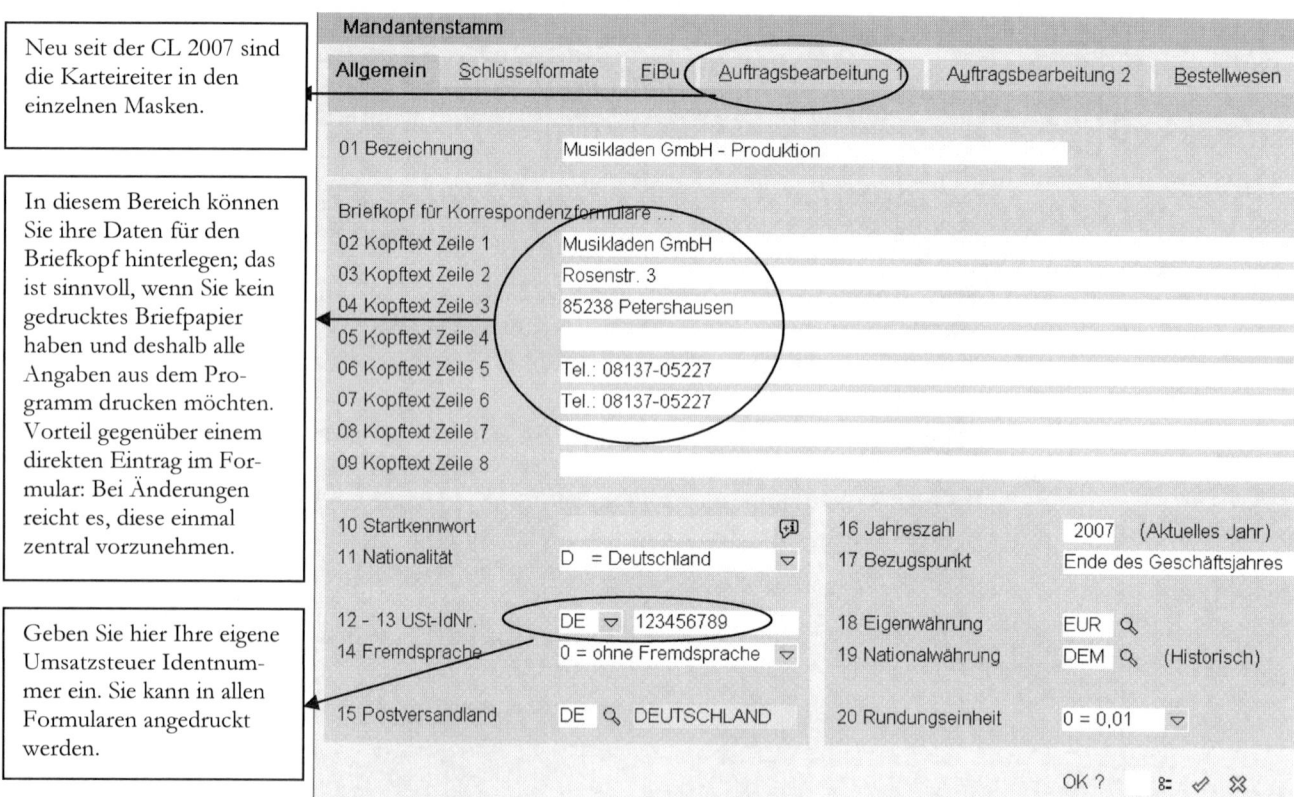

MANDANTENSTAMM ALLGEMEIN. Wie in allen Masken der Classic Line können Sie aus der OK-Abfrage heraus jedes Feld durch Eingabe der Feldnummer und **ENTER** erreichen. Natürlich könnte man auch die Maus benutzen, aber mit der Tastatur bzw. dem Ziffernblock geht's einfach schneller.

Die Ust-Id-Nr., die in den Feldern 12 und 13 eingegeben wird, ist erforderlich für Lieferungen und Leistungen vom und in das europäische Ausland (EU).

Das Geschäftsjahr hat auf die Produktion keinen direkten Einfluss. Es wird nur beim Jahresabschluss in der Finanzbuchhaltung aktualisiert. Im Gegensatz zur Finanzbuchhaltung wird in der Produktion nicht in mehreren Perioden gleichzeitig gearbeitet.

Mit **J** für **Ja** in der **OK-Abfrage** und bestätigen speichern Sie Ihre Eingabe und verlassen das Programm. Wenn Sie mit dem Ziffernblock arbeiten, können Sie hier auch ein **+** eingeben und die **ENTER**-Taste vom Ziffernblock benutzen.

Anders als in früheren Versionen kommen Sie jetzt nur noch durch direkten Aufruf auf die weiteren Seiten des Mandantenstamms. Dazu können Sie wahlweise den

Neu

DER MANDANTENSTAMM

entsprechenden Karteireiter mit der Maus anklicken, oder den jeweils unterstrichenen Buchstaben in der OK-Abfrage eingeben und bestätigen.

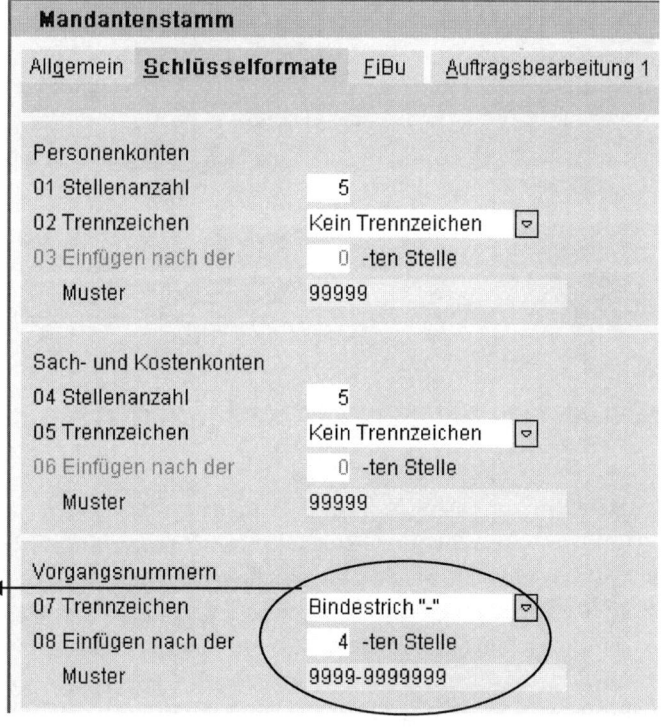

> Wenn Sie bei den Vorgangsnummern nach der 4. Stelle einen Bindestrich eintragen, können Sie auf die ersten 4 Stellen die Jahrszahl setzen und haben einen besseren Überblick.

MANDANTENSTAMM SCHLÜSSELVORMATE. Bei der Einstellung der Nummernkreise empfiehlt es sich, für die Sach- und Personenkonten die Standardeinstellungen zu übernehmen. Nur bei der Vorgangsnummer fügen wir nach der 4. Stelle einen Bindestrich als Trennzeichen ein.

📖 **Praxistipp**

Unter Schlüsselformate können Sie den Aufbau und die Gesamtlänge von Konto- und Vorgangsnummern festlegen. Eine Kontonummernerweiterung ist zu einem späteren Zeitpunkt immer noch möglich; nur keine Verkürzung. D.h. es empfiehlt sich vor solchen Änderungen grundsätzlich eine Datensicherung.

Neben den Schlüsselformaten enthalten die Seite Auftragsbearbeitung 1 und Auftragsbearbeitung 2 Angaben, die für die Auftragsbearbeitung und das Bestellwesen und damit auch für die Produktion[5] von Bedeutung sind. Wir werden die Felder einzeln erläutern, um Ihnen wichtige Zusammenhänge deutlich zu machen.

---

[5] Auftragsbearbeitung, Bestellwesen und Produktion greifen in der Classic Line auf die gleichen Stammdaten zu. Nur einige zusätzliche Informationen werden in eigenen Dateien gespeichert.

DER MANDANTENSTAMM

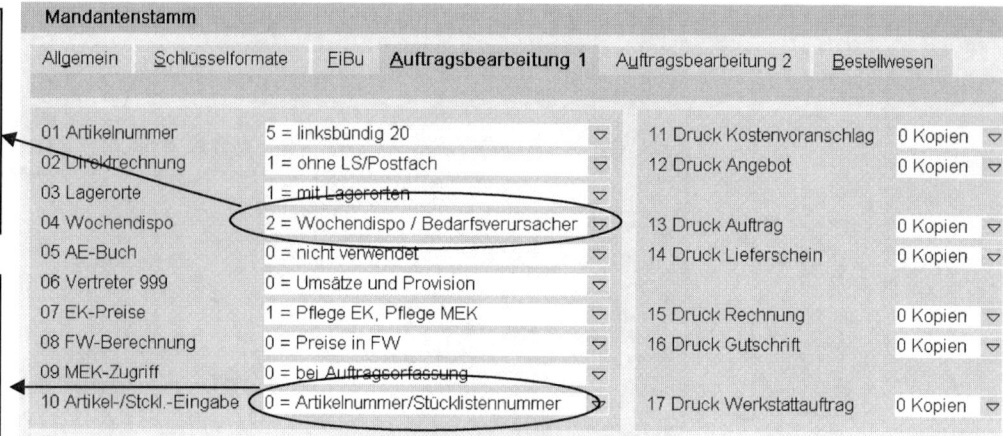

Die Wochendispo ist erforderlich für die Arbeit mit der Produktion, insbesondere für die automatische Erstellung von Produktionsvorschlägen.

Hier wird vorbelegt, ob Sie die Artikel im Vorgang mit der Artikelnummer oder dem Barcode erfassen wollen.

MANDANTENSTAMM AUFTRAGSBEARBEITUNG 1. Die hier eingestellten Optionen wirken sich zum Teil auch auf die Produktion aus.

01 Artikelnummer: Sie können hier die maximale Länge der Artikelnummer angeben und festlegen, ob die Artikelnummern linksbündig oder rechtsbündig gespeichert werden sollen. Maximal 20 Stellen sind möglich. Sie können für die Artikelnummer Ziffern, Buchstaben und Sonderzeichen verwenden, sollten aber Umlaute und Trennzeichen (Komma, Semikolon, Hochkomma,...) vermeiden.

03 Lagerorte: Sie können in der Classic Line bis zu 99999 Lagerorte anlegen; hier legen Sie nur fest, ein Lager oder mehrere. Wir wählen aus: mit Lagerorten.[6]

04 Wochendispo: Diese Option ist erforderlich, sobald Sie mit automatischen Bestellvorschlägen oder Produktionsvorschlägen arbeiten wollen und deshalb wählen wir hier aus Wochendispo und Bedarfsverursacher (das könnte ein Auftrag oder ein Produktionsauftrag sein).

07 EK-Preise: Zu unterscheiden ist hier der Einkaufspreis, der für einen bestimmten Lieferanten gültig ist und der **MEK** (**M**ittlerer **E**in**k**aufspreis), der im Programm als gleitender Durchschnitt berechnet wird. Während der Einkaufspreis meist in der Lieferantenpreisliste fixiert ist, ist es sinnvoll, den MEK beim Wareneingang automatisch zu aktualisieren, also die Auswahl keine Pflege EK, Pflege MEK[7]..

09 Zugriff MEK: Diese Einstellung legt fest, zu welchem Zeitpunkt der MEK (**M**ittlerer **E**in**k**aufspreis) für die Ermittlung des Rohertrages herangezogen wird. Je nach Schwankung der Einkaufspreise und der Länge des Zeitraumes zwischen Auftragseingang und Lieferung, kann es hier gravierende Unterschiede beim Rohertrag geben. Diese Einstellung ist insbesondere von Bedeutung, wenn Sie die Provisionsabrechnungen auf Basis vom Rohertrag machen.

---

[6] Bei der Arbeit mit verschiedenen Lagerorten können Sie z.B. für die Produktion ein eigenes Lager anlegen und die produzierten Artikel erst nach einer Qualitätskontrolle ins Verkaufslager umbuchen.

[7] Für die reine Auftragsproduktion kann es durchaus sinnvoll sein, den EK ebenfalls automatisch zu aktualisieren, um an Hand vom EK-Preis zu sehen, welche Kosten beim letzten Produktionslauf entstanden sind. Für die programminterne Ermittlung des Roherlöses wird auf den MEK zurückgegriffen.

DER MANDANTENSTAMM

10 Artikeleingabe: Hier legen Sie fest, ob die Artikeleingabe in der Vorgangserfassung mit der Artikelnummer oder mit dem Barcode erfolgen soll[8]; eine Umschaltung ist auch im Vorgang jederzeit möglich.

Wenn Sie alle erforderlichen Eingaben gemacht haben, geht's weiter auf die nächste Seite. Wollen Sie noch Änderungen vornehmen, einfach in der OK-Abfrage die Nummer des gewünschten Feldes eingeben und bestätigen. Das geht schneller als mit der Maus. Auf der Seite Auftragsbearbeitung 2 ist für die Produktion nur das Feld 26 Wochendisposition von Bedeutung. Für Informationen zu den übrigen Feldern nutzen Sie bitte die **Hilfe** (**F1**) und lesen Sie die genaue Bedeutung einzelner Felder nach.

Legen Sie hier fest, ob und nach wie vielen Tagen erledigte Aufträge ins Archiv ausgelagert werden sollen.

Im Feld Wochendispo legen Sie fest, ob der Lagerbestand generell der aktuellen Woche zugeordnet wird, oder ob bei der Ermittlung des verfügbaren Bestandes auch ältere, noch nicht ausgeführte Aufträge berücksichtigt werden sollen.

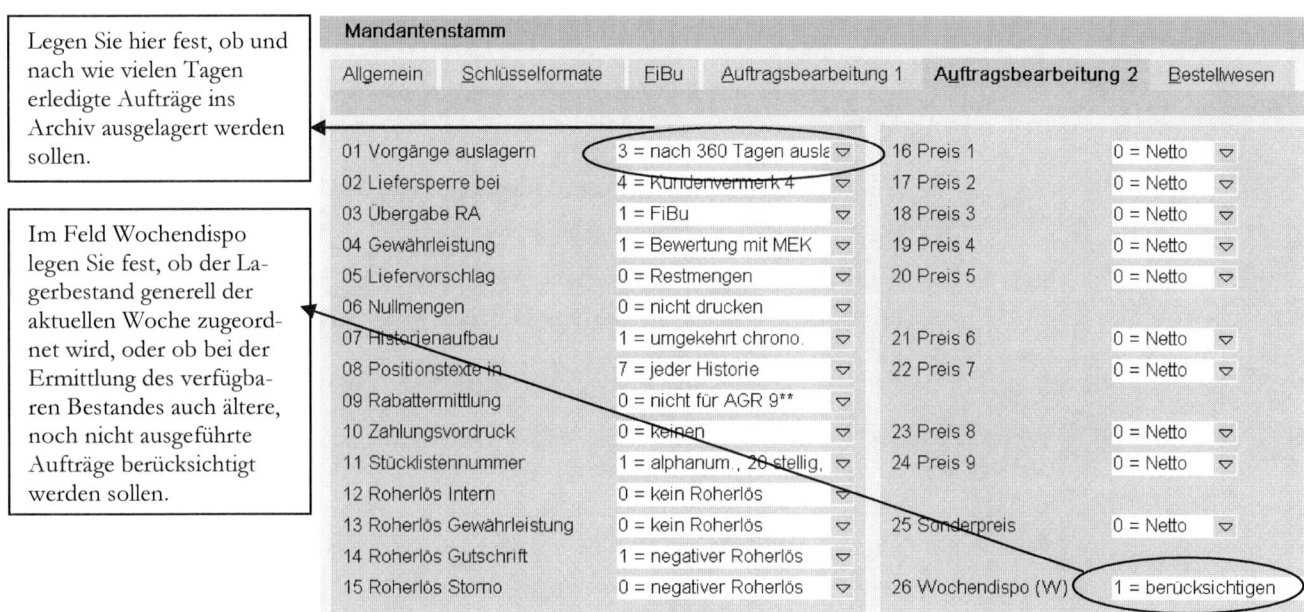

MANDANTENSTAMM SEITE 4. Die hier eingestellten Optionen wirken sich zum Teil auch auf das Bestellwesen aus.

📁 **Wichtig**

03 Übergabe RA: Sie können das Rechnungsausgangsbuch in die Finanzbuchhaltung und / oder an die DATEV übergeben. Erst bei der Übergabe in die Finanzbuchhaltung werden Offene Posten (OPs) erzeugt; d.h. selbst wenn Sie nur Zahlungseingänge erfassen und Mahnungen schreiben wollen, ist die Übergabe RA an die Finanzbuchhaltung zwingend erforderlich. Die Einstellung kann nachträglich noch geändert werden, allerdings nicht rückwirkend.

07 Historienaufbau: Das System bietet die Möglichkeit, Umsatzdaten in Karteikarten einzutragen (Kunden, Artikel und Lieferanten). Wenn Sie die Sortierung auf umgekehrt chronologisch einstellen, haben Sie immer zuerst den aktuellsten Eintrag in der Übersicht.

08 Positionstexte in: Hier können Sie festlegen, ob manuelle Änderungen von Artikeltexten auch in die Karteikarten übernommen werden sollen. Das ist sinnvoll.

---

[8] Es handelt sich dabei lediglich um eine Vorbelegung; die Einstellung EAN-Nummer ist nur sinnvoll, wenn Sie an jedem Arbeitsplatz über einen Scanner verfügen.

DER MANDANTENSTAMM

26 Wochendisposition: Stellen Sie ja ein; für bestimmte Optionen bei der Berechnung von Produktionsvorschlägen und für die Bedarfsermittlung ist diese Einstellung später erforderlich.

Die beiden letzten Seiten im Mandantenstamm sind ausschließlich für die Finanzbuchhaltung und das Bestellwesen relevant.

Lernzielkontrolle

☺ Testen Sie Ihr Wissen

1) Warum sollten Sie einen passenden Kontenrahmen wählen, auch, wenn Sie nur mit der Produktion arbeiten?

2) Was versteht man unter "umgekehrt chronologisch"?

3) Wie viele Stellen kann die Artikelnummer in der Classic Line maximal haben?

4) Was verstehen Sie unter Wochendisposition?

5) Was bedeutet: "auslagern"?

6) Auf wie viele Stellen können Sie die Kontonummern maximal erweitern?

7) Warum ist es sinnvoll, bei der Darstellung der Vorgangsnummern ein Trennzeichen zu verwenden?

Praktische Übungen

 Tastaturübungen

1) Legen Sie Mandant 400 an und benennen Sie ihn um auf Musikladen GmbH. Verwenden Sie als Vorlage den SKR03 für Kapitalgesellschaften.

2) Passen Sie den Mandantenstamm nach folgenden Vorgaben an:
Kopftext für Rechnungen / Mahnungen:

Musikladen GmbH
Rosenstr. 3
85238 Petershausen
Tel.: 08137-05227
Fax: 08137-05228
Ust.Id.Nr.: DE 123456789

Die Artikelnummern sind 20-stellig linksbündig, wir arbeiten mit Lagerorten, verzichten auf das Auftragseingangsbuch, pflegen nur unseren MEK automatisch und führen unsere Preisliste in Fremdwährung.

Der Zugriff auf den MEK erfolgt bei Auftragserfassung; wir lagern nach 360 Tagen aus und übergeben unser RA-Buch an die Finanzbuchhaltung. Die Wochendisposition wird berücksichtigt.

Alle anderen Felder und Seiten einfach nur bestätigen.

Stammdaten

In diesem Kapitel lernen Sie die Struktur und den Aufbau der Stammdaten in der Produktion kennen.

Wir werden bei der Anlage der Stammdaten mit den Grundlagen beginnen. Anschließend werden wir Lieferanten und Artikel erfassen. An dieser Stelle noch ein Hinweis: wenn Sie bei der Anlage der Stammdaten bei einzelnen Feldern unsicher sind, nutzen Sie die **Hilfe (F1)** und lesen Sie die Bedeutung des Feldes nach.

Beim Aufbau der Stammdaten ist es wichtig, sich bereits im Vorfeld über die Struktur im Klaren zu sein. Wie werden die Artikelnummern vergeben? Welche Hersteller gibt es? Welche Artikelgruppen sind vorhanden/sinnvoll)? Welche Artikel werden zugekauft, welche produziert? Gibt es Artikel die sowohl zugekauft, als auch produziert werden? Wie sieht die Produktion aus? Welche Maschinen sind im Einsatz? Sind die Stundensätze bereits kalkuliert? Soll eine Kapazitätsplanung gemacht werden?

Sinnvoll ist es, einmal alle Vorgänge mit ein paar Datensätzen durchzuspielen und dann die wichtigsten Strukturen in einem Pflichtenheft zu erfassen. Viele Eingaben kann man später noch über eine Schnelländerung korrigieren, andere sind nachträglich nicht mehr zu ändern. So ist es zum Beispiel im Standard nicht möglich, nachträglich die Artikelnummer zu ändern. Außerdem sind alle nachträglichen Änderungen mit größerem Aufwand verbunden, deshalb sollten Sie bereits im Vorfeld die wichtigsten Punkte klären.

Eine weitere Frage ist: Sollen bestimmte Daten (z.B. Artikel) regelmäßig importiert oder aktualisiert werden? Das könnte z.B. der Fall sein, wenn Sie regelmäßig von Ihren Lieferanten Kataloge in elektronischer Form bekommen und die Preise und Artikel automatisch einlesen wollen. Oder wenn Sie Produktionsstücklisten z.B. aus einem CAD-Programm übernehmen wollen.

Wir gehen der Einfachheit halber in unserem Beispiel davon aus, dass wir alle Daten manuell neu erfassen. Wir werden bei der Vergabe der Nummern eigene Systeme entwickeln und die einzelnen Bereiche so aufbauen, dass die Struktur jederzeit erweiterbar ist.

Am einfachsten ist es, die Stammdaten von unten nach oben zu pflegen und mit den Grundlagen anzufangen.

STAMMDATEN

Bevor wir mit der Erfassung der einzelnen Stammdaten beginnen, eine kleine Übersicht über die wichtigsten Stammdaten und Ihre Verknüpfungen:

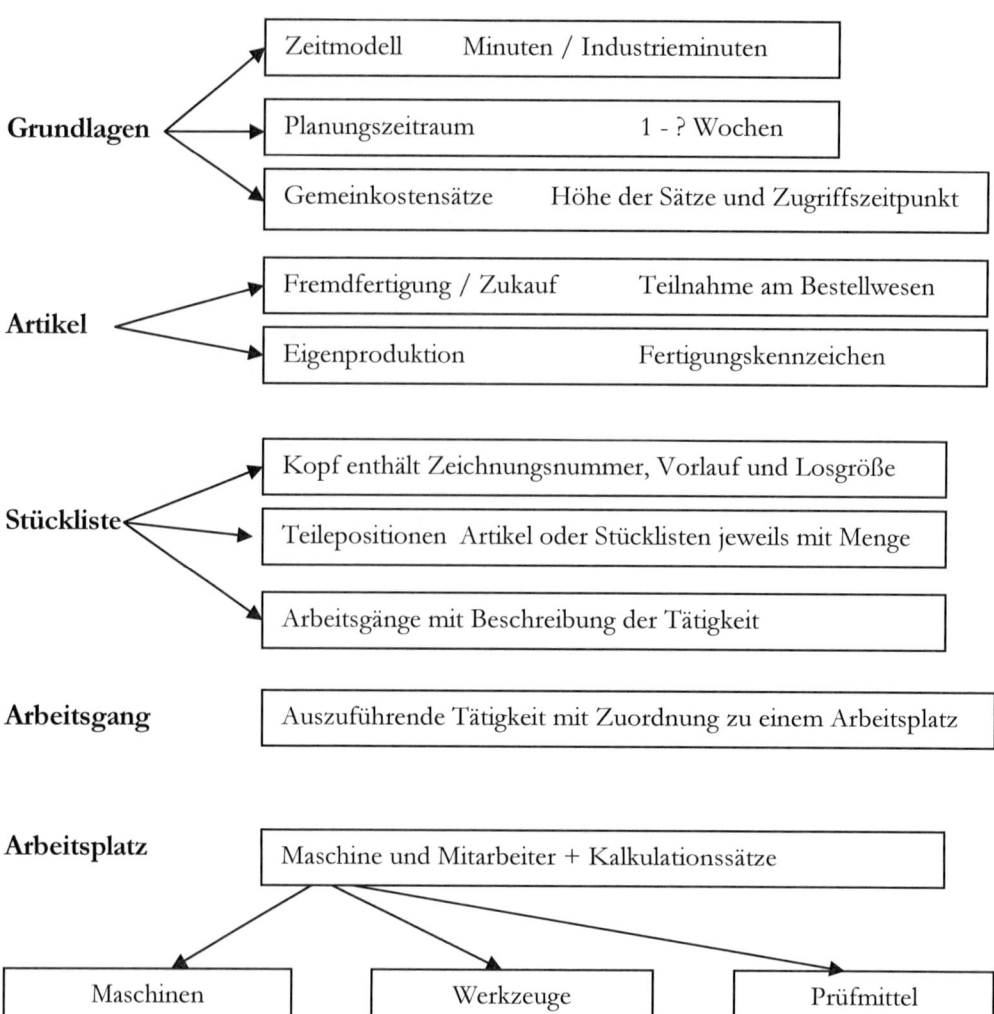

Die Grundlagen bilden den Rahmen für die Produktion. Hier wird festgelegt, in welcher Zeiteinheit gerechnet wird (Normalminuten oder Industrieminuten[9]), wie lang der Planungszeitraum ist (von 1 Woche bis mehrere Monate) und mit welchen Gemeinkostensätzen gerechnet wird (allgemeine Sätze oder Sätze je Arbeitsplatz oder je Artikel).

Die Artikel werden unterschieden in Zukaufteile und Eigenprodukte. Den Eigenprodukten wird eine Stückliste zugeordnet, die aus Teilen und Arbeitsgängen besteht. Die Arbeitsgänge wiederum erfordern einen Arbeitsplatz und der wiederum setzt sich aus Maschinen / Werkzeugen und Mitarbeitern zusammen und wird mit einem Stundensatz für die Kalkulation von Maschine und Arbeitszeit versehen.

---

[9] Industrieminuten rechnen mit 100 Minuten pro Stunde; das ist für die Kalkulation exakter, weil die Zeiteinheiten kleiner werden. Das Rechnen mit Industrieminuten ist sowohl bei Zeiterfassungssystemen als auch in der industriellen Fertigung weit verbreitet.

Grundlagen

Wir beginnen die Pflege unserer Stammdaten mit den Grundlagen der Produktion. Dafür sollten Sie im Vorfeld klären, ob Sie mit Normalminuten[10] oder mit Industrieminuten arbeiten möchten. Ein Wechsel ist später sehr schwierig, weil dadurch die gesamte Kalkulation verfälscht wird. Auch sollten Sie festlegen, ob Sie eine Kapazitätsplanung[11] im System durchführen wollen und in wie vielen Schichten gearbeitet wird. Zur Erfassung der Grundlagen wählen Sie: **Grundlagen → Grundlagen Produktion → Grundlagen Produktion**.

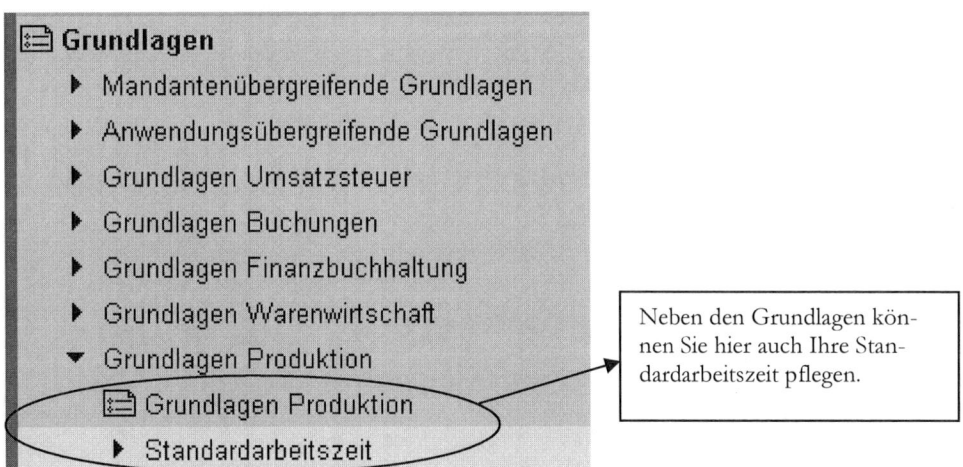

Neben den Grundlagen können Sie hier auch Ihre Standardarbeitszeit pflegen.

AUFRUF GRUNDLAGEN PRODUKTION.

Die Standardarbeitszeiten werden wir an dieser Stelle noch nicht pflegen und auf eine Kapazitätsplanung für den Anfang verzichten. Wir werden am Ende dieses Buches der Kapazitätsplanung ein eigenes Kapitel widmen.

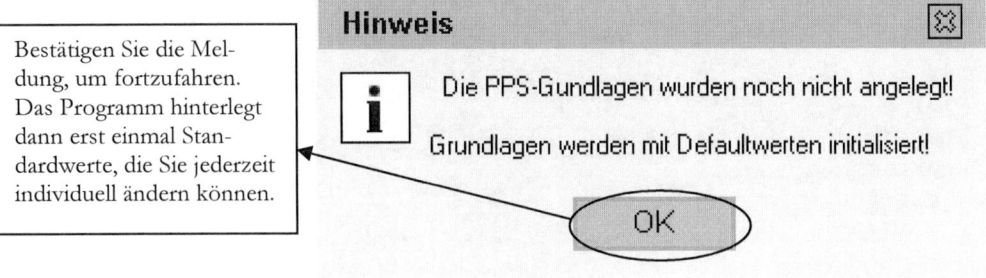

Bestätigen Sie die Meldung, um fortzufahren. Das Programm hinterlegt dann erst einmal Standardwerte, die Sie jederzeit individuell ändern können.

GRUNDLAGEN. Beim ersten Aufruf der Grundlagen kommt der Hinweis, dass die **PPS** (**P**roduktions-**P**lanungs-**S**ystem) Grundlagen noch nicht angelegt sind. Die Meldung einfach bestätigen und das System nimmt automatisch eine Vorbelegung der Grundlagen vor.

---

[10] Wenn Sie die erfassten Arbeitszeiten automatisch in die Lohnbuchhaltung weitergeben wollen, ist die Einstellung Normalminuten zwingend, da die Lohnbuchhaltung der Classic Line keine Industrieminuten unterstützt.

[11] Kapazitätsplanung bedeutet: Die Arbeitszeiten für die einzelnen Produktionsschritte werden in der Stückliste hinterlegt und das System kann dann automatisch prüfen, ob für die Fertigung auch noch genügend Ressourcen zur Verfügung stehen.

GRUNDLAGEN

In den Grundlagen lassen wir im Feld Lieferant die 00000 stehen. Wir werden dieses Feld später noch ändern auf die 70001 (Eigenproduktion)[12] als Lieferant der Produktion. Als Planungszeitraum wählen wir Oktober 2007 und einen Vorschlagszeitraum von 3 Wochen. Dieser Zeitraum ist in erster Linie wichtig für die automatische Erstellung von Produktionsvorschlägen.

Wir arbeiten in unserem Beispiel mit Normalminuten. Wenn Sie in Ihrem Betrieb mit Industrieminuten arbeiten wollen, ist es wichtig, zu klären, ob Sie für die Berechnung von Akkordlöhnen Daten aus der Produktion in die Lohnbuchhaltung übergeben möchten. Auch im Akkordlohn kann man in den Grundlagen wählen, ob mit Normalminuten oder mit Industrieminuten gerechnet werden soll. Eine Übergabe ist nur möglich, wenn in beiden Programmen die gleiche Zeiteinheit eingestellt ist, also entweder beide Male Normalminuten oder beide Male Industrieminuten.

Wichtig

Da die Lohnabrechnung in der Classic Line keine Industrieminuten unterstützt, sollten Sie bei automatischer Übergabe der Produktionsdaten in die Lohnabrechnung mit Normalminuten arbeiten.

Die Auftragsnummernerweiterung stellt ein weiteres Feld zur Ergänzung der Auftragsnummer zur Verfügung. Das ist für unsere Übungszwecke nicht erforderlich.

Die Planungsperiode wird später automatisch durch den Periodenabschluss aktualisiert.

Als Basiswert für die Rückmeldung tragen wir die aktuellen Herstellkosten ein. Dieser Wert wird später verwendet, um den MEK im Artikelstamm zu berechnen.

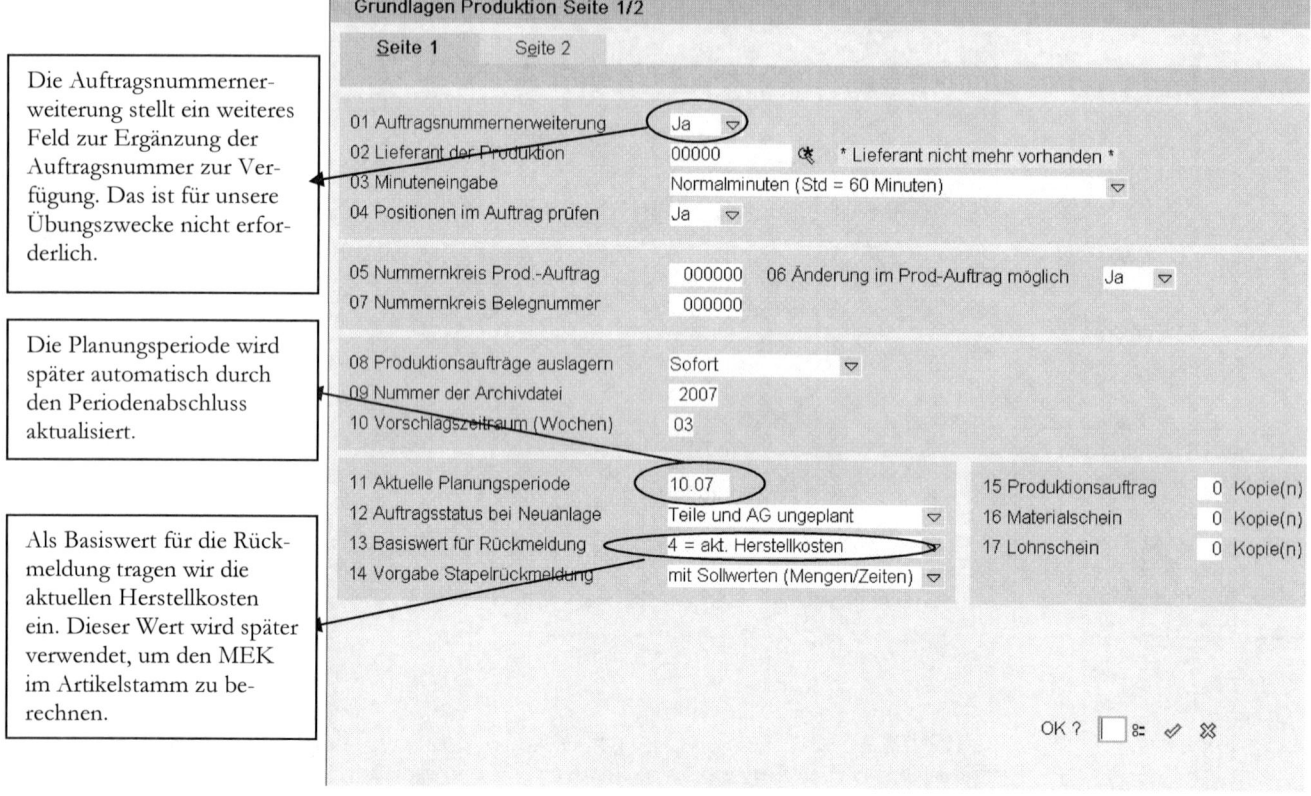

GRUNDLAGEN PRODUKTION SEITE 1. Hier haben Sie die Seite 1 im Überblick mit allen unseren Eingaben.

Neu

Neu ist im Feld 12 die Möglichkeit, den Auftragsstatus bei Neuanlage eines Produktionsauftrages vor zu belegen.

---

[12] Wir wählen für den Lieferanten Eigenproduktion ganz bewusst eine laufende Nummer wie die 70001, weil wir sonst bei der Anlage von neuen Lieferanten nicht mehr die automatische Nummernvergabe mit **F10** nutzen können.

GRUNDLAGEN

Als Basiswert für die Rückmeldung wählen wir die tatsächlichen Herstellkosten, d.h. der Mittlere Einkaufspreis im Artikelstamm wird mit diesem Wert aktualisiert.

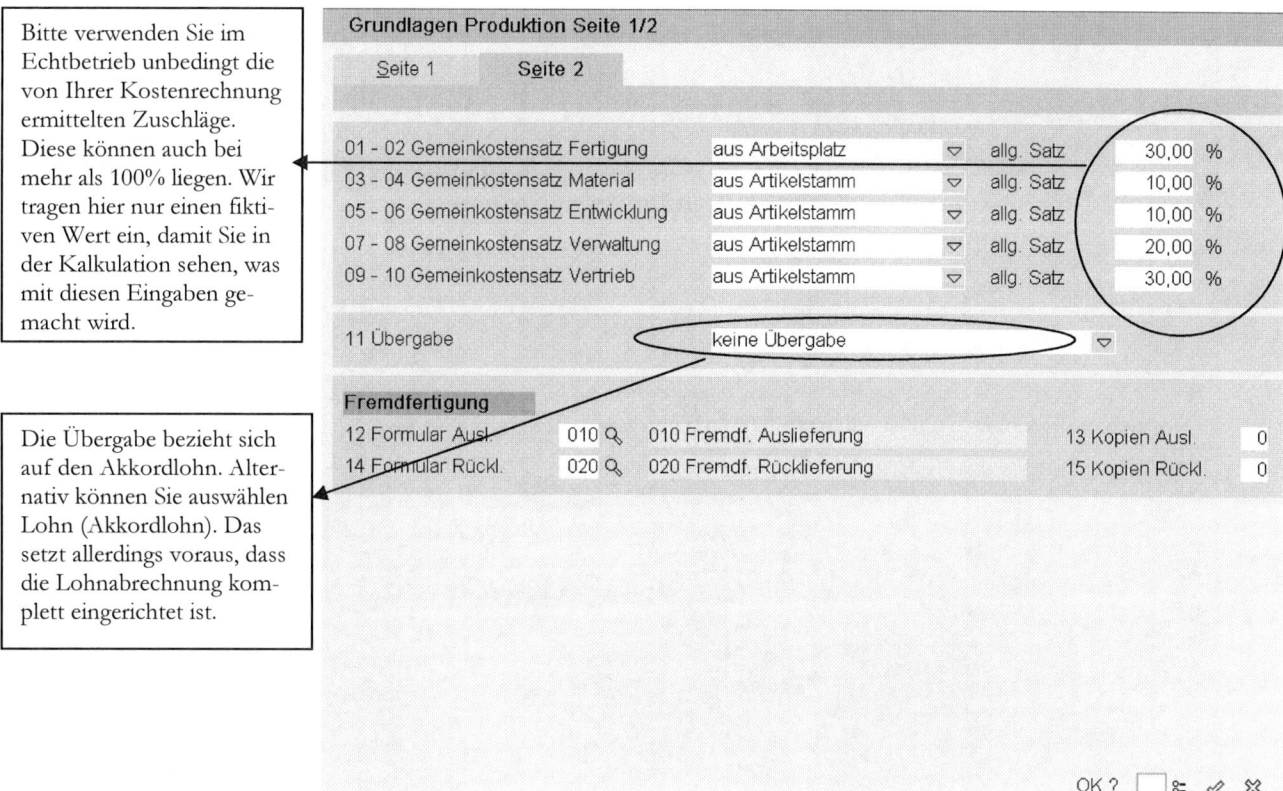

Bitte verwenden Sie im Echtbetrieb unbedingt die von Ihrer Kostenrechnung ermittelten Zuschläge. Diese können auch bei mehr als 100% liegen. Wir tragen hier nur einen fiktiven Wert ein, damit Sie in der Kalkulation sehen, was mit diesen Eingaben gemacht wird.

Die Übergabe bezieht sich auf den Akkordlohn. Alternativ können Sie auswählen Lohn (Akkordlohn). Das setzt allerdings voraus, dass die Lohnabrechnung komplett eingerichtet ist.

GRUNDLAGEN SEITE 2. Hier erfassen Sie die Gemeinkostensätze die später als Zuschlag auf die Lohnkosten verwendet werden. In der Praxis bekommen Sie die Sätze aus der Kostenrechnung oder müssen sie selbst ermitteln.[13]

Wir stellen die Kalkulation so ein, dass immer mit den gleichen Sätzen (**allgemeiner Satz**) kalkuliert wird. Dann ist die Eingabe der Kalkulationssätze im Artikelstamm überflüssig. Je nach Art des Betriebes und der Produktpalette kann es allerdings erforderlich sein, für jeden Artikel eigene Zuschlagssätze zu ermitteln. In diesem Fall können Sie die hier getroffenen Einstellungen später jederzeit ändern. Zur Auswahl stehen:

- allgemeiner Satz

- individueller Satz

- Satz aus Arbeitsplatz oder Satz aus Artikelstamm

📂 **Wichtig**

Im **Feld 11 Übergabe** können Sie einstellen, ob eine Übergabe der Produktionsdaten an den Lohn gemacht werden soll. Auf diese Weise können erfasste Stunden mit und ohne Akkordlohn direkt in die Lohnbuchhaltung übergeben werden. In

---

[13] Zur Ermittlung der Werte für die Zuschlagskalkulation gibt es zum Beispiel von der Handwerkskammer vorgefertigte Kalkulationsblätter, die Ihnen die Arbeit erleichtern. Weitere Literatur finden Sie unter den Stichworten Vollkostenrechnung und Zuschlagskalkulation in jedem guten Wirtschaftslexikon oder im Internet.

GRUNDLAGEN

diesem Fall ist darauf zu achten, dass die Mitarbeiter in der Produktion mit Ihrer Personalnummer angelegt werden.

Mitarbeiterstamm

Im Mitarbeiterstamm haben Sie die Möglichkeit, alle Mitarbeiter anzulegen, die in der Produktion arbeiten. Diese Daten sind erforderlich, um an Hand der Mitarbeiter später die einzelnen Arbeitsgänge zu besetzen und die Kapazitäten zu planen. Unter **Produktion → Stammdaten → Mitarbeiter → Mitarbeiterstamm** können Sie beliebig viele Mitarbeiter erfassen.

> **Mitarbeiter**
>
> Neben der Produktion stehen die hier angelegten Mitarbeiter auch für die Auftragsbearbeitung und das Bestellwesen zur Verfügung. Sie können auch in allen Vorgangsformularen zur Information mit angedruckt werden. In der Auftragsbearbeitung wird darüber hinaus eine Statistik mitgeführt, was der Mitarbeiter für Umsätze fakturiert hat und mit welchem Roherlös.

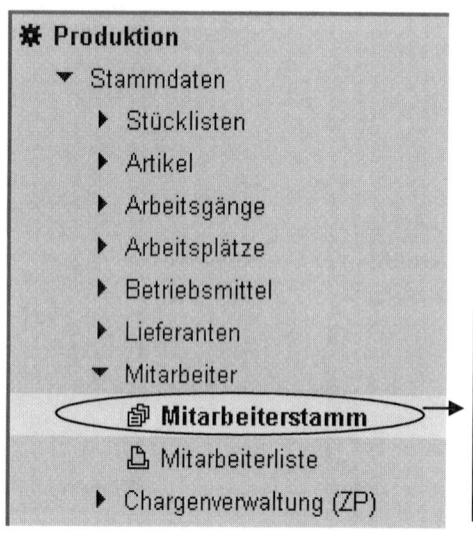

Hier können Sie Ihre Mitarbeiter anlegen. Bitte achten Sie darauf, die Personalnummer aus der Lohnabrechnung zu verwenden, damit später auch eine automatische Übergabe in den Lohn möglich ist.

AUFRUF MITARBEITERSTAMM.

Für die Vergabe der Mitarbeiternummer gibt es keine festen Vorschriften. Sie können wahlweise mit 1 anfangen oder die Personalnummern Ihrer Mitarbeiter verwenden. Die Personalnummer bietet sich insbesondere an, wenn Ihre Mitarbeiter Akkordlohn erhalten und dazu Daten aus der Produktion in die Lohnbuchhaltung übergeben werden[14]. Grundsätzlich können Sie auch alle in der Produktion für den einzelnen Mitarbeiter erfassten Kosten in die Kostenrechnung in der Finanzbuchhaltung übernehmen und einer Kostenstelle zuordnen.

---

[14] Für eine Übergabe der Produktionsdaten in die Lohnbuchhaltung ist eine intensive Abstimmung mit der Personalabteilung erforderlich, da für die Übergabe dann auch die passenden Lohnarten hinterlegt werden müssen. Sie benötigen neben einer Lohnart für den Stundenlohn auch weitere Lohnarten für Zuschläge und Überstunden.

GRUNDLAGEN

📖 **Praxistipp**

Der Mitarbeiterstamm für Auftragsbearbeitung, Bestellwesen und Produktion ist identisch. Sie sollten daher im Vorfeld klären, dass die Mitarbeiter in allen drei Bereichen immer nach dem gleichen System angelegt werden.

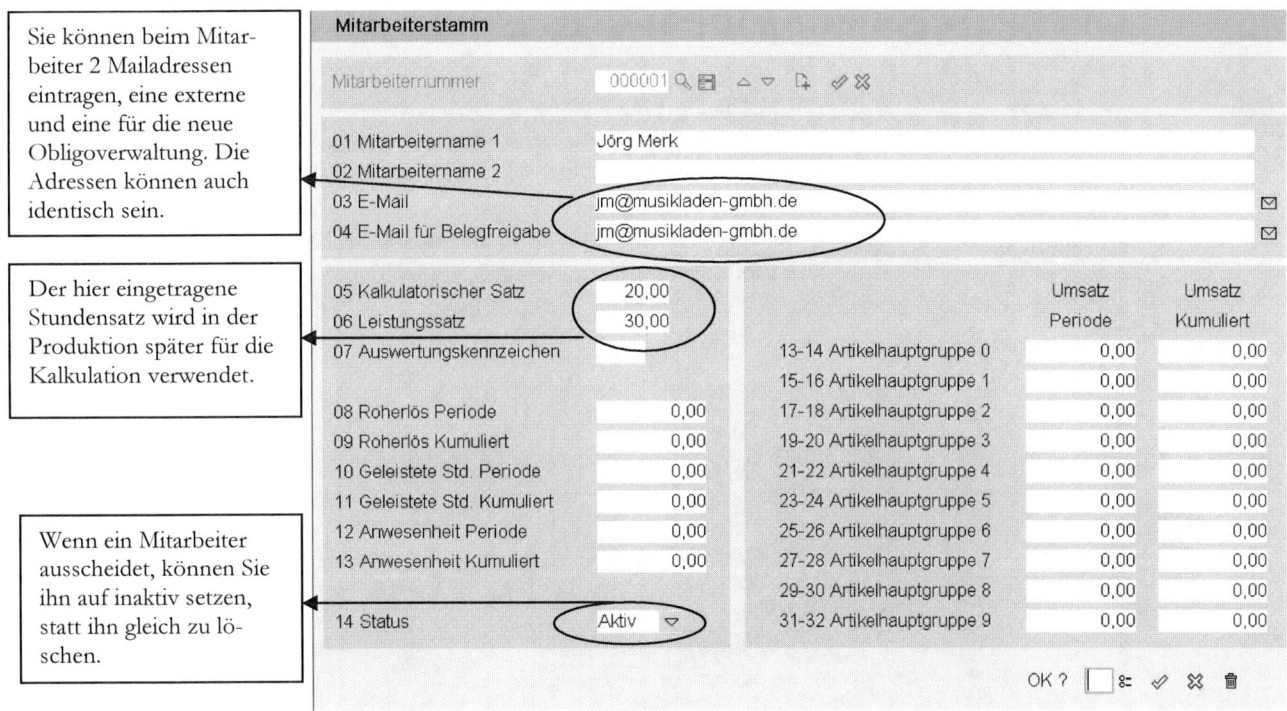

Sie können beim Mitarbeiter 2 Mailadressen eintragen, eine externe und eine für die neue Obligoverwaltung. Die Adressen können auch identisch sein.

Der hier eingetragene Stundensatz wird in der Produktion später für die Kalkulation verwendet.

Wenn ein Mitarbeiter ausscheidet, können Sie ihn auf inaktiv setzen, statt ihn gleich zu löschen.

MITARBEITERSTAMM. Hier legen Sie die einzelnen Sachbearbeiter Ihrer Firma an, die in der Produktion, dem Bestellwesen oder der Auftragsbearbeitung arbeiten.

Legen Sie sich selbst als Mitarbeiter an (mit **F10** vergeben Sie die nächste freie Nummer). In der Zeile Mitarbeitername 2 können Sie zum Beispiel Ihre Durchwahl angeben oder andere Informationen, die Sie später in der Bestellung automatisch mit andrucken möchten. Bitte denken Sie daran, dass die Formulare nicht auf den Mitarbeiter bezogen sind, d.h. wenn Sie mehrere Mitarbeiter anlegen, sollten Sie darauf achten, das alle mit denselben Informationen angelegt werden (also immer die Durchwahl oder eine andere Information).

Feld 03 E-Mail: Geben Sie hier die E-Mail Adresse an, die in den Formularen der Produktion oder in den Korrespondenzformularen angedruckt werden soll (extern).

Feld 04 E-Mail für Belegfreigabe: Tragen Sie hier die E-Mail ein, die für die neue Obligoverwaltung verwendet wird. An diese Adresse wird eine Mail geschickt, wenn ein Beleg gesperrt oder freigegeben wird. Die beiden Adressen können identisch sein.

Tragen Sie anschließend den kalkulatorischen Stundensatz und den Leistungssatz[15] ein. Alle anderen Felder können Sie einfach bestätigen.

---

[15] Der kalkulatorische Satz ist der Satz, mit dem Sie den Mitarbeiter in der Kalkulation berücksichtigen. Er ist in der Regel ca. 50% höher als der Leistungssatz, den der Mitarbeiter pro Stunde in seiner Lohnabrechnung brutto bekommt. Die Differenz liegt in den Lohnnebenkosten, Fehlzeiten und im Urlaub begründet, die der Arbeitgeber ja bezahlen und somit auch in der Kalkulation berücksichtigen muss.

Der Lieferantenstamm

Wenn Sie bereits Kontonummern (Lieferantennummern) vergeben haben, macht es durchaus Sinn, die bestehenden Nummern zu übernehmen. In unserem Fall fangen wir ja komplett neu an und können uns an der DATEV orientieren und mit der Nummer **70000** für unseren ersten Lieferanten anfangen. Auch hier gilt: die Lieferantennummer ist nachträglich nicht mehr änderbar; wenn Sie die Systematik der Nummernkreise ändern und neue Nummern vergeben wollen, dann bitte nach Möglichkeit immer nur zum Jahreswechsel.

Unter **Produktion → Stammdaten → Lieferanten → Lieferantenstamm** können Sie Ihre erste Lieferantennummer eintragen und den Datensatz anlegen. In der Folge können Sie dann immer mit **F10** automatisch die nächste freie Lieferantennummer vergeben.

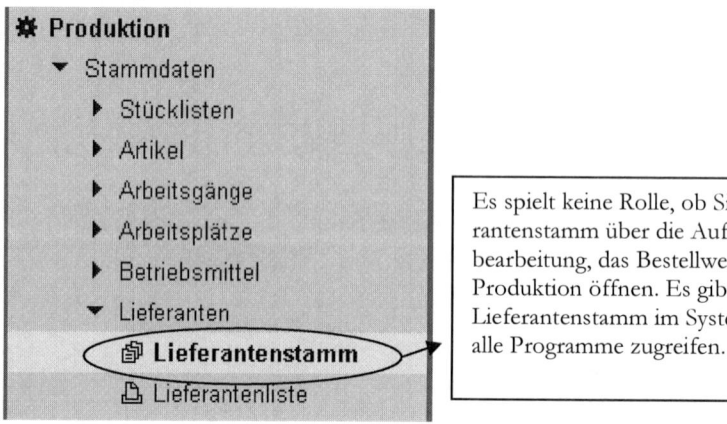

Es spielt keine Rolle, ob Sie den Lieferantenstamm über die Auftragsbearbeitung, das Bestellwesen oder die Produktion öffnen. Es gibt nur einen Lieferantenstamm im System, auf den alle Programme zugreifen.

LIEFERANTENSTAMM. Hier legen Sie neue Lieferanten an und ändern bestehende.

Wir beginnen mit der Nummer **70000** und zählen dann mit **F10** chronologisch weiter. Als erster wichtiger Punkt kommt die Kurzbezeichnung:

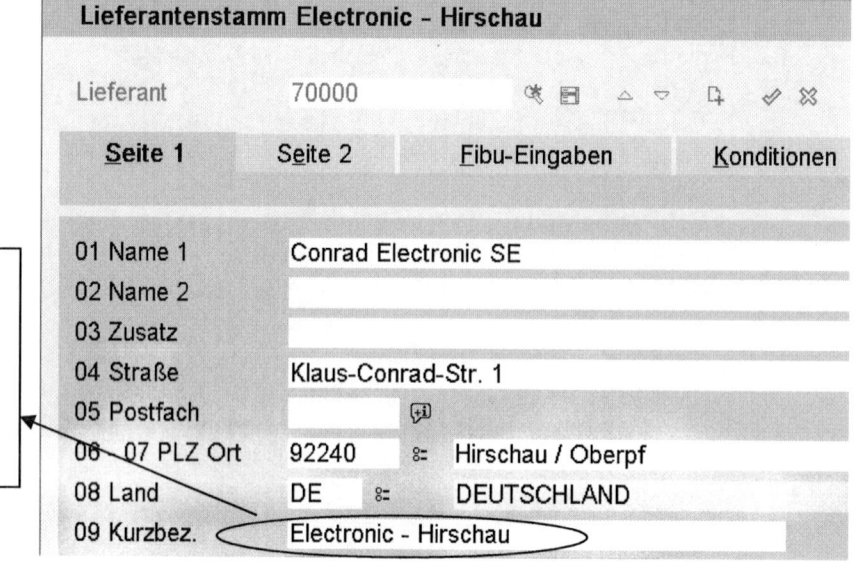

Achten Sie auf die Kurzbezeichnung: das 2. Wort aus Name 1 ist Deutschland. Bitte ändern Sie die Kurzbezeichnung auf Conrad Electronic - Hirschau.

KURZBEZEICHNUNG IM LIEFERANTENSTAMM. Die automatische Vorbelegung der Kurzbezeichnung führt nicht immer zu sinnvollen Ergebnissen.

GRUNDLAGEN

In unserem Fall ist es sinnvoll, die Kurzbezeichnung zu ändern auf Conrad Electronic - Hirschau, weil wir sonst bei der Suche nach Kurzbezeichnung keine optimalen Ergebnisse erzielen. Weiter geht's mit Telefon und Fax und auch hier ist eine Korrektur erforderlich, denn die Faxnummer wird vom System automatisch mit der Telefonnummer vorbelegt.

Mit einem Mausklick auf das Symbol können Sie direkt aus dem Lieferantenstamm die Internetseite Ihres Lieferanten aufrufen.

Geben Sie hier Ihre Kundennummer beim Lieferanten ein. Diese Nummer wird beim Zahlungsverkehr mit angegeben, um dem Lieferanten die Zuordnung der Zahlung zu erleichtern.

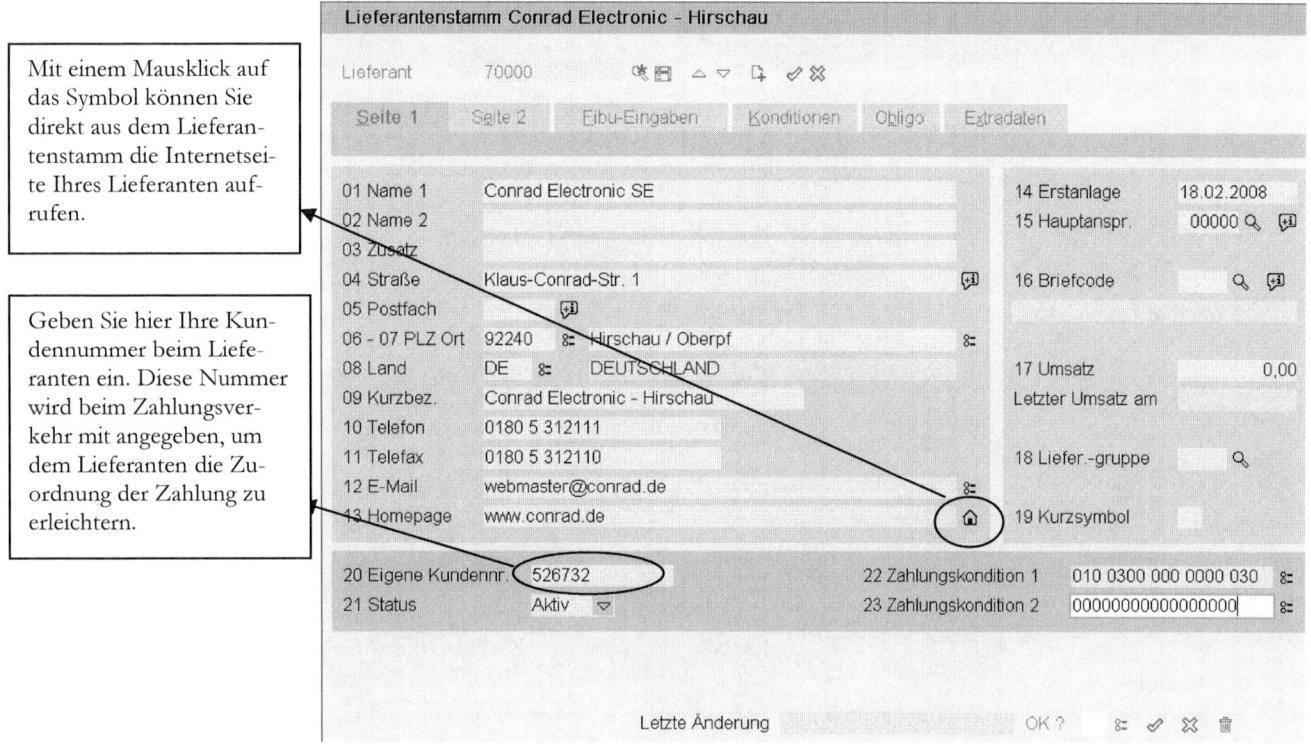

LIEFERANTENSTAMM SEITE 1. Neben den Adressdaten sind vor allem die Eigene Kundennummer (**Feld 20**) und die Zahlungskonditionen wichtig.

Die Felder **15** und **16** können Sie, erst am Schluss pflegen, wenn Sie einen Ansprechpartner für diesen Lieferanten erfasst haben.

Im Feld **18** und **19** haben Sie die Möglichkeit, eigene Kürzel anzulegen, die Ihnen eine zusätzliche Selektionsmöglichkeit für diesen Lieferanten bieten. Wichtig ist die Eingabe Ihrer Kundennummer beim Lieferanten (sofern bekannt), denn diese Nummer wird bei Zahlungen automatisch im Verwendungszweck mit angegeben und erleichtert dem Zahlungsempfänger die Zuordnung.

An dieser Stelle sei noch einmal auf das Handbuch (ist auf der Classic Line CD abgelegt) und auf die Funktionen **F1 = Hilfe** und **F2 = Auswahl** hingewiesen. So ist es Ihnen jederzeit möglich, die kompletten Möglichkeiten aller Felder zu nutzen und die genaue Funktion nachzulesen.

Die Zahlungskonditionen wurden in der Classic Line 2007 komplett überarbeitet: neben der bisher bekannten Möglichkeit der manuellen Eingabe ist es jetzt auch möglich, mit Formeln zur Berechnung der Zahlungsziele zu arbeiten. Wir werden

GRUNDLAGEN

diese Variante am Ende dieses Schulungshanbuches unter Tipps und Tricks ausführlich erklären. An dieser Stelle lenkt es nur vom roten Faden ab[16].

> Wählen Sie F9, um die Zahlungskonditionen manuell zu erfassen.

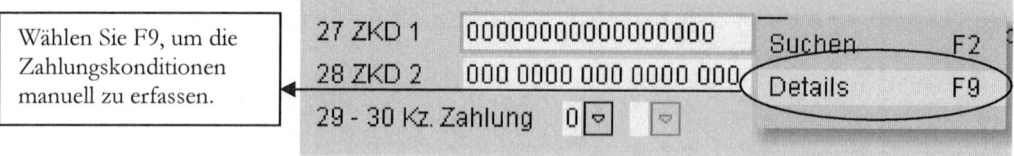

AUFRUF ZAHLUNGSKONDITIONEN Mit **F9** gelangen Sie in die manuelle Eingabe. Mit **F2** können Sie nur zuvor angelegte Zahlungskonditionen auswählen. Mehr zu diesem Thema unter Tipps und Tricks.

Die bisher genutzte Funktion **F2** zum Öffnen der Erfassungsmaske funktioniert nicht mehr, da **F2** generell mit der Funktion **Auswahl** belegt ist. Eine Auswahl steht aber erst zur Verfügung, wenn sie vorher Zahlungskondition angelegt haben.

> Hier sehen Sie, dass Sie in der manuellen Direkteingabe sind.

> Der Wert: Tage ohne Skonto muss immer größer sein, als die Tage mit Skonto. Bei 30 Tage netto wird also nur im letzten Feld der Wert 30 eingetragen.

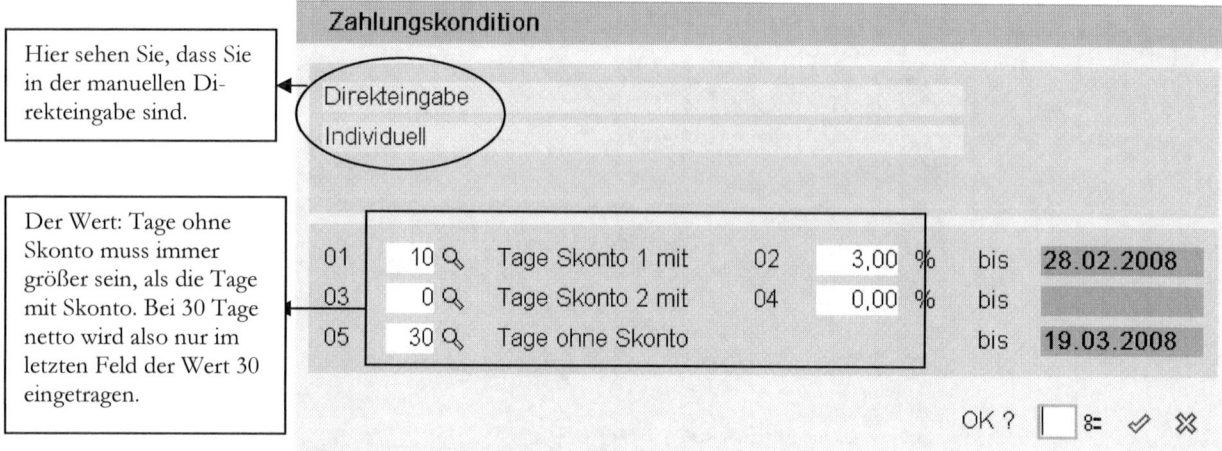

ZAHLUNGSKONDITIONEN Es ist möglich, zwei Skontofristen mit unterschiedlichen Prozentsätzen einzugeben.

Die Skontierung ist so aufgebaut, dass die Eingabe im Feld 5, Tage ohne Skonto, immer größer sein muss, als die Zahl der Tage mit Skonto. Wenn die Rechnung sofort fällig sein soll, einfach nichts eingeben und das Feld Zahlungskonditionen nur bestätigen. Die Zahlungskonditionen 2 bieten für die Faktura die Möglichkeit, für einzelne Artikel unterschiedliche Zahlungskonditionen zuzuordnen, so dass beispielsweise auf Handelsware 3% Skonto gewährt werden, bei Dienstleistungen aber nicht.

---

[16] Mit Hilfe von Formeln ist es jetzt in der Classic Line möglich, auch komplexere Zahlungskonditionen, wie fällig zum 15. des Folgemonats oder ähnliche Konstellationen abzubilden. Diese Art der Konditionen wird vor allem in größeren Firmen und bei Factoring (Verkauf von Forderungen an eine Inkassofirma) eingesetzt, wenn immer nur an bestimmten Tagen Zahlungsläufe gemacht werden.

GRUNDLAGEN

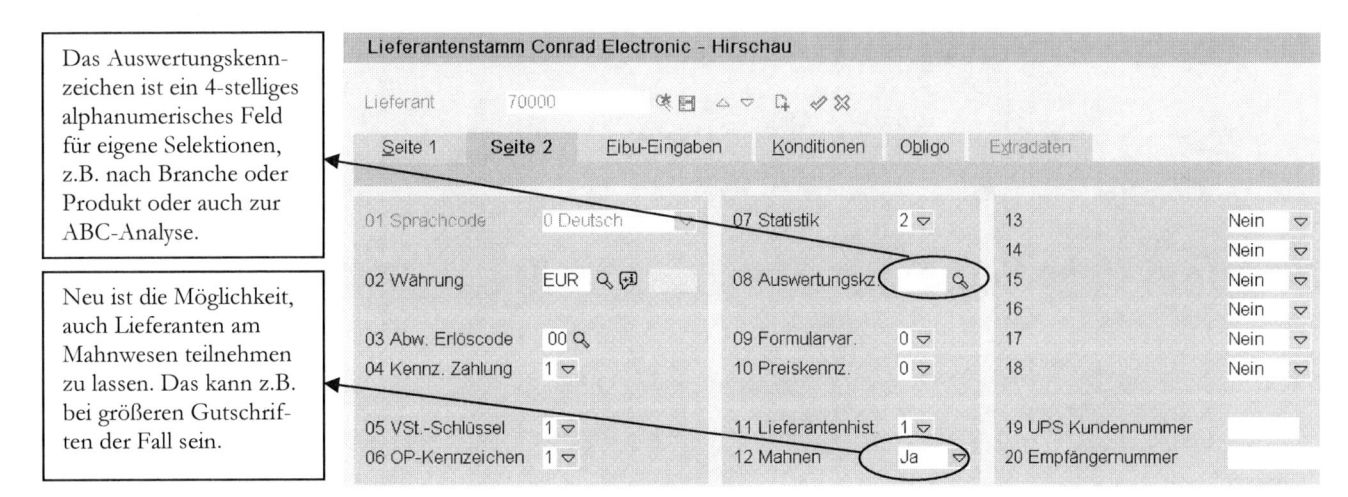

> Das Auswertungskennzeichen ist ein 4-stelliges alphanumerisches Feld für eigene Selektionen, z.B. nach Branche oder Produkt oder auch zur ABC-Analyse.

> Neu ist die Möglichkeit, auch Lieferanten am Mahnwesen teilnehmen zu lassen. Das kann z.B. bei größeren Gutschriften der Fall sein.

LIEFERANTENSTAMM SEITE 2. Die wichtigsten Felder hier sind Währung, Kennzeichen Zahlung, Steuerschlüssel und OP-Kennzeichen. Alle anderen Felder können Sie einfach bestätigen.

02 Währung: In der Regel EUR, bei abweichenden Währungen bitte im Vorfeld klären, in welchen Intervallen die Kurse gepflegt werden sollen (monatlich oder 1x im Jahr). Die Eingabe einer Alternativ-Währung ist nur möglich, wenn es sich bei beiden Währungen um EU-Währungen handelt.

04 Kennzeichen Zahlung: Hier sind die häufigsten Varianten Bankeinzug und Zahlungsverkehr. Bankeinzug bedeutet, unser Lieferant bucht die fälligen Rechnungen von unserem Konto ab, wir müssen also aktiv keine Zahlungen leisten. Zahlungsverkehr heißt: wir leisten die Zahlung per Scheck oder Überweisung; der Lieferant wird bei der Erstellung von Zahlungsvorschlägen automatisch berücksichtigt.

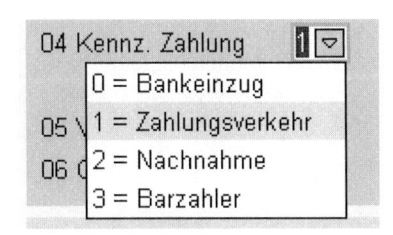

KENNZEICHEN ZAHLUNG. Dieses Kennzeichen steuert die Teilnahme am Zahlungsverkehr, d.h. mit Kennzeichen 1 wird der Lieferant bei der Erstellung von Zahlungsvorschlägen automatisch mit berücksichtigt.

05 Vorsteuer Schlüssel: Hier legen Sie fest, ob der Lieferant in seinen Rechnungen MwSt. ausweist oder nicht. Bitte denken Sie daran, dass es auch im Inland viele Lieferanten gibt, die keine MwSt. ausweisen, also hier als steuerfrei zu markieren sind (z.B. Versicherungen, Gemeinden,....).

06 OP-Kennzeichen: Sinnvoll ist es, grundsätzlich eine OP-Verwaltung mitzuführen; zum einen ist es hilfreich für die Planung der eigenen Liquidität, zum anderen hat man beim Buchen eine bessere Kontrolle, wenn OPs mitgeführt werden. In der Historie der OPs kann man später genau nachvollziehen, wann einzelne Rechnungen mit welcher Zahlung ausgeglichen worden sind.

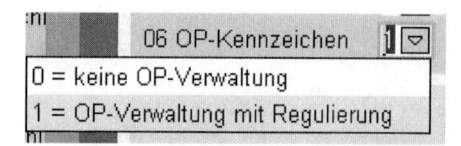

GRUNDLAGEN

```
06 OP-Kennzeichen    1
0 = keine OP-Verwaltung
1 = OP-Verwaltung mit Regulierung
```

LIEFERANTENSTAMM OP-KENNZEICHEN. Selbst wenn mit dem Lieferanten Bankeinzug vereinbart ist, ist es sinnvoll, eine OP-Verwaltung mitzuführen. Häufig wird die Rechnung nicht sofort abgebucht, sondern es sind Zahlungsziele vereinbart; ohne OP-Verwaltung wird es dann schwierig, eine Liquiditätsplanung zu machen.

Alle weiteren Felder können Sie einfach bestätigen, bis Sie am Ende in das Fenster zur Erfassung der Bankverbindung kommen. Wählen Sie Inlandsbankverbindung.

```
Bankverbindung
Inlandsbankverbindung
IBAN / BIC für EU-Standardüberweisung
```

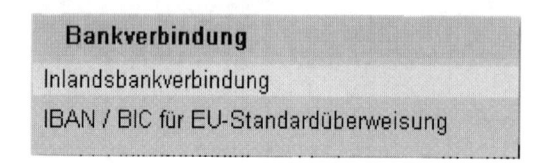

BANKVERBINDUNG. Wählen Sie, ob Sie eine Inlandsbankverbindung anlegen wollen, oder eine ausländische für eine EU-Standardüberweisung[17].

Jedes Mal, wenn Sie hier eine neue Bankleitzahl eingeben, erscheint die Frage: Bank anlegen? Hier sollten Sie immer ja sagen und die Bank mit Namen und Ort eintragen, um Fehler im Zahlungsverkehr zu vermeiden.[18]

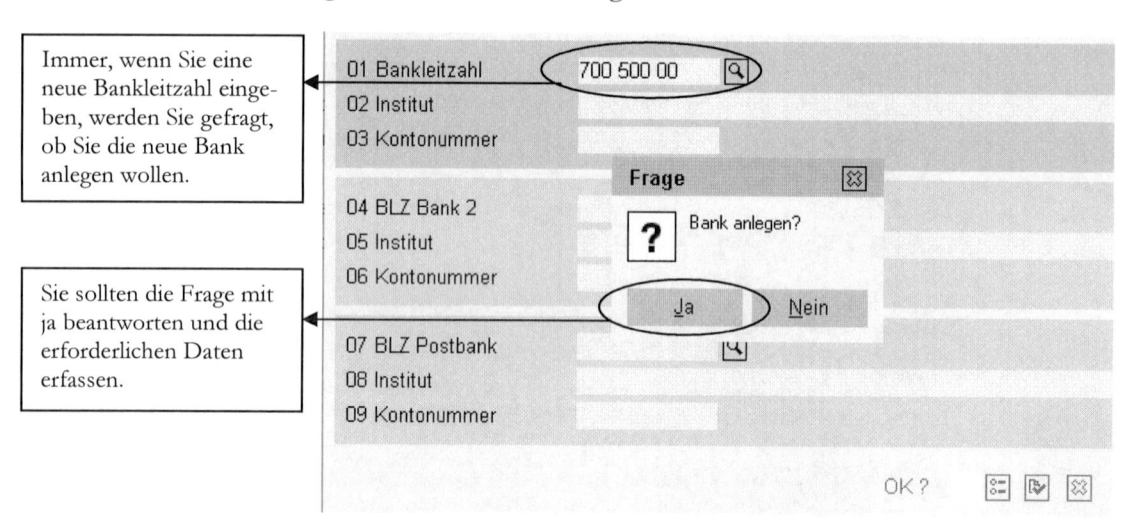

> Immer, wenn Sie eine neue Bankleitzahl eingeben, werden Sie gefragt, ob Sie die neue Bank anlegen wollen.

> Sie sollten die Frage mit ja beantworten und die erforderlichen Daten erfassen.

```
01 Bankleitzahl      700 500 00
02 Institut
03 Kontonummer
                     Frage
                     ? Bank anlegen?
04 BLZ Bank 2
05 Institut
06 Kontonummer
                        Ja    Nein
07 BLZ Postbank
08 Institut
09 Kontonummer

                                OK?
```

LIEFERANTENSTAMM BANKVERBINDUNG. Bitte neue Banken grundsätzlich mit Name und Ort anlegen, damit später die Teilnahme am automatischen Zahlungsverkehr möglich ist.

Nach Bestätigung der Abfrage können Sie Name und Ort der Bank eintragen; die Bank wird dabei automatisch mit diesen Angaben im Bankenstamm gespeichert.

---

[17] **IBAN I**nternational **B**ank **A**ccount **N**umber; weitere Infos dazu unter www.iban.de.
BIC Bank **I**dentifier **C**ode, siehe auch www.zahlungsverkehrsfragen.de/swift.html.

[18] Wenn Sie den Bankleitzahlenstamm importiert haben, wird der Name der Bank automatisch vorgeschlagen, ansonsten ist eine manuelle Eingabe erforderlich. Sie haben später im Programm die Möglichkeit, eine Datei für den elektronischen Zahlungsverkehr zu erzeugen; hier werden Bankleitzahl und Name der Empfängerbank geprüft. Fehlt beim Lieferanten die Bankverbindung oder ist Sie fehlerhaft, so bleibt für die Zahlung nur noch die Alternative Scheck oder Barzahlung.

GRUNDLAGEN

> Wenn Sie den Bankleitzahlenstamm importiert haben, wird der Name der Bank nach Eingabe der Bankleitzahl automatisch vorgeschlagen.

Bankverbindung Inland zu K70000 Conrad Electronic - Hirschau

01 Bankleitzahl — 700 500 00
02 Institut — Bay. Landesbank München
03 Kontonummer — 526732

04 BLZ Bank 2
05 Institut
06 Kontonummer

07 BLZ Postbank
08 Institut
09 Kontonummer

LIEFERANTENSTAMM BANKVERBINDUNG. Bitte geben Sie hier die vollständige Bankverbindung ein.

Jetzt bleiben noch die **Fibu-Eingaben**:

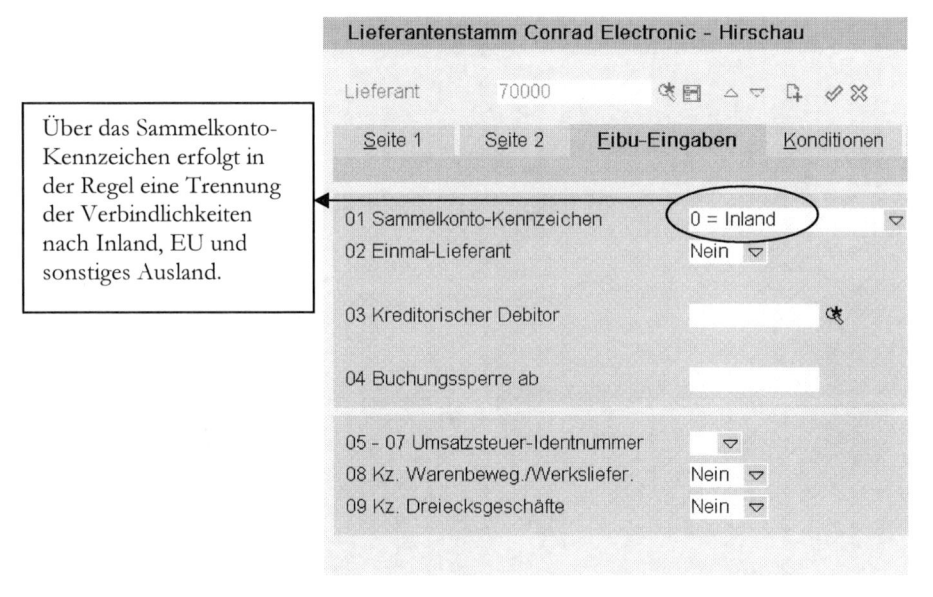

> Über das Sammelkonto-Kennzeichen erfolgt in der Regel eine Trennung der Verbindlichkeiten nach Inland, EU und sonstiges Ausland.

Lieferantenstamm Conrad Electronic - Hirschau

Lieferant 70000

Seite 1 | Seite 2 | **Fibu-Eingaben** | Konditionen

01 Sammelkonto-Kennzeichen — 0 = Inland
02 Einmal-Lieferant — Nein
03 Kreditorischer Debitor
04 Buchungssperre ab
05 - 07 Umsatzsteuer-Identnummer
08 Kz. Warenbeweg./Werkslieferung — Nein
09 Kz. Dreiecksgeschäfte — Nein

LIEFERANTENSTAMM FIBU-EINGABEN. Ergänzen Sie hier die für die Finanzbuchhaltung erforderlichen Daten.

01 Sammelkonto: Jeder Lieferant wird für die Bilanz einem Sammelkonto Verbindlichkeiten a. LL. zugeordnet. Dieses Sammelkonto wird im Hintergrund bei jeder Buchung auf dem Kreditor automatisch mitgebucht.

02 Einmallieferant: Hier haben Sie die Möglichkeit, einen Kreditor "Diverse" anzulegen, auf dem verschiedene Einmallieferanten zusammengefasst werden[19]. Durch das Kennzeichen ja wird erreicht, dass in der Buchungserfassung bei der Erfassung des Offenen Posten ein Fenster geöffnet wird, in dem Sie jetzt die Adressdaten und die Bankverbindung des Lieferanten er-

---

[19] Viele kennen diese Einmallieferanten von der DATEV, wo es auch immer schon A-Diverse, B-Diverse,... gibt, um den Lieferantenstamm nicht unnötig aufzublähen. Hier werden Lieferanten mit dem gleichen Anfangsbuchstaben zusammengefasst.

GRUNDLAGEN

fassen können. Diese Informationen können auch in der OP-Liste mit angedruckt werden.

03 Debitorscher Kreditor: Ist der Lieferant gleichzeitig auch Kunde bei uns, kann hier durch Eingabe seiner Kundennummer eine Verknüpfung der beiden Datensätze erfolgen. (z.Z. nur informativ; eine automatische Verrechnung ist derzeit noch nicht möglich).

04 Buchungssperre: Hier können Sie ein Datum eintragen, ab dem dieses Konto in der Buchhaltung nicht mehr angesprochen werden soll. Auf diese Weise wird verhindert, dass abgeschlossene Konten versehentlich wieder bebucht werden.

05 – 07 Ust.-Id.: Hier ist die Umsatzsteuer Identnummer von Lieferanten aus der EU einzutragen. Diese Eingabe ist für die Zusammenfassende Meldung erforderlich, bei der die Umsätze mit Kunden und Lieferanten innerhalb der EU, nach Umsatzsteuer Identnummern getrennt, gemeldet werden.

Abschließend noch beide Seiten des Lieferantenstamms nach der Eingabe aller Daten, damit Sie noch einmal kontrollieren können, welche Eingaben wir in unserem Datenbestand vorgenommen haben.

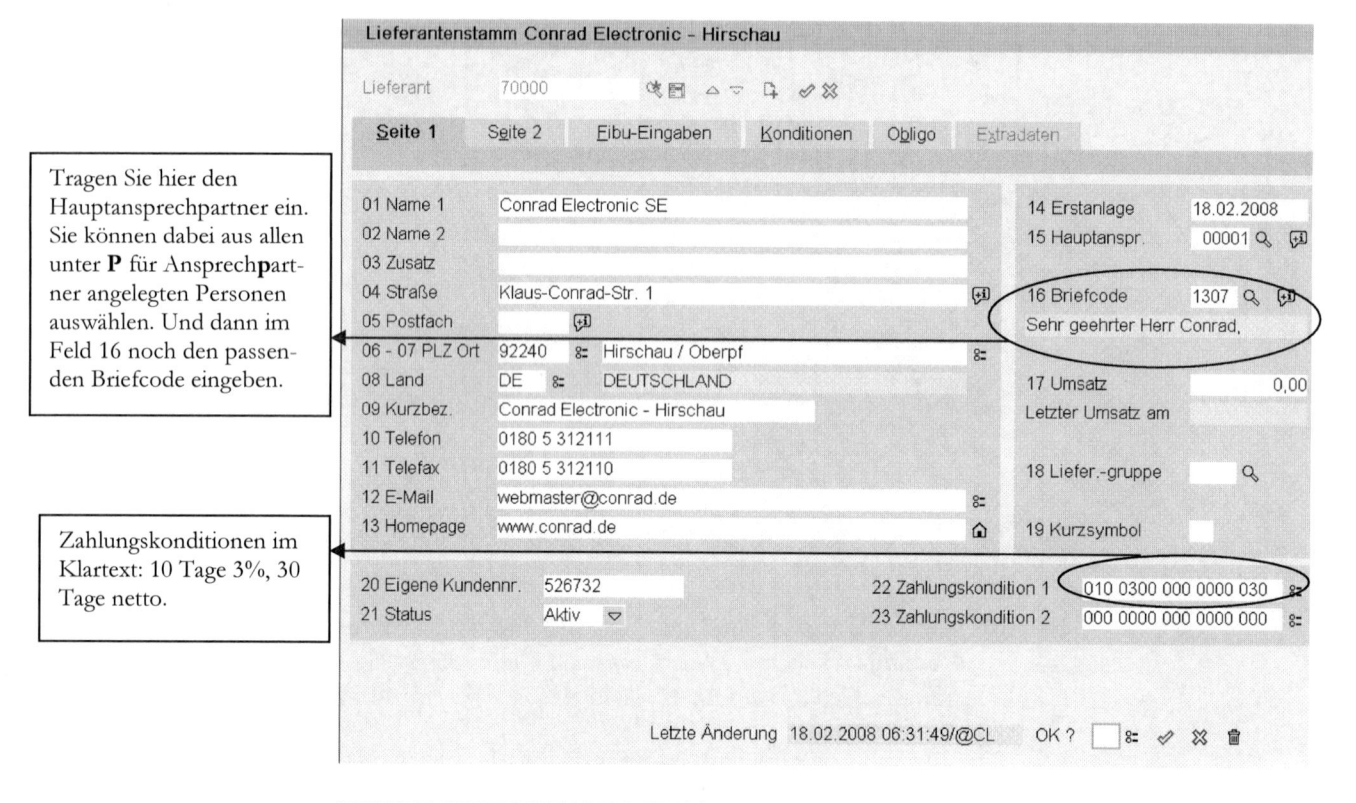

Tragen Sie hier den Hauptansprechpartner ein. Sie können dabei aus allen unter **P** für Ansprech**p**artner angelegten Personen auswählen. Und dann im Feld 16 noch den passenden Briefcode eingeben.

Zahlungskonditionen im Klartext: 10 Tage 3%, 30 Tage netto.

LIEFERANTENSTAMM SEITE 1. Hier die Seite 1 vom Lieferantenstamm mit allen Eingaben, inkl. Hauptansprechpartner und Anrede.

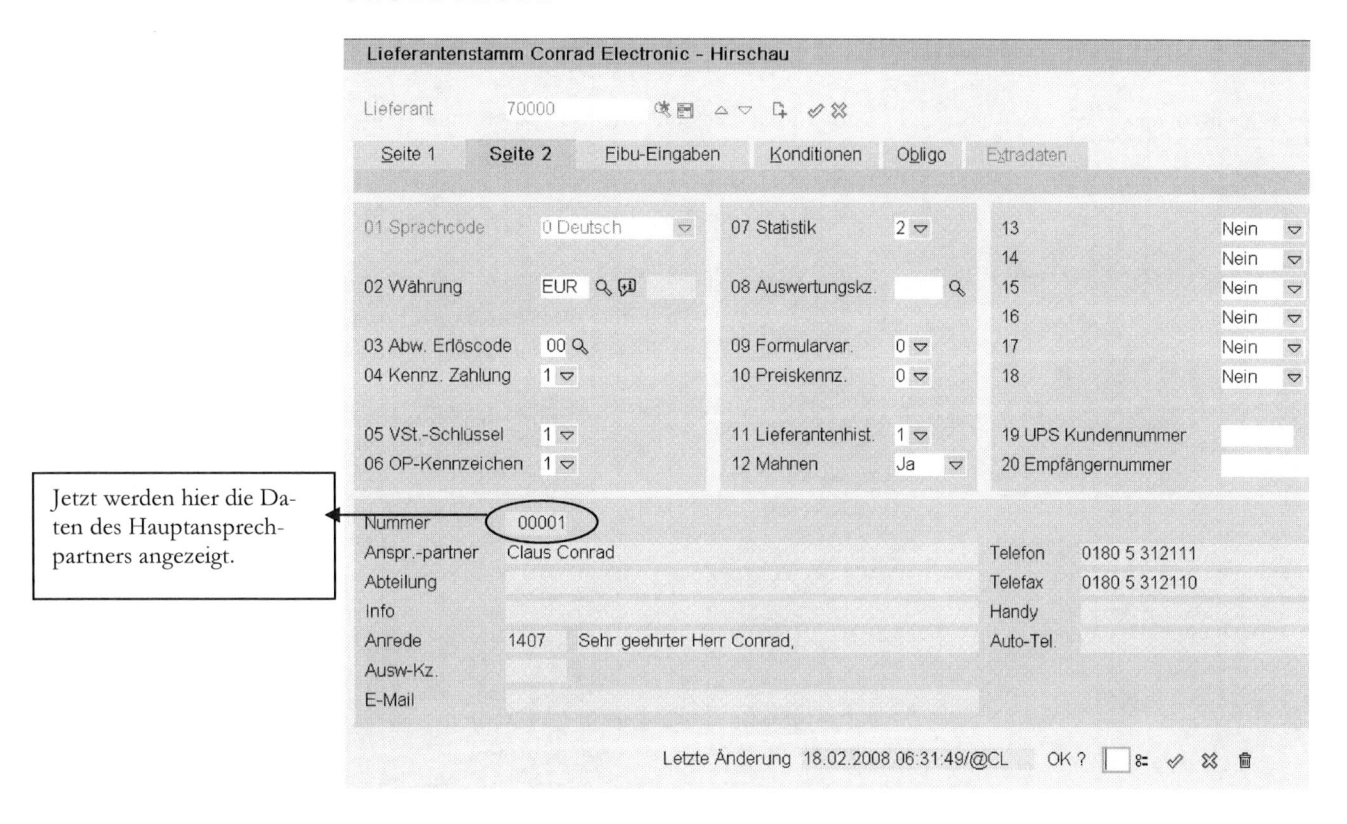

GRUNDLAGEN

Lieferantenstamm Conrad Electronic – Hirschau			
Lieferant	70000		

Seite 1 | **Seite 2** | **Fibu-Eingaben** | **Konditionen** | **Obligo** | **Extradaten**

01 Sprachcode	0 Deutsch	07 Statistik	2	13	Nein
				14	Nein
02 Währung	EUR	08 Auswertungskz.		15	Nein
				16	Nein
03 Abw. Erlöscode	00	09 Formularvar.	0	17	Nein
04 Kennz. Zahlung	1	10 Preiskennz.	0	18	Nein
05 VSt.-Schlüssel	1	11 Lieferantenhist.	1	19 UPS Kundennummer	
06 OP-Kennzeichen	1	12 Mahnen	Ja	20 Empfängernummer	

Nummer	00001		
Anspr.-partner	Claus Conrad	Telefon	0180 5 312111
Abteilung		Telefax	0180 5 312110
Info		Handy	
Anrede	1407 Sehr geehrter Herr Conrad,	Auto-Tel.	
Ausw-Kz.			
E-Mail			

Letzte Änderung 18.02.2008 06:31:49/@CL   OK ?

> Jetzt werden hier die Daten des Hauptansprechpartners angezeigt.

LIEFERANTENSTAMM 2/2. Erst mit Eintragung als Hauptansprechpartner auf der Seite 1 werden die Daten des Ansprechpartners jetzt auch im Lieferantenstamm direkt angezeigt.

Wenn Sie nachträglich noch Änderungen vornehmen möchten, können Sie mit **B** für **Blättern** zwischen den beiden Seiten wechseln, mit Eingabe der Feldnummer in ein bestimmtes Feld springen oder mit **F2** in der **OK-Abfrage** eine andere Option auswählen.

Fragen zur Lernzielkontrolle

☺ **Testen Sie Ihr Wissen**

1) Welche Informationen werden in den Produktionsgrundlagen erfasst?

2) Für welche Bereiche in der Classic Line sind in der Produktion erfasste Mitarbeiter noch verfügbar?

3) Können aus der Produktion Mitarbeiterdaten automatisch in die Lohn- und die Finanzbuchhaltung weitergegeben werden?

4) Was versteht man unter Gemeinkosten?

5) Welche Gemeinkosten kennen Sie?

6) Welcher Nummernkreis ist bei der DATEV für die Kreditoren reserviert?

7) Was verbirgt sich in der Classic Line hinter dem Begriff Einmallieferant?

8) Welche Lieferanten werden ohne Steuer angelegt?

9) Was müssen Sie tun, damit der Ansprechpartner beim Lieferanten auch auf der Seite 2 im Lieferantenstamm angezeigt wird?

© Jörg Merk – Neue Welt Verlag GmbH

GRUNDLAGEN

Praktische Übungen

Tastaturübungen

1) Pflegen Sie die Produktionsgrundlagen, wie in unserem Beispiel.

2) Legen Sie sich selbst mit der Nummer 1 als Mitarbeiter an mit einem Satz von EUR 30,-- für Kalkulation und EUR 20,-- für den Leistungssatz.

3) Erfassen Sie mit der Nummer 2 unseren Azubi Walter Huber (EUR 15,-- und EUR 10,--) und mit der Nummer 3 unseren Meister Robert Perfekt (EUR 45,-- und EUR 30,--).

4) Legen Sie folgenden Lieferanten mit der Nummer **70000** an:

   Conrad Electronic SE
   Klaus-Conrad-Str. 1
   92240 Hirschau
   Tel.: 0180 5 312111
   Fax: 0180 5 312110
   eMail: webmaster@conrad.de
   Internet: www.conrad.de
   Unsere Kundennummer beim Lieferanten: 526732
   Zahlungskonditionen: 10 Tage 3%, 30 Tage netto
   Bankverbindung: Bay. Landesbank München,
   BLZ 700 500 00, Kto. 48706
   Ansprechpartner: Klaus Conrad

5) Legen Sie einen Lieferanten für die Produktion an mit der Nummer **70001** und dem Namen **Eigenproduktion**. Nur Name und Kurzbezeichnung eintragen und alle anderen Felder einfach bestätigen.

6) Legen Sie folgenden Lieferanten mit der Nummer **70002** an:

   Liebl – Holzhandlung Sägewerk
   Robert Liebl
   Zur Kehrmühle 3
   85435 Erding
   Tel.: 08122-14197
   Mail: info@holz-liebl.de
   Internet: www.holz-liebl.de
   Zahlungskonditionen: 14 Tage netto
   Bankverbindung: Dresdner Bank AG,
   BLZ 700 800 00, Kto. 85964258
   Ansprechpartner: Robert Liebl

7) Ergänzen Sie unseren Lieferanten Eigenproduktion in den Grundlagen Produktion.

GRUNDLAGEN

> In unserem Fall können Sie die Frage mit ja beantworten, da wir bisher weder Chargen noch Produktionsaufträge erfasst haben.

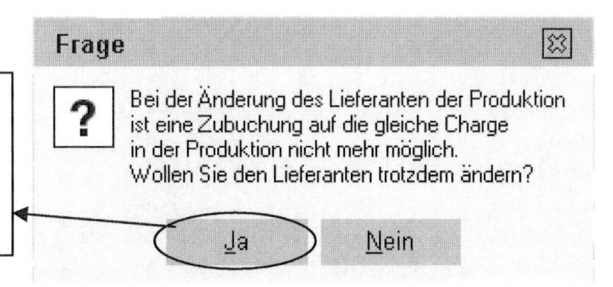

Frage

? Bei der Änderung des Lieferanten der Produktion ist eine Zubuchung auf die gleiche Charge in der Produktion nicht mehr möglich. Wollen Sie den Lieferanten trotzdem ändern?

Ja   Nein

HINWEIS BEIM ÄNDERN DES LIEFERANTEN IN DEN GRUNDLAGEN.
bestätigen Sie den Hinweis mit ja, um fortzufahren.

Damit wir später auch auftragsbezogen produzieren können, legen Sie bitte unter **Auftragsbearbeitung → Stammdaten → Kunden → Kundenstamm** folgenden Kunden an. Dabei ist es sinnvoll, bei der Anlage des ersten Kunden auch gleich Vertreter und Tour anzulegen (einfach die 999 bzw. 99 bestätigen und Zentrale eintragen), damit nicht jedes Mal die Abfrage kommt, ob Sie einen Vertreter anlegen wollen.

8) Legen Sie mit der Kundennummer **10000** folgenden Kunden[20] an:

Cinema Filmtheater München
Nymphenburger Straße 31
80335 München
Tel.: 089-555255
Fax: 089-594559
Mail: info@cinema-muenchen.com
Internet: www.cinema-muenchen.com
Zahlungskonditionen: 14 Tage 2%, 30 Tage netto
Ansprechpartner: Claudia Huber

---

[20] Für die Anlage von Kunden und Lieferanten verweise ich an dieser Stelle auf unsere Schulungshandbücher zur Auftragsbearbeitung und zur Finanzbuchhaltung, wo die Erfassung von Kunden und Lieferanten auf das Ausführlichste erklärt ist. Hier im Schulungshandbuch Produktion setzen wir den Schwerpunkt auf die Erfassung der für die Produktion relevanten Daten.

Betriebsmittel

Die Betriebsmittel lassen sich in 3 Gruppen aufteilen:

1) **Maschinenstamm:** hier legen Sie Maschinen an.

2) **Prüfmittel:** hier werden alle Prüfmittel und Prüfgeräte verwaltet, egal ob sie für die Prüfung von Maschinen verwendet werden oder für die Prüfung von gefertigten Produkten im Rahmen der Qualitätssicherung (QS).

3) **Werkzeuge:** hier legen Sie Werkzeuge an, die in Verbindung mit Ihren Maschinen genutzt werden (z.B. verschiedene Spritzdüsen für Ihren Lackierautomaten, Bohrer für die Bohrmaschine,....).

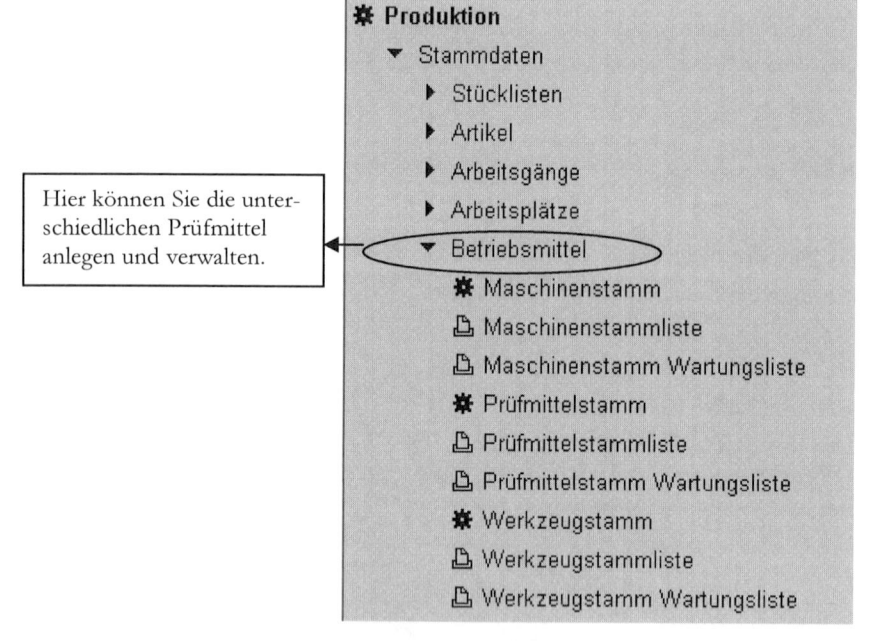

> Hier können Sie die unterschiedlichen Prüfmittel anlegen und verwalten.

```
✱ Produktion
  ▼ Stammdaten
    ▶ Stücklisten
    ▶ Artikel
    ▶ Arbeitsgänge
    ▶ Arbeitsplätze
    ▼ Betriebsmittel
      ✱ Maschinenstamm
      ▵ Maschinenstammliste
      ▵ Maschinenstamm Wartungsliste
      ✱ Prüfmittelstamm
      ▵ Prüfmittelstammliste
      ▵ Prüfmittelstamm Wartungsliste
      ✱ Werkzeugstamm
      ▵ Werkzeugstammliste
      ▵ Werkzeugstamm Wartungsliste
```

BETRIEBSMITTEL. Hier können Sie Ihre unterschiedlichen Betriebsmittel erfassen und verwalten.

Wahlweise können Sie bei jedem Betriebsmittel Wartungen und Prüfungen zuordnen. Die Intervalle für die einzelnen Untersuchungen können dabei in Abhängigkeit der erbrachten Leistung oder einfach nur zeitraumbezogen festgelegt werden. Sie können dann mit Hilfe von Wartungslisten die Wartung Ihrer Werkzeuge und Maschinen überwachen und haben gleich die passende Dokumentation für Ihre **QS** (**Q**ualitäts**s**icherung). Wir beginnen mit unserer Erfassung im Maschinenstamm.

Hier erfassen Sie alle Produktionsmaschinen inklusiv technischer Informationen und Wartungsinformationen. Die Zuordnung von Mitarbeitern und Stundensätzen für die Kalkulation erfolgt erst später im Arbeitsplatzstamm[21].

---

[21] Bitte klären Sie an dieser Stelle, wo sie die Zahlen für die Kalkulation der Maschinenstunden herbekommen. Wenn Sie nicht über eine Kostenrechnung verfügen, die diese Zahlen zu Verfügung stellt, dann hilft Ihnen nur ein **BAB** (**B**etriebs**a**brechnungs**b**ogen) weiter.

BETRIEBSMITTEL

Wählen Sie für die Maschinennummer ein beliebiges System.

Tragen Sie hier die Anlagennummer aus der Anlagenbuchhaltung ein.

Die Telefonnummer wird aus dem Lieferantenstamm übernommen. Bitte achten Sie darauf, hier die Nummer des technischen Supports einzutragen.

In diesem Bereich legen Sie fest, welche Wartungen erforderlich sind und die dazugehörigen Intervalle.

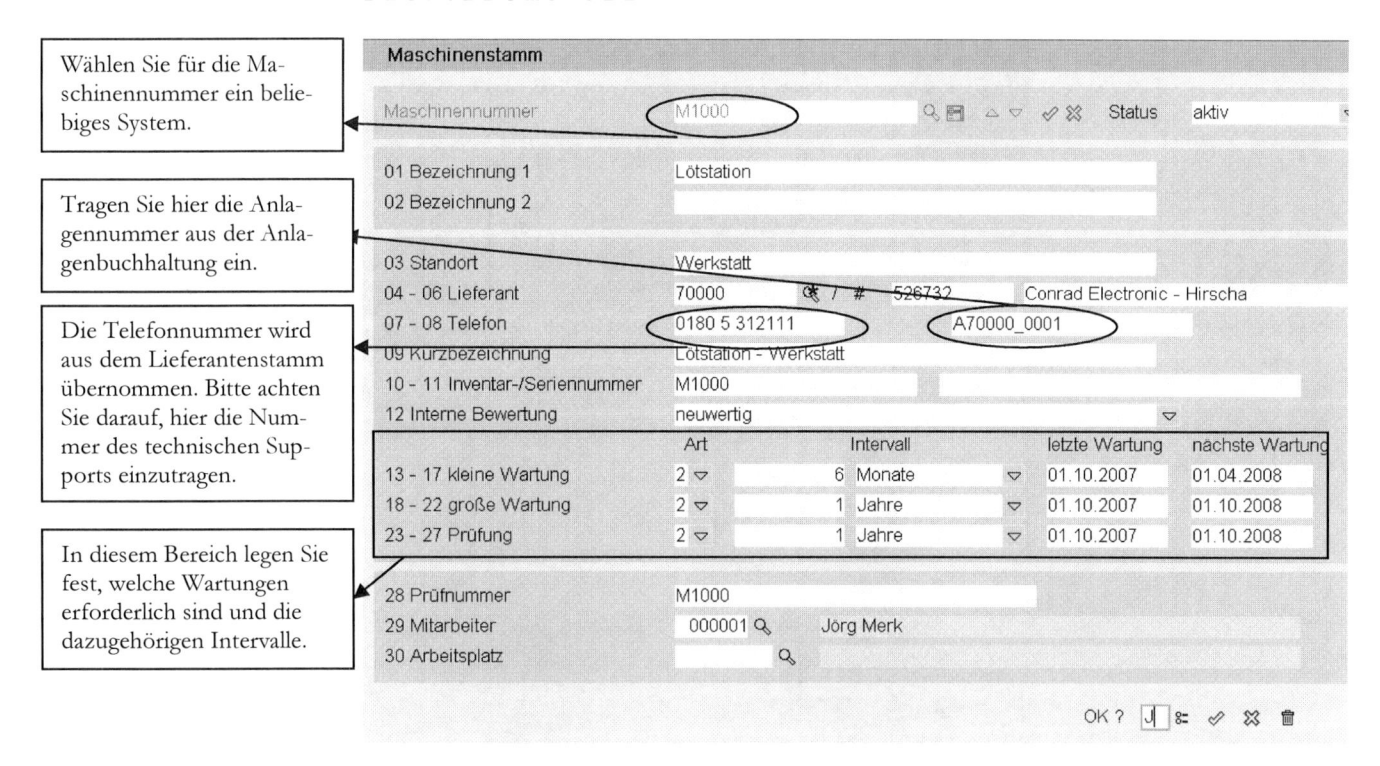

MASCHINENSTAMM. Hier legen Sie Ihre Maschinen mit Standort und Wartungen an. Außerdem können Sie jeder Maschine einen verantwortlichen Mitarbeiter zuordnen.

Zusatztexte werden in den Produktionsaufträgen angezeigt. Hier können Sie für die Produktion wichtige Informationen zur Maschine hinterlegen, wie z.B. die optimale Betriebstemperatur.

Hier können Sie Informationen in Form von Texten zu den einzelnen Tätigkeiten hinterlegen.

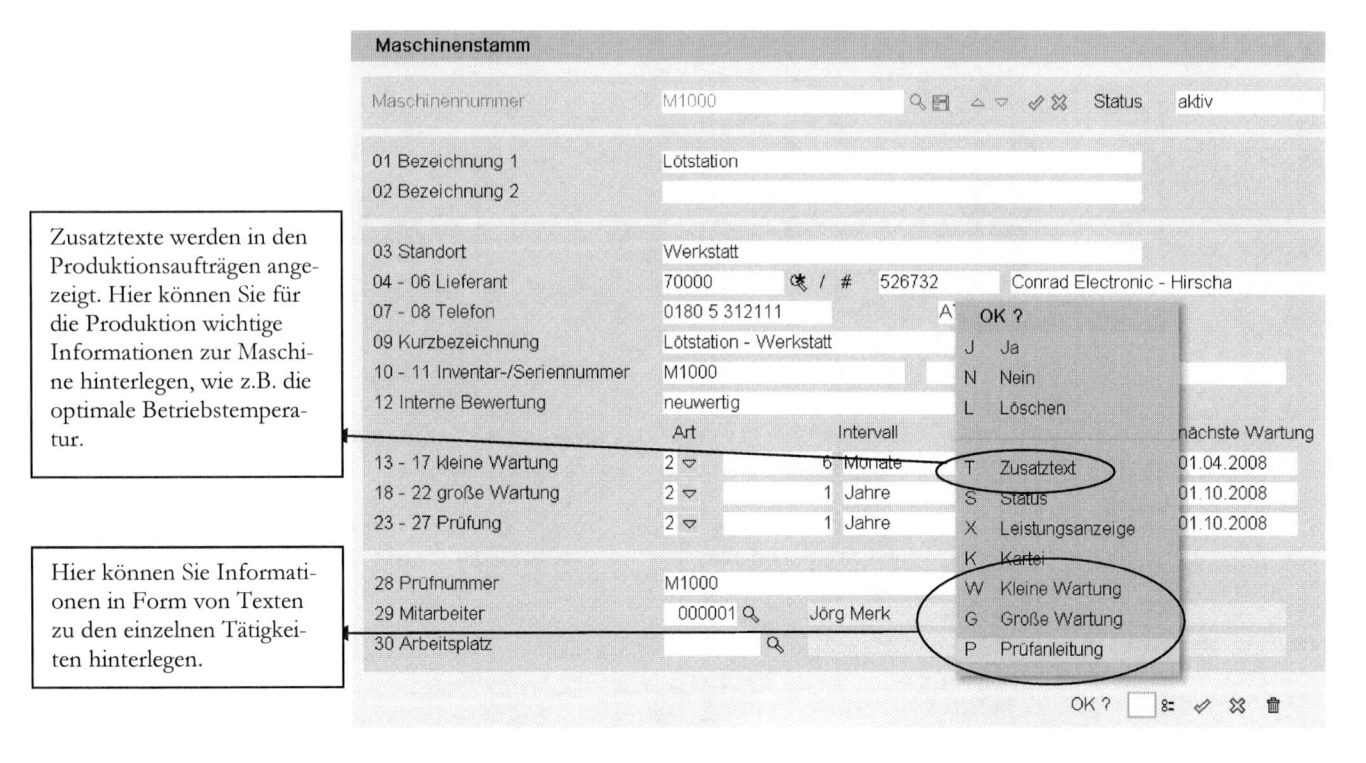

MASCHINENSTAMM. In der OK-Abfrage können Sie mit **F2** weitere Optionen auswählen.

Der Zusatztext bietet die Möglichkeit, Informationen zu erfassen, die später im Produktionsauftrag oder in den Maschinenlisten mit gedruckt werden sollen.

Mit den Kennzeichen für kleine Wartung, große Wartung und Prüfanleitung können Sie jeweils ein Textfenster öffnen und für die einzelnen Bereiche eine kleine

BETRIEBSMITTEL

Anweisung erfassen oder auf eine bestehende Dokumentation oder Arbeitsanweisung verweisen. Diese Texte können in den Wartungslisten gedruckt werden und erleichtern so die Arbeit. Wir werden im Rahmen unserer Schulungsunterlagen auf dieses Detail verzichten, damit Sie den roten Faden nicht aus den Augen verlieren.

Der nächste Bereich sind die Prüfmittel. Dieser Block ist vor allem wichtig bei Firmen, die eine Zertifizierung (z.B. ISO 9000) haben und dafür ein Qualitätssicherungssystem eingeführt haben. Für die Qualitätssicherung ist es erforderlich, die Prüfmittel separat zu verwalten. Dabei spielt es keine Rolle, ob es sich um Prüfmittel zur Warenkontrolle handelt oder um Prüfmittel zur Überprüfung der Produktionsmaschinen. Eine Übersicht über die in Ihrem Betrieb vorhandenen Prüfmittel finden Sie beispielsweise in Ihrem QS-Handbuch oder in der Prüfmittelanweisung.

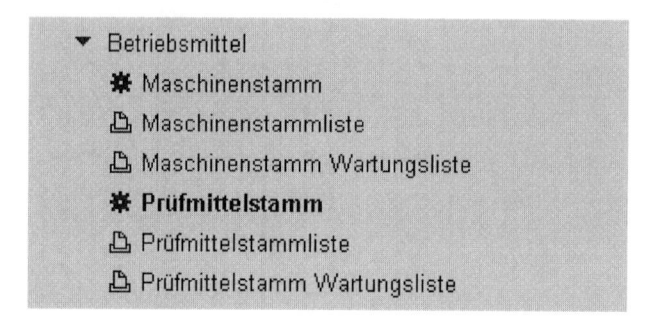

- ▼ Betriebsmittel
  - ✱ Maschinenstamm
  - 🗋 Maschinenstammliste
  - 🗋 Maschinenstamm Wartungsliste
  - ✱ **Prüfmittelstamm**
  - 🗋 Prüfmittelstammliste
  - 🗋 Prüfmittelstamm Wartungsliste

PRÜFMITTELSTAMM. Als nächstes erfassen wir ein neues Prüfmittel.

Der Nummer stellen wir ein **P** für **P**rüfmittel voran.

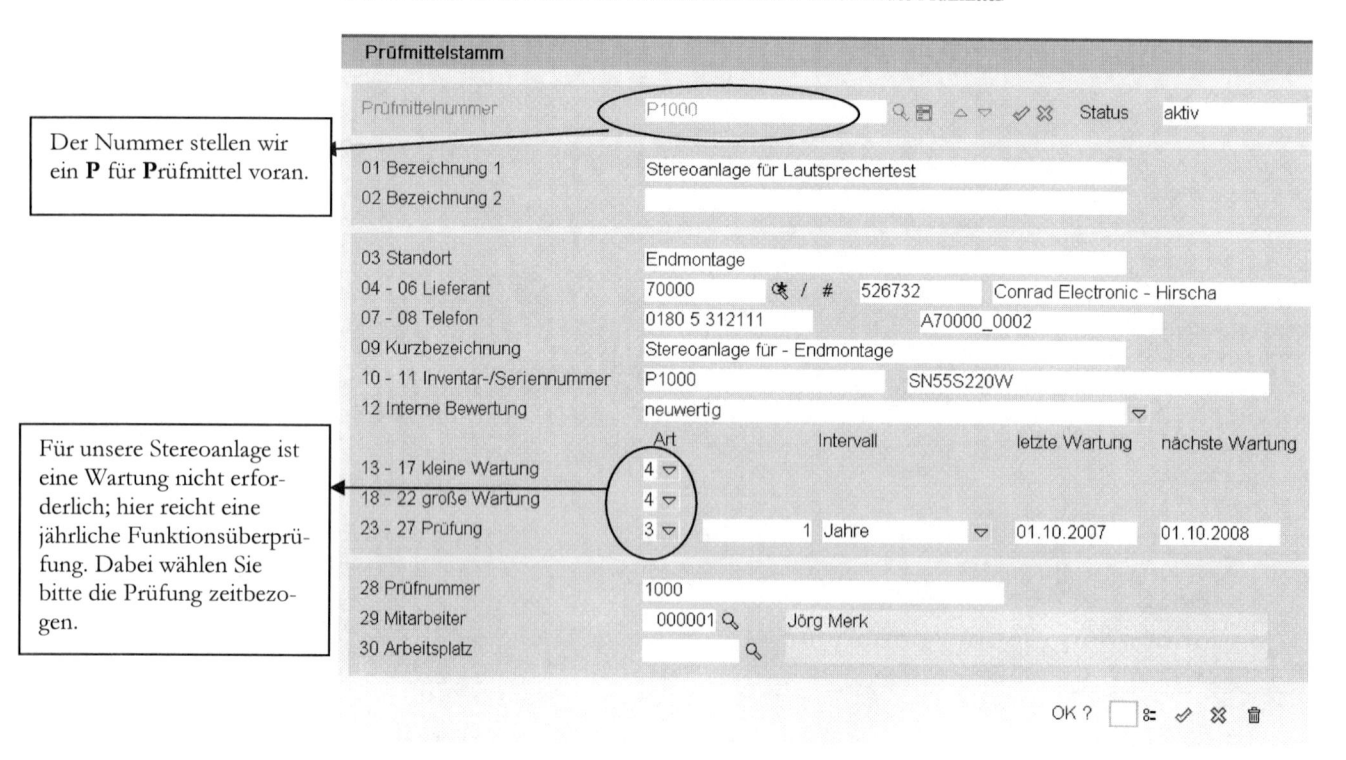

Für unsere Stereoanlage ist eine Wartung nicht erforderlich; hier reicht eine jährliche Funktionsüberprüfung. Dabei wählen Sie bitte die Prüfung zeitbezogen.

Prüfmittelstamm	
Prüfmittelnummer	P1000 — Status aktiv
01 Bezeichnung 1	Stereoanlage für Lautsprechertest
02 Bezeichnung 2	
03 Standort	Endmontage
04 - 06 Lieferant	70000 / # 526732 Conrad Electronic - Hirscha
07 - 08 Telefon	0180 5 312111 A70000_0002
09 Kurzbezeichnung	Stereoanlage für - Endmontage
10 - 11 Inventar-/Seriennummer	P1000 SN55S220W
12 Interne Bewertung	neuwertig
	Art / Intervall / letzte Wartung / nächste Wartung
13 - 17 kleine Wartung	4
18 - 22 große Wartung	4
23 - 27 Prüfung	3 / 1 Jahre / 01.10.2007 / 01.10.2008
28 Prüfnummer	1000
29 Mitarbeiter	000001 Jörg Merk
30 Arbeitsplatz	

PRÜFMITTEL. In unserem Beispiel wählen wir als Prüfmittel eine Stereoanlage zum Test unserer Lautsprecher.

Die Nummernvergabe für Maschinen, Prüfmittel und Werkzeuge ist beliebig. Wir stellen in unserem Beispiel immer einen Buchstaben (**M** für **M**aschinen, **P** für

---
© Jörg Merk – Neue Welt Verlag GmbH

BETRIEBSMITTEL

Prüfmittel oder **W** für **W**erkzeuge) voran und beginnen unsere Zählung mit der Nummer 1000. Somit ergibt sich folgendes Bild:

- **M1000**   1. Maschine
- **P1000**   1. Prüfmittel
- **W1000**   1. Werkzeug[22]

Sie können aber auch Gruppen bilden, indem Sie die Nummernkreise erweitern und z.B. eine 3-stellige Nummer für die Gruppe voranstellen. Das könnte dann auch so aussehen: P-001-00001. Dabei steht dann das P für Prüfmittel, die 001 für Endprodukte und die letzten 5 Stellen dienen als Zähler und werden fortlaufend erhöht. Dann könnten Sie als nächste Gruppe mit P-002-00001 anfangen, wobei dann die 002 z.B. für Maschinen steht. In dieser Gruppe werden dann alle Maschinenprüfmittel zusammengefasst. Das gibt Ihnen bei Listen und Auswertungen die Möglichkeit, eine Auswahl vorzunehmen. Genau die gleichen Möglichkeiten haben Sie bei der Erfassung von Werkzeugen.

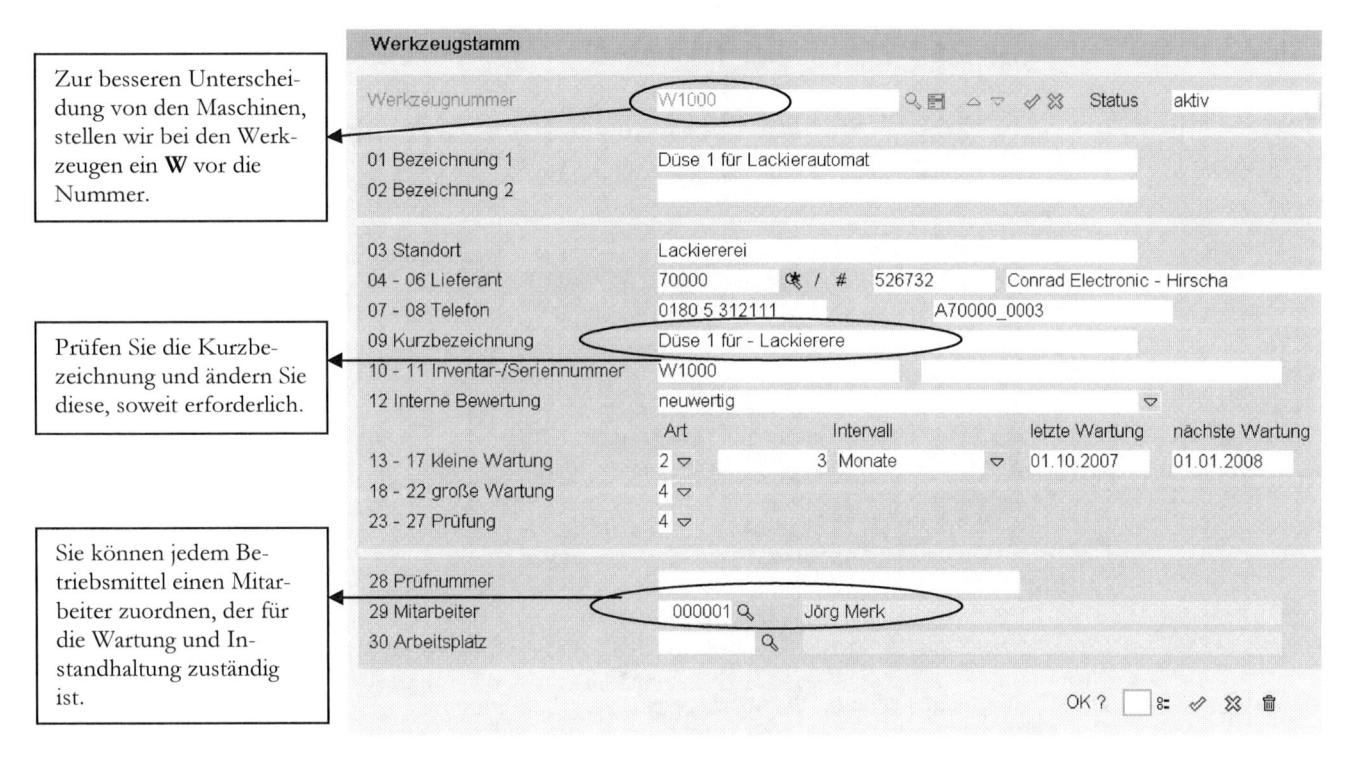

> Zur besseren Unterscheidung von den Maschinen, stellen wir bei den Werkzeugen ein **W** vor die Nummer.

> Prüfen Sie die Kurzbezeichnung und ändern Sie diese, soweit erforderlich.

> Sie können jedem Betriebsmittel einen Mitarbeiter zuordnen, der für die Wartung und Instandhaltung zuständig ist.

Werkzeugstamm

Werkzeugnummer	W1000 — Status aktiv
01 Bezeichnung 1	Düse 1 für Lackierautomat
02 Bezeichnung 2	
03 Standort	Lackiererei
04 - 06 Lieferant	70000 / 526732 Conrad Electronic - Hirscha
07 - 08 Telefon	0180 5 312111 A70000_0003
09 Kurzbezeichnung	Düse 1 für - Lackierere
10 - 11 Inventar-/Seriennummer	W1000
12 Interne Bewertung	neuwertig

	Art	Intervall	letzte Wartung	nächste Wartung
13 - 17 kleine Wartung	2	3 Monate	01.10.2007	01.01.2008
18 - 22 große Wartung	4			
23 - 27 Prüfung	4			

28 Prüfnummer	
29 Mitarbeiter	000001 Jörg Merk
30 Arbeitsplatz	

WERKZEUGSTAMM. Im Werkzeugstamm werden Werkzeuge für Maschinen angelegt. Durch die getrennte Verwaltung von Werkzeugen und Maschinen ist es möglich, die Werkzeuge auch für andere Maschinen zu verwenden.

Nach der Erfassung unserer Betriebsmittel können wir jetzt unseren ersten Arbeitsplatz anlegen.

---

[22] Werkzeuge zu verwalten ist eine sinnvolle Option, aber nicht zwingend erforderlich. Sie können sich auch im ersten Schritt in der Produktion darauf beschränken, nur die Maschinen anzulegen und auf die Verwaltung von Werkzeugen und Prüfmitteln komplett zu verzichten. Eine nachträgliche Anlage ist jederzeit möglich.

Der Arbeitsplatz in der Produktion

Ein Arbeitsplatz besteht in der Regel aus einem Betriebsmittel (Maschine, Werkzeug oder Prüfmittel) und einem oder mehreren Mitarbeiter(n) zur Bedienung dieses Betriebsmittels.

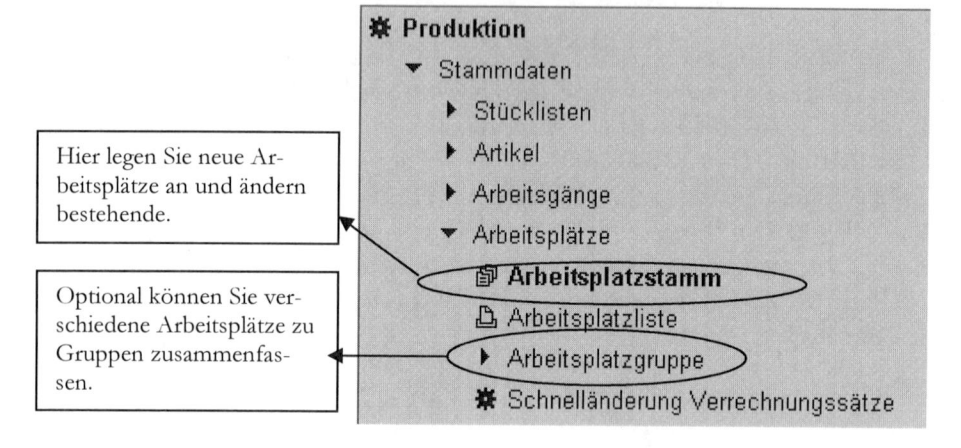

> Hier legen Sie neue Arbeitsplätze an und ändern bestehende.

> Optional können Sie verschiedene Arbeitsplätze zu Gruppen zusammenfassen.

ARBEITSPLATZSTAMM – AUFRUF. Die einzelnen Arbeitsplätze können auch zu Gruppen zusammengefasst werden. Das ist sinnvoll, wenn Sie Arbeitsplätze haben, die im Produktionsprozess austauschbar sind (z.B. 3 Lackierstationen). Dann ist es im Produktionsprozess in der Regel egal, an welcher Lackierstation die Teile lackiert werden.

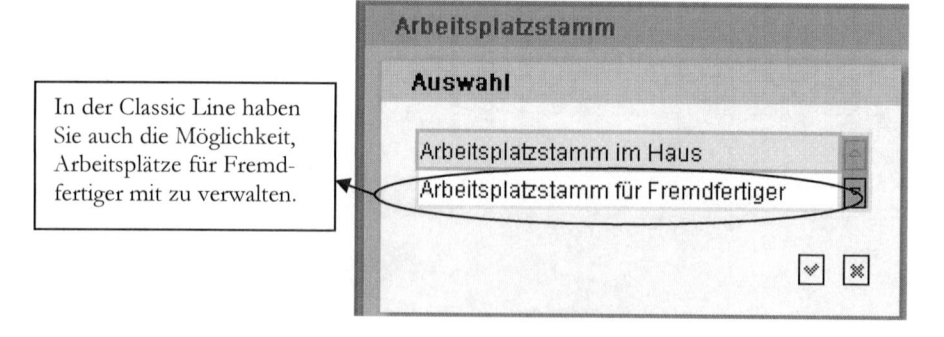

> In der Classic Line haben Sie auch die Möglichkeit, Arbeitsplätze für Fremdfertiger mit zu verwalten.

AUSWAHL. Im ersten Schritt können Sie wählen, ob der Arbeitsplatz bei Ihnen im Haus ist, oder ob es sich um eine Fremdfertigung handelt. In unserem Beispiel wählen wir den Arbeitsplatz im Haus.

In vielen Teilen der Industrie ist es üblich, Arbeitsschritte, die eine spezielle Technologie und aufwendige Maschinen erfordern, an Spezialisten auszulagern. Ein typisches Beispiel dafür ist die Beschichtung von Oberflächen z.B. das Verchromen. Für die meisten Betriebe ist es zu aufwendig, solche Schritte selbst durchzuführen und deshalb werden Sie die zu beschichtenden Teile für diesen Arbeitsschritt an einen Spezialisten zur Beschichtung weitergeben und anschließend die folgenden Produktionsschritte wieder selbst übernehmen. **Um diese Variante in unserer Produktion umzusetzen, ist das Zusatzmodul Fremdfertigung erforderlich.** Aus diesem Grund werden wir uns in unseren Schulungsunterlagen auf die Eigenfertig beschränken.

Wenn Sie die Grundlagen der Produktion und die einzelnen Schritte beim Ablauf eines Produktionsauftrages erst einmal verinnerlicht haben, wird es für Sie ein Leichtes sein, auch eine Fremdfertigung zu integrieren.

DER ARBEITSPLATZ IN DER PRODUKTION

Bestätigen Sie mit ja, um eine neue Arbeitsplatzgruppe anzulegen.

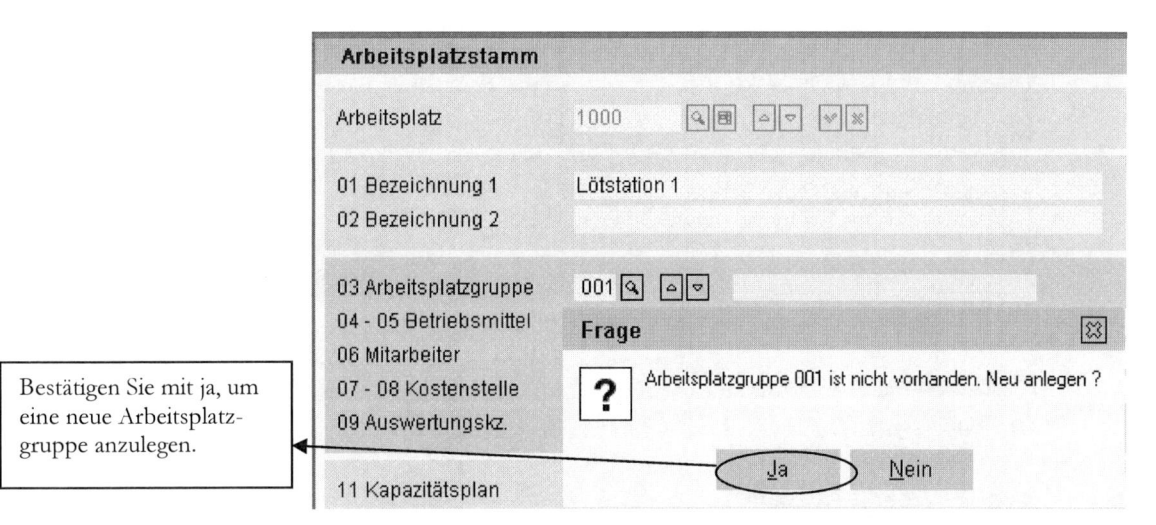

ARBEITSPLATZGRUPPE. Wählen Sie mit **F2** oder geben Sie eine neue Nummer ein, um eine neue Arbeitsplatzgruppe anzulegen.

ARBEITSPLATZGRUPPE. Die Gruppen sind sinnvoll, wenn Sie mehrere gleichartige Arbeitsplätze haben, die im Produktionsprozess austauschbar sind.

Geben Sie hier die Bezeichnung für die neue Arbeitsplatzgruppe ein.

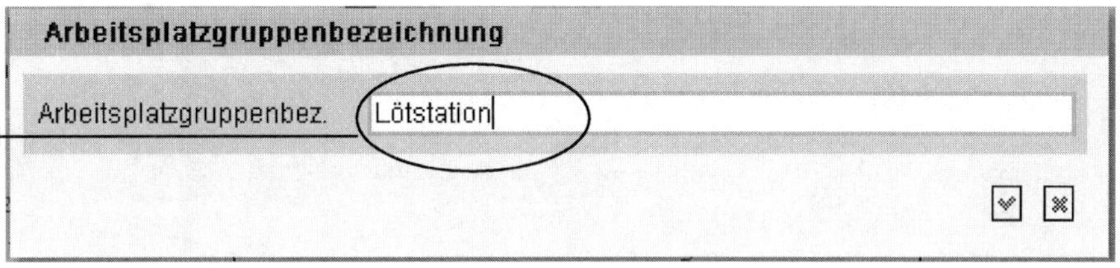

ARBEITSPLATZGRUPPENBEZEICHNUNG. Hier erfassen Sie den Namen der neuen Arbeitsplatzgruppe.

Dem Arbeitsplatz wird ein Betriebsmittel zugeordnet. Das kann eine Maschine, ein Werkzeug oder ein Prüfmittel sein. In unserem Beispiel ist es eine Maschine, die Lötstation 1.

Die Verfügbarkeit einzelner Arbeitsplätze liegt in der Regel nicht bei 100 %, sondern zwischen 80 und 100%, bedingt durch Pausen und Reinigungen / Reparaturen.

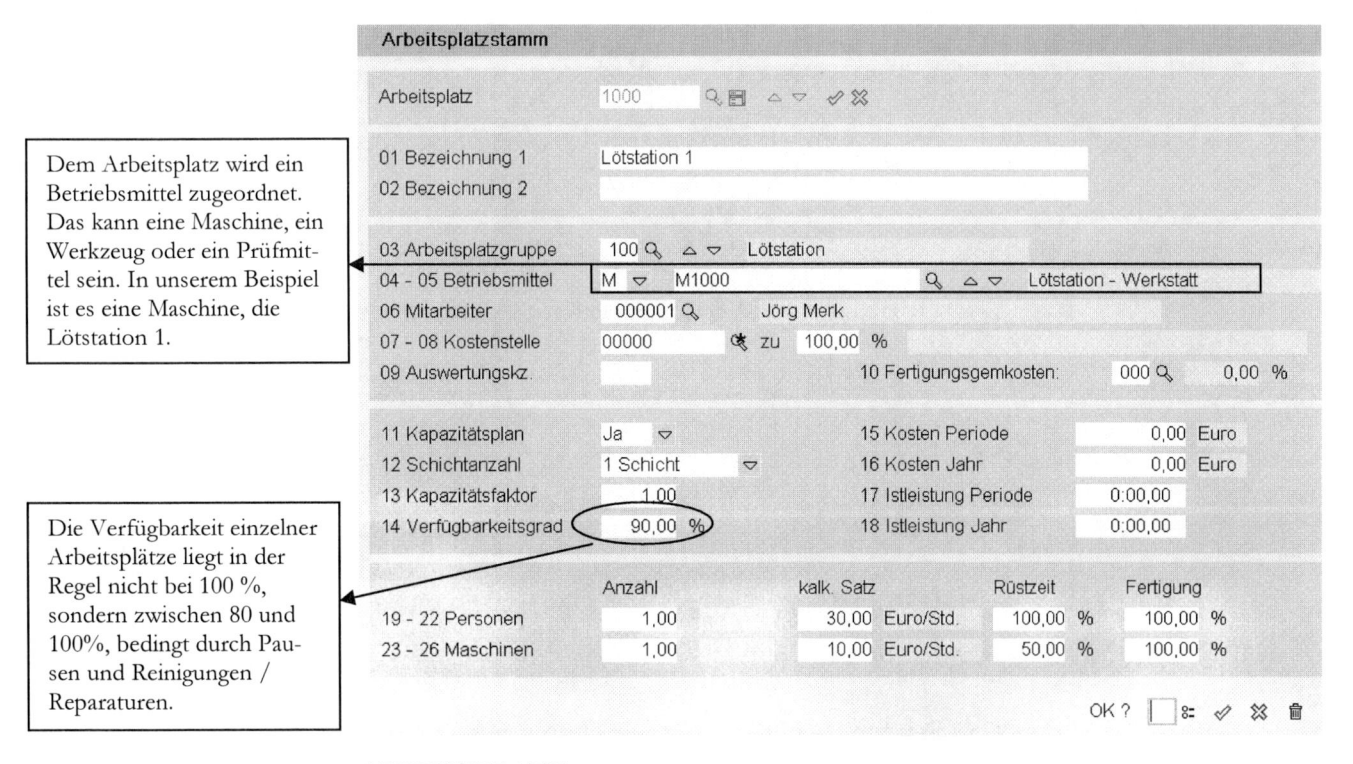

ARBEITSPLATZ. Hier sehen Sie den Arbeitsplatz mit allen Eingaben.

© Jörg Merk – Neue Welt Verlag GmbH

DER ARBEITSPLATZ IN DER PRODUKTION

Im Arbeitsplatzstamm werden Betriebsmittel und Gemeinkostensatz zugeordnet. Von **Feld 11** bis **14** können Sie alle für die Kapazitätsplanung erforderlichen Angaben machen. Wir gehen davon aus, dass wir später eine Kapazitätsplanung machen werden, deshalb geben wir im Feld 11 ein ja ein. Wir planen mit einer Schicht und dem Kapazitätsfaktor 1. Die Verfügbarkeit setzen wir auf 90%. Die **Felder 15 – 18** werden vom Programm automatisch gepflegt.

Zuletzt tragen wir noch die Anzahl Personen und die Anzahl der Maschinen ein, die für diesen Arbeitsplatz erforderlich sind. Dazu gibt es jeweils die kalkulatorischen Stundensätze für unsere Preiskalkulation und die Festlegung, zu welchem Prozentsatz diese Stundensätze für die Rüstzeit[23] und für die Fertigung herangezogen werden.

> **Rüstkosten**
>
> Je höher die Rüstkosten für einen Arbeitsplatz sind, also die Kosten, die erforderlich sind, um den Arbeitsplatz betriebsbereit zu machen, desto stärker die Schwankung der Herstellungskosten bei unterschiedlichen Stückzahlen. Je höher die Rüstkosten, desto wichtiger ist es, in vernünftigen Losgrößen zu produzieren. Wir werden das später noch am Beispiel der Vorkalkulation verdeutlichen.

Wenn Sie alle erforderlichen Eingaben gemacht haben, einfach mit **+** (ja) und **ENTER** speichern.

Bei der Einrichtung der Arbeitsplätze spielen einige grundsätzliche Dinge eine Rolle, über die man sich bei der Einrichtung Gedanken machen sollte. Folgende Fragestellungen können Ihnen dabei Anregungen geben:

- Soll mit Kostenrechnung (Kostenstelle / Kostenträger) gearbeitet werden?

- Soll dem Arbeitsplatz ein fester Mitarbeiter oder eine Mitarbeiterklassifizierung (z.B. Facharbeiter, Azubi, ...) zugeordnet werden?[24]

- Arbeiten Sie im Schichtbetrieb? Wenn ja, wie viele Schichten?

- Haben Sie schon Verfügbarkeiten für die einzelnen Arbeitsplätze ermittelt?

Bei Bedarf sind an dieser Stelle jederzeit Änderungen möglich.

---

[23] Die Rüstzeit ist die Zeit, die erforderlich ist, einen Arbeitsplatz oder eine Maschine soweit vorzubereiten, dass die Produktion starten kann. Zur Rüstzeit gehört bei einem Lackierautomat z.B. das Einfüllen der Farbe, die Montage der richtigen Lackierdüse, das Einschalten des Automaten inkl. Aufwärmphase, das Aufsetzen des Atemschutzes,..... um nur einmal ein Beispiel zu nennen. Die Kosten, die mit diesen Zeiten der Vorbereitung verbunden sind, sind die sogenannten Rüstkosten.

[24] Wenn Sie viele Aushilfen beschäftigen, eine hohe Fluktuation haben oder Leiharbeiter beschäftigen, kann es sinnvoll sein, statt Mitarbeitern mit Namen nur Mitarbeitertypen anzulegen und dabei auf die Qualifikation abzustellen, wie z.B. Lackierer, Azubi, Facharbeiter,...

Arbeitsgänge

Der Arbeitsgang beschreibt eine Tätigkeit, die an einem Arbeitsplatz ausgeführt wird. Neben der Zuordnung des Arbeitsplatzes werden hier die Rüstzeit und die Fertigungszeit je Teil erfasst.

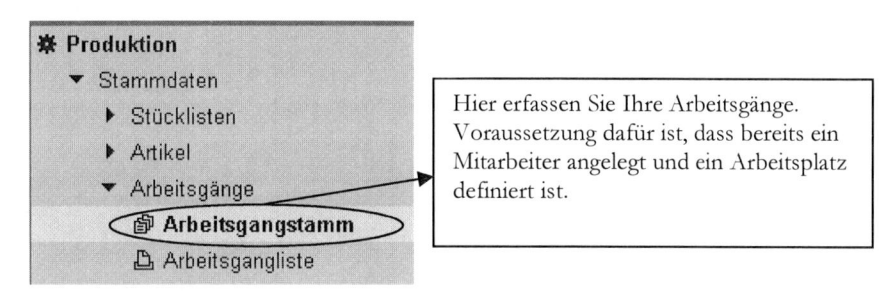

> Hier erfassen Sie Ihre Arbeitsgänge. Voraussetzung dafür ist, dass bereits ein Mitarbeiter angelegt und ein Arbeitsplatz definiert ist.

ARBEITSGÄNGE - PROGRAMMAUFRUF.

Wenn Sie, wie in unserem Beispiel, einen neuen Mandanten für die Produktion verwenden und die Arbeitsgänge erfassen wollen, müssen Sie zunächst einmal die Lohnkonstanten anlegen. Hintergrund ist die Möglichkeit, in der Produktion auch die Daten für den Akkordlohn zu erfassen. Da wir in unserem Fall keine Daten an die Lohnbuchhaltung weitergeben, haben wir Ihnen für die Pflege Mindestdaten zur Verfügung gestellt, die Sie erfassen müssen, um in der Produktion weiterzukommen. Sollten Sie später mit der Schnittstelle arbeiten, werden die Lohndaten ohnehin vom Lohnbüro gepflegt. Die Abfrage nach den Lohnkonstanten kommt nur, wenn der Lohn auch installiert ist. Das ist z.B. bei der Demoversion der Fall. Sollte diese Abfrage bei Ihnen nicht kommen, können Sie die nächsten Seiten einfach überblättern.

> Wenn Sie den Lohn installiert haben, müssen Sie die Abfrage mit Ja beantworten, um weiterzukommen.

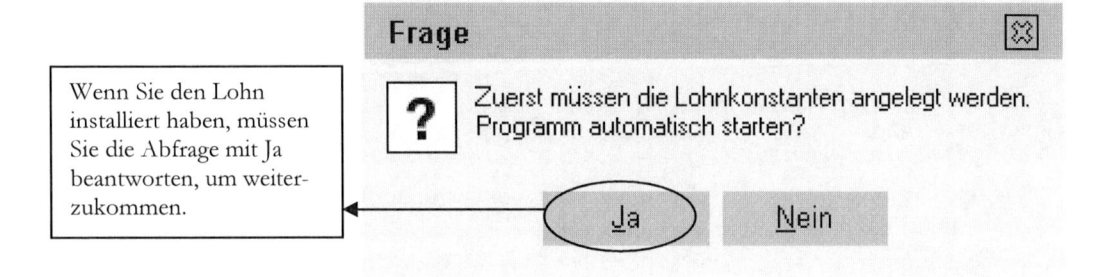

Frage: Zuerst müssen die Lohnkonstanten angelegt werden. Programm automatisch starten? [Ja] [Nein]

FRAGE. In unserem Beispiel kommt die Frage nach den Lohnkonstanten, weil auch der Lohn installiert ist.

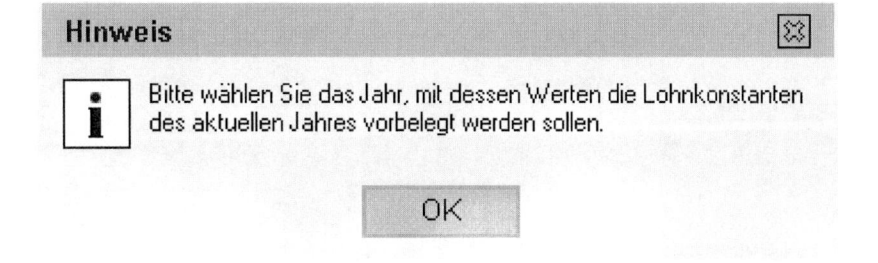

Hinweis: Bitte wählen Sie das Jahr, mit dessen Werten die Lohnkonstanten des aktuellen Jahres vorbelegt werden sollen. [OK]

HINWEIS ZU DEN LOHNKONSTANTEN. Einfach bestätigen um zur Auswahl zu gelangen.

ARBEITSGÄNGE

> Wählen Sie als Periode immer den Januar des Jahres, mit dem Sie die Arbeit im Programm aufnehmen.

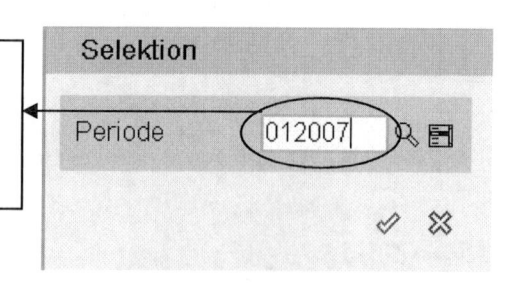

Selektion

Periode 012007

AUSWAHL PERIODE. Wir fangen grundsätzlich im Januar des ausgewählten Jahres an.

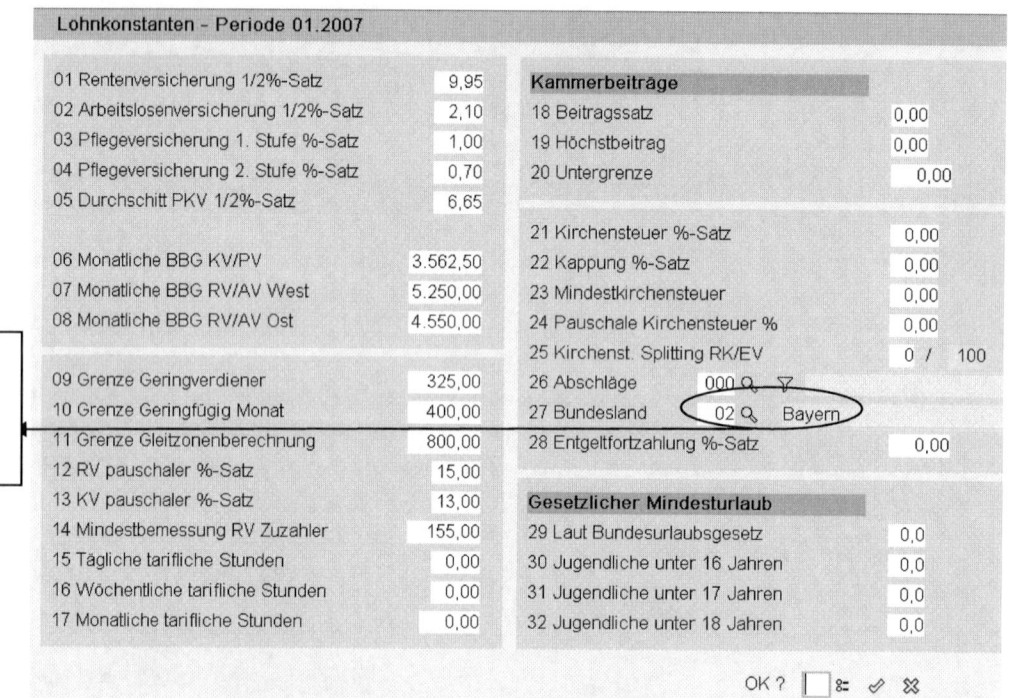

Lohnkonstanten – Periode 01.2007

01 Rentenversicherung 1/2%-Satz	9,95	**Kammerbeiträge**		
02 Arbeitslosenversicherung 1/2%-Satz	2,10	18 Beitragssatz	0,00	
03 Pflegeversicherung 1. Stufe %-Satz	1,00	19 Höchstbeitrag	0,00	
04 Pflegeversicherung 2. Stufe %-Satz	0,70	20 Untergrenze	0,00	
05 Durchschitt PKV 1/2%-Satz	6,65			
		21 Kirchensteuer %-Satz	0,00	
06 Monatliche BBG KV/PV	3.562,50	22 Kappung %-Satz	0,00	
07 Monatliche BBG RV/AV West	5.250,00	23 Mindestkirchensteuer	0,00	
08 Monatliche BBG RV/AV Ost	4.550,00	24 Pauschale Kirchensteuer %	0,00	
		25 Kirchenst. Splitting RK/EV	0 /	100
09 Grenze Geringverdiener	325,00	26 Abschläge	000	
10 Grenze Geringfügig Monat	400,00	27 Bundesland	02	Bayern
11 Grenze Gleitzonenberechnung	800,00	28 Entgeltfortzahlung %-Satz	0,00	
12 RV pauschaler %-Satz	15,00			
13 KV pauschaler %-Satz	13,00	**Gesetzlicher Mindesturlaub**		
14 Mindestbemessung RV Zuzahler	155,00	29 Laut Bundesurlaubsgesetz	0,0	
15 Tägliche tarifliche Stunden	0,00	30 Jugendliche unter 16 Jahren	0,0	
16 Wöchentliche tarifliche Stunden	0,00	31 Jugendliche unter 17 Jahren	0,0	
17 Monatliche tarifliche Stunden	0,00	32 Jugendliche unter 18 Jahren	0,0	

> Wenn Sie anders nicht weiterkommen, geben Sie zumindest das Bundesland ein. (Auswahl mit **F2**).

LOHNKONSTANTEN SEITE 1. Auf den ersten beiden Seiten sind keine zwingend erforderlichen Angaben zu machen, d.h. Sie können die ersten beiden Seiten einfach mir **+** (Ja) bestätigen.

Die nächste Seite können Sie komplett bestätigen und alle Vorgaben übernehmen. Unter Perioden unabhängige Angaben Teil 1 von 2 müssen Sie dann zwingend die Betriebsnummer eintragen, um weiterzukommen.

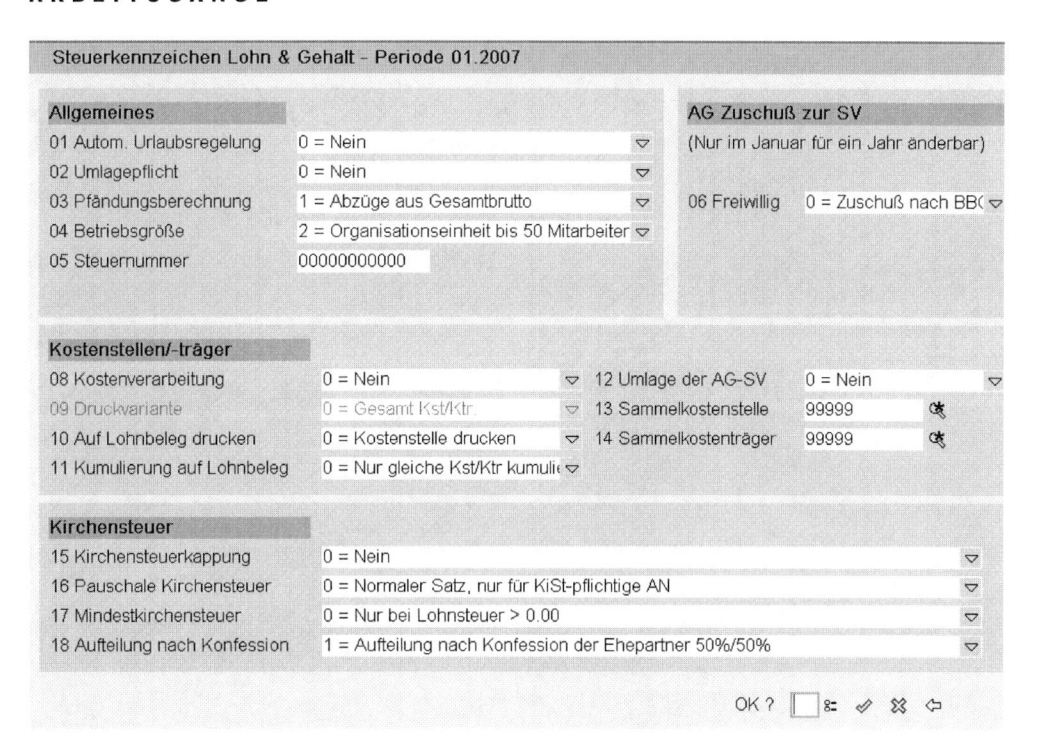

ARBEITSGÄNGE

Steuerkennzeichen Lohn & Gehalt - Periode 01.2007			
Allgemeines		**AG Zuschuß zur SV**	
01 Autom. Urlaubsregelung	0 = Nein	(Nur im Januar für ein Jahr änderbar)	
02 Umlagepflicht	0 = Nein		
03 Pfändungsberechnung	1 = Abzüge aus Gesamtbrutto	06 Freiwillig	0 = Zuschuß nach BBG
04 Betriebsgröße	2 = Organisationseinheit bis 50 Mitarbeiter		
05 Steuernummer	00000000000		
Kostenstellen/-träger			
08 Kostenverarbeitung	0 = Nein	12 Umlage der AG-SV	0 = Nein
09 Druckvariante	0 = Gesamt Kst/Ktr.	13 Sammelkostenstelle	99999
10 Auf Lohnbeleg drucken	0 = Kostenstelle drucken	14 Sammelkostenträger	99999
11 Kumulierung auf Lohnbeleg	0 = Nur gleiche Kst/Ktr kumulie		
Kirchensteuer			
15 Kirchensteuerkappung	0 = Nein		
16 Pauschale Kirchensteuer	0 = Normaler Satz, nur für KiSt-pflichtige AN		
17 Mindestkirchensteuer	0 = Nur bei Lohnsteuer > 0.00		
18 Aufteilung nach Konfession	1 = Aufteilung nach Konfession der Ehepartner 50%/50%		

LOHNKONSTANTEN – SEITE 2. Hier können Sie einfach alle Felder bestätigen.

Periodenunabhängige Angaben Teil 1/2			
Angaben zum Arbeitgeber		15 Einsatz Abrechnung	01.2007
01 Name		16 Einsatz DEUV	
02 Straße/Postfach		17 Einsatz elektron. Beitragsnachweis	01.2006
03 Ort		18 Ratenzahlung Januarbeiträge	Nein
04 Ansprechpartner		19 letzte Rate	
05 Telefon		Währung Vorjahr/Aktuelles Jahr	---/EUR
06 Telefax			
07 E-Mail		20-31 Monatliche betriebliche Arbeitstage 2007	
08 Internet		01 02 03 04 05 06 07 08 09 10 11 12	
09 Kontonummer		23 20 22 21 23 21 22 23 20 23 22 21	
10 Bankleitzahl			
11 Betriebsnummer	11221113	32 Mandantenübergreifende Krankenkassenbeitragssätze	Ja
12 Zahlstellennr.	00000000		
13 Kündigungsfrist	keine Angabe	Wertguthaben auf Lohnbeleg ausweisen	
14 LFZ Kind krank	0 Tage	33 Druckposition für Stunden	0
		34 Druckposition für Betrag	0

Beginn der Abrechnung ist bei uns 01.2007.

Wenn Sie nicht mit dem Lohn arbeiten, können Sie die Betriebsnummer aus unserem Beispiel verwenden.

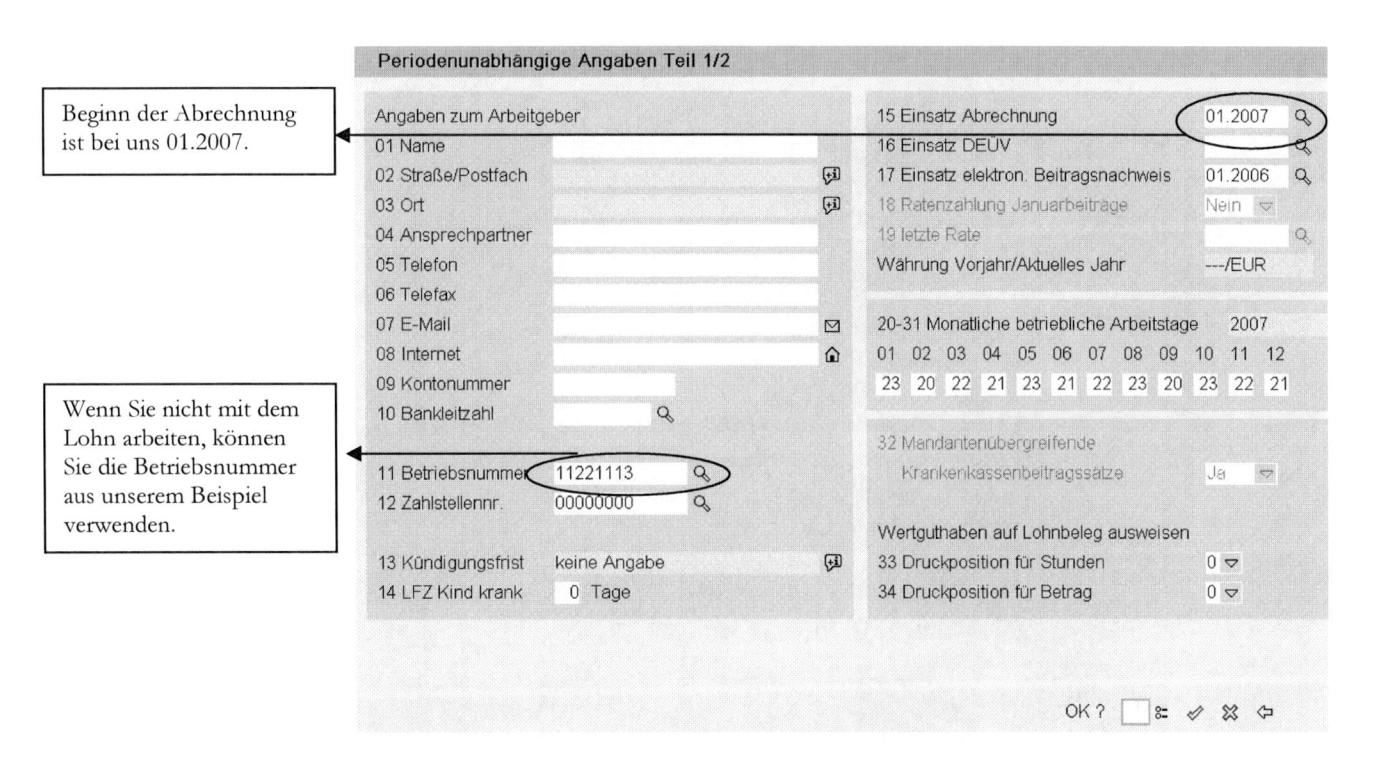

LOHNKONSTANTEN – PERIODENUNABHÄNGIGE ANGABEN 1/2. Tragen Sie hier die Firmenanschrift, die Betriebsnummer und den Beginn der Abrechnung ein.

© Jörg Merk – Neue Welt Verlag GmbH

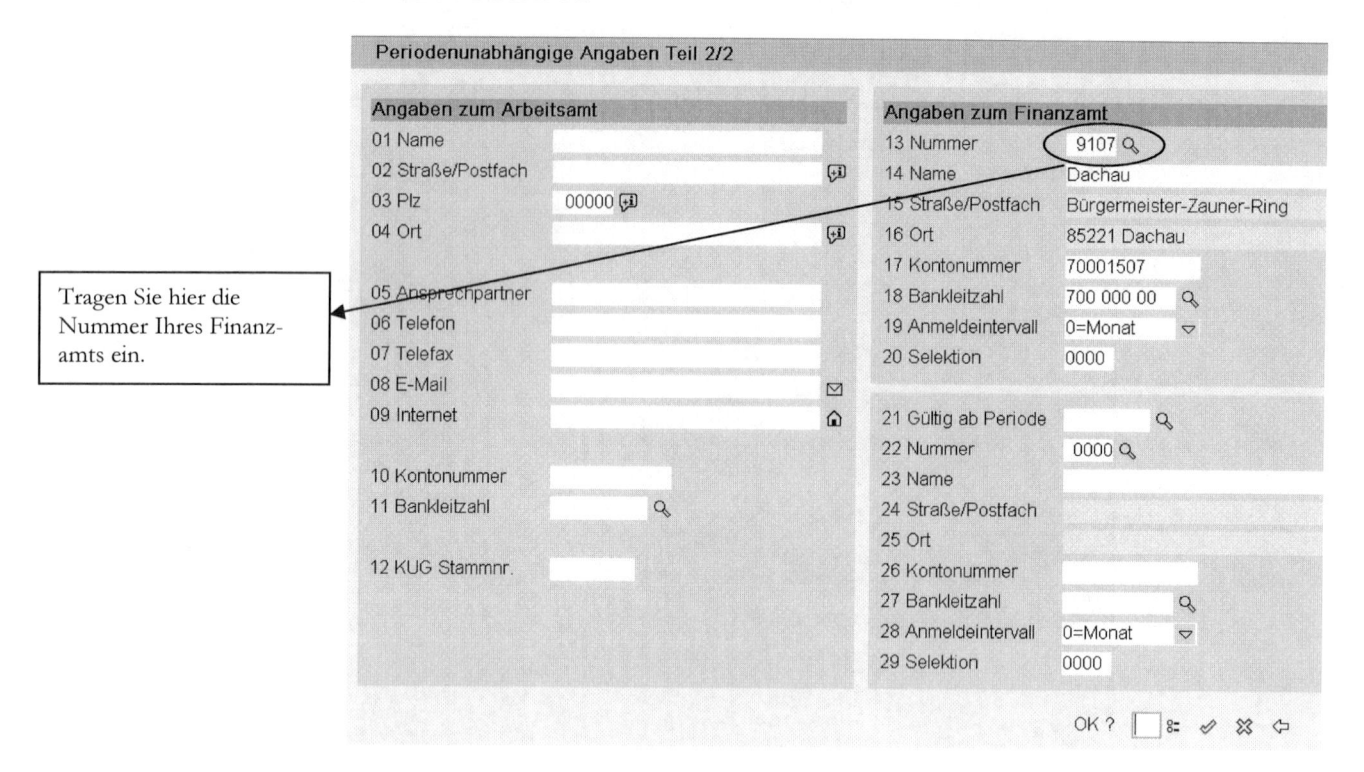

ARBEITSGÄNGE

> Tragen Sie hier die Nummer Ihres Finanzamts ein.

LOHNKONSTANTEN – PERIODENUNABHÄNGIGE ANGABEN 2/2. Tragen Sie hier das Finanzamt ein.

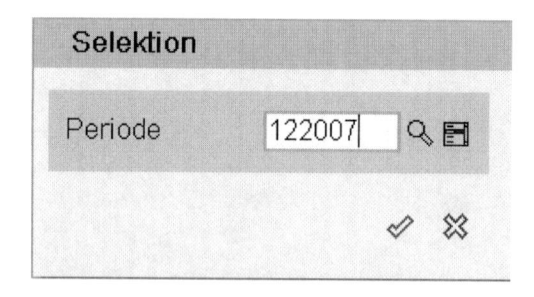

LOHNKONSTANTEN. Nach Abschluss Ihrer Eingaben stehen Sie in der Auswahl der Periode. Mit ESC verlassen Sie diese Maske und kehren in die Produktion zurück.

📁 **Wichtig**

Diese Eingaben wurden nur gemacht, um die Erfassung der Arbeitsgänge in der Produktion zu ermöglichen und sind keinesfalls geeignet, auf dieser Basis tatsächlich mit der Lohnabrechnung zu beginnen. Für die Lohnbuchhaltung gibt es ein eigenes Schulungshandbuch.

Nach diesem kleinen Exkurs in die Welt der Lohnbuchhaltung können wir jetzt unseren Arbeitsgang erfassen.

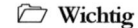

ARBEITSGÄNGE

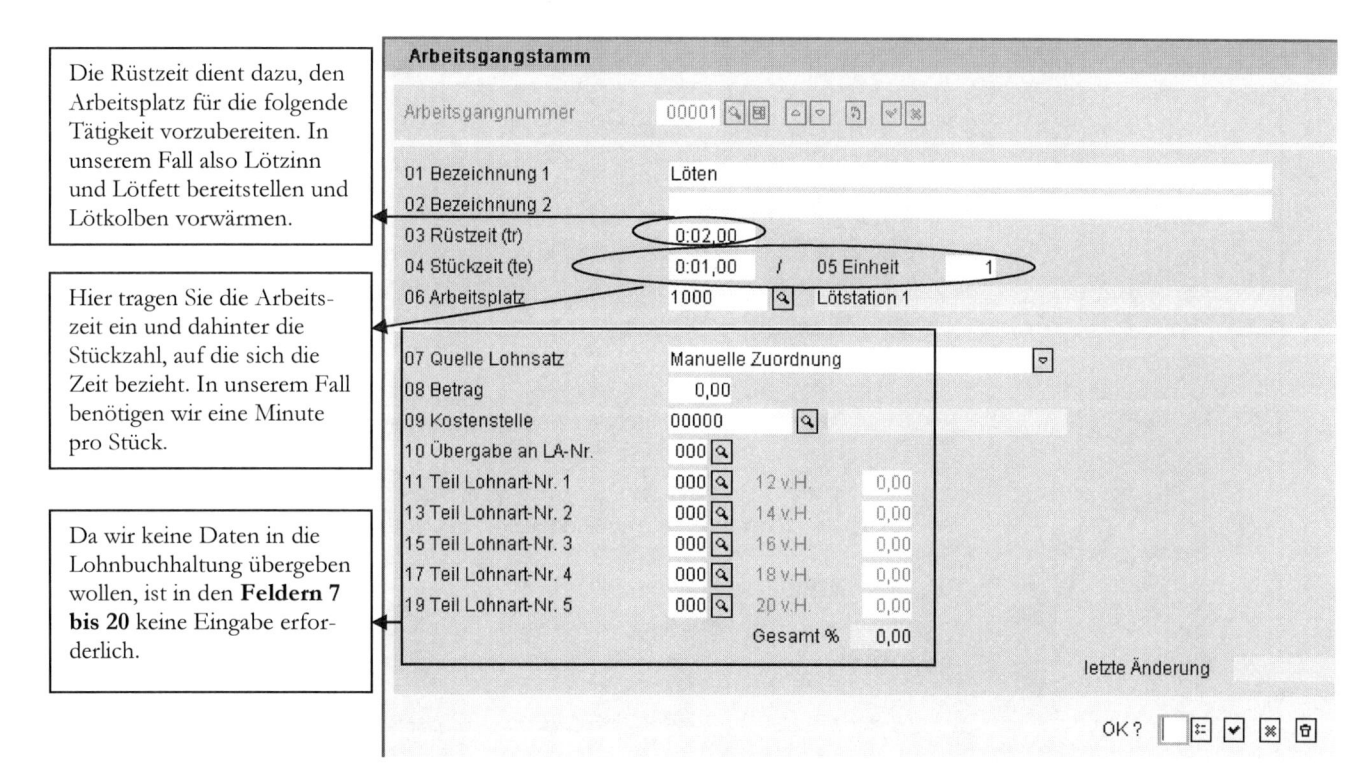

Die Rüstzeit dient dazu, den Arbeitsplatz für die folgende Tätigkeit vorzubereiten. In unserem Fall also Lötzinn und Lötfett bereitstellen und Lötkolben vorwärmen.

Hier tragen Sie die Arbeitszeit ein und dahinter die Stückzahl, auf die sich die Zeit bezieht. In unserem Fall benötigen wir eine Minute pro Stück.

Da wir keine Daten in die Lohnbuchhaltung übergeben wollen, ist in den **Feldern 7 bis 20** keine Eingabe erforderlich.

ARBEITSGANG. Im Arbeitsgang erfassen wir die Rüstzeit und die Produktionszeit pro Stück und ordnen den Arbeitsplatz zu.

Achten Sie bei der Eingabe der Zeiten auf die Einstellung in den Grundlagen. Wir arbeiten in unserem Beispiel mit Normalminuten, d.h. wenn wir eine Rüstzeit von 2 Minuten eingeben, dann sind damit echte Minuten gemeint. Würden Sie mit Industrieminuten arbeiten, müssten Sie 3,33 Minuten eingeben, um in der Kalkulation auf das gleiche Ergebnis zu kommen.

Fragen zur Lernzielkontrolle

☺ **Testen Sie Ihr Wissen**

1) Welche Betriebsmittel können Sie in der Produktion verwalten?

2) Was ist der Unterschied zwischen Maschinen und Prüfmitteln?

3) Welche Wartungsintervalle können Sie für die einzelnen Betriebsmittel festlegen?

4) Welche Informationen werden im Betriebsmittelstamm erfasst?

5) Welche Informationen benötigen Sie zur Anlage eines Arbeitsplatzes?

6) Was versteht man unter Fremdfertigung?

7) Wie kann eine Fremdfertigung in der Classic Line umgesetzt werden?

8) Was ist der Unterschied zwischen tr und te?

9) Was ist zu beachten, wenn Sie mit Industrieminuten arbeiten?

10) Wann ist es sinnvoll, die Schnittstelle zur Lohnbuchhaltung einzurichten?

ARBEITSGÄNGE

Praktische Übungen

Legen Sie die folgenden Betriebsmittel an, mit sich selbst als zuständigem Mitarbeiter:

Tastaturübungen

1) Maschine **M1000** an: Lötstation 1, Standort: Werkstatt; Lieferant: Conrad Electronic. Inventarnummer: M1000, Seriennummer: SN256540
Kleine Wartung alle 6 Monate; große Wartung und Prüfung jährlich. Zuständiger Mitarbeiter: Sie selbst. Prüfnummer: M1000.

2) Maschine **M1001**: Lackierautomat; Standort: Lackiererei; Lieferant: Conrad Electronic;
Inventarnummer: M1001; Seriennummer: SN5584212; Wartungen wie bei der Lötstation. Zuständiger Mitarbeiter: Sie selbst. Prüfnummer: M1001

3) Maschine **M1002**: Packtisch; Standort: Endmontage; Lieferant: unbekannt. Prüfung jährlich. Zuständiger Mitarbeiter: Azubi Walter Huber. Prüfnummer: M1002

4) Prüfmittel **P1000**: Stereoanlage für Lautsprechertest; Standort: Endmontage; Lieferant: Conrad Electronic; Inventarnummer P1000 , Seriennummer SN55S220W; keine Wartung; Prüfung jährlich. Prüfnummer: 1000.

5) Werkzeug **W1000**: Düse 1 für Lackierautomat; Standort: Lackiererei; Lieferant: unbekannt; kleine Wartung alle 3 Monate.

6) Legen Sie den **Arbeitsplatz 1000** an: Lötstation; legen Sie die Arbeitsgruppe 001 Löten an; verwenden Sie als Betriebsmittel die Maschine M1000, Lötstation 1; tragen Sie sich selbst als Mitarbeiter ein; Kapazitätsplanung ja; Verfügbarkeit: 95%; kalkulatorischer Satz für Personen: EUR 30,-- /Std. je 100%; Maschine: EUR 10,-- / Std. 0% und 100%.

7) Legen Sie den **Arbeitsplatz 1001** an: Endmontage; ohne Gruppe; als Betriebsmittel die Maschine M1002, Packtisch; Mitarbeiter: Azubi; Kapazität ja, Verfügbarkeit 95%; kalkulatorischer Satz Mitarbeiter: 15,-- / Std., je 100%; Maschine EUR 2,-- / Std. 0% und 100%.

8) Legen Sie den **Arbeitsplatz 1002** an: Qualitätssicherung; ohne Gruppe; als Betriebsmittel das Prüfmittel P1000, Stereoanlage, Mitarbeiter: Meister; Kapazität ja, Verfügbarkeit 95%; kalkulatorischer Satz Mitarbeiter: 45,-- / Std., je 100%; Maschine EUR 3,--/ Std. 0% und 100%.

9) Legen Sie den Arbeitsgang 00001 an: Löten mit einer tr von 2 Minuten und einer te von 1 Minute / Stück am Arbeitsplatz 1, Lötstation

DER ARTIKELSTAMM

Der Artikelstamm

Für die Anlage des Artikelstamms ist es hilfreich, bereits im Vorfeld einige Punkte zu klären, insbesondere:

Wie viele Stellen soll die Artikelnummer maximal haben?

Welche Artikelgruppen gibt es?

Welche Konten in der Finanzbuchhaltung sollen angesprochen werden?

Gerade für die Artikelnummer gibt es in den einzelnen Firmen die unterschiedlichsten Vorgaben, welche Informationen bereits in der Nummer verschlüsselt werden. So beginnt die Artikelnummer häufig mit den Ziffern der Artikelgruppe, dann folgt die Artikeluntergruppe und anschließend eine fortlaufende Nummer. Aber hier gibt es keine allgemein gültigen Regeln, hier kann jeder sein eigenes Konzept entwickeln. Wichtig ist im Zweifel nur, die Struktur so aufzubauen, dass das System auch alle erforderlichen Artikel aufnehmen kann und nicht bereits im 1. Jahr schon wieder geändert werden muss.

Natürlich kann man diese Punkte auch später noch verändern; dann müssen jedoch alle bis zu diesem Zeitpunkt bereits erfassten Artikel geändert werden und wir haben einen Bruch bei unseren Auswertungen. Jedes Mal, wenn Sie z.B. die Artikelgruppen neu definieren, können Sie die Änderung nicht mehr in historische Daten übernehmen, d.h. alle zu diesem Zeitpunkt bereits berechneten Artikel bleiben für Auswertungen in der alten Artikelgruppe.

Wir werden uns im Artikelstamm auf die für die Produktion wichtigen Felder beschränken. Einzelheiten zu den restlichen Feldern finden Sie über **F1 (Hilfe)** oder **F2 (Auswahl)**.

Praxistipp

Wir fangen bei der Anlage mit den Artikeln an, die wir zukaufen, denn wenn wir später unsere Produktionsartikel erfassen, wollen wir ja auch gleich die passenden Stücklisten anlegen, die wir für die Produktion benötigen.

Um uns die Arbeit zu erleichtern, werden wir unsere Artikelgruppen und Erlöscodes jeweils bei der Erfassung unserer Artikel mit anlegen.

Unter **Produktion → Stammdaten → Artikel → Artikelstamm** können wir unseren ersten Artikel anlegen. Die Artikelnummer kann dabei völlig frei vergeben werden.

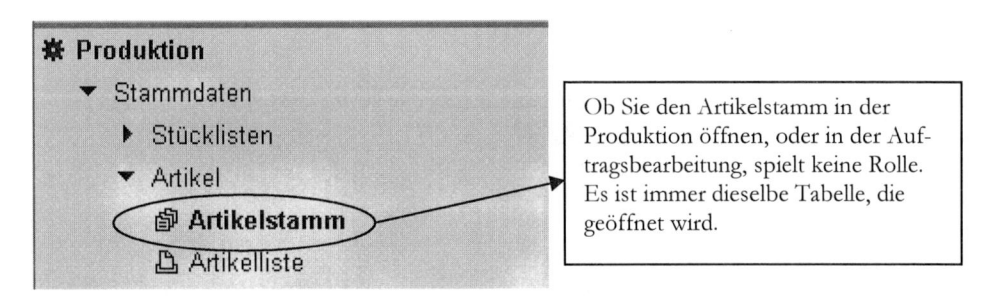

Ob Sie den Artikelstamm in der Produktion öffnen, oder in der Auftragsbearbeitung, spielt keine Rolle. Es ist immer dieselbe Tabelle, die geöffnet wird.

AUFRUF ARTIKELSTAMM.

© Jörg Merk – Neue Welt Verlag GmbH

DER ARTIKELSTAMM

Ob Sie den Artikelstamm in der Auftragsbearbeitung, im Bestellwesen oder in der Produktion aufrufen, spielt keine Rolle. Es gibt nur einen Artikelstamm, d.h. alle drei Programme greifen auf die gleiche Datei zu. Es werden lediglich für die einzelnen Bereiche zusätzliche Daten angelegt, die in eigenen Dateien gespeichert werden.

Wir wollen in unserem Beispiel die Artikelgruppe mit 3 Stellen voranstellen und anschließend mit einem 4-stelligen Zähler arbeiten, d.h. die Artikelnummer ist insgesamt 7-stellig und wir können damit pro Artikelgruppe bis zu 9999 Artikel verwalten. Dabei werden wir die Artikelgruppe **100 für Rohmaterial** verwenden, die **200 für Zwischenprodukte** und die **300 für Fertigprodukte**. Um die Artikelnummer übersichtlicher zu gestalten, fügen wir nach der Artikelgruppe einen Bindestrich ein, so dass sich folgendes Bild ergibt: XXX-XXXX.

Wichtig

Bitte beachten Sie, dass unser Aufbau der Artikelnummer und unsere Einteilung der Artikelgruppen willkürlich gewählt wurde und Sie diese Struktur für Ihr Unternehmen selbst entwickeln müssen. Die Vergabe von Artikelnummern und Artikelgruppen richtet sich nach Ihrem Sortiment. Je mehr Informationen Sie in die Artikelnummer hineinpacken, desto aufwendiger wird die Pflege. Da Sie ja bei Auswertungen und Listen auch auf andere Auswahlkriterien, wie Artikelgruppe, Erlöscode, Bezeichnung und weitere Selektionsmerkmale zurückgreifen können, ist oft eine Verschlüsselung der Artikelnummern nicht erforderlich. Aus diesem Grund vergeben viele Firmen einfach fortlaufende Nummern.

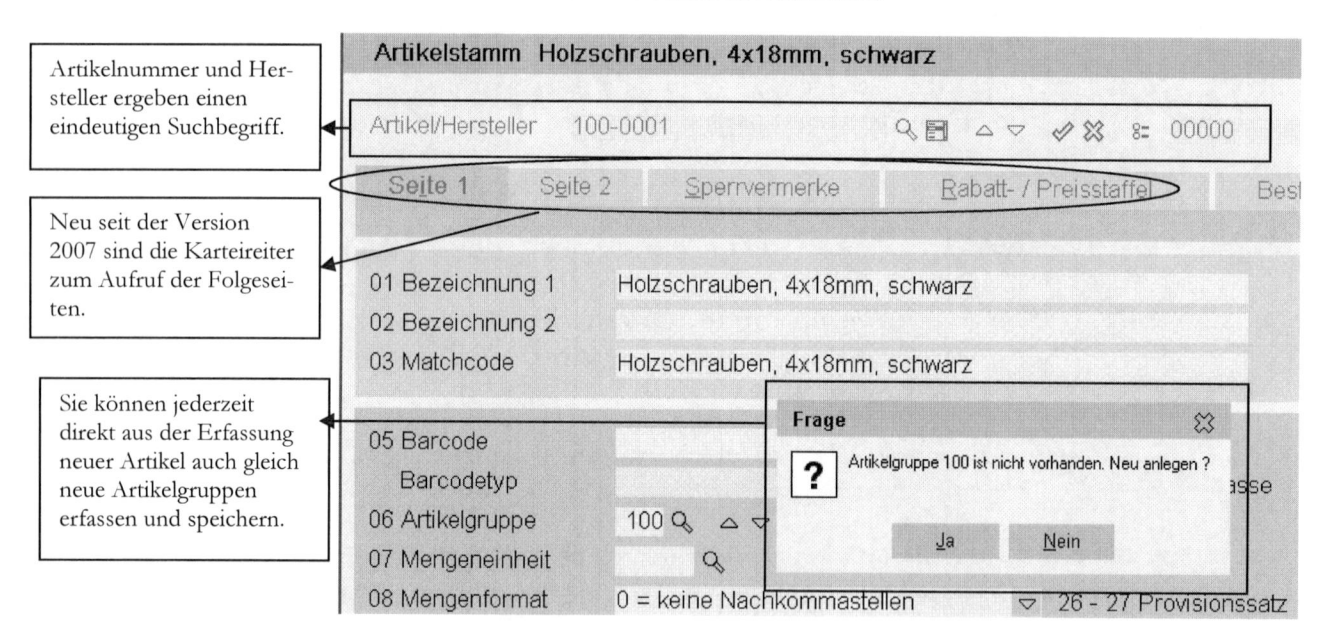

Artikelnummer und Hersteller ergeben einen eindeutigen Suchbegriff.

Neu seit der Version 2007 sind die Karteireiter zum Aufruf der Folgeseiten.

Sie können jederzeit direkt aus der Erfassung neuer Artikel auch gleich neue Artikelgruppen erfassen und speichern.

ARTIKELSTAMM 1/2.

Unsere erste Artikelnummer lautet: **100-0001**. Damit legen wir unseren 1. Artikel für unsere **Artikelgruppe 100** (Rohmaterial) an, Holzschrauben 4 x 18mm, schwarz. Als nächstes Feld nach Eingabe der Artikelnummer wird der Hersteller abgefragt.

Neu

Neu im Artikelstamm sind seit der Version 2007 die Karteireiter. Sie können die Folgeseiten jetzt per Mausklick auf den entsprechenden Karteireiter öffnen oder durch Eingabe des jeweils unterstrichenen Buchstabens in der OK-Abfrage. Das aus früheren Versionen bekannte **B** für **Blättern** gibt es nicht mehr.

© Jörg Merk – Neue Welt Verlag GmbH

DER ARTIKELSTAMM

📁 Wichtig

Artikelnummer und Hersteller

In der Classic Line bildet die Artikelnummer in Verbindung mit dem Hersteller einen eindeutigen Suchbegriff. Sobald Sie dem Artikel einen neuen Hersteller zuordnen, haben Sie automatisch einen zweiten Artikel im System.

In der Praxis werden oft Hersteller und Lieferant verwechselt: **der Hersteller ist derjenige, der den Artikel produziert; er ist einmalig**. Lieferant dagegen ist Derjenige, der diesen Artikel verkauft. Hier gibt es eine **1 zu n** Zuordnung, d.h. ich kann einen Artikel bei beliebig vielen Lieferanten kaufen, es ist immer der gleiche Artikel (und der gleiche Hersteller). Ich kann natürlich auch direkt beim Hersteller einkaufen, dann sind in diesem Fall Hersteller und Lieferant identisch.

In unserem Fall wählen wir als Hersteller 00000, weil wir nicht wissen, wer der Hersteller der Schrauben ist und es für uns auch nicht von Bedeutung ist. Anschließend erfassen wir Bezeichnung 1 und 2. Die Kurzbezeichnung wird automatisch mit Bezeichnung 1 vorbelegt und kann individuell geändert werden.

Im Feld Artikelgruppe geben wir **100** ein und beantworten die Abfrage mit ja; dann verzweigt das Programm automatisch in den Artikelgruppenstamm und wir können unsere neue Artikelgruppe erfassen.

Geben Sie hier die Bezeichnung für Ihre erste Artikelgruppe ein.

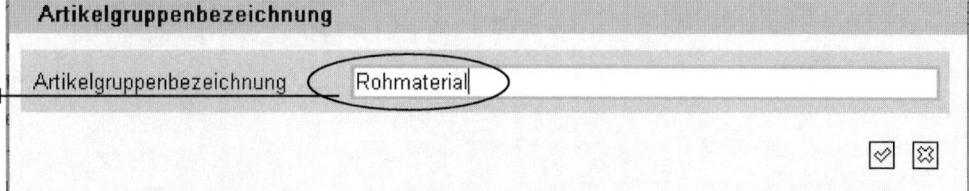

Artikelgruppenbezeichnung

Artikelgruppenbezeichnung: Rohmaterial

ARTIKELGRUPPENBEZEICHNUNG. Geben Sie hier den Namen für die neue Artikelgruppe ein.

Tragen Sie als Namen "Rohmaterial" ein und speichern Sie Ihre Eingabe. Als nächstes erfassen wir im Feld Mengeneinheit **Stck**[25] für Stück und ergänzen hier ebenfalls den vollen Text für die Mengeneinheit.

Geben Sie den vollständigen Namen der Mengeneinheit ein, in unserem Fall Stück für Stck.

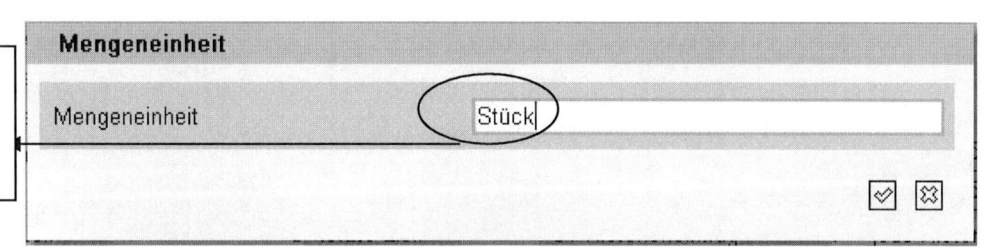

Mengeneinheit

Mengeneinheit: Stück

MENGENEINHEIT. Geben Sie hier den Namen für die neue Mengeneinheit ein.

---

[25] Das Feld Mengeneinheit ist 4-stellig. Das hängt mit dem Aufbau der Formulare zusammen. Würde man hier ein größeres Feld verwenden, müssten die Artikelzeilen in vielen Auswertungen eine zusätzliche Zeile haben, um alle Informationen zu drucken.

DER ARTIKELSTAMM

Im **Feld 08**, Mengenformat, definieren Sie die Anzahl der Nachkommastellen. Bitte beachten Sie, dass eine nachträgliche Veränderung der Nachkommastellen zu Fehlern in den Auswertungen und Statistiken führt.

Die **Felder 10-11** können Sie bestätigen. Im **Feld 12**, Mindestbestand, können Sie einen beliebigen Bestand eintragen, der mindestens auf Lager sein soll. Dieser Mindestbestand kann bei der Bestelldisposition automatisch berücksichtigt werden. Im **Feld 14** stellen Sie ein, wie die Lagerführung für diesen Artikel erfolgen soll. Dabei haben Sie folgende Auswahl:

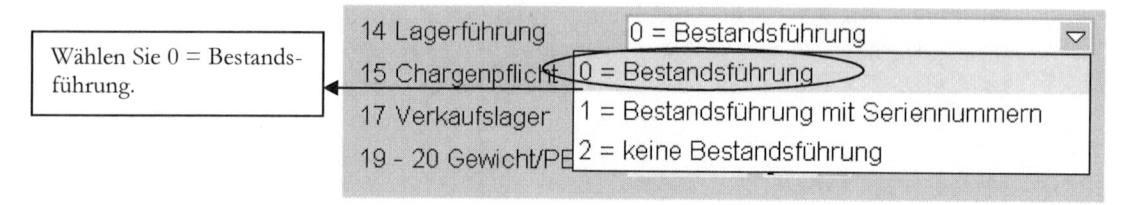

Wählen Sie 0 = Bestandsführung.

14 Lagerführung	0 = Bestandsführung
15 Chargenpflicht	0 = Bestandsführung
17 Verkaufslager	1 = Bestandsführung mit Seriennummern
19 - 20 Gewicht/PE	2 = keine Bestandsführung

BESTANDSFÜHRUNG. Geben Sie hier ein, ob Sie Bestandsführung oder Bestandsführung mit Seriennummern haben wollen[26].

Das **Feld 15** ist nur in Verbindung mit dem neuen Zusatzpaket Chargenverwaltung verwendbar.

📖 **Praxistipp**

Optional können Sie in den **Feldern 19 und 20** das Gewicht und die Gewichtseinheit mitpflegen; das ist in erster Linie wichtig, wenn Sie mit einem Versandmodul arbeiten und das Gewicht für die Versandpapiere erforderlich ist. Wichtig dabei: das Gewicht bezieht sich auf die Preiseinheit, die Sie auf Seite 2 im Artikelstamm eintragen, d.h. wenn Sie einen Preis per 1000 eingeben, dann müssen Sie auch das Gewicht per 1000 eingeben.

Im **Feld 21** (Erlöscode) wird festgelegt, auf welches Konto in der Finanzbuchhaltung der Wareneingang von diesem Artikel übergeben wird. In der Regel wird man hier eine ähnliche Gruppierung vornehmen, wie bei den Artikelgruppen. Stimmen Sie sich hier mit Ihrer Buchhaltung ab[27].

Nachdem es sich beim Erlöscode um ein 2-stelliges Feld handelt, wählen wir für unsere Artikelgruppe 100 den Erlöscode 10 und legen ihn entsprechend mit der Bezeichnung "Rohmaterial" an.

---

[26] Die Seriennummernverwaltung ist ein eigenes Zusatzpaket. Wenn ein Artikel seriennummernpflichtig ist, muss im Wareneingang und bei Lieferschein / Direktrechnung zwingend eine Seriennummer eingegeben werden.

[27] Für den interessierten Leser sei darauf hingewiesen: Die Zuordnung eines Erlöscodes zu einem Konto in der Finanzbuchhaltung erfolgt über die Steuertabelle unter: **Grundlagen → Grundlagen Umsatzsteuer → Steuersätze /-konten /-klassen → Steuertabelle bearbeiten**. Bitte stimmen Sie diesen Bereich mit Ihrer Buchhaltung und / oder Ihrem Steuerberater ab.

DER ARTIKELSTAMM

Nummer des Erlöscodes.

Bezeichnung des Erlöscodes.

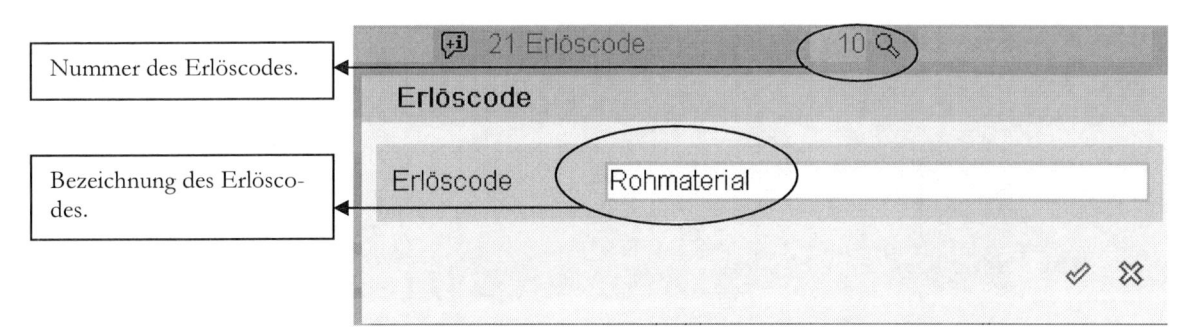

ERLÖSCODE. Geben Sie den Erlöscode am besten synchron zu Ihren Artikelhauptgruppen ein.

Im **Feld 22** Steuerklasse steht normalerweise immer die 001 (Normalsatz) für steuerpflichtig 19%, es sei denn, Sie verkaufen Artikel mit anderen Steuersätzen (z.B. Bücher mit 7%). Ob in der Rechnung an den Kunden dann Steuer berechnet wird, hängt vom Steuerschlüssel ab, der im Kundenstamm hinterlegt ist.

Für die **Felder 24 – 29** können Sie die Vorschlagswerte übernehmen.

Feld 30, Historieneintrag. Hier tragen Sie bitte die 7 = jede Historie ein. Hierbei handelt es sich um eine auswertbare Karteikarte (im Kunden-, Lieferanten- und Artikelstamm) auf der jeder Verkauf mit allen wichtigen Informationen, wie Datum, Belegnummer, Menge, Preis, Rabatt, Roherlös, fortlaufend eingetragen werden.

Im **Feld 32** geben Sie das Bestellkennzeichen ein. Wenn Sie für einen Artikel die Teilnahme am Bestellwesen[28] auf **1 = Teilnahme** setzen, müssen Sie später auch in die Bestelldisposition und dort alle erforderlichen Eingaben machen. Grundsätzlich ist es sinnvoll, alle Eingaben für das Bestellwesen mit zu erfassen und dann die Möglichkeit der automatischen Berechnung von Bestellvorschlägen durch das Programm zu nutzen. Bei der Übernahme eines Bestellvorschlages in eine Bestellung sind dann immer noch manuelle Änderungen oder die Ergänzung von weiteren Artikeln möglich.

---

[28] Durch die Teilnahme aller Zukaufteile am Bestellwesen ist es später möglich, durch die Anlage eines Produktionsauftrages für alle nicht verfügbaren Zukaufteile automatisch einen Bestellvorschlag zu erzeugen. Auf diese Weise gehen diese Teile im Bestellwesen nicht unter.

DER ARTIKELSTAMM

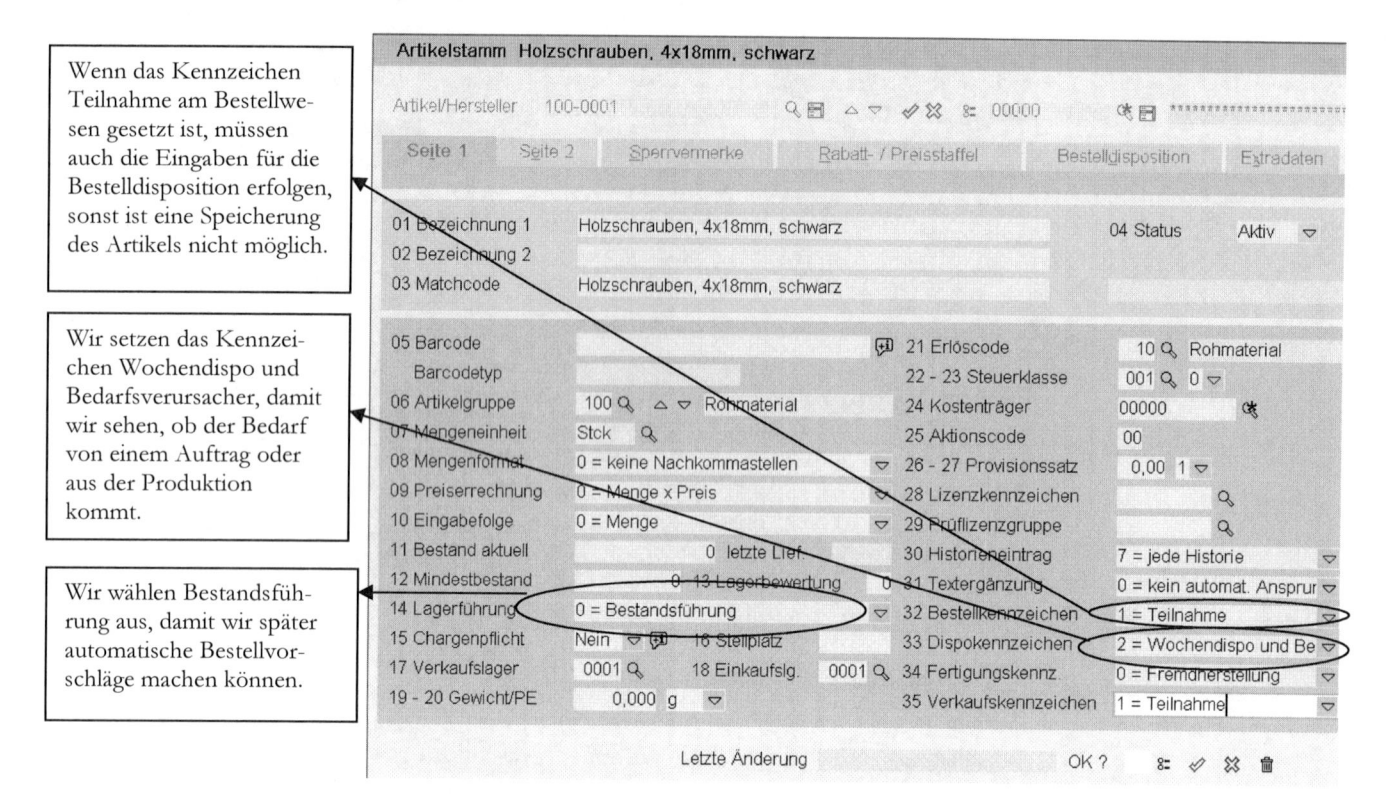

> Wenn das Kennzeichen Teilnahme am Bestellwesen gesetzt ist, müssen auch die Eingaben für die Bestelldisposition erfolgen, sonst ist eine Speicherung des Artikels nicht möglich.

> Wir setzen das Kennzeichen Wochendispo und Bedarfsverursacher, damit wir sehen, ob der Bedarf von einem Auftrag oder aus der Produktion kommt.

> Wir wählen Bestandsführung aus, damit wir später automatische Bestellvorschläge machen können.

ARTIKELSTAMM SEITE 1. Der Artikelstamm, Seite 1 mit allen unseren Eingaben zur Kontrolle.

Wenn Sie weiter bestätigen, kommen Sie automatisch auf die Seite 2 des Artikelstamms. Hier erklären wir auch nur die wichtigsten Felder, die für die Arbeit mit der Produktion von Bedeutung.

In den **Feldern 01 - 04** müssen Sie nur Eingaben machen, wenn Sie im Bestellwesen mit anderen Mengen oder Verpackungseinheiten arbeiten, als im Verkauf. So könnte es zum Beispiel sein, das Sie einen bestimmten Artikel in Laufmetern kaufen aber per Kg verkaufen. Dann würden Sie hier den Umrechnungsfaktor und die abweichende Mengeneinheit eingeben. Ein entsprechendes Rechenbeispiel finden Sie über **F1 = Hilfe**.

Die **Felder 05 - 09** sind nur für die Produktion von Bedeutung und werden bei selbst hergestellten Artikeln gepflegt. In unserem Beispiel handelt es sich um ein Zukaufteil, also einfach bestätigen. Die **Felder 10 – 14** sind in erster Linie für die Auftragsbearbeitung wichtig und können hier ebenfalls bestätigt werden. Im **Feld 15** legen Sie für diesen Artikel fest, ob die EK-Preise beim Lagerzugang automatisch gepflegt werden sollen; das ist sowohl bei Kaufteilen als auch bei Eigenproduktion sinnvoll.

DER ARTIKELSTAMM

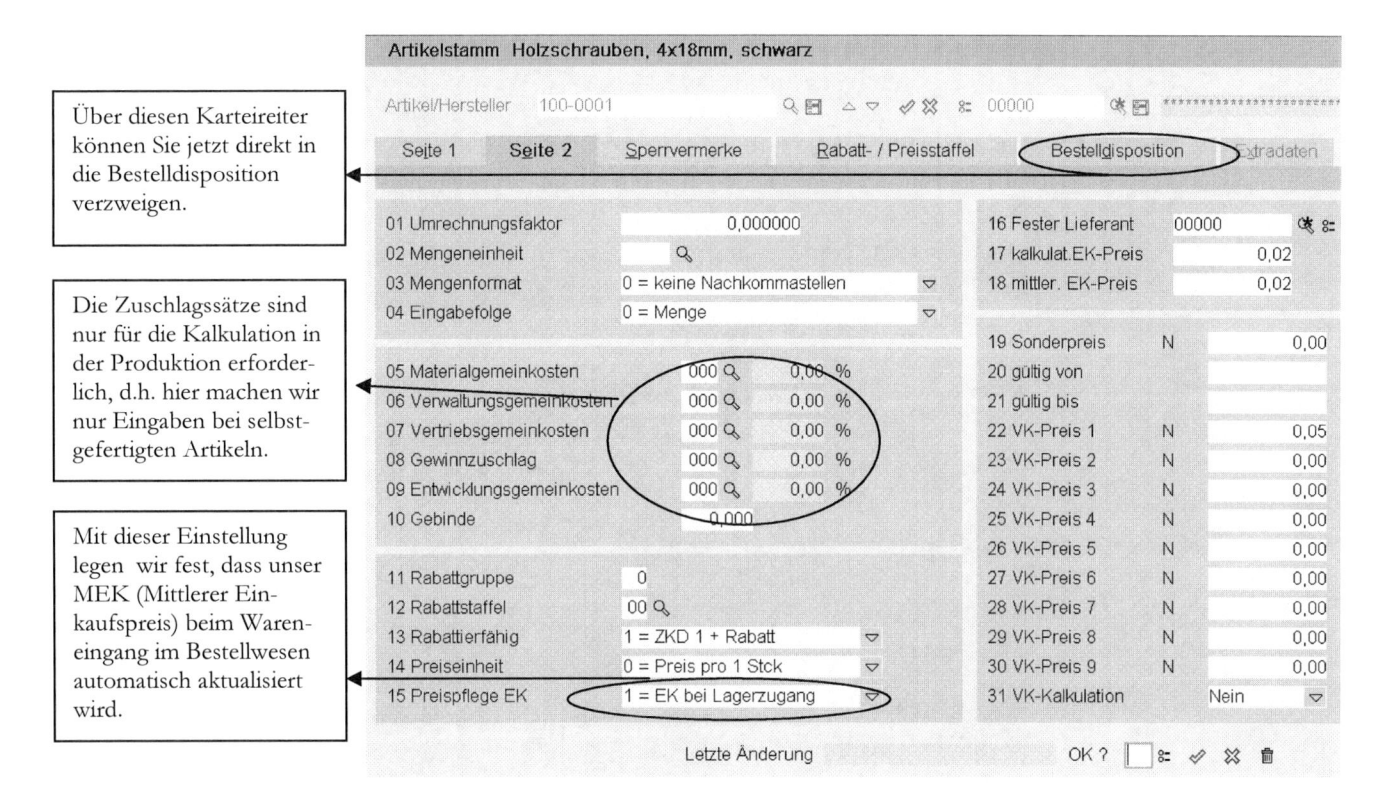

Über diesen Karteireiter können Sie jetzt direkt in die Bestelldisposition verzweigen.	
Die Zuschlagssätze sind nur für die Kalkulation in der Produktion erforderlich, d.h. hier machen wir nur Eingaben bei selbstgefertigten Artikeln.	
Mit dieser Einstellung legen wir fest, dass unser MEK (Mittlerer Einkaufspreis) beim Wareneingang im Bestellwesen automatisch aktualisiert wird.	

ARTIKELSTAMM SEITE 2. Mit unseren Eingaben.

> **Pflege EK / MEK**[29]
>
> Welche Einkaufspreise generell automatisch gepflegt werden, haben wir bereits im Mandantenstamm festgelegt. Folglich kann sich die Einstellung im Artikelstamm nur auf die im Mandantenstamm freigegebenen Preise (in unserem Fall nur MEK) beziehen.

Jetzt müssen wir nur noch den kalkulatorischen und den mittleren Einkaufspreis (0,02) und unseren Verkaufspreis (0,05) eingeben. Der kalkulatorische EK ist Grundlage für die Kalkulation in der Produktion, der MEK dient als Basis zur Ermittlung des Rohertrages in der Auftragsbearbeitung.

Bei der Inventurbewertung können Sie frei wählen, welcher Preis für die Bewertung zu Grunde gelegt werden soll. Darüber hinaus haben Sie hier auch die Möglichkeit, bestimmte Artikel mit einem Abschlag zu bewerten (z.B. wegen Überalterung).

Wenn wir in der **OK-Abfrage** angekommen sind, geben wir ein **D** ein für die Bestell**d**isposition oder Sie machen mit der Maus einen Doppelklick auf den entsprechenden Karteireiter. Hier können wir festlegen, wie das System einen Bedarf oder Bestellvorschlag für diesen Artikel errechnen soll. Dafür gibt es unterschiedliche

---

[29] Es gibt drei verschiedene Einkaufspreise: Der EK ist der Einkaufspreis bei einem Lieferanten und wird in der Artikel-Lieferanten-Datei hinterlegt. Der kalkulatorische EK ist der Preis, der beim letzten Einkauf bezahlt wurde und der MEK ist der mittlere Einkaufspreis, der sich als gleitender Durchschnitt berechnet: Aktueller Bestand x MEK + Neuzugänge x EK und das Ganze dann geteilt durch die Gesamtmenge. Der MEK wird also fortlaufend aktualisiert, wenn diese Option im Mandantenstamm eingestellt wurde.

DER ARTIKELSTAMM

Möglichkeiten und es kann durchaus sein, dass im Laufe der Praxis die ein oder andere Änderung erforderlich sein wird.

Praxistipp

Bitte denken Sie daran, dass es sich bei der Produktion um ein sehr lebendiges System handelt, das laufend zu überprüfen und zu optimieren ist. Es ist gerade in der Produktion sehr wichtig, schnell auf Änderungen (z.B. geänderte Kundenanforderungen) zu reagieren, um konkurrenzfähig zu bleiben.

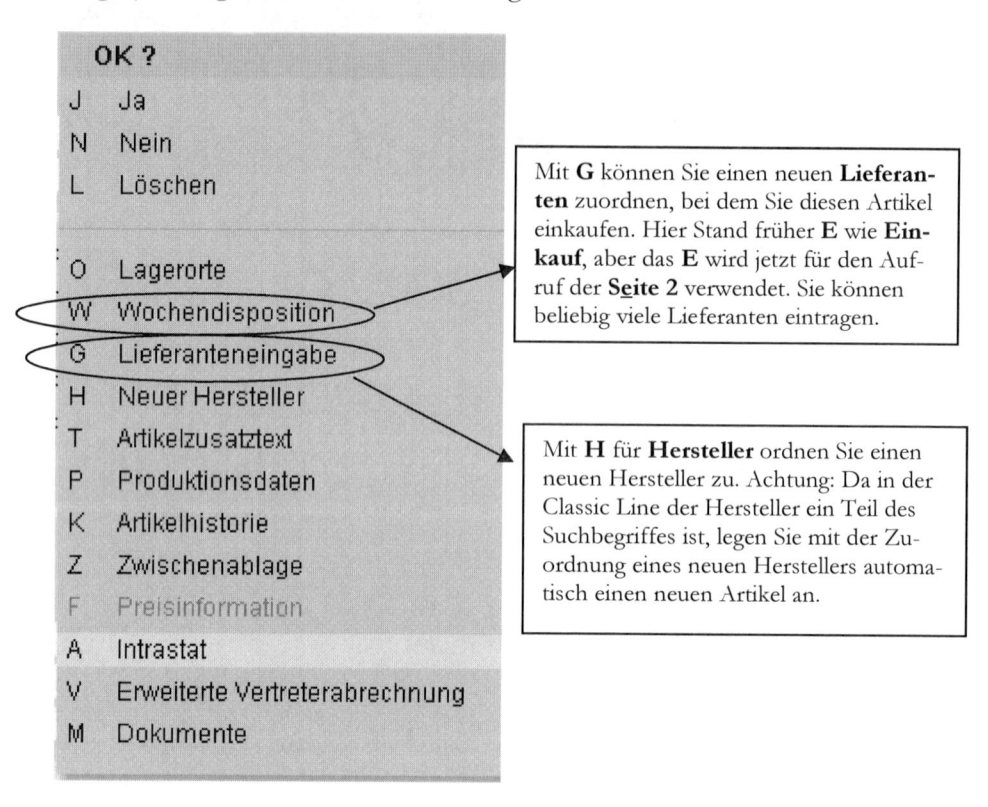

```
OK ?
J   Ja
N   Nein
L   Löschen

O   Lagerorte
W   Wochendisposition
G   Lieferanteneingabe
H   Neuer Hersteller
T   Artikelzusatztext
P   Produktionsdaten
K   Artikelhistorie
Z   Zwischenablage
F   Preisinformation
A   Intrastat
V   Erweiterte Vertreterabrechnung
M   Dokumente
```

Mit **G** können Sie einen neuen **Lieferanten** zuordnen, bei dem Sie diesen Artikel einkaufen. Hier Stand früher **E** wie **Einkauf**, aber das **E** wird jetzt für den Aufruf der **Seite 2** verwendet. Sie können beliebig viele Lieferanten eintragen.

Mit **H** für **Hersteller** ordnen Sie einen neuen Hersteller zu. Achtung: Da in der Classic Line der Hersteller ein Teil des Suchbegriffes ist, legen Sie mit der Zuordnung eines neuen Herstellers automatisch einen neuen Artikel an.

MIT F2 KOMMEN WIR IN DIE AUSWAHL. Geben Sie ein **D** für **Bestelldisposition**.

Wichtig

Die Kurzbuchstaben für den Direktaufruf von Seiten, für die es jetzt einen Karteireiter gibt, sind in der Auswahlübersicht, die mit **F2** in der OK-Abfrage gestartet wird, nicht mehr enthalten. Dafür ist beim Karteireiter der entsprechende Buchstabe mit einem Unterstrich markiert.

DER ARTIKELSTAMM

> Der Dispofaktor legt fest, ob die Bestellmenge größer sein soll, als der Bedarf, oder nicht.

> Wählen Sie hier mit **F2** die gewünschte Dispoformel aus; mit **F1** finden Sie eine Erläuterung der einzelnen Formeln und Ihrer Berechnung.

> Da die Schrauben in der Regel verfügbar sind und innerhalb von 24 Stunden geliefert werden, tragen wir bei der Wiederbeschaffung 1 Woche ein.

```
Artikelstamm  Holzschrauben, 4x18mm, schwarz

Artikel/Hersteller   100-0001                                 00000              *********************

  Seite 1     Seite 2    Sperrvermerke    Rabatt- / Preisstaffel    Bestelldisposition    Extradaten

01 Verbrauch   01 / 08          0    Datum letzte Abspeicherung
02 Verbrauch   02 / 07          0    13 Verbrauch         02 / 08              0
03 Verbrauch   03 / 07          0    14 Bestellausstand                         0
04 Verbrauch   04 / 07          0
05 Verbrauch   05 / 07          0    15 - 16 Dispo/Auftragsfaktor    1,00    1
06 Verbrauch   06 / 07          0    17 Dispoformel                    0
07 Verbrauch   07 / 07          0    18 Wiederbeschaffung              1  Wochen
08 Verbrauch   08 / 07          0    19 Datum Erstaufnahme         10.07
09 Verbrauch   09 / 07          0
10 Verbrauch   10 / 07          0    20 Verbrauch         2007              0
11 Verbrauch   11 / 07          0    21 Verbrauch         2006              0
12 Verbrauch   12 / 07          0    22 Verbrauch seit letzter Bestellung     0
```

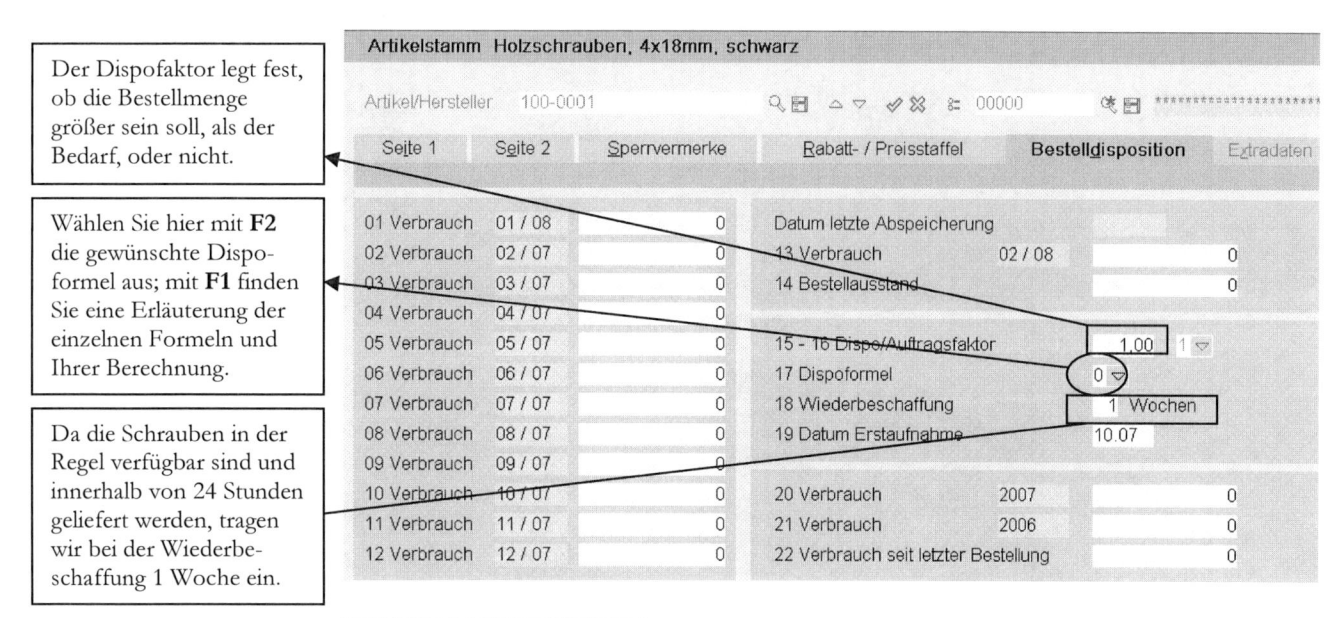

BESTELLDISPOSITION. Hier sehen Sie den Verbrauch der letzten Monate und können Ihre gewünschte Dispoformel (hier die 0) eintragen.

Im **Feld 15** tragen Sie den Dispofaktor ein; er bietet die Möglichkeit, die Bestellmenge automatisch um einen bestimmten Anteil zu erhöhen, wenn es sich zum Beispiel um einen Produktionsartikel mit Schwund oder Verschnitt handelt. Im **Feld 17** Können Sie eine Dispoformel eintragen. Sie legt fest, wie das System einen Bestellvorschlag berechnet. Im **Feld 18** tragen Sie eine Wiederbeschaffungszeit von 1 Woche ein.[30]

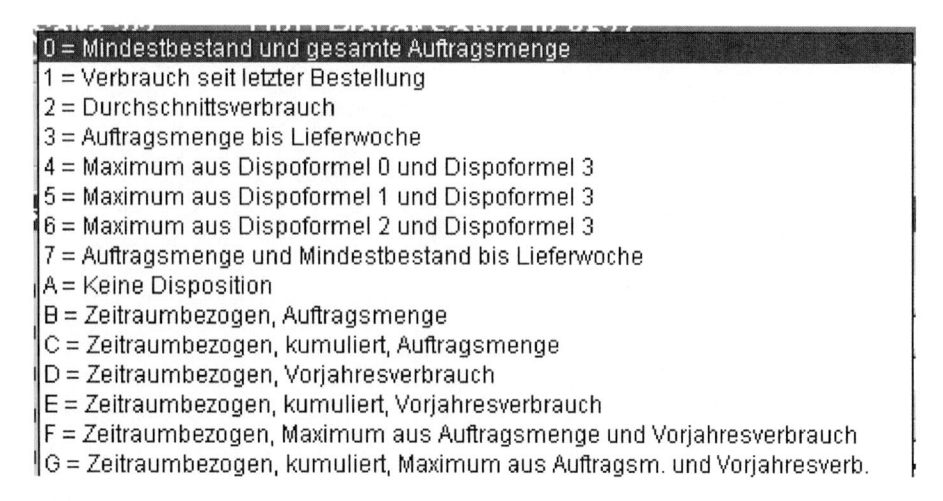

```
0 = Mindestbestand und gesamte Auftragsmenge
1 = Verbrauch seit letzter Bestellung
2 = Durchschnittsverbrauch
3 = Auftragsmenge bis Lieferwoche
4 = Maximum aus Dispoformel 0 und Dispoformel 3
5 = Maximum aus Dispoformel 1 und Dispoformel 3
6 = Maximum aus Dispoformel 2 und Dispoformel 3
7 = Auftragsmenge und Mindestbestand bis Lieferwoche
A = Keine Disposition
B = Zeitraumbezogen, Auftragsmenge
C = Zeitraumbezogen, kumuliert, Auftragsmenge
D = Zeitraumbezogen, Vorjahresverbrauch
E = Zeitraumbezogen, kumuliert, Vorjahresverbrauch
F = Zeitraumbezogen, Maximum aus Auftragsmenge und Vorjahresverbrauch
G = Zeitraumbezogen, kumuliert, Maximum aus Auftragsm. und Vorjahresverb.
```

MIT F2 KOMMEN WIR IN DIE AUSWAHL. Wir wählen die gewünschte Formel aus. In unserem Beispiel wählen wir die 0.

In der **Hilfe (F1)** finden Sie eine genaue Beschreibung der einzelnen Formeln inklusive der Erläuterung, wie sie berechnet werden. Zu guter Letzt geben wir in der OK-Abfrage ein **G** für **Lieferant** ein und ordnen einen Lieferanten zu, bei dem wir diesen Artikel bestellen können.

---

[30] Nachdem die Disposition in Wochen erfolgt ist ein Zeitraum von 0 Wochen nur sinnvoll, wenn eine Belieferung wirklich innerhalb von 24 Stunden erfolgt.

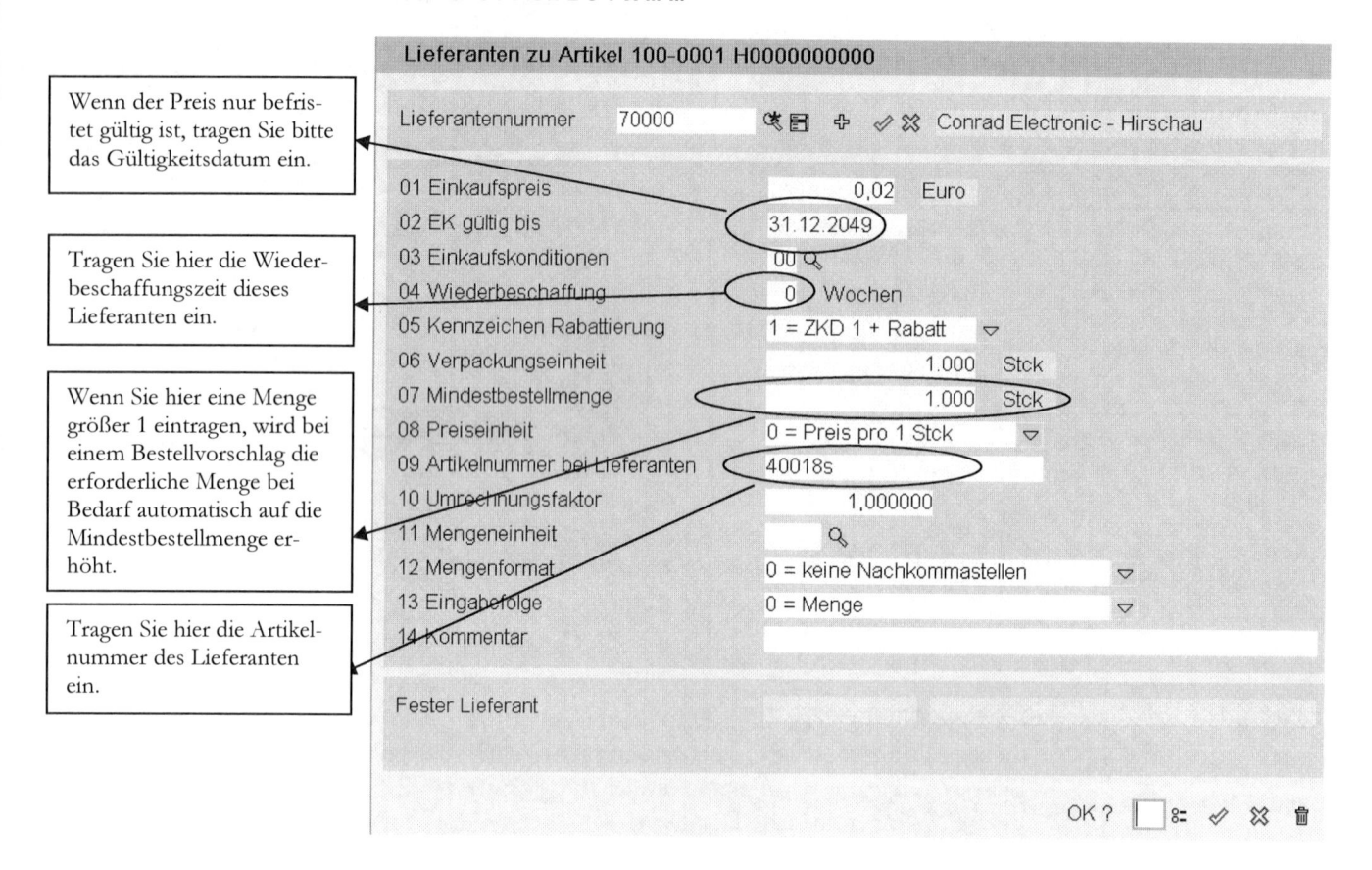

DER ARTIKELSTAMM

Wenn der Preis nur befristet gültig ist, tragen Sie bitte das Gültigkeitsdatum ein.

Tragen Sie hier die Wiederbeschaffungszeit dieses Lieferanten ein.

Wenn Sie hier eine Menge größer 1 eintragen, wird bei einem Bestellvorschlag die erforderliche Menge bei Bedarf automatisch auf die Mindestbestellmenge erhöht.

Tragen Sie hier die Artikelnummer des Lieferanten ein.

LIEFERANT ZUM ARTIKEL. Sie können jedem Artikel beliebig viele Lieferanten zuordnen.

Zum Abschluss können Sie jetzt noch auf der Seite 2 vom Lieferantenstamm im Feld 16 unseren gerade erfassten Lieferanten als festen Lieferanten zuordnen. In diesem Fall wird dieser Lieferant bei Bestellvorschlägen automatisch vorgeschlagen.

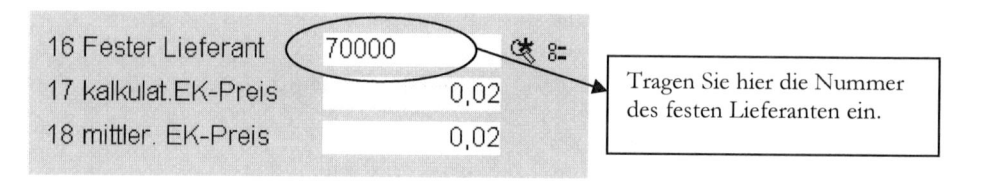

Tragen Sie hier die Nummer des festen Lieferanten ein.

FESTER LIEFERANT Sie können jetzt im Feld 16 unseren Lieferanten als festen Lieferanten zuordnen.

📁 **Wichtig**

Nur wenn Sie einem Artikel auch mindestens einen festen Lieferanten zuordnen, haben Sie später die Möglichkeit, mit automatisch generierten Bestellungen zu arbeiten.

Alternativ zur Erfassung im Artikelstamm, haben Sie auch die Möglichkeit, die Lieferanten über den **Bestellwesen → Stammdaten → Artikellieferanten → Artikellieferantenstamm** zuzuordnen.

DER ARTIKELSTAMM

> Mit der Artikellieferantenliste haben Sie nach der Erfassung die Möglichkeit, Ihre Eingaben zu kontrollieren.

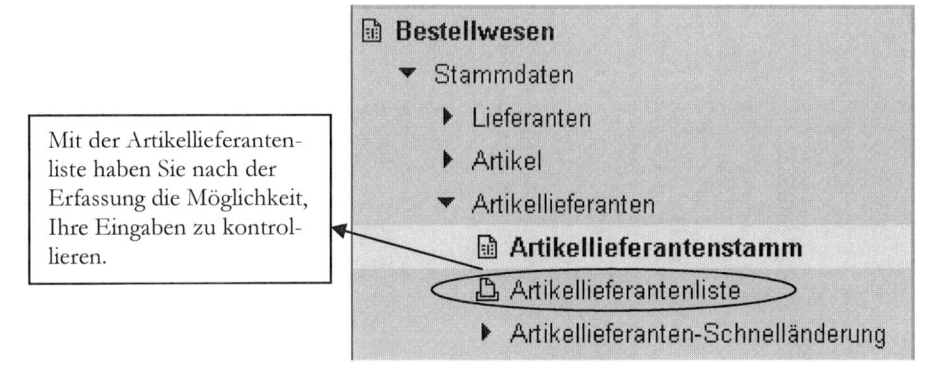

```
📄 Bestellwesen
  ▼ Stammdaten
    ▶ Lieferanten
    ▶ Artikel
    ▼ Artikellieferanten
      📄 Artikellieferantenstamm
      🖨 Artikellieferantenliste
    ▶ Artikellieferanten-Schnelländerung
```

AUFRUF ARTIKELLIEFERANTENSTAMM. Hier haben Sie die gleichen Eingabemöglichkeiten, wie im Artikelstamm mit **E** für **Einkauf**.

Wenn Sie mehrere, einander sehr ähnliche Artikel anlegen möchten, können Sie auch einen bestehenden Artikel in die Zwischenablage kopieren und anschließend eine neue Nummer vergeben, den Hersteller eintragen und die Daten aus der Zwischenablage übernehmen. Jetzt müssen Sie nur noch die gewünschten Änderungen eintragen und die restlichen Felder einfach bestätigen.

Wir wollen in unserem Beispiel auch Messingschrauben anlegen. Zu diesem Zweck öffnen wir wieder unseren gerade angelegten Artikel, entweder durch Eingabe der Artikelnummer oder durch Eingabe von **F2** im Feld Artikelnummer und Bestätigung des Auswahlfensters; jetzt werden alle Artikel angezeigt. Mit der Pfeiltaste können wir hier unseren gewünschten Artikel auswählen und mit ENTER bestätigen (alternativ ist die Auswahl natürlich auch mit der Maus möglich). Jetzt geben wir in der OK-Abfrage ein **Z** für **Zwischenablage** ein und es erscheint die Meldung: Artikel wurde in die Zwischenablage kopiert.

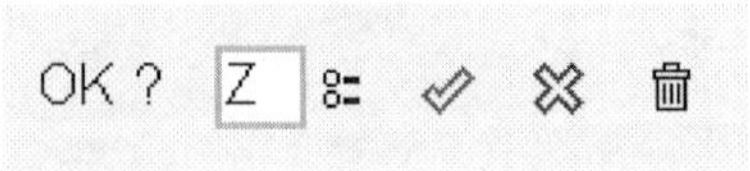

OK ? [Z] ≣ ✓ ✗ 🗑

ARTIKEL IN DIE ZWISCHENABLAGE KOPIEREN. Sie können einen Artikel mit **Z** für Zwischenablage kopieren.

Der Artikel bleibt so lange in der Zwischenablage, bis Sie einen neuen Artikel in die Zwischenablage kopieren oder das Programm verlassen.

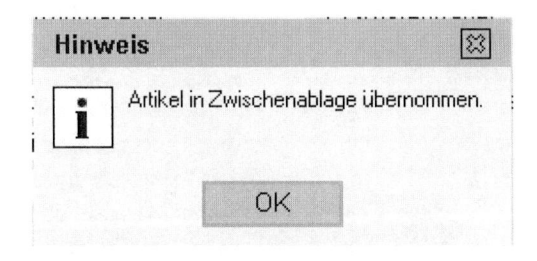

```
Hinweis                              ⊠
ⓘ  Artikel in Zwischenablage übernommen.

              [ OK ]
```

MELDUNG. Artikel wurde in die Zwischenablage übernommen.

Anschließend verlassen Sie den Artikel und geben die neue Artikelnummer und den Hersteller ein. Dann kommt automatisch die Abfrage, ob Sie die Zwischenablage übernehmen möchten. Jetzt können Sie die gewünschten Änderungen vornehmen.

DER ARTIKELSTAMM

In unserem Beispiel ändert sich nur die Farbe/das Material; statt einer schwarzen Holzschraube haben wir jetzt eine Holzschraube 4 x 18mm, messing.

Die neue Artikelnummer und der Hersteller müssen eingegeben werden. Erst dann haben Sie die Möglichkeit, die Zwischenablage zu übernehmen.

Wählen Sie: Zwischenablage übernehmen.

ZWISCHENABLAGE ÜBERNEHMEN. Sie können den gespeicherten Artikel für beliebig viele neue Artikel als Vorlage verwenden.

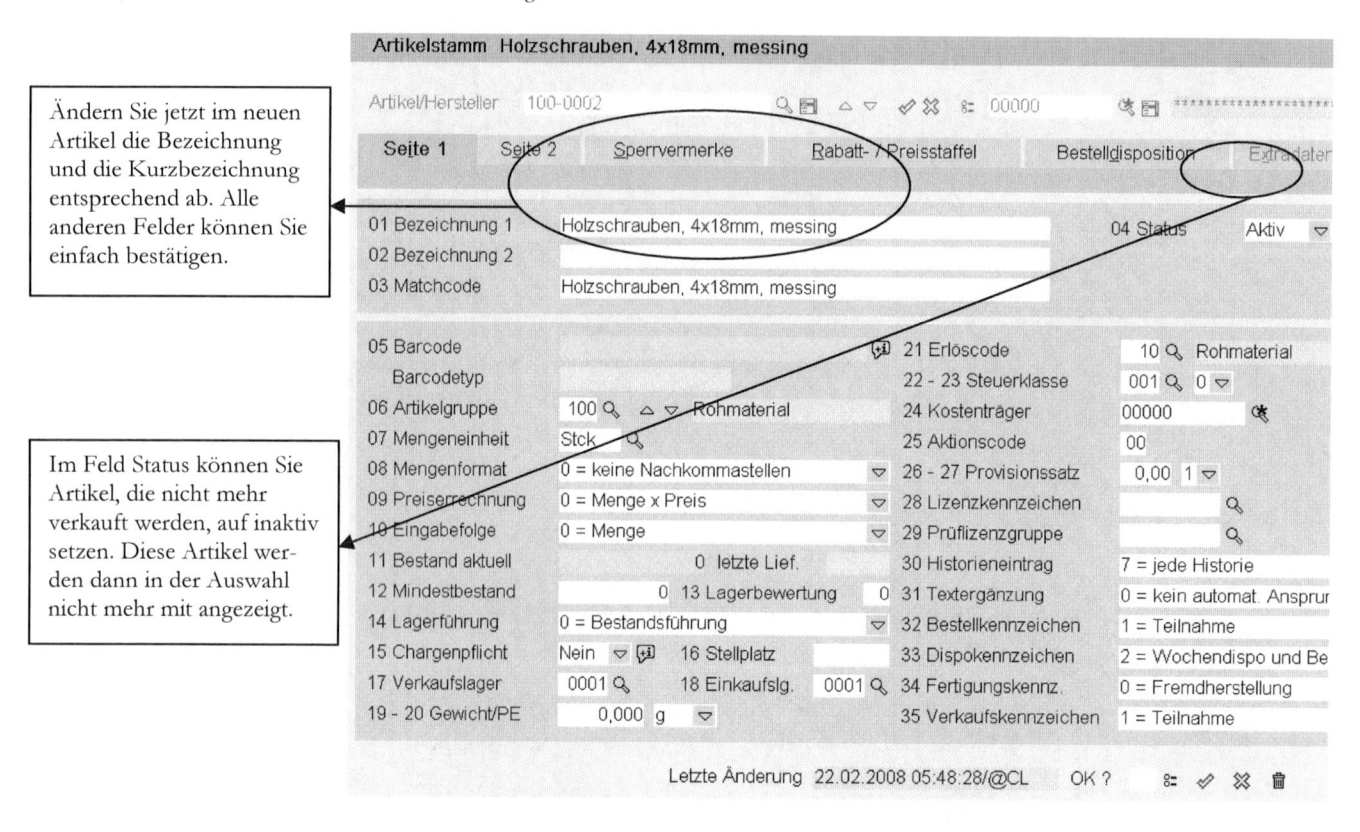

Ändern Sie jetzt im neuen Artikel die Bezeichnung und die Kurzbezeichnung entsprechend ab. Alle anderen Felder können Sie einfach bestätigen.

Im Feld Status können Sie Artikel, die nicht mehr verkauft werden, auf inaktiv setzen. Diese Artikel werden dann in der Auswahl nicht mehr mit angezeigt.

DER NEUE ARTIKEL. Sie können alle weiteren Felder einfach bestätigen.

📁 **Wichtig**

Bei der Kopie eines Artikels werden allerdings nur die Artikelstammdaten kopiert. Sie müssen noch separat die Bestelldisposition pflegen und den Lieferanten zuordnen. Eine Kopie ist für diese Daten derzeit nicht vorgesehen.

Lernzielkontrolle

☺ **Testen Sie Ihr Wissen**

1) Was ist der Unterschied zwischen Hersteller und Lieferant?

2) Was passiert, wenn Sie im Artikelstamm einen neuen Hersteller zuordnen?

DER ARTIKELSTAMM

3) Was ist zu beachten, wenn Sie im Artikel das Bestellkennzeichen auf "Teilnahme" setzen?

4) Was versteht man unter den Begriffen **Dispoformel** und **Dispofaktor**?

5) Welche Möglichkeiten haben Sie, einem Artikel einen Lieferanten zuzuordnen?

6) Welche Funktion hat der Erlöscode?

7) Was ist der Unterschied zwischen Erlöscode und Artikelgruppe?

8) Was ist der Unterschied zwischen Mindestbestellmenge und Verpackungseinheit?

9) Wie können Sie die kompletten Dispoformeln nachlesen?

10) Welche Optionen haben Sie bei der Bestandsführung?

Praktische Übungen

Legen Sie die folgenden Artikel an:

Tastaturübungen

1) Artikelnummer: 100-0001, Hersteller: 00000,
Bezeichnung 1: Holzschrauben 4 x 18mm, schwarz
Mengeneinheit: Stck (Stück), AGR 100 (Rohmaterial), Erlöscode 10 (Rohmaterial); Teilnahme am Bestellwesen
EK und MEK: EUR 0,02; VK1: EUR 0,05.
Dispoformel 0, Dispofaktor 1, Lieferzeit: 1 Woche
Lieferant: Conrad Electronic
Einkaufspreis: EUR 0,02; Lieferzeit 0 Wochen;
Verpackung und Mindestbestellmenge 1.000 Stück;
Preiseinheit: 1.000 Stück
Artikelnummer beim Lieferanten: 40018s

2) Artikelnummer: 100-0002, Hersteller: 00000,
Bezeichnung 1: Holzschrauben 4 x 18mm, messing
Mengeneinheit: Stck (Stück), AGR 100 (Rohmaterial), Erlöscode 10 (Rohmaterial); Teilnahme am Bestellwesen
EK und MEK: EUR 0,02; VK1: EUR 0,05.
Dispoformel 0, Dispofaktor 1, Lieferzeit: 0 Wochen
Lieferant: Conrad Electronic
Einkaufspreis: EUR 0,02; Lieferzeit 1 Woche;
Verpackung und Mindestbestellmenge 1.000 Stück;
Preiseinheit: 1.000 Stück
Artikelnummer beim Lieferanten: 40018m

3) Artikelnummer: 200-0001, Hersteller: 00000,
Bezeichnung 1: Gehäuse für 2-Wege Lautsprecher, schwarz
Mengeneinheit: Stck, AGR 200 (Zwischenprodukte), Erlöscode 20 (Zwischenprodukte); Teilnahme am Bestellwesen
EK und MEK: EUR 19,90; VK1: EUR 44,90.
Dispoformel 0, Dispofaktor 1, Lieferzeit: 1 Woche

DER ARTIKELSTAMM

Lieferant: Holz Liebl
Einkaufspreis: EUR 19,90; Lieferzeit 1 Woche;
Verpackung und Mindestbestellmenge 1 Stück;
Preiseinheit: 1 Stück
Artikelnummer beim Lieferanten: 252211s

4) Artikelnummer: 200-0002, Hersteller: 00000,
Bezeichnung 1: Gehäuse für 2-Wege Lautsprecher, eiche
Mengeneinheit: Stck, AGR 200 (Zwischenprodukte), Erlöscode 20 (Zwischenprodukte); Teilnahme am Bestellwesen
EK und MEK: EUR 19,90; VK1: EUR 44,90.
Dispoformel 0, Dispofaktor 1, Lieferzeit: 1 Woche
Lieferant: Holz Liebl
Einkaufspreis: EUR 19,90; Lieferzeit 1 Woche;
Verpackung und Mindestbestellmenge 1 Stück;
Preiseinheit: 1 Stück
Artikelnummer beim Lieferanten: 252211e

5) Artikelnummer: 100-0003, Hersteller: Conrad Electronic,
Bezeichnung 1: Basslautsprecher, 10cm, 8 Ohm
Mengeneinheit: Stck (Stück), AGR 100 (Rohmaterial), Erlöscode 10 (Rohmaterial); Teilnahme am Bestellwesen
EK und MEK: EUR 25,00; VK1: EUR 49,90.
Dispoformel 0, Dispofaktor 1, Lieferzeit: 1 Woche
Lieferant: Conrad Electronic
Einkaufspreis: EUR 25,--; Lieferzeit 1 Woche;
Verpackung und Mindestbestellmenge 1 Stück;
Preiseinheit: 1 Stück
Artikelnummer beim Lieferanten: Bass108120

6) Artikelnummer: 100-0004, Hersteller: Conrad Electronic,
Bezeichnung 1: Hochtöner, 5cm, 8 Ohm
Mengeneinheit: Stck (Stück), AGR 100 (Rohmaterial), Erlöscode 10 (Rohmaterial); Teilnahme am Bestellwesen
EK und MEK: EUR 5,00; VK1: EUR 9,90.
Dispoformel 0, Dispofaktor 1, Lieferzeit: 1 Woche
Lieferant: Conrad Electronic
Einkaufspreis: EUR 5,--; Lieferzeit 1 Woche;
Verpackung und Mindestbestellmenge 1 Stück;
Preiseinheit: 1 Stück
Artikelnummer beim Lieferanten: Hoch058020

7) Artikelnummer 100-0005; Hersteller 00000
Bezeichnung 1: Lautsprecherkabel, 2-adrig, schwarz
Artikelgruppe 100 (Rohmaterial), Mengeneinheit: lfm (Laufmeter)
Erlöscode: 10 (Rohmaterial) Teilnahme am Bestellwesen
EK und MEK: 0,80; VK1 2,20
Lieferant: Conrad Electronic; Einkaufspreis: EUR 0,80; Lieferzeit 1 Woche;
Verpackung und Mindestbestellmenge ; 500 lfm
Preiseinheit: 1
Artikelnummer beim Lieferanten: Kabel20500s

DER ARTIKELSTAMM

8) Artikelnummer 100-0006; Hersteller 00000
   Bezeichnung 1: Stecker für Lautsprecherkabel, schwarz
   Artikelgruppe 100 (Rohmaterial), Mengeneinheit: Stck
   Erlöscode: 10 (Rohmaterial) Teilnahme am Bestellwesen
   EK und MEK: 0,10; VK1 0,25
   Lieferant: Conrad Electronic; Einkaufspreis: EUR 0,10; Lieferzeit 1 Woche;
   Verpackung und Mindestbestellmenge ; 100 Stück
   Preiseinheit: 1
   Artikelnummer beim Lieferanten: Stecker20020s

9) Artikelnummer 100-0007; Hersteller 00000
   Bezeichnung 1: Stecker für Lautsprecherkabel, rot
   Artikelgruppe 100 (Rohmaterial), Mengeneinheit: Stck
   Erlöscode: 10 (Rohmaterial) Teilnahme am Bestellwesen
   EK und MEK: 0,10; VK1 0,25
   Lieferant: Conrad Electronic; Einkaufspreis: EUR 0,10; Lieferzeit 1 Woche;
   Verpackung und Mindestbestellmenge ; 100 Stück
   Preiseinheit: 1
   Artikelnummer beim Lieferanten: Stecker20020r

Kapitel 4

Die Produktionsstückliste

Für die Produktion ist eine Reihe von zusätzlichen Informationen zum Artikel erforderlich.

Um einen Artikel selbst herzustellen, sind eine Reihe von zusätzlichen Informationen erforderlich. In diesem Kapitel erfahren Sie systematisch, wie ein Produktionsartikel mit allen für die Produktion und Kalkulation wichtigen Informationen angelegt wird. Angefangen vom Artikelstamm, über die Stückliste bis hin zu den einzelnen Arbeitsgängen. Dabei haben wir die ersten Stücklisten bewusst einfach und überschaubar gehalten, damit Sie sich auf die Zusammenhänge konzentrieren können und nicht im Detail einer verschachtelten Stückliste verlieren.

Der Produktionsartikel

Nach der Erfassung unserer Zukaufteile können wir jetzt unsere Produktionsartikel erfassen. Dafür benötigen wir aus unserer Kostenrechnung einige Informationen für unsere Kalkulation[31]. Im ersten Schritt legen wir unter **Produktion → Stammdaten → Artikel → Gemeinkosten →Gemeinkostenstamm** die Gemeinkosten für die einzelnen Bereiche fest. Dabei können Sie mit einem einzigen Gemeinkostensatz je Bereich arbeiten oder verschiedene Sätze anlegen. Die Entscheidung darüber, wie viele Kalkulationsansätze gepflegt werden, hängt zum großen Teil von Ihrem Sortiment ab. Wenn Sie für alle Bereiche mit einem einzigen Kalkulationsschema arbeiten wollen, können Sie generell auf die in den Grundlagen Produktion hinterlegten Sätze zurückgreifen.

In der Praxis werden die Gemeinkostensätze in der Kostenrechnung oder in einem Kalkulationsblatt ermittelt und anschließend in das Programm übernommen. Dabei ist es durchaus sinnvoll, die Kosten, soweit möglich, für einzelne Artikel separat zu kalkulieren. Mit Hilfe dieser Zuschlagssätze ermitteln Sie dann Ihre tatsächlichen Herstellkosten, d.h. den Preis, den Sie beim Verkauf mindestens erzielen müssen, um wenigstens Ihre Kosten zu decken.

📁 **Wichtig**

Eine saubere Kalkulation hat für ein erfolgreiches Unternehmen oberste Priorität. Nur, wenn Sie Ihre echten Herstellkosten kennen, ist eine optimale Preiskalkulation

---

[31] Zum Thema Kalkulation gibt es einschlägige Literatur mit entsprechenden Kalkulationsschemata. Fragen Sie Ihre Buchhaltung oder Ihren Kostenrechner oder Ihren Steuerberater nach den entsprechenden Zahlen. Auf Wunsch erstellen wir gerne mit Ihnen gemeinsam eine geeignete Kalkulation für Ihr Unternehmen. Die Abrechnung erfolgt nach tatsächlichem Aufwand.

DER PRODUKTIONSARTIKEL

möglich. Wenn Sie den erforderlichen Preis am Markt nicht erzielen können[32], gibt es nur 2 Möglichkeiten:

- die Produktionskosten senken (z.B. durch Verbesserung der Produktionsabläufe oder den Einsatz günstigerer Materialien).

- die Produktion einstellen.

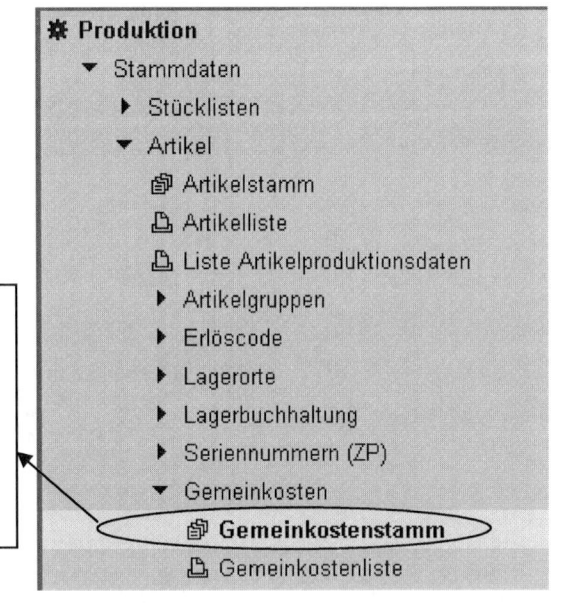

Hier können Sie für alle Arten von Gemeinkosten jeweils 999 verschiedene Werte und Bezeichnungen erfassen und diese dann im Artikelstamm bei den einzelnen Produktionsartikeln individuell zuordnen.

GEMEINKOSTEN. Programmaufruf.

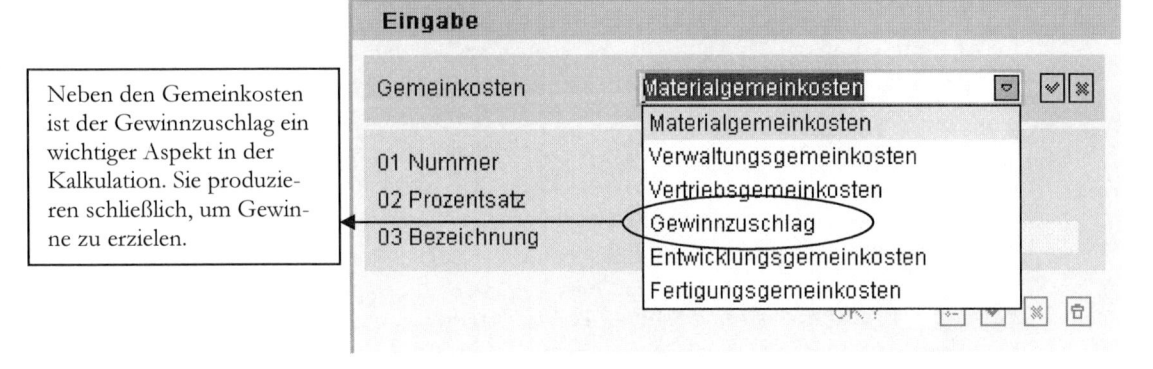

Neben den Gemeinkosten ist der Gewinnzuschlag ein wichtiger Aspekt in der Kalkulation. Sie produzieren schließlich, um Gewinne zu erzielen.

EINGABE. Mit **F2** wählen Sie die gewünschte Kostenart für die Erfassung aus.

---

[32] Vor der Einführung neuer Produkte wird aus diesem Grund vorab der Markt analysiert, um zu prüfen, welchen Preis der Markt bereit ist, für Ihr Produkt zu zahlen. Dabei gilt als grobe Regel: Je mehr Hersteller Ihr Produkt anbieten, desto geringer ist Ihr Spielraum beim Verkaufspreis. So ist z.B. der Preis für Benzin in einem sehr engen Korridor, weil der Kunde sonst zu einer günstigeren Tankstelle fährt. Der Preis für Biotomaten unterliegt dagegen weit größeren Schwankungen, weil hier die Auswahl deutlich geringer und ein Vergleich schwerer möglich ist.

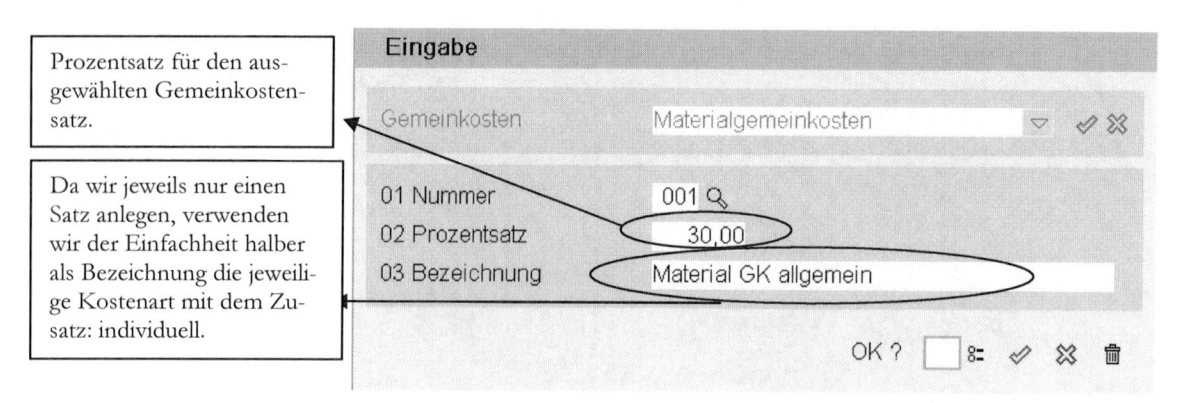

DER PRODUKTIONSARTIKEL

> Prozentsatz für den ausgewählten Gemeinkostensatz.

> Da wir jeweils nur einen Satz anlegen, verwenden wir der Einfachheit halber als Bezeichnung die jeweilige Kostenart mit dem Zusatz: individuell.

Eingabe

Gemeinkosten	Materialgemeinkosten
01 Nummer	001
02 Prozentsatz	30,00
03 Bezeichnung	Material GK allgemein

OK ?

MATERIALGEMEINKOSTEN. Für jede Gemeinkostenart können Sie bis zu 999 verschiedene Sätze erfassen.

Wir begnügen uns für unser Beispiel mit einem Satz je Gemeinkostenart. In größeren Betrieben ist es durchaus üblich, in den einzelnen Produktbereichen mit unterschiedlichen Sätzen zu arbeiten. Bitte legen sie die folgenden Sätze an:

Materialgemeinkosten[33]: 30%. In die Materialgemeinkosten fließen die Kosten der Materialbeschaffung, wie z.B. die Eingangsfrachten und die Kosten der Lagerhaltung und Qualitätskontrolle, soweit sie nicht einzelnen Artikeln direkt zugeordnet werden können.

Verwaltungsgemeinkosten: 25%. Die Verwaltungsgemeinkosten enthalten die anteilig auf die Produktion entfallenden Verwaltungskosten.

Vertriebsgemeinkosten: 10%. Die Vertriebsgemeinkosten enthalten anteilig die Kosten für den Verkauf der produzierten Waren.

Gewinnzuschlag: 30%. Der Gewinnzuschlag ist der Betrag, den Sie an Ihrem Artikel verdienen möchten.

Entwicklungsgemeinkosten: 5%. Die Entwicklungsgemeinkosten verteilen die Kosten für Forschung und Entwicklung. Dieser Bereich kann unter Umständen mit sehr hohen Kosten/Aufschlägen zu Buche schlagen, wenn beispielsweise jahrelange Forschungs- und Entwicklungsarbeiten vorangegangen sind.

Fertigungsgemeinkosten: 40%. Die Fertigungsgemeinkosten enthalten die Kosten der Fertigung, die keinem einzelnen Produkt zugeordnet werden können (z.B. Strom für die Beleuchtung in der Produktionshalle, Kosten für den Lagerarbeiter, ...).

Die hier angelegten Gemeinkosten werden dann bei den Produktionsartikeln auf der Seite 2 im Artikelstamm zugeordnet und dienen der Kalkulation des Verkaufspreises für die Produktionsartikel. Bitte denken Sie daran, diese Werte regelmäßig zu prüfen und soweit erforderlich, zu aktualisieren. Die Produktion ist eine lebende

---

[33] Für die Berechnung des Materialgemeinkostenzuschlags werden die Materialgemeinkosten ins Verhältnis zu den Materialeinzelkosten (Einkaufspreis + Beschaffungsnebenkosten wie Fracht, Zoll,...). Gehen wir in unserem Beispiel einmal davon aus, der Materialeinkauf liegt bei EUR 100.000,--, die Materialgemeinkosten (Lagerhaltung, Qualitätskontrolle,..) betragen EUR 30.000,--, so ergibt sich folgende Rechnung: Materialkosten geteilt durch Materialgemeinkosten x 100 = Materialgemeinkostenzuschlag. Mit Zahlen: EUR 100.000,-- ./. EUR 30.000,-- x 100 = 30%.

DER PRODUKTIONSARTIKEL

Einheit und durch eine Veränderung des Sortiments und/oder der Produktionsmenge, kann es sehr schnell auch zu Änderungen der Gemeinkostenzuschläge kommen.

Jetzt können wir unseren ersten Produktionsartikel anlegen und auch gleich die Daten für die Kalkulation und die Teilestückliste erfassen. In dem Moment, in dem wir einen Artikel auf Eigenherstellung schlüsseln, können wir aus dem Artikelstamm automatisch in die Produktionsstückliste verzweigen und auch hier alle erforderlichen Eingaben machen.

Mit Ausnahme des Herstellers und des Fertigungskennzeichens statt des Bestellkennzeichens, gibt es bisher noch keine Unterschiede zu den Zukaufteilen.

📖 **Praxistipp**

In der Praxis ist es auch möglich, einen Artikel sowohl für die Produktion als auch mit Teilnahme am Bestellwesen zu schlüsseln; das ist dann der Fall, wenn Sie einen Artikel in der Regel selbst fertigen und nur bei Engpässen in der Produktion zukaufen.

> Für alle selbst produzierten Artikel verwenden wir als Hersteller den Lieferanten **70001 Eigenproduktion**, den wir im Lieferantenstamm angelegt haben.

> Im **Feld 34** wählen wir aus: **1=Eigenherstellung**. In diesem Fall wird kein Bestellkennzeichen gesetzt.

ARTIKELSTAMM SEITE 1. Beim Produktionsartikel wird als Hersteller immer der Lieferant Eigenproduktion ausgewählt.

DER PRODUKTIONSARTIKEL

Tragen Sie hier Ihre Sätze für die Kalkulation ein. Diese können je Artikel unterschiedlich sein. Wenn Sie hier nichts eintragen, werden die Kalkulationssätze aus den Grundlagen Produktion verwendet.

Zum Abschluss geben wir in der OK-Abfrage ein **P** für Produktionsdaten ein und verzweigen in die Produktion.

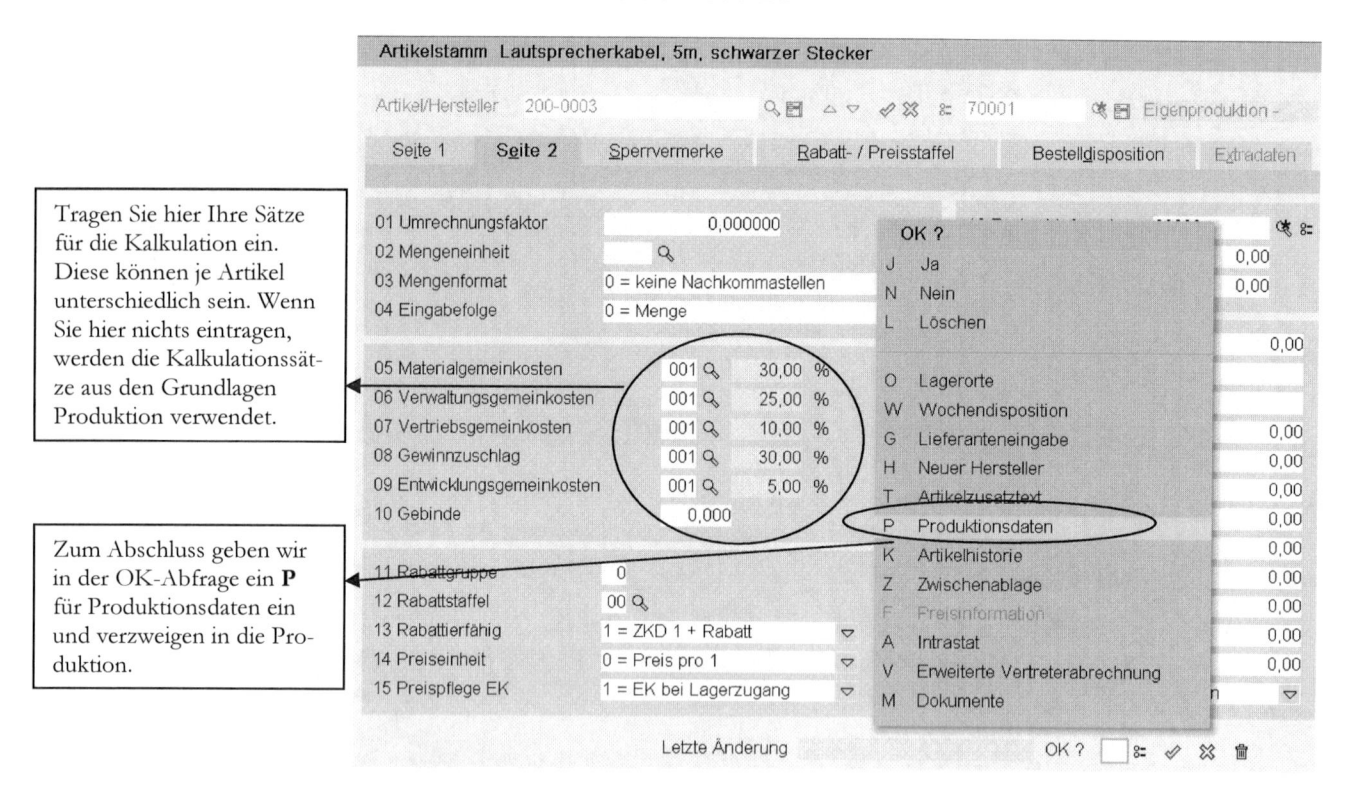

ARTIKEL SEITE 2. Wir geben die Gemeinkostensätze ein und lassen die Preise vorerst leer (EK, MEK und VK). Diese werden erst nach der Kalkulation in der Produktion gepflegt.

Bei Produktionsartikeln können Sie den MEK offen lassen; er wird automatisch bei der ersten Lagerzubuchung aus der Produktion übernommen.

Als nächstes kommt jetzt ein Fenster mit den Produktionsdaten, wo Sie die Möglichkeit haben, für den Artikel eine Produktionsstückliste anzulegen.

Neu an dieser Stelle ist die Möglichkeit, zwischen Mengeneinheit Produktion und Mengeneinheit Lager zu unterscheiden.

Als Nummer für die Stückliste wird vom System die Artikelnummer vorgeschlagen. Diese Nummern sollten synchron laufen.

Bestätigen Sie die Meldung, um die Stückliste für diesen Artikel anzulegen.

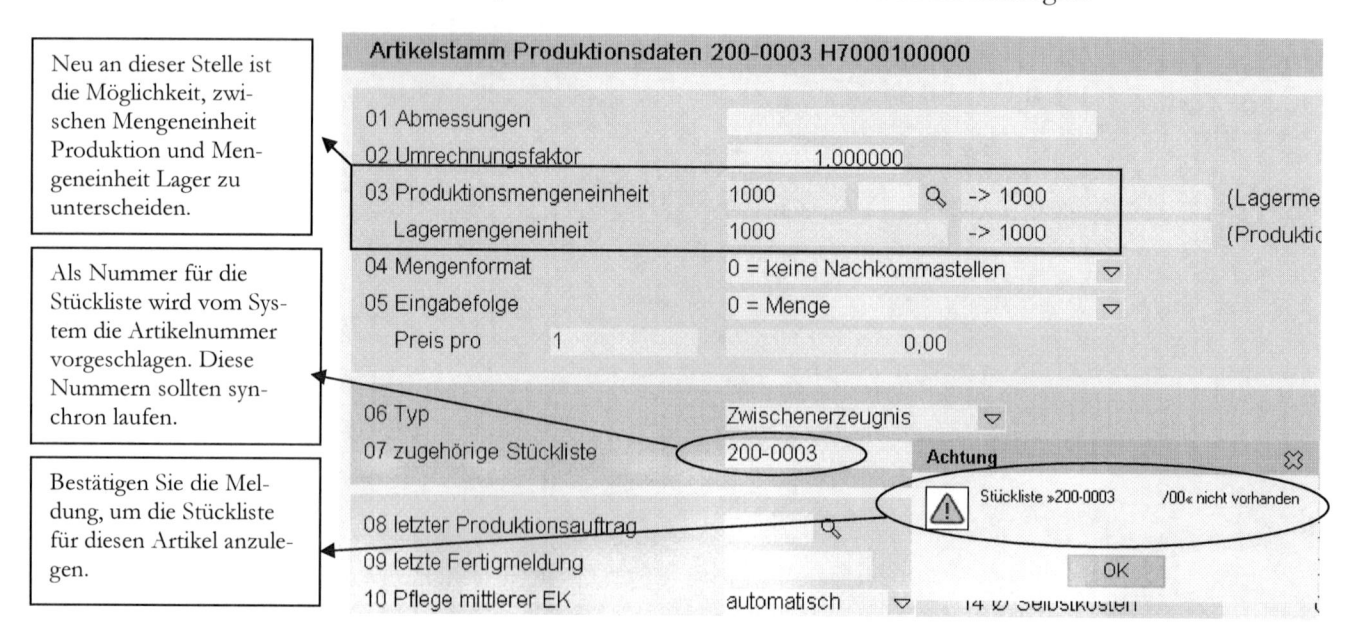

PRODUKTIONSDATEN. In den Produktionsdaten wird dem Artikel eine Stückliste zugeordnet; dabei ist es sinnvoll, die vorgeschlagene Artikelnummer auch als Nummer für die Stückliste zu übernehmen.

© Jörg Merk – Neue Welt Verlag GmbH

DER PRODUKTIONSARTIKEL

Sie können für einzelne Stücklisten später bis zu 99 Varianten anlegen, wenn z.B. für einzelne Kunden nur einzelne Bauteile der Stückliste getauscht werden sollen.

In der Stückliste werden Zwischenerzeugnisse und Fertigerzeugnisse unterschieden. Das Ergebnis ist in beiden Fällen ein Artikel. Zusätzlich gibt es noch die Möglichkeit, eine Infostückliste zu erfassen.

Praxistipp

Die Nummernvergabe der Stücklisten ist frei definierbar. In der Praxis hat es sich als sinnvoll erwiesen, die Nummern für Produktionsstücklisten und Produktionsartikel identisch zu pflegen. So ist immer die Stücklistennummer auch gleich der Artikelnummer des produzierten Artikels.

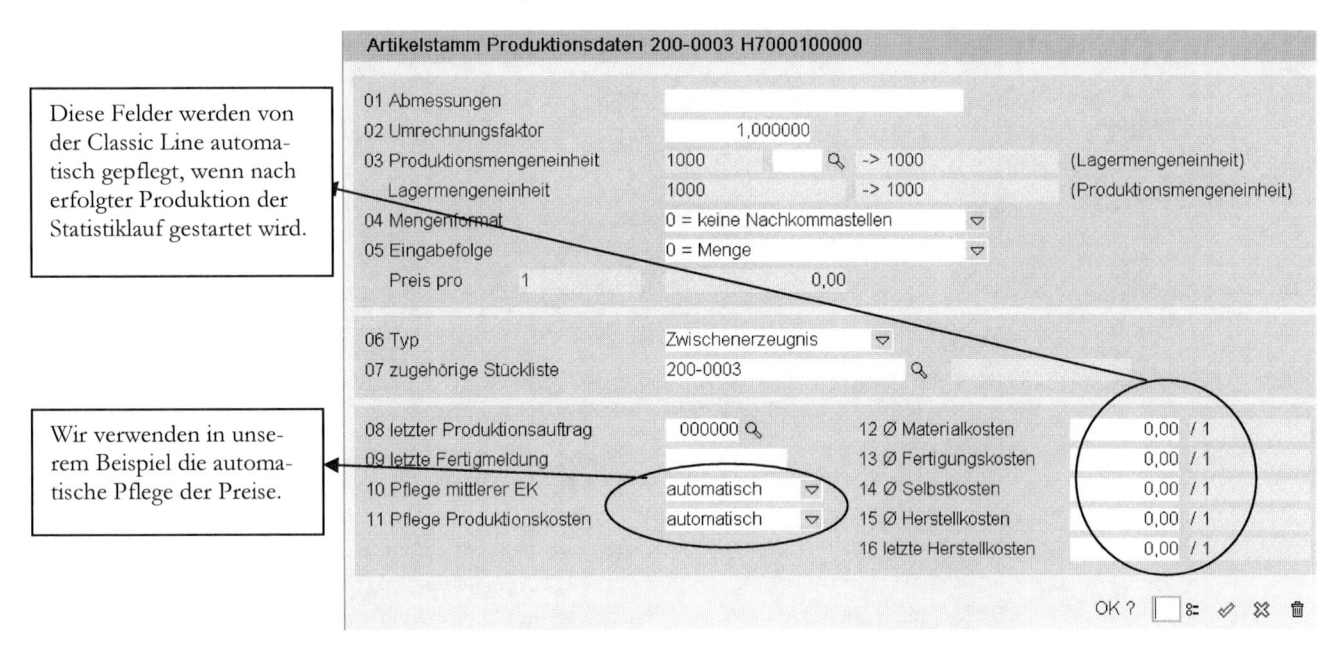

Diese Felder werden von der Classic Line automatisch gepflegt, wenn nach erfolgter Produktion der Statistiklauf gestartet wird.

Wir verwenden in unserem Beispiel die automatische Pflege der Preise.

PRODUKTIONSDATEN. Neben der Zuordnung der Stückliste können Sie an dieser Stelle festlegen, ob der mittlere EK und die Produktionskosten vom Programm automatisch gepflegt werden sollen.

Die durchschnittlichen Kosten (Feld 12-16) werden vom Programm an Hand der Fertigungsaufträge in der Regel automatisch gepflegt.

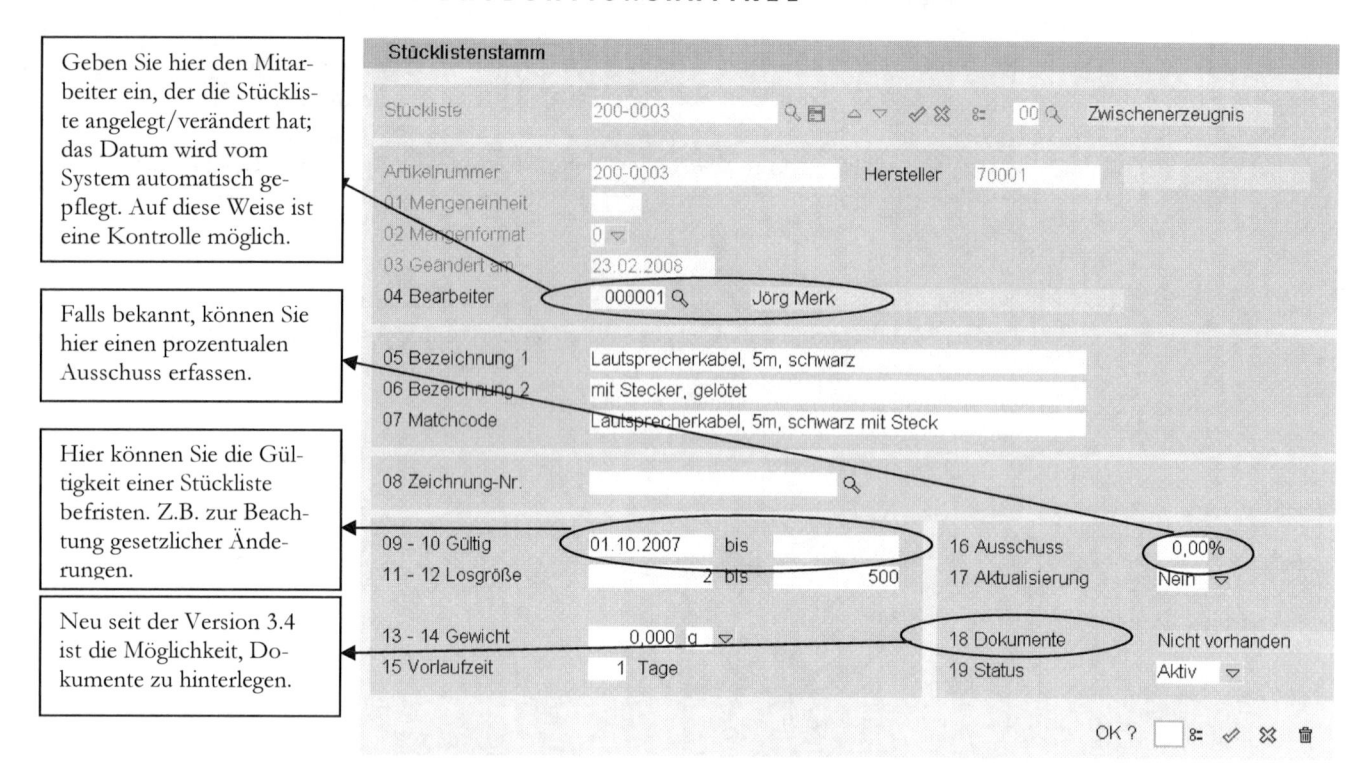

DER PRODUKTIONSARTIKEL

Geben Sie hier den Mitarbeiter ein, der die Stückliste angelegt/verändert hat; das Datum wird vom System automatisch gepflegt. Auf diese Weise ist eine Kontrolle möglich.

Falls bekannt, können Sie hier einen prozentualen Ausschuss erfassen.

Hier können Sie die Gültigkeit einer Stückliste befristen. Z.B. zur Beachtung gesetzlicher Änderungen.

Neu seit der Version 3.4 ist die Möglichkeit, Dokumente zu hinterlegen.

STÜCKLISTENSTAMM. Hier können Sie nach der Erfassung Ihrer Daten weiter verzweigen und die Teilepositionen und weitere Daten erfassen.

Im Stücklistenstamm können Sie eine zum Artikel abweichende Bezeichnung eingeben und im **Feld 8** eine Zeichnungsnummer zuordnen. Das ist sinnvoll, wenn für diese Stückliste eine Konstruktionszeichnung verfügbar ist. Die Losgröße in den **Feldern 11-12** beschreibt, in welchen Mengen (Losen) je Produktionsauftrag dieser Artikel gefertigt wird. Die Grenzen können willkürlich oder produktionsbedingt gesetzt werden. Wichtig ist das **Feld 16** Ausschuss: hier können Sie den zu erwartenden Ausschuss[34] in Prozent angeben. Beim Erfassen eines neuen Produktionsauftrages wird dann die zu produzierende Menge entsprechend um den Ausschuss erhöht. Vollkommen neu seit der Version 2007 ist das **Feld 18** Dokumente. Hier haben Sie die Möglichkeit, zusätzliche Dokumente (z.B. eine Zeichnung, eine Arbeitsanweisung oder Ähnliches) zuzuordnen und mit dem Produktionsauftrag automatisch auszudrucken. Eine ausführliche Beschreibung finden Sie im Kapitel Tipps und Tricks am Ende dieses Schulungshandbuchs.

Wenn Sie alle erforderlichen Daten erfasst haben, können Sie in der OK-Abfrage über **F2** eine ganze Reihe von weiteren Optionen auswählen. Für den Anfang sind wohl das Wichtigste die Teilepositionen und der Arbeitsplan. Wir geben in der OK-Abfrage ein **P** für **Teilepositionen** ein und erfassen die einzelnen Bauteile zu unserer Stückliste. Danach können wir dann auch gleich den Arbeitsplan erfassen. Und

---

[34] Wichtig ist an dieser Stelle die Unterscheidung zwischen Ausschuss und Verschnitt: Der Ausschuss bezieht sich auf die gesamte Produktionsstückliste, d.h. wenn Sie hier einen Ausschuss von 1% eintragen, werden bei Produktion von 100 Stück die Einzelteile für 101 Stück vom Lager abgebucht. Wenn Sie Verschnitt haben, dann bezieht sich das auf einzelne Positionen in der Produktionsstückliste. In diesem Fall ist in der Einzelposition eine größere Menge zu erfassen. In unserem Beispiel könnten Sie sagen, bei der Konfektion der Lautsprecherkabel habe ich generell 5 cm Verschnitt. Dann müssten Sie bei der Teileposition Kabel statt 5m 5,05m eingeben.

DER PRODUKTIONSARTIKEL

erst zu diesem Zeitpunkt ist es dann möglich, eine Vorkalkulation zu machen, um den erforderlichen Verkaufspreis zu ermitteln.

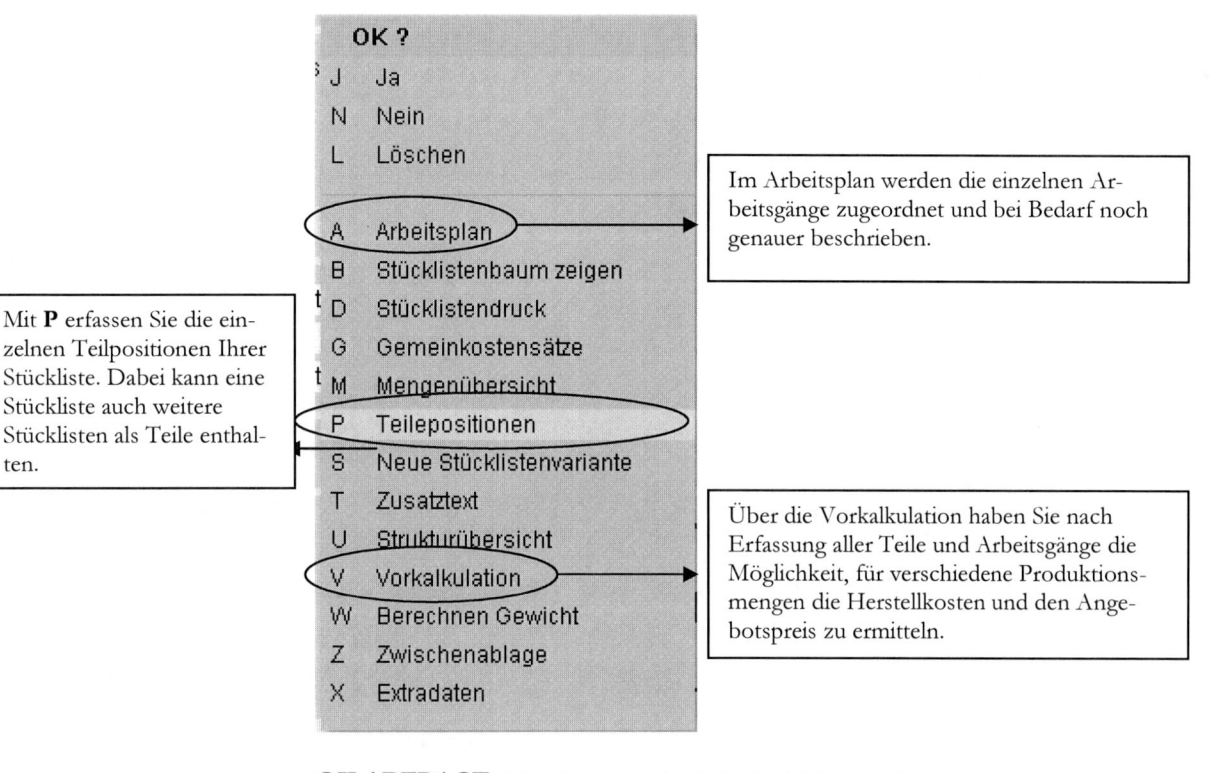

> Im Arbeitsplan werden die einzelnen Arbeitsgänge zugeordnet und bei Bedarf noch genauer beschrieben.

> Mit **P** erfassen Sie die einzelnen Teilpositionen Ihrer Stückliste. Dabei kann eine Stückliste auch weitere Stücklisten als Teile enthalten.

> Über die Vorkalkulation haben Sie nach Erfassung aller Teile und Arbeitsgänge die Möglichkeit, für verschiedene Produktionsmengen die Herstellkosten und den Angebotspreis zu ermitteln.

OK-ABFRAGE. Diese Optionen stehen in der Produktionsstückliste zur Verfügung.

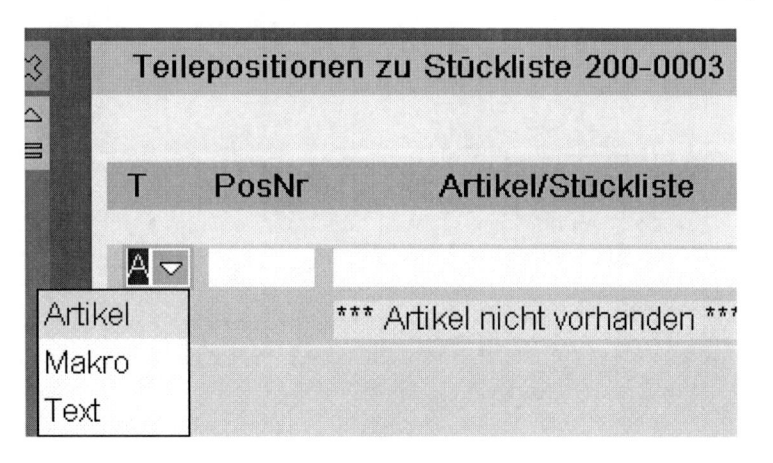

AUSWAHL TEILEPOSITIONEN. Zu Beginn der Zeile wählen Sie den Positionstyp aus. Dabei können Sie wählen zwischen Artikel, Makro oder Text.

Im Feld Typ wählen Sie mit **A** einen **Artikel** aus, **M** steht für **Makro**, d.h. Sie können eine Stückliste auswählen und **T** steht für **Text**, damit können Sie einen Text eingeben oder einen Textbaustein auswählen.

DER PRODUKTIONSARTIKEL

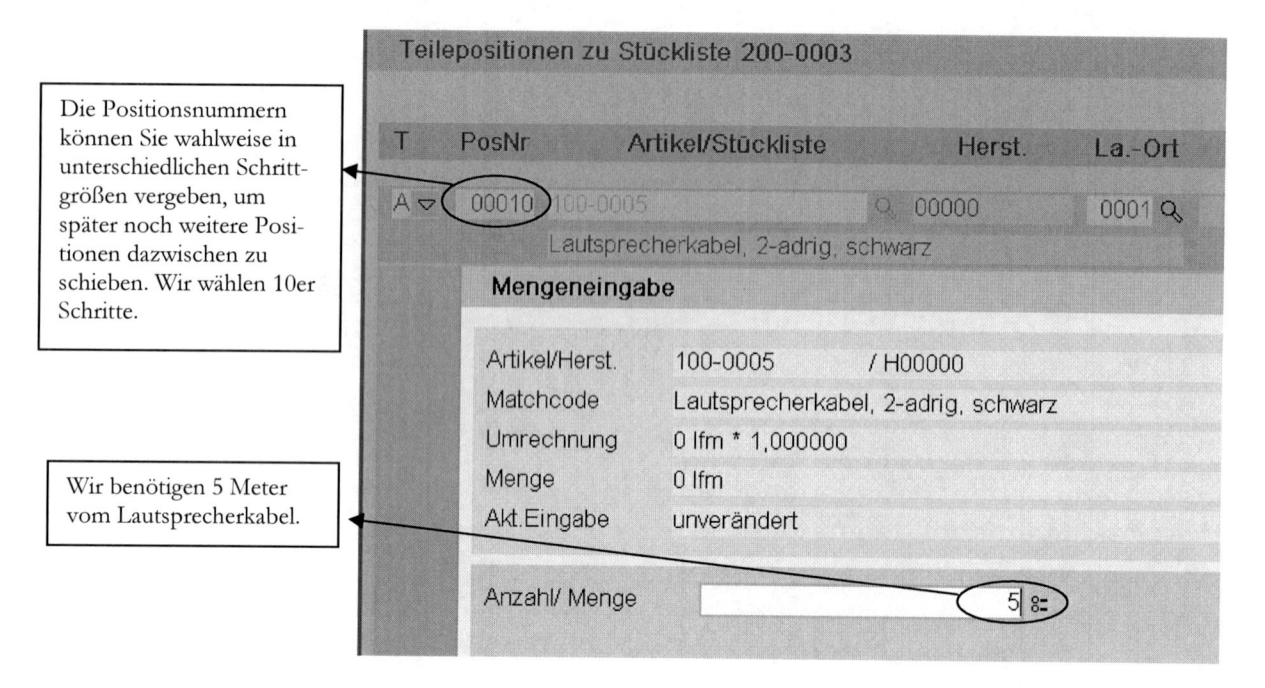

> Die Positionsnummern können Sie wahlweise in unterschiedlichen Schrittgrößen vergeben, um später noch weitere Positionen dazwischen zu schieben. Wir wählen 10er Schritte.

> Wir benötigen 5 Meter vom Lautsprecherkabel.

TEILEPOSITIONEN. Wählen Sie A für Artikel, um die Teilepositionen zu erfassen.

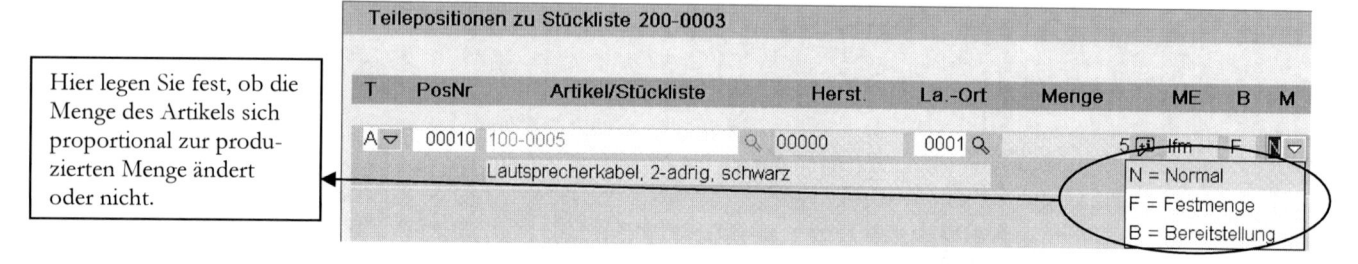

> Hier legen Sie fest, ob die Menge des Artikels sich proportional zur produzierten Menge ändert oder nicht.

TEILEPOSITIONEN. Teilepositionen können Artikel, Texte oder Stücklisten sein.

Zur Erfassung der Teilepositionen gibt es einige Punkte, die wir zum besseren Verständnis näher erläutern wollen.

N = Normalmenge: Die Normalmenge sagt aus, dass die für diesen Artikel erfasste Menge für die Produktion von 1 Stück erforderlich ist. D.h. werden 20 Stück produziert, wird folglich 20x die hier eingetragene Menge benötigt.

F = Festmenge: Festmenge bedeutet, die Menge für diesen Artikel bleibt konstant, auch wenn sich die Produktionsmenge ändert. Das ist z.B. der Fall bei Stoffen, die zur Einrichtung des Arbeitsplatzes dienen (Auslegen des Arbeitsplatzes mit Schutzfolie beim Lackieren,...).

B = Bereitstellung: Dieses Kennzeichen wird verwendet, wenn der Artikel z.B. vom Kunden bereitgestellt wird; in diesem Fall wird keine Lagerbestandsveränderung gebucht.

📁 **Wichtig**

Bei Normalmenge und Festmenge wird bei Fertigmeldung des Produktionsauftrages automatisch der Lagerbestand um die benötigte Menge reduziert, bei der Bereitstellung erfolgt keine Lagerbuchung. Sollten Sie bei einzelnen Kennzeichen unsicher

DER PRODUKTIONSARTIKEL

sein, empfehlen wir dringend, über **F1** in der Hilfe die entsprechende Passage mit den Erläuterungen der einzelnen Kennzeichen nachzulesen.

> Beim Typ können Sie wählen zwischen **A** = **A**rtikel, **M** = **M**akro und **T** = **T**ext.

> Das **B** steht für **B**ezug; Sie sehen hier, ab der gewählte Artikel zugekauft wird (**F** für **F**remdfertigung) oder selbst hergestellt wird (**E** für **E**igenproduktion)

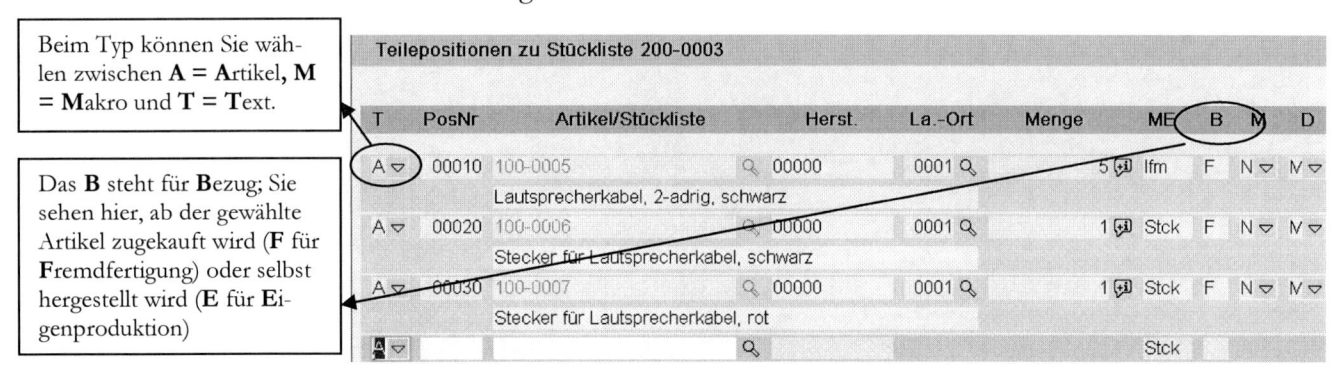

T	PosNr	Artikel/Stückliste	Herst.	La.-Ort	Menge	ME	B	M	D
A	00010	100-0005 Lautsprecherkabel, 2-adrig, schwarz	00000	0001	5	lfm	F	N	M
A	00020	100-0006 Stecker für Lautsprecherkabel, schwarz	00000	0001	1	Stck	F	N	M
A	00030	100-0007 Stecker für Lautsprecherkabel, rot	00000	0001	1	Stck	F	N	M
A						Stck			

TEILEPOSITIONEN. Alle Teile der Stückliste im Überblick.

Unter **D** für **Druckkennzeichen** legen Sie fest, ob für den ausgewählten Artikel ein Materialentnahmeschein gedruckt werden soll, oder nicht.

📖 **Praxistipp**

Außerdem haben Sie die Möglichkeit, an jeder Stelle mit **F3** eine weitere Position einzufügen oder mit **F4** eine Position zu löschen. Anschließend sollten Sie dann allerdings die Teilepositionen neu durchnummerieren (über Optionen, Teilepositionen sortieren und neu nummerieren).

Wenn Sie alle Teilepositionen erfasst haben, wählen Sie ESC und Zwischenspeichern und verlassen, um die Erfassung abzuschließen.

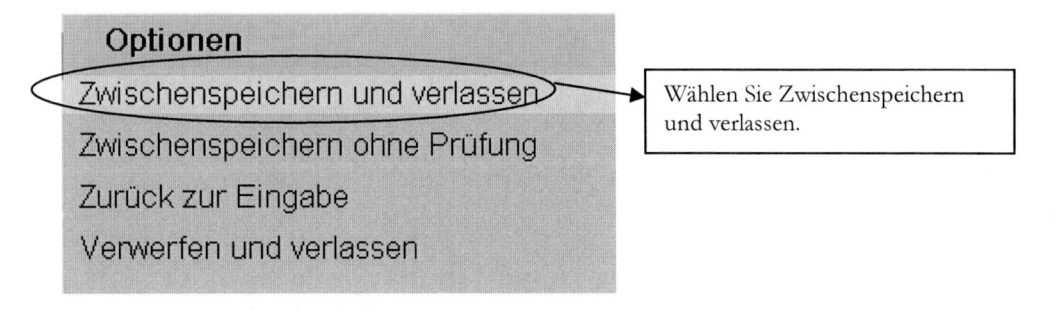

Optionen
- Zwischenspeichern und verlassen → Wählen Sie Zwischenspeichern und verlassen.
- Zwischenspeichern ohne Prüfung
- Zurück zur Eingabe
- Verwerfen und verlassen

ERFASSUNG SPEICHERN. Drücken Sie ESC und wählen Sie Zwischenspeichern und verlassen, um Ihre Erfassung zu speichern.

Um unsere Produktionsstückliste komplett fertig zu stellen, müssen wir jetzt noch die dazugehörigen Arbeitsgänge zuordnen/definieren. Dazu wählen Sie in der OK-Abfrage **A** für **Arbeitsplan** aus und erfassen die erforderlichen Tätigkeiten zu dieser Produktionsstückliste.

Im Arbeitsplan werden alle Arbeitsschritte genau festgelegt und beschrieben. Soweit es zu den einzelnen Tätigkeiten Zeichnungen oder Arbeitsanweisungen gibt, sollte im Arbeitsplan darauf hingewiesen werden.

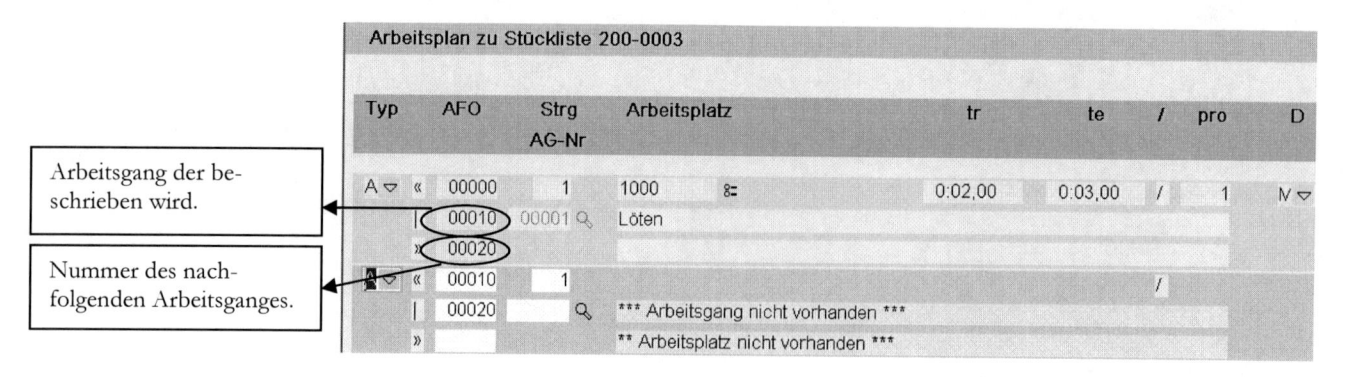

DER PRODUKTIONSARTIKEL

Arbeitsplan zu Stückliste 200-0003								
Typ	AFO	Strg AG-Nr	Arbeitsplatz		tr	te	/ pro	D
A	00000	1	1000		0:02,00	0:03,00	/ 1	N
	00010	00001	Löten					
	00020							
A	00010	1					/	
	00020		*** Arbeitsgang nicht vorhanden ***					
			** Arbeitsplatz nicht vorhanden ***					

Arbeitsgang der beschrieben wird.

Nummer des nachfolgenden Arbeitsganges.

DER ARBEITSPLAN. Hier erfassen Sie die einzelnen Arbeitsgänge mit dem dazugehörigen Arbeitsplatz und den entsprechenden Rüst- und Produktionszeiten.

Jeder Arbeitsschritt wird dabei in eine Arbeitsfolge eingefügt, wo neben dem Arbeitsgang auch immer auf den vorhergehenden und den nachfolgenden Arbeitsgang verwiesen wird. Dem Arbeitsgang ist ein Arbeitsplatz mit Rüst- und Produktionszeiten zugeordnet. Diese Zeiten können für den einzelnen Produktionsauftrag jederzeit individuell geändert werden.

Erfassen Sie den Arbeitsgang Löten und ändern Sie die Zeit pro Teil auf 3 Minuten.

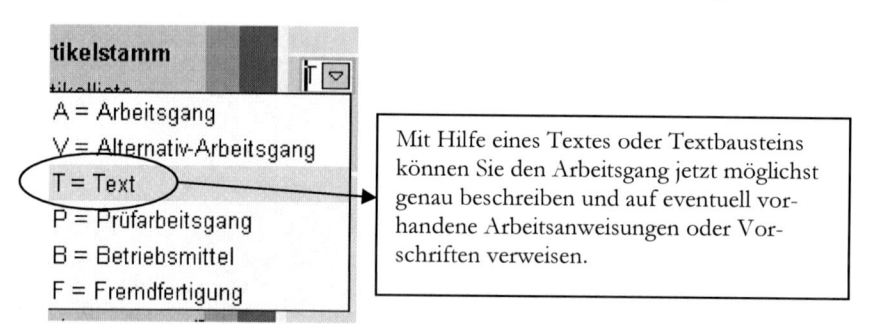

A = Arbeitsgang
V = Alternativ-Arbeitsgang
T = Text
P = Prüfarbeitsgang
B = Betriebsmittel
F = Fremdfertigung

Mit Hilfe eines Textes oder Textbausteins können Sie den Arbeitsgang jetzt möglichst genau beschreiben und auf eventuell vorhandene Arbeitsanweisungen oder Vorschriften verweisen.

WEITERE EINGABEMÖGLICHKEITEN. Mit T für Text können Sie Textpositionen einfügen.

V = Alternativ-Arbeitsgang: Insbesondere bei der Arbeit mit der Kapazitätsplanung kann es sinnvoll sein, Alternativen für einen Arbeitsgang einzutragen, wenn es z.B. möglich ist, den Arbeitsgang an verschiedenen Arbeitsplätzen auszuführen.

P = Prüfarbeitsgang: Prüfarbeitsgänge werden zur Qualitätskontrolle zwischengeschaltet; sie werden wie normale Arbeitsgänge angelegt; das Kennzeichen P bietet nur die Möglichkeit, die Prüfarbeitsgänge separat auswerten zu können.

B = Betriebsmittel: Hier können Sie einem Arbeitsgang ein bestimmtes Werkzeug oder einem Prüfarbeitsgang ein bestimmtes Prüfmittel zuordnen.

F = Fremdfertigung: Mit F werden Arbeitsgänge gekennzeichnet, die extern, also in Fremdarbeit gefertigt werden. Eine Fremdfertigung kann nie der letzte Arbeitsgang im Plan sein. Danach muss zumindest noch ein Prüfarbeitsgang folgen.

DER PRODUKTIONSARTIKEL

Arbeitsplan zu Stückliste 200-0003								
Typ	AFO	Strg AG-Nr	Arbeitsplatz		tr	te /	pro	D
A ▽ «	00000	001	1000		0:02,00	0:03,00 /	1	M ▽
	| 00010	00001	Löten					
	» 00030							
T ▽			Schneiden Sie 5m Kabel von der Kabeltrommel ab und schälen Sie die					M ▽
T ▽			Kabelenden. Löten Sie an einem Kabelende 2 Stecker an, einen roten					M ▽
T ▽			an die rot markierte Ader des Kabels, einen schwarzen an die andere.					M ▽
T ▽			Am anderen Kabelende werden die Adern nur mit Lötzinn überzogen.					M ▽

> Das **M** steht für den Druck eines Lohnscheines; dieser dient als Basis für die Lohnabrechnung und die Nachkalkulation und wird vom Mitarbeiter abgezeichnet.

TEXTPOSITIONEN. Mit Textpositionen können Sie die einzelnen Arbeitsschritte genauer beschreiben.

📖 **Praxistipp**

Denken Sie bei der Beschreibung der auszuführenden Tätigkeit daran, dass unterschiedliche Mitarbeiter in der Produktion beschäftigt sind. Jeder sollte die Texte verstehen können. Wenn Sie ausländische Mitarbeiter beschäftigen, die nicht sehr gut deutsch können, kann es sinnvoll oder erforderlich sein, die Texte in den Produktionsstücklisten in mehreren Sprachen zu hinterlegen. Prüfen Sie später gemeinsam mit Ihren Mitarbeitern, ob die Stücklisten wirklich vollständig und auch verständlich sind.

Wenn Sie alle Daten erfasst haben, verlassen Sie diese Eingabemaske wieder mit **ESC** und speichern Sie Ihre Stückliste und den erfassten Artikel.

Fragen zur Lernzielkontrolle

☺ **Testen Sie Ihr Wissen**

1) Welche Daten werden in der Stückliste erfasst?
2) Was ist der Unterschied zwischen Ausschuss und Verschnitt?
3) Wie können Sie einer Stückliste Teilepositionen hinzufügen?
4) Was ist der Unterschied zwischen Festmenge und Normalmenge?
5) Was versteht man unter dem Begriff "Bereitstellung".
6) Was ist in den Teilepositionen mit dem Begriff "Makro" gemeint?
7) Über welche Auswahl in der Stückliste können Sie Ihre Arbeitsgänge erfassen?
8) Welche Positionstypen stehen Ihnen bei der Erfassung der Arbeitsgänge zur Verfügung?

DER PRODUKTIONSARTIKEL

Praktische Übungen

Tastaturübungen

1) Legen Sie den Artikel 200-00003 aus unserem Beispiel mit dem Hersteller 60000 (Eigenproduktion) an, setzen Sie das Fertigungskennzeichen und erfassen Sie die Produktionsdaten. Legen Sie für diesen Artikel die Artikelgruppe 200 (Zwischenprodukte) und den Erlöscode 20 (Zwischenprodukte) an. Für die Produktionsstückliste wählen Sie unsere individuellen Zuschlagssätze:

Materialgemeinkosten: 30%.
Verwaltungsgemeinkosten: 25%.
Vertriebsgemeinkosten: 10%.
Gewinnzuschlag: 30%.
Entwicklungsgemeinkosten: 5%.
Fertigungsgemeinkosten: 40%.

Legen Sie die folgenden Teilepositionen an:
5m Lautsprecherkabel, 2-adrig, schwarz
1 Stecker rot
1 Stecker schwarz

Legen Sie einen Arbeitsgang an:
Löten
Ändern Sie die Zeit je Teil (te) auf 3 Minuten.
Beschreiben Sie im Text möglichst genau alle erforderlichen Tätigkeiten, um an einem Ende des Kabels 2 Stecker anzulöten und das andere Ende nur zu verzinnen.

Kapitel 5

Stammdatenlisten

Lernen Sie hier, welche Möglichkeiten es gibt, Stammdatenlisten zu drucken.

Um die erfassten Stammdaten zu kontrollieren und auszuwerten, gibt es für jeden Bereich der Stammdaten die Möglichkeit, entsprechende Listen zu drucken. Diese Listen bieten eine Reihe von Möglichkeiten, Daten zu selektieren und die ausgewählten Daten in gewünschter Reihenfolge zu sortieren. Der grundsätzliche Aufbau der Selektionen ist immer gleich, deshalb werden wir nur eine Liste als Beispiel verwenden. Wir wollen die Vorgehensweise einmal am Beispiel einer Artikelliste zeigen. Bitte achten Sie vor allem bei größeren Datenbeständen darauf, dass Sie die Druckvorschau eingestellt haben, damit Sie erst einmal am Bildschirm kontrollieren können, ob die gewählte Liste mit Ihren Auswahlkriterien überhaupt Ihren Wünschen entspricht, bevor Sie unter Umständen Dutzende von Seiten drucken, die Sie hinterher gar nicht gebrauchen können.

Artikelliste

Die Artikelliste finden Sie unter **Produktion → Stammdaten → Artikel → Artikelliste**.

> Für die Produktionsdaten gibt es eine eigene Liste. In der Artikelliste finden Sie in erster Linie die Artikeldaten und Lager- und Preisinformationen.

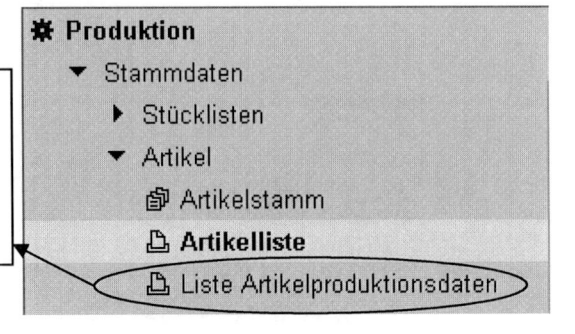

ARTIKELLISTE. Mit ENTER oder einem Doppelklick mit der Maus starten Sie das Programm.

Als erstes kommen Sie in eine Maske (einen Filter), in der Sie neben einer Selektion der gewünschten Artikel nach unterschiedlichen Kriterien auch auswählen können, welche Liste Sie drucken möchten und welche zusätzlichen Informationen in dieser Liste mit angedruckt werden sollen. Im Standard sind die Felder so vorbelegt, dass grundsätzlich alle Artikel gedruckt werden.

ARTIKELLISTE

Wählen Sie hier aus, welche Artikel gedruckt werden sollen, z.B. von Artikelnummer bis Artikelnummer.

Oder wählen Sie eine Artikelgruppe aus; Sie können beliebig viele Kriterien miteinander kombinieren, um die Auswahl weiter einzugrenzen.

Wählen Sie hier aus, ob auch die im Artikelstamm erfassten Zusatztexte mit gedruckt werden sollen. Neu seit der Version 2007 ist die Auswahl der Textformatierung.

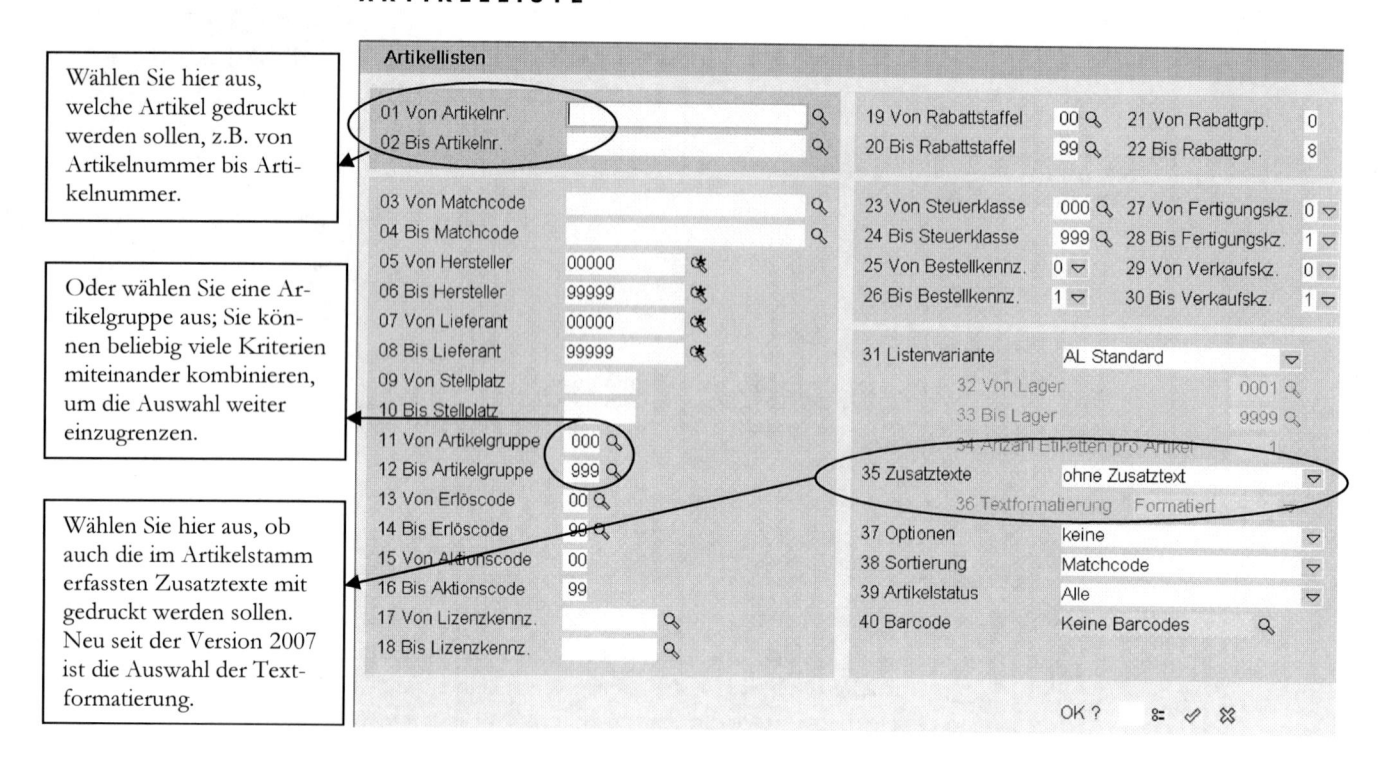

ARTIKELLSITE - AUSWAHL. Wählen Sie hier Ihre gewünschten Optionen.

In den **Feldern 01-30** können Sie nach unterschiedlichsten Kriterien auswählen, welche Artikel in der Liste gedruckt werden sollen. Dabei gibt es immer eine untere und eine obere Grenze. Es stehen nahezu alle Felder aus dem Artikelstamm zur Verfügung.

📁 Wichtig

Mehrfachauswahl

Bitte beachten Sie bei der Verwendung unterschiedlicher Selektionskennzeichen, dass nur noch die Artikel gedruckt werden, die alle eingegebenen Selektionsmerkmale erfüllen.

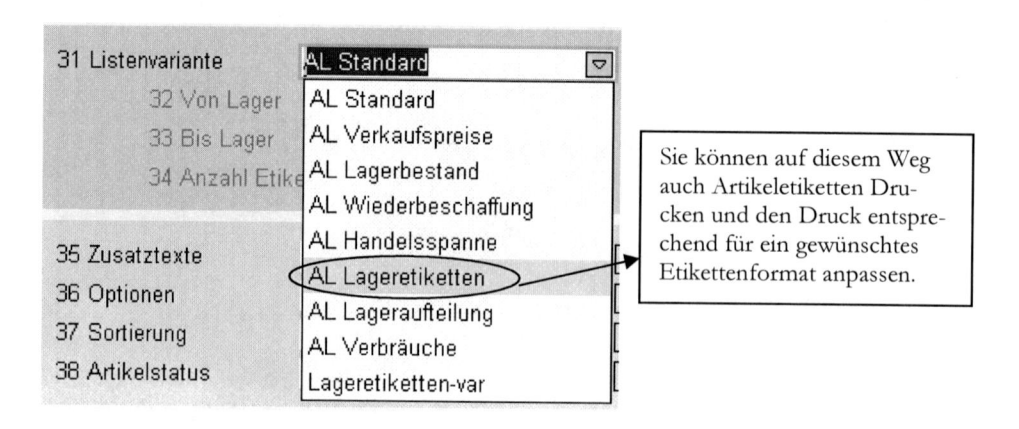

Sie können auf diesem Weg auch Artikeletiketten Drucken und den Druck entsprechend für ein gewünschtes Etikettenformat anpassen.

LISTENVARIANTE. Wählen Sie hier die gewünschte Liste aus.

Die Listenvariante legt fest, welche Felder aus dem Artikelstamm in der ausgewählten Liste angedruckt werden. Die einzelnen Listen können auf Wunsch im Report-

ARTIKELLISTE

designer der Classic Line individuell angepasst werden. Dabei können Sie neben einer optischen Gestaltung auch einzelne Felder aus der Liste löschen oder weitere Felder aus dem Artikelstamm ergänzen. Eine genaue Beschreibung der Möglichkeiten finden Sie in unserem Schulungshandbuch zum Reportdesigner[35].

Zum besseren Verständnis: Die Auswahl in den **Feldern 01 – 30** legt fest, welche Artikel in der Liste angedruckt werden. Die Listenvariante in **Feld 31** legt dagegen fest, welche Informationen (Felder aus dem Artikelstamm) zu den ausgewählten Artikeln gedruckt werden.

37 Optionen	keine
38	keine
39	Bestand > Null
40	Bestand < Null
	Bestand = Null
	Bestand < Mindestbestand + Mindestbestand > Null
	Sonderpreis > Null
	Periodenverbrauch > Null
	Mindestbestand > Null
	Berechnung Handelsspanne
	keine Bestandsführung
	Verbrauch 2008 > Null

> Schränken Sie z.B. Ihre Auswahl auf die Artikel ein, die aktuell einen Lagerbestand haben. Damit können Sie dann Ihre Lagerbestände kontrollieren.

OPTIONEN. Hier haben sie zusätzliche Möglichkeiten, die Auswahl der Artikel für Ihre Liste einzuschränken.

Neben Informationen aus dem Artikelstamm können Sie hier auch auf Statistikdaten zugreifen und auswählen, dass nur alle Artikel gedruckt werden, die im laufenden Monat auch verkauft wurden. Oder Sie können die Handelsspanne berechnen lassen, oder ..... Probieren Sie einfach einmal die verschiedenen Möglichkeiten aus, um ein Gefühl dafür zu bekommen, was das System alles kann.

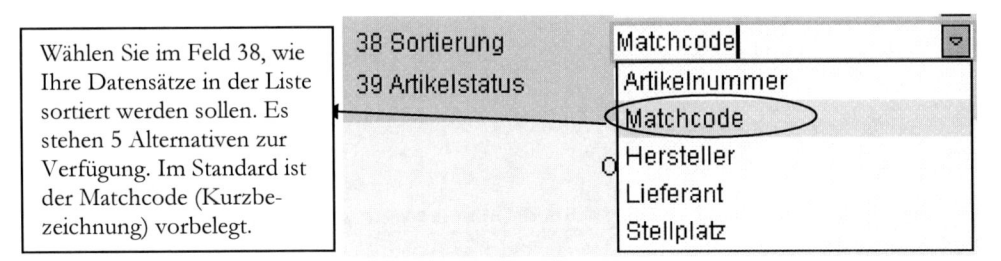

38 Sortierung	Matchcode
39 Artikelstatus	Artikelnummer
	Matchcode
	Hersteller
	Lieferant
	Stellplatz

> Wählen Sie im Feld 38, wie Ihre Datensätze in der Liste sortiert werden sollen. Es stehen 5 Alternativen zur Verfügung. Im Standard ist der Matchcode (Kurzbezeichnung) vorbelegt.

SORTIERUNG. Wählen Sie hier aus, nach welchem Kriterium Ihre Liste sortiert werden soll.

Die Sortierung legt fest, in welcher Reihenfolge die ausgewählten Artikel in der Liste gedruckt werden. So können Sie die Liste entweder nach Artikelnummern, oder nach der Kurzbezeichnung (Matchcode) drucken lassen. Wenn Sie die Liste für Ihr Lager drucken, können Sie auch die Sortierung nach Stellplatz wählen, vorausgesetzt, Sie haben im Artikelstamm einen Stellplatz eingepflegt.

---

[35] Unser Schulungshandbuch zum Reportdesigner ist nur in der Classic Line 2007 lieferbar.

ARTIKELLISTE

In unserem Beispiel haben wir eine Sortierung nach der Kurzbezeichnung gewählt.

Mandant	400	Musikladen GmbH - Produktion				Druck	23.02.2008 / 06:22 /@CL

Artikelliste nach Matchcode — Datum 23.02.2008 — Seite 1

Artikelnummer	Hersteller	Bezeichnung	AGR Lieferant	Stellplatz	ME	VK-Preis 1	VK-Preis 2	VK-Preis 3
100-0003	00000	Basslautsprecher, 10cm, 8 Ohm	100 70000		Stck	49,90	0,00	0,00
200-0001	00000	Gehäuse für 2-Wege Lautsprecher, schwar	200 70002		Stck	44,90	0,00	0,00
200-0002	00000	Gehäuse für 2-Wege Lautsprecher, eiche	200 70002		Stck	44,90	0,00	0,00
100-0004	00000	Hochtöner, 5cm, 8 Ohm	100 70000		Stck	9,90	0,00	0,00
100-0002	00000	Holzschrauben, 4x18mm, messing	100 70000		Stck	0,05	0,00	0,00
100-0001	00000	Holzschrauben, 4x18mm, schwarz	100 70000		Stck	0,05	0,00	0,00
100-0005	00000	Lautsprecherkabel, 2-adrig, schwarz	100 70000		lfm	2,20	0,00	0,00
200-0003	70001	Lautsprecherkabel, 5m, schwarz, mit Stecker, gelötet	200 00000			0,00	0,00	0,00
100-0006	00000	Stecker für Lautsprecherkabel, schwarz	100 70000		Stck	0,25	0,00	0,00
100-0007	00000	Stecker für Lautsprecherkabel, rot	100 70000		Stck	0,25	0,00	0,00

ARTIKELLISTE STANDARD. Mit Sortierung nach Matchcode.

Nach dem gleichen Prinzip sind auch alle anderen Stammdatenlisten aufgebaut. Nur die einzelnen Auswahlkriterien sind natürlich auf die jeweiligen Daten abgestimmt. So ist die Auswahl in der Lieferantenliste natürlich eine andere, weil im Lieferantenstamm ganz andere Felder zur Verfügung stehen.

Praxistipp

Sollten Sie weitere Listen und Auswertungen benötigen, besteht in der Classic Line auch die Möglichkeit, eigene Auswertungen zu erstellen. Dafür steht Ihnen im Datenbank Frontend[36] wahlweise der Bericht oder der Datenexport nach MS-Excel oder MS-Access zur Verfügung.

Fragen zur Lernzielkontrolle

Testen Sie Ihr Wissen

1) Was versteht man unter den Begriffen Selektion und Sortierung?

2) Was müssen Sie beachten, wenn Sie mehrere Selektionsmerkmale gleichzeitig benutzen?

3) Wo können Sie das Layout einer Liste anpassen?

4) Warum ist es sinnvoll, beim Druck von Listen generell die Druckvorschau zu aktivieren? Wie geht das?

Praktische Übungen

Tastaturübungen

1) Drucken Sie eine Artikelliste; wählen Sie dabei unterschiedliche Optionen.

2) Drucken Sie die Artikelproduktionsdaten und prüfen Sie Ihre Eingaben.

3) Drucken Sie eine Lieferantenadressliste.

---

[36] Ein Schulungshandbuch zum Datenbankfrontend ist ebenfalls nur in der Classic Line 2007 lieferbar.

© Jörg Merk – Neue Welt Verlag GmbH

Kapitel 6

Der Produktionsauftrag

Lernen Sie hier, wie manuell ein Produktionsauftrag angelegt und zurückgemeldet wird.

Wir beginnen mit einem manuellen Produktionsauftrag. Später erarbeiten wir uns dann die Möglichkeit, automatisch Produktionsvorschläge zu erzeugen und als Produktionsauftrag zu übernehmen.

Für die Arbeit mit Produktionsaufträgen ist es im Vorfeld sinnvoll, sich darüber Gedanken zu machen, wie die Produktion für einzelne Artikel geplant werden soll. Es gibt die Möglichkeit, auf Lager zu produzieren, oder Sie können eine reine Auftragsproduktion machen, d.h. es wird nur die Menge produziert, für die ein Kundenauftrag vorliegt. Natürlich können Sie auch eine Mischform wählen, minimale Bestände halten und den Rest auftragsbezogen fertigen.

Die Möglichkeit der reinen Auftragsproduktion wird vor allem bei der Sondereinzelfertigung angewendet, wenn ein Produkt speziell für einen Kunden gefertigt wird und auch nicht an andere Kunden verkauft werden kann/darf. Hier wäre es nur sinnvoll, auf Lager zu produzieren, wenn es mit dem Kunden einen Rahmenvertrag gibt, der eine bestimmte Abnahmemenge im Laufe des Jahres garantiert.

Wir gehen davon aus, dass wir ein Produkt herstellen, das an alle unsere Kunden verkauft wird und wir daher auch auf Lager produzieren. Das hat für uns den Vorteil, dass wir die Produktionsmenge optimal an unsere verfügbaren Kapazitäten anpassen können und auf diese Weise keinen Leerlauf in der Produktion haben.

Allerdings sollten Sie auch bestimmte Höchstbestände für das Lager festlegen, damit nicht von einzelnen Artikeln zu große Bestände produziert werden, die Sie hinterher nicht mehr verkaufen können. Es ist immer abzuwägen, zwischen einer optimalen Auslastung der Produktion und einer hohen Kapitalbindung durch hohe Lagerbestände[37].

📖 **Praxistipp**

Wenn Sie in der Produktion freie Kapazitäten haben, sollten Sie in Zusammenarbeit mit dem Verkauf prüfen, ob Sie für einzelne Artikel über Sonderaktionen die Verkaufszahlen erhöhen und so Ihre Produktion besser auslasten können. Allerdings müssen Sie dabei sorgfältig darauf achten, sich nicht die Preise kaputt zu machen.

---

[37] Dazu kommt unter Umständen auch noch die Frage der Haltbarkeit der Artikel oder das Risiko des Preisverfalls, wie z.B. bei Computerbauteilen, insbesondere Speichermodulen und Festplatten.

DER PRODUKTIONSAUFTRAG

Alternativ können Sie diese Zeiten nutzen, Überstunden abzubauen oder Ihre Produktionsanlagen zu überholen.

Anlegen eines Produktionsauftrages

Wir produzieren für unser Lager und legen dazu unter **Produktion** → **Produktionsaufträge** → **Auftragserfassung** einen neuen Produktionsauftrag an.

Produktion
- Stammdaten
- Produktionsvorschläge
- Produktionsaufträge
  - **Auftragserfassung**
  - Stapelbearbeitung
  - Zerlegung
  - Plantafel (ZP)

In der Auftragserfassung können Sie neue Produktionsaufträge erfassen, ändern, kalkulieren, einplanen und fertig melden.

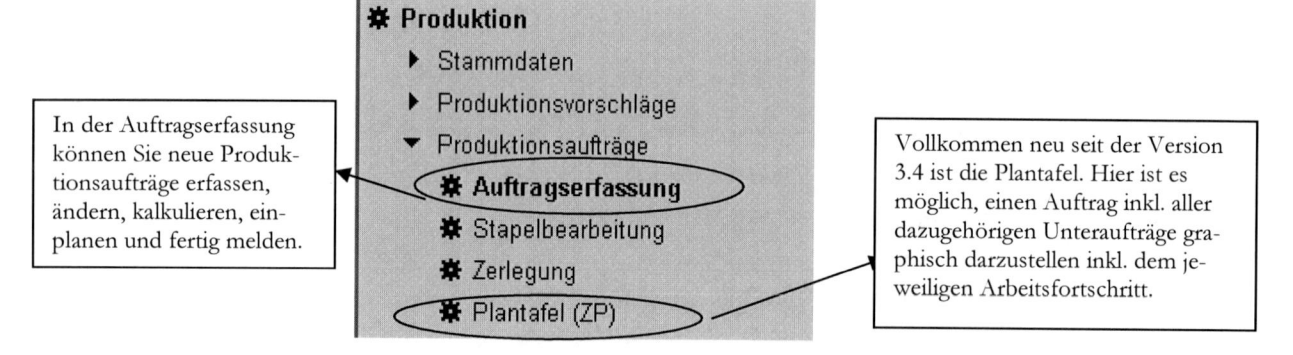

Vollkommen neu seit der Version 3.4 ist die Plantafel. Hier ist es möglich, einen Auftrag inkl. aller dazugehörigen Unteraufträge graphisch darzustellen inkl. dem jeweiligen Arbeitsfortschritt.

PRODUKTIONSAUFTRAG. Hier starten Sie die Erfassung eines Produktionsauftrages.

Mit **ENTER** oder **F10** vergeben Sie die nächste freie Nummer für den Produktionsauftrag. Anschließend wählen Sie die Stückliste aus, die Sie produzieren wollen. Wahlweise können Sie direkt die Nummer der Stückliste eingeben oder mit **F2** nach einer bestehenden Stückliste suchen. Wir konfektionieren erst einmal unsere Lautsprecherkabel.

Auftragserfassung Produktion

PA-Nummer	000001 Teile gepl
01 Stückliste	200-0003 00
02 Bezeichnung 1	Lautsprecherkabel, 5m, schwarz
03 Bezeichnung 2	mit Stecker, gelötet
04 Matchcode	Lautsprecherkabel, 5m, schwarz mit Steck
05 Datum	10.10.2007
06 Prod.menge	50
07 Ausschuss (P/I)	0,00 % 0,00 %
08 Sollmenge	50
Gutmenge	0
Materialeinsatz	0
11 Bedarfstermin	15.10.2008
12 Soll-Starttermin	
13 Soll-Endtermin	
Ist-Starttermin	
Ist-Endtermin	
16 Zeichnung-Nr.	
17 Abmessungen	
18 - 19 Gewicht/ME	0,000 g
20 Vorlaufzeit	1 Tage
21 Bearbeiter	000001 Jörg Merk
22 Chargennummer	
23 Dokumente	Nicht vorhanden
24 für ABF-Auftrag	
25 Kundennummer	
26 Prod-Oberauftrag	
27 Kostenträger	00000
28 Archivierung	0 Grundlagen

Nummer des Produktionsauftrages; Sie wird vom System automatisch fortlaufend vergeben.

Nummer der Stückliste, für die ein Produktionsauftrag angelegt wird.

Neben der Produktionsmenge können Sie, soweit bekannt, auch den Ausschuss eingeben. Die Sollmenge wird dann automatisch um den Ausschuss vermindert.

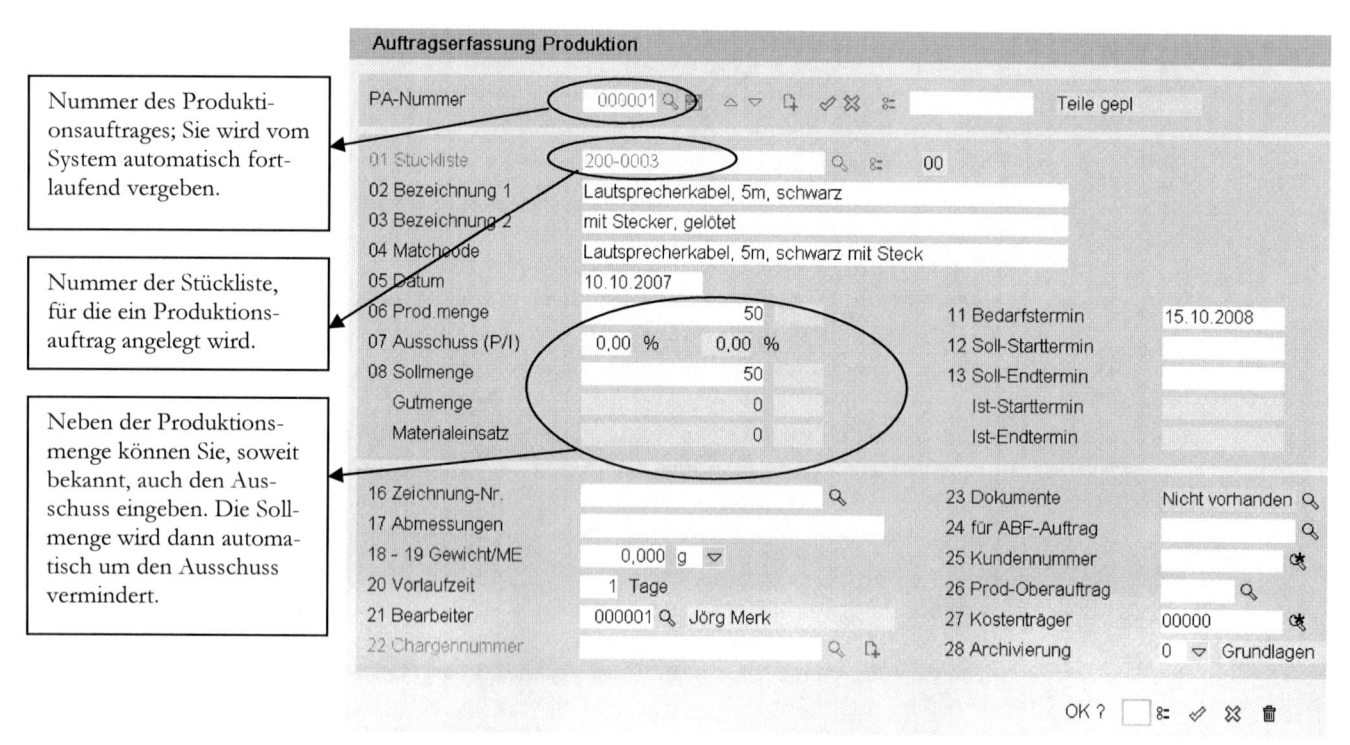

PRODUKTIONSAUFTRAG. Mit **ENTER** oder **F10** vergeben Sie die nächste Auftragsnummer und können dann alle für den Produktionsauftrag wichtigen Daten erfassen.

ANLEGEN EINES PRODUKTIONSAUFTRAGES

Nach der Auswahl der Stückliste geben Sie die Produktionsmenge ein. Da es in der Produktion erfahrungsgemäss bei vielen Produkten einen gewissen Prozentsatz Ausschuss gibt, haben Sie die Möglichkeit, diesen Ausschuss bereits bei der Erfassung des Produktionsauftrages zu berücksichtigen. Sobald Sie einen Ausschuss in Prozent eintragen, wird die Produktionsmenge automatisch um den Ausschuss gekürzt, im Feld Sollmenge also ein niedrigerer Wert eingetragen.

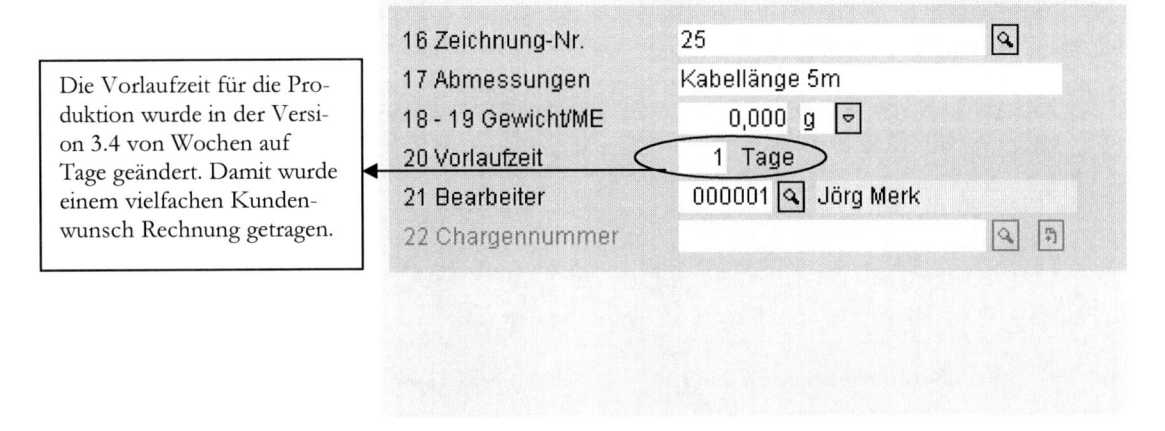

> Die Vorlaufzeit für die Produktion wurde in der Version 3.4 von Wochen auf Tage geändert. Damit wurde einem vielfachen Kundenwunsch Rechnung getragen.

```
16 Zeichnung-Nr.      25
17 Abmessungen        Kabellänge 5m
18 - 19 Gewicht/ME    0,000  g
20 Vorlaufzeit        1  Tage
21 Bearbeiter         000001  Jörg Merk
22 Chargennummer
```

PRODUKTIONSAUFTRAG - VORLAUFZEIT. Hier haben Sie die Möglichkeit, Ihre Vorlaufzeit für diesen Auftrag einzutragen.

Nach der Mengeneingabe können Sie im **Feld 17** die gewünschten Abmessungen eintragen. In unserem Beispiel nehmen wir eine Kabellänge von 5 m. Danach geben Sie im **Feld 20** die Vorlaufzeit ein. Neu dabei: die Vorlaufzeit wird jetzt nicht mehr in Wochen, sondern in Tagen erfasst. Bei nachträglichen Änderungen an der Vorlaufzeit oder den Terminen kommt eine Meldung, ob die Teilepositionen neu terminiert werden sollen. Diese Frage bitte mit ja beantworten.

In unserem Beispiel beträgt die Vorlaufzeit [38] einen Tag, d.h. wir können sofort am nächsten Tag mit der Produktion beginnen. Im **Feld 21** tragen Sie den Bearbeiter des Produktionsauftrages, d.h. die Person, die den Auftrag erfasst / angelegt hat.

Die folgenden Felder werden wir ein wenig ausführlicher erklären:

Feld 11 Bedarfstermin: Der Bedarfstermin sagt aus, bis wann die Produktion abgeschlossen sein soll, das heißt alle produzierten Teile verfügbar sein müssen.

Feld 12 Sollstarttermin: Der Sollstarttermin sagt aus, wann Sie mit der Produktion dieses Auftrages beginnen wollen, d.h. Sie machen eine sogenannte Vorwärtsterminierung. Sie legen den Beginn der Produktion fest und das System kann jetzt an Hand der im Produktionsauftrag hinterlegten Zeiten ermitteln, bis wann der Auftrag fertiggestellt werden kann.

Feld 13 Sollendtermin: Mit der Eingabe eines Sollendtermins machen Sie eine sogenannte Rückwärtsterminierung, d.h. diesmal wird das Ende der Produktion

---

[38] Die Vorlaufzeit sagt aus, wie lange es dauert, von der Erfassung und Freigabe des Produktionsauftrages bis zum Beginn der Produktion. Hier werden z.B. Umrüstzeiten von Maschinen und Produktionsstrassen berücksichtigt. So haben Sie z.B. zum Teil sehr lange Vorlaufzeiten, wenn Sie in einer Produktionsstrasse unterschiedliche Teile / Produkte herstellen, die eine Umrüstung der Maschinen erfordern. Dazu kommt noch die Zeit, die benötigten Teile aus dem Lager an den Arbeitsplatz zu transportieren.

ANLEGEN EINES PRODUKTIONSAUFTRAGES

festgelegt und das System ermittelt an Hand der Produktionszeiten, wann Sie mit der Produktion beginnen müssen, um den Sollendtermin einzuhalten.

Feld 22 Chargennummer: Eine Chargennummer kann nur erfasst werden, wenn Sie das entsprechende Zusatzpaket Chargennummern einsetzen. Die Chargenpflicht zieht sich vom Bestellwesen über die Produktion bis hin zur Auftragsbearbeitung durch das Programm und bietet eine lückenlose Überwachung der einzeln Chargen.

Feld 23 Zusatzdokumente: Über diese neue Funktion in der Classic Line 2007 ist es möglich, dem Produktionsauftrag beliebige Dokumente wie z.B. eine Konstruktionszeichnung der eine Arbeitsanweisung als PDF zuzuordnen und automatisch mit dem Produktionsauftrag auszudrucken.

Feld 24 für ABF-Auftrag: Hier können Sie bei auftragsbezogener Produktion die Nummer des in der Auftragsbearbeitung erfassten Kundenauftrages eingeben, damit jederzeit eine Zuordnung möglich ist. Das ist insbesondere wichtig, um dem Kunden Liefertermine mitteilen zu können.

Feld 25 Kundennummer: Hier können Sie einen Kunden zuordnen, für den der Produktionsauftrag geplant ist. D.h. auch wenn noch kein Auftrag in der Auftragsbearbeitung angelegt ist, können Sie zumindest den Kunden zuordnen.

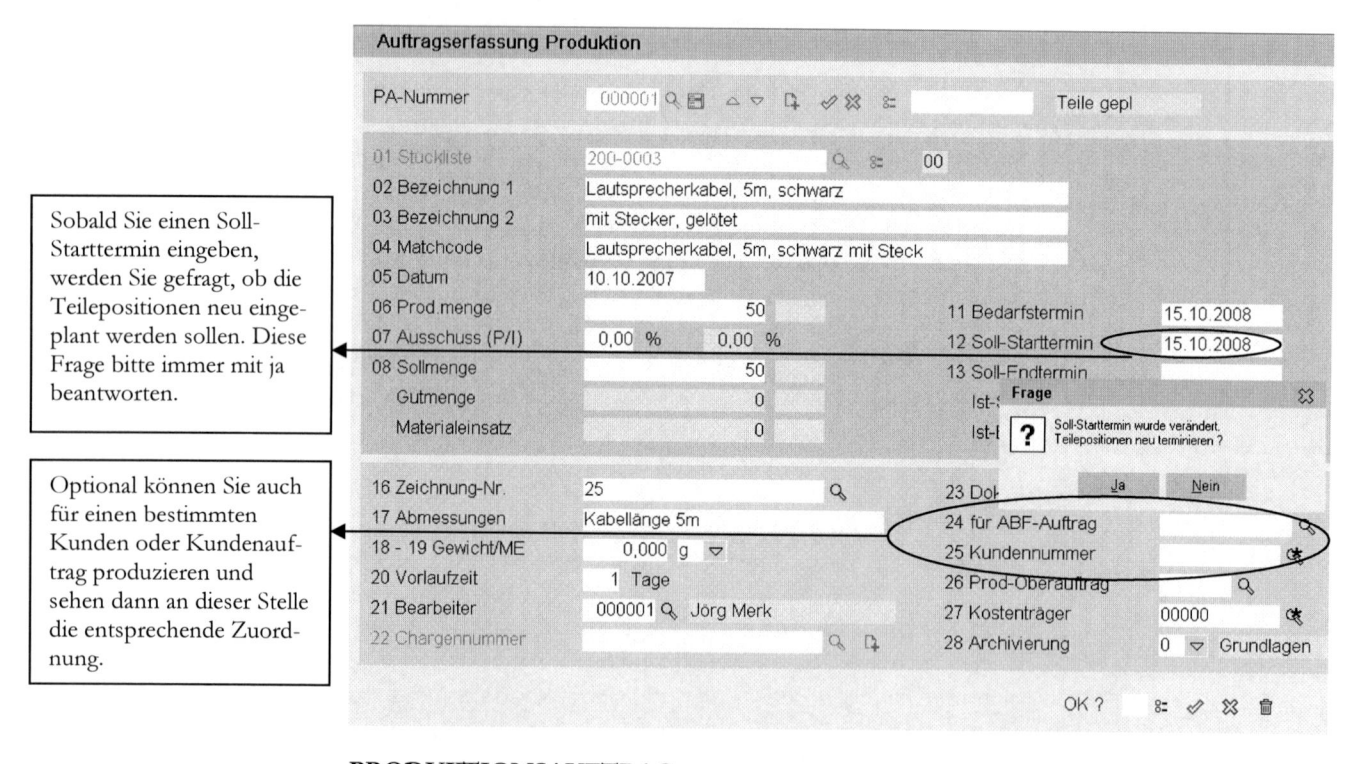

> Sobald Sie einen Soll-Starttermin eingeben, werden Sie gefragt, ob die Teilepositionen neu eingeplant werden sollen. Diese Frage bitte immer mit ja beantworten.

> Optional können Sie auch für einen bestimmten Kunden oder Kundenauftrag produzieren und sehen dann an dieser Stelle die entsprechende Zuordnung.

PRODUKTIONSAUFTRAG. Hier noch einmal der komplette Auftrag im Überblick.

Nach der Erfassung aller wichtigen Daten im Produktionsauftrag können Sie in der OK-Abfrage mit **F2** noch eine ganze Reihe von Funktionen auswählen.

ANLEGEN EINES PRODUKTIONSAUFTRAGES

Terminierung von Produktionsaufträgen

Sie können wahlweise in einem Produktionsauftrag eine Vorwärts- oder eine Rückwärtsterminierung machen. Diese Entscheidung ist nur auf den einzelnen Auftrag bezogen und so kann in jedem Auftrag individuell entschieden werden. Eine Rückwärtsterminierung ist allerdings nur dann sinnvoll, wenn Sie auch mit der Kapazitätsplanung arbeiten und die Zeiten und Verfügbarkeiten der einzelnen Arbeitsplätze sauber gepflegt sind. Ohne die Kapazitätsplanung bleibt also nur der Sollstarttermin, so wie in unserem Beispiel.

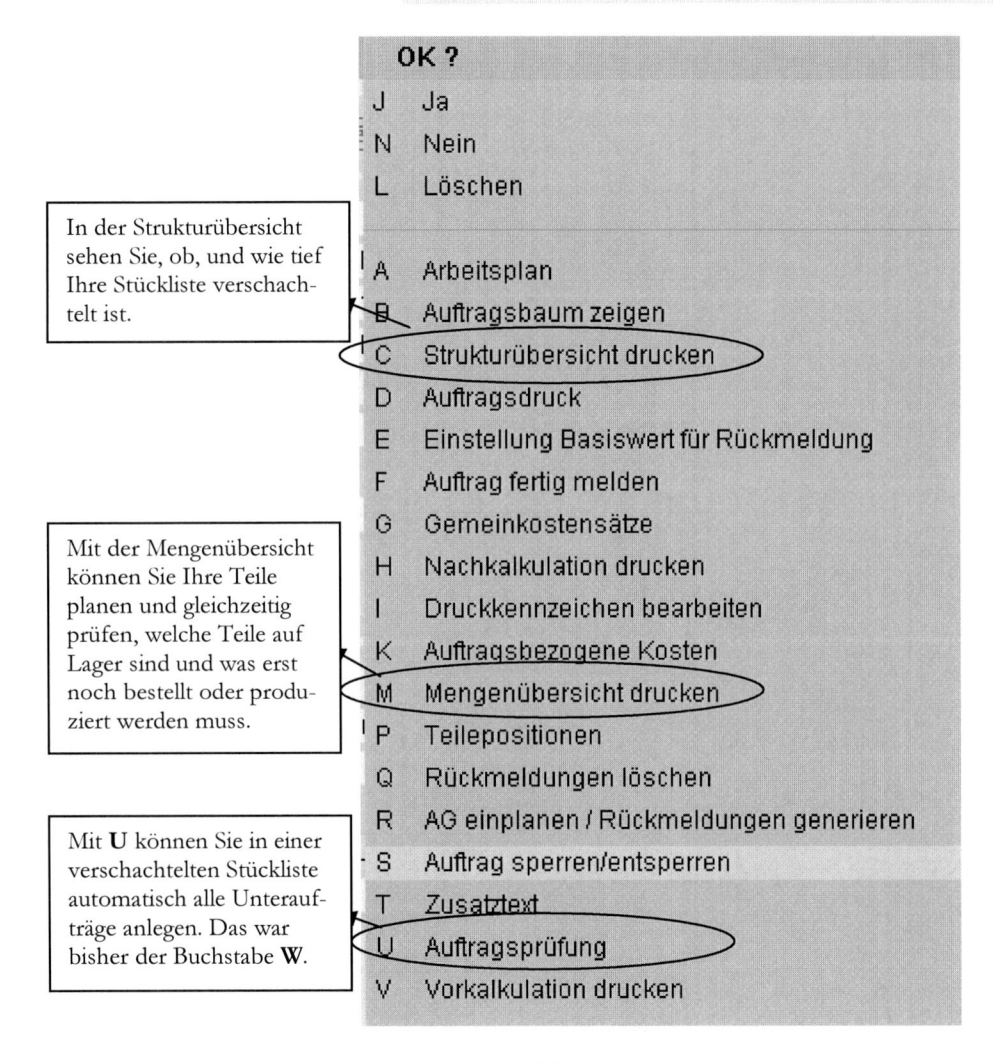

```
OK ?
J   Ja
N   Nein
L   Löschen

A   Arbeitsplan
B   Auftragsbaum zeigen
C   Strukturübersicht drucken
D   Auftragsdruck
E   Einstellung Basiswert für Rückmeldung
F   Auftrag fertig melden
G   Gemeinkostensätze
H   Nachkalkulation drucken
I   Druckkennzeichen bearbeiten
K   Auftragsbezogene Kosten
M   Mengenübersicht drucken
P   Teilepositionen
Q   Rückmeldungen löschen
R   AG einplanen / Rückmeldungen generieren
S   Auftrag sperren/entsperren
T   Zusatztext
U   Auftragsprüfung
V   Vorkalkulation drucken
```

> In der Strukturübersicht sehen Sie, ob, und wie tief Ihre Stückliste verschachtelt ist.

> Mit der Mengenübersicht können Sie Ihre Teile planen und gleichzeitig prüfen, welche Teile auf Lager sind und was erst noch bestellt oder produziert werden muss.

> Mit **U** können Sie in einer verschachtelten Stückliste automatisch alle Unteraufträge anlegen. Das war bisher der Buchstabe **W**.

WEITERE OPTIONEN. Mit **F2** in der OK-Abfrage haben Sie die Möglichkeit, weitere Optionen auszuwählen.

So können Sie z.B. für Ihren erfassten Auftrag eine Strukturübersicht drucken. Das ist vor allem später bei Aufträgen sinnvoll, die aus mehrstufigen Stücklisten bestehen.

ANLEGEN EINES PRODUKTIONSAUFTRAGES

Strukturübersicht drucken

01 Für Menge — 50
02 Incl. Ausschuss — Nein
03 Bis Produktionsstufe — 50

OK ?

> Hier können Sie einstellen, bis zu welcher Tiefe die Strukturübersicht bei verschachtelten Stücklisten gedruckt werden soll.

STRUKTURÜBERSICHT. Wählen Sie hier, bis zu welcher Stufe die Strukturübersicht gedruckt werden soll und ob Sie den Ausschuss berücksichtigen wollen. Im Standard ist die maximale Produktionstiefe von 50 Ebenen vorbelegt.

In der Strukturübersicht sehen Sie für die im Produktionsauftrag erfasste Menge, welche Teile Sie in welcher Menge benötigen.

Mandant	400	Musikladen GmbH - Produktion			Druck	23.02.2008 / 12:43 /@CL
Strukturübersicht - Produktionsauftrag					Datum	10.10.2007 Seite 1
PA 000001	S200-0003	/ 00 Lautsprecherkabel, 5m, schwarz mit Steck			(Mengen pro	50)

Stufe + Artikelnummer	Bezeichnung	Menge	ME	LW	- Dispomenge - in LW	gesamt
.100-0005 H00000	Lautsprecherkabel, 2-adrig, schwarz	250	lfm	42	-250	-250
.100-0006 H00000	Stecker für Lautsprecherkabel, schwarz	50	Stck	42	-50	-50
.100-0007 H00000	Stecker für Lautsprecherkabel, rot	50	Stck	42	-50	-50

> An Hand der Punkte vor der Artikelnummer sehen Sie, auch welcher Produktionsstufe diese Position zu finden ist. 1 Punkt bedeutet: 1. Ebene.

STRUKTURÜBERSICHT. In der Liste haben Sie eine Mengenübersicht über alle Teile der Stückliste.

In der Liste finden Sie nicht nur die benötigte Menge der einzelnen Teile, sondern auch gleich die Disposition für die entsprechende Produktionswoche. Da wir momentan keine Teile auf Lager haben, müssen wir die benötigten Teile erst einmal bestellen.

Als nächstes schauen wir uns die Vorkalkulation an. Sie liefert uns einen Angebotspreis für die gewählte Produktionsmenge. Dabei werden sowohl die benötigten Materialien, als auch die Kosten der einzelnen Arbeitsgänge berücksichtigt.

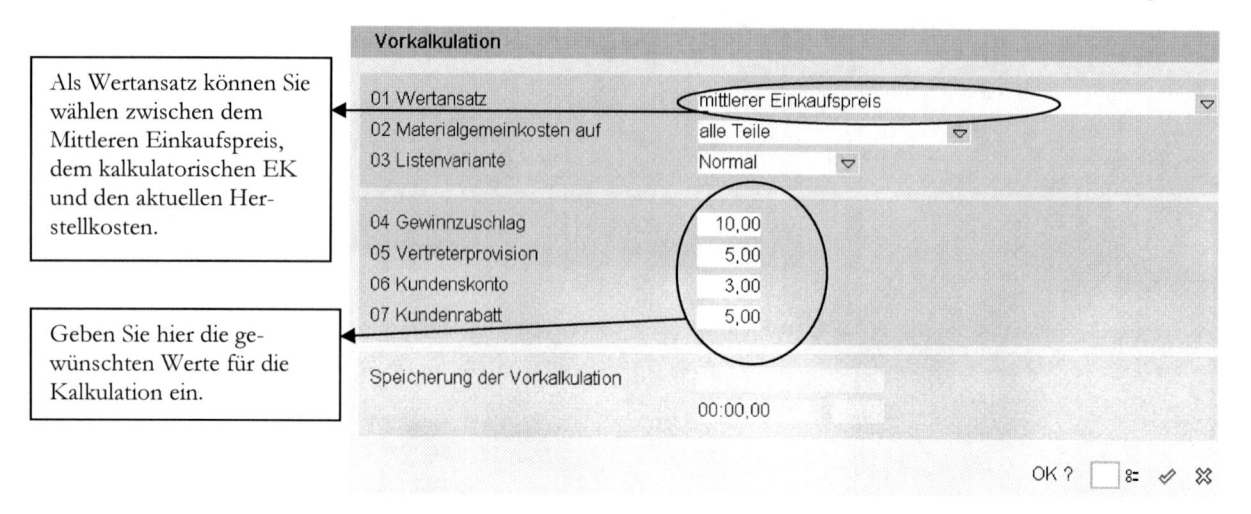

Vorkalkulation

01 Wertansatz — mittlerer Einkaufspreis
02 Materialgemeinkosten auf — alle Teile
03 Listenvariante — Normal

04 Gewinnzuschlag — 10,00
05 Vertreterprovision — 5,00
06 Kundenskonto — 3,00
07 Kundenrabatt — 5,00

Speicherung der Vorkalkulation
00:00,00

OK ?

> Als Wertansatz können Sie wählen zwischen dem Mittleren Einkaufspreis, dem kalkulatorischen EK und den aktuellen Herstellkosten.

> Geben Sie hier die gewünschten Werte für die Kalkulation ein.

VORKALKULATION. Erfassen Sie hier die gewünschten Werte zur Ermittlung Ihres Angebotspreises.

© Jörg Merk – Neue Welt Verlag GmbH

ANLEGEN EINES PRODUKTIONSAUFTRAGES

01 Wertansatz: Hier wählen Sie aus, mit welchem Wert die einzelnen Teile in der Kalkulation berücksichtigt werden sollen. Der Mittlere Einkaufspreis wird als gleitender Durchschnitt laufend aktualisiert und bietet eine gute Grundlage. Im kalkulatorischen EK finden Sie den Preis des letzten Lagerzuganges. Die Auswahl "aktuelle Herstellkosten" ist nur bei Artikeln sinnvoll, die selbst hergestellt werden.

02 Materialgemeinkosten auf: Hier legen Sie fest, für welche Produkte ein Materialgemeinkostenaufschlag berechnet werden soll. Dabei können Sie wählen, ob der Zuschlag nur auf selbst hergestellte und nur auf dazu gekaufte Teile berechnet wird oder generell auf alle Teile.

03 Listenvariante: Hier wählen Sie aus, ob Sie eine detaillierte Liste haben wollen, oder nur eine Übersicht; in der Regel ist die normale Liste völlig ausreichend.

Alle weiteren Felder sind im Grunde selbsterklärend. Geben Sie hier einfach die gewünschten Prozentwerte ein.

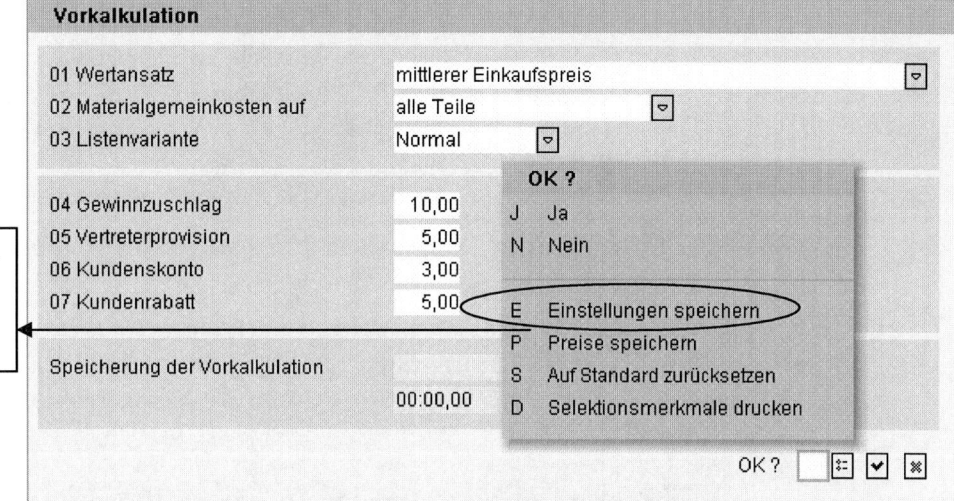

Mit Einstellungen speichern können Sie die Werte für weitere Kalkulationen übernehmen.

VORKALKULATION PRODUKTIONSAUFTRAG - OPTIONEN. Über **F2** in der OK-Abfrage stehen Ihnen noch einige Optionen zur Verfügung.

Wahlweise haben sie in den Optionen die Möglichkeit, die Einstellungen oder die Preise für spätere Kalkulationen zu speichern. Wenn Sie mit Ja bestätigen, wird die Vorkalkulation gedruckt.

© Jörg Merk – Neue Welt Verlag GmbH

ANLEGEN EINES PRODUKTIONSAUFTRAGES

```
Mandant    400    Musikladen GmbH - Produktion                              Druck    23.02.2008 / 12:48 / @CL

Vorkalkulation Produktionsauftrag                                           Datum    10.10.2007        Seite    1

PA-Nr.    Stückliste           Prod.menge   ME              Lohn                           +    Gewinnzuschlag
                                                        +   Fert.-GK                            Kundenskonto
                                              Material  +   Maschine         +   Verw.GK   +    Vertreterprov.
                                          +   Mat.-GK   +   Entw.-GK         +   Vert.GK   +    Kundenrabatt
                                                        +   Fremdfertigung

                                              Materialkosten  Herstellkosten     Selbstkosten    Barverkaufspreis
                                                                                                 Angebotspreis

000001    200-0003             / 00    50                   +   76,00                      +    44,11
          Lautsprecherkabel, 5m. schwarz                    +    0,00                      +    15,82
                                              210,00        +   25,17         +   81,68    +    26,37
                                                0,00        +   15,56         +   32,67    +    27,76
                                                                 0,00

                                              210,00            326,73            441,08        485,19
                                                                                                555,14
```

> Die Preise gelten für 50 Stück. Dabei unterscheiden sich der Barverkaufspreis und der Angebotspreis um die Positionen Kundenskonto, Vertreterprovision und Kundenrabatt.

VORKALKULATION PRODUKTIONSAUFTRAG. So sieht die Vorkalkulation aus, wenn man die normale Liste druckt.

In der Vorkalkulation sehen Sie jetzt alle anfallenden Kosten bis hin zum Angebotspreis für den Kunden. Es wird hierbei unterschieden zwischen einem Barverkaufspreis und einem Verkaufspreis. Beim Verkaufspreis werden auf den Barverkaufspreis noch der Kundenskonto, die Vertreterprovision und der Kundenrabatt aufgeschlagen, d.h. der Barverkaufspreis ist ein Nettopreis, auf den es keinen Rabatt mehr gibt.

☞ **Wichtig**

Bitte beachten Sie, dass sich der hier angezeigte Preis auf die gesamte Produktionsmenge bezieht, wir diesen Preis also noch durch 50 teilen müssen, um den Einzelpreis zu erhalten. Dabei wird der Stückpreis in der Regel mit zunehmender Produktionsstückzahl niedriger, weil sich dann die Rüstzeiten[39] auf eine größere Menge verteilen.

Ansicht der Baumstruktur						
Stufe+Auftrag	Status	Stückliste	V	Prod.menge	Sollstart	Sollende
000001	Teile gepl	200-0003	00	50	15.10.2008	

ANSICHT DER BAUMSTRUKTUR. In der Ansicht der Baumstruktur sehen Sie die einzelnen Produktionsstufen; das ist in erster Linie für mehrstufige Stücklisten interessant.

Nachdem wir den Produktionsauftrag kalkuliert und die erforderlichen Teile bestellt haben, können wir die einzelnen Arbeitsgänge einplanen. D.h. es gibt die Möglichkeit, alle Arbeitsgänge automatisch einzuplanen, sofern ausreichende Kapazitäten verfügbar sind. Wählen Sie dazu R in der OK-Abfrage. Zunächst wird Ihnen die Baumstruktur angezeigt, wo Sie bitte den Teil der Struktur auswählen, den Sie planen wollen.

---

[39] Rüstzeit ist die Zeit, die erforderlich ist, einen Arbeitsplatz oder eine Maschine für die Produktion vorzubereiten, also einsatzbereit zu machen. Diese Zeiten verursachen Kosten, obwohl noch nichts produziert wird. Die Kosten werden in der Kalkulation auf die anschließend produzierte Menge verteilt.

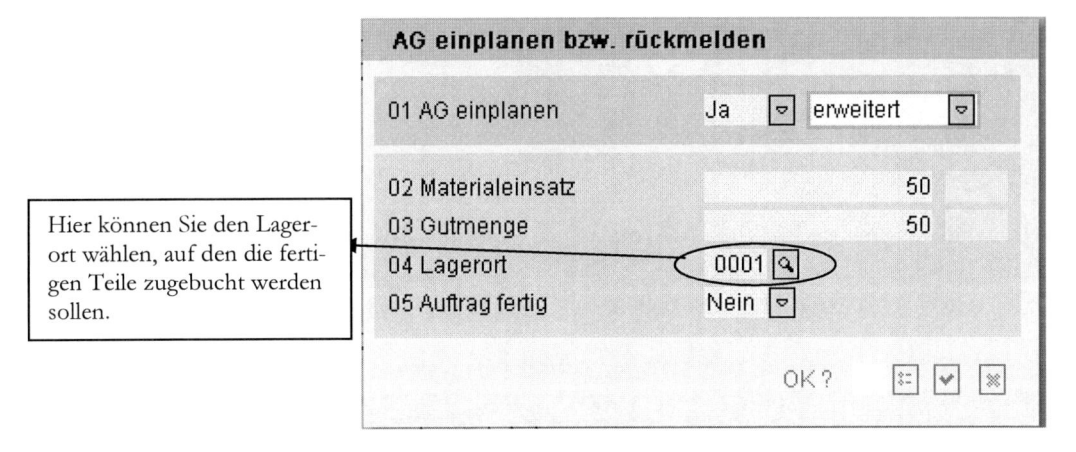

ANLEGEN EINES PRODUKTIONSAUFTRAGES

AG einplanen bzw. rückmelden

01 AG einplanen	Ja / erweitert
02 Materialeinsatz	50
03 Gutmenge	50
04 Lagerort	0001
05 Auftrag fertig	Nein

Hier können Sie den Lagerort wählen, auf den die fertigen Teile zugebucht werden sollen.

ARBEITSGANG EINPLANEN. Mit der Einplanung der Arbeitsgänge können Sie auch schon festlegen, auf welches Lager später die fertigen Teile gebucht werden sollen.

Wenn Sie im **Feld 01** erweitert wählen und die Maske mit ja bestätigen, dann bekommen Sie eine weitere Auswahlmaske, in der Sie festlegen können, welche Arbeitsgänge eingeplant werden sollen. In der gleichen Maske können Sie später auch die Arbeitsgänge komplett rückmelden und dann im Feld 03 die tatsächlich produzierte Menge (Gutmenge) erfassen.

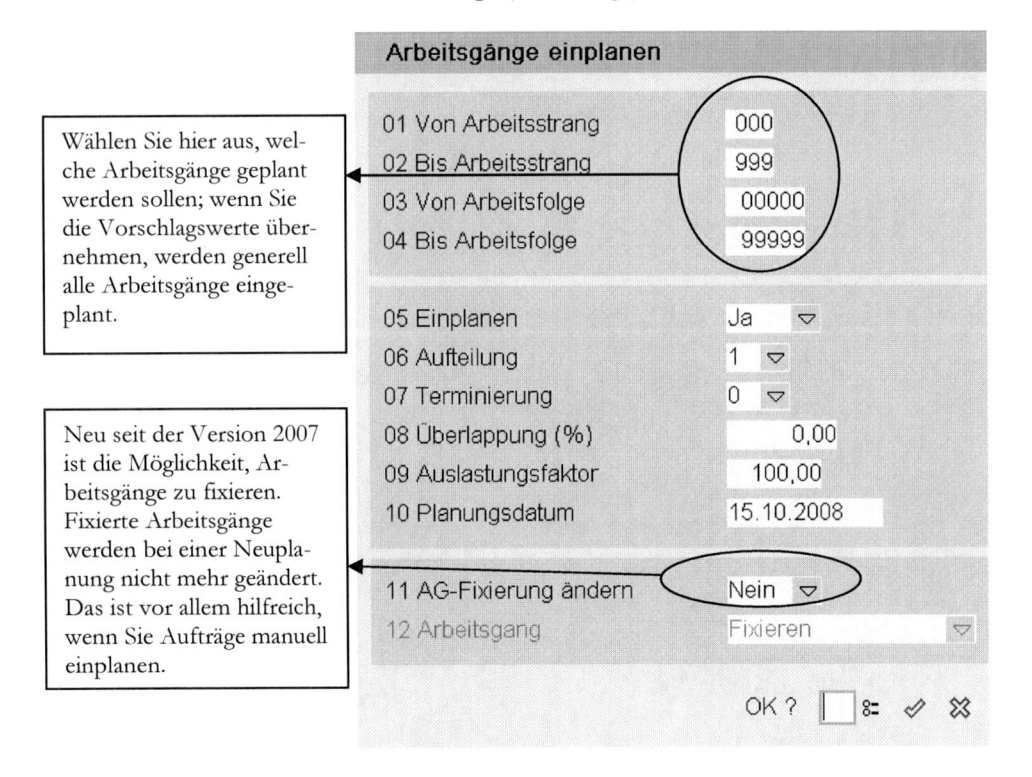

Arbeitsgänge einplanen

01 Von Arbeitsstrang	000
02 Bis Arbeitsstrang	999
03 Von Arbeitsfolge	00000
04 Bis Arbeitsfolge	99999
05 Einplanen	Ja
06 Aufteilung	1
07 Terminierung	0
08 Überlappung (%)	0,00
09 Auslastungsfaktor	100,00
10 Planungsdatum	15.10.2008
11 AG-Fixierung ändern	Nein
12 Arbeitsgang	Fixieren

Wählen Sie hier aus, welche Arbeitsgänge geplant werden sollen; wenn Sie die Vorschlagswerte übernehmen, werden generell alle Arbeitsgänge eingeplant.

Neu seit der Version 2007 ist die Möglichkeit, Arbeitsgänge zu fixieren. Fixierte Arbeitsgänge werden bei einer Neuplanung nicht mehr geändert. Das ist vor allem hilfreich, wenn Sie Aufträge manuell einplanen.

ARBEITSGÄNGE EINPLANEN - DETAIL. Hier können Sie weitere Details für die einzelnen Arbeitsgänge planen.

Feld 06 Aufteilung: Im Feld Aufteilung legen Sie fest, ob der Auftrag in mehrere Lose[40] aufgeteilt werden soll; dass ist insbesondere wichtig, wenn sich die Produkti-

---

[40] Ein Los ist eine Mengeneinheit, die an einem Stück produziert werden kann. Dabei kann die Losgröße durch Produktionsgrenzen vorgegeben sein oder willkürlich festgelegt werden.

ANLEGEN EINES PRODUKTIONSAUFTRAGES

on über mehrere Tage erstreckt oder Sie zwischendurch etwas anderes produzieren möchten.

Feld 07 Terminierung: Hier legen Sie fest, ob Sie vorwärts oder rückwärts terminieren wollen. In unserem Beispiel haben wir die Vorwärtsterminierung gewählt.

Feld 08 Überlappung: Bei Überlappung in Prozent können Sie festlegen, um wie viele % eine parallele Bearbeitung möglich ist, d.h. wie viele Teile müssen einen Produktionsschritt durchlaufen haben, bis es sinnvoll ist, mit dem nächsten Arbeitsgang zu beginnen[41].

Feld 09 Auslastungsfaktor: Der Auslastungsfaktor legt fest, wie viele Prozent der verfügbaren Kapazität eingeplant werden sollen.

☞ **Neu**

Feld 11 und 12, Arbeitsgänge fixieren: Hier haben Sie die Möglichkeit, geplante Arbeitsgänge zu fixieren, d.h. diese Arbeitsgänge werden bei einer Neuberechnung der Planung nicht mehr verändert. Der Eintrag in die Plantafel wird rot markiert.

Bei der Einplanung der Arbeitsgänge kommt eine Meldung: Nicht alle Arbeitsgänge konnten eingeplant werden. Das liegt daran, dass wir die Grundlagen für die Kapazitätsplanung noch nicht erfasst haben. Einfach bestätigen.

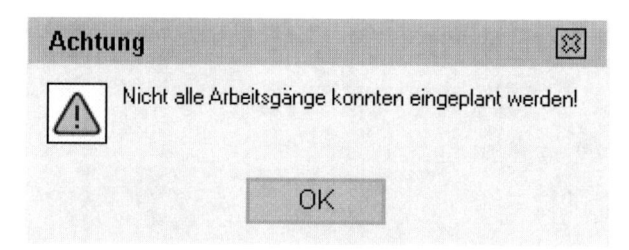

MELDUNG. Nicht alle Arbeitsgänge konnten eingeplant werden.

Nachdem die Arbeitsgänge eingeplant wurden, können Sie auch auf diesem Weg komplett zurückgemeldet werden. Das ist sinnvoll, wenn sie in erster Linie die Kalkulation nutzen und die Kapazitätsplanung nicht nutzen möchten.

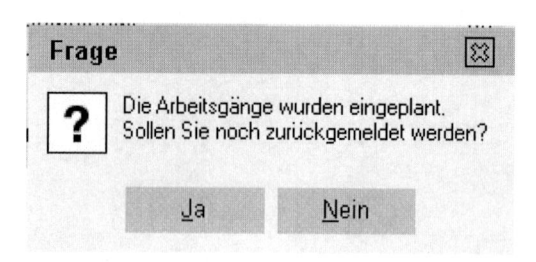

ABFRAGE. Die Arbeitsgänge wurden eingeplant, Sollen Sie noch zurückgemeldet werden? Nein.

---

[41] Dabei sind 2 Dinge zu berücksichtigen: a) Wie viele Teile benötige ich mindestens, um den nächsten Schritt durchzuführen und b) wie lange dauert Arbeitsgang 1 und wie lange dauert Arbeitsgang 2. Nehmen wir an, es handelt sich, wie bei uns, um eine Einzelfertigung. Dann könnte ich bereits mit dem ersten produzierten Teil den nächsten Schritt ausführen. Wenn jetzt aber der 1.Arbeitsgang 5 Minuten braucht und der 2. Arbeitsgang nur 1 Minute, dann ist es erst sinnvoll, mit dem 2. Arbeitsgang anzufangen, wenn bereits 80% der Teile den 1. Arbeitsgang durchlaufen haben, damit es im nächsten Schritt nicht zu Wartezeiten auf die Teile kommt. D.h. in diesem Fall wäre maximal eine Überlappung von 20% sinnvoll.

ANLEGEN EINES PRODUKTIONSAUFTRAGES

Wir melden den Auftrag noch nicht zurück, da wir ihn erst drucken möchten. Geben Sie dazu in der OK-Abfrage ein **D** für Auftrags**d**ruck ein. Sie gelangen in eine Auswahlmaske.

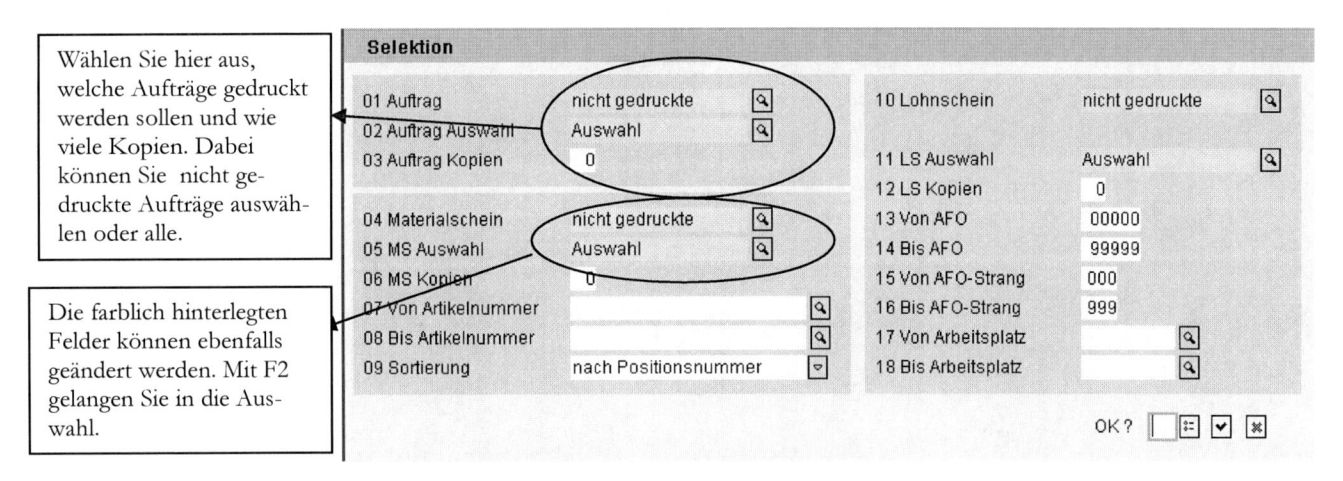

Wählen Sie hier aus, welche Aufträge gedruckt werden sollen und wie viele Kopien. Dabei können Sie nicht gedruckte Aufträge auswählen oder alle.

Die farblich hinterlegten Felder können ebenfalls geändert werden. Mit F2 gelangen Sie in die Auswahl.

Selektion				
01 Auftrag	nicht gedruckte	10 Lohnschein	nicht gedruckte	
02 Auftrag Auswahl	Auswahl	11 LS Auswahl	Auswahl	
03 Auftrag Kopien	0	12 LS Kopien	0	
04 Materialschein	nicht gedruckte	13 Von AFO	00000	
05 MS Auswahl	Auswahl	14 Bis AFO	99999	
06 MS Kopien	0	15 Von AFO-Strang	000	
07 Von Artikelnummer		16 Bis AFO-Strang	999	
08 Bis Artikelnummer		17 Von Arbeitsplatz		
09 Sortierung	nach Positionsnummer	18 Bis Arbeitsplatz		

OK?

AUFTRAG DRUCKEN. Jetzt können Sie den Auftrag mit verschiedenen Optionen ausdrucken.

Neben der Auswahl welche Positionen der Aufträge gedruckt werden sollen, haben Sie auch die Möglichkeit, festzulegen, welche Dokumente zu den einzelnen Aufträgen gedruckt werden sollen. Klicken Sie mit der Maus auf die Lupe neben dem Feld 2 Auftrag Auswahl, um die Optionen zu bearbeiten.

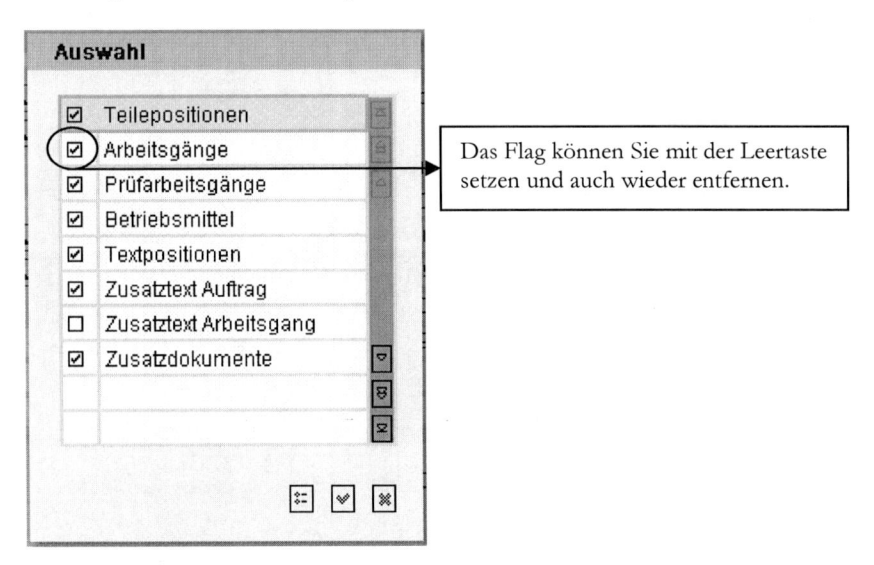

Auswahl
☑ Teilepositionen
☑ Arbeitsgänge
☑ Prüfarbeitsgänge
☑ Betriebsmittel
☑ Textpositionen
☑ Zusatztext Auftrag
☐ Zusatztext Arbeitsgang
☑ Zusatzdokumente

Das Flag können Sie mit der Leertaste setzen und auch wieder entfernen.

AUSWAHL AUFTRAG. Mit der Leertaste können Sie die gewünschten Optionen markieren. Da in diesem Feld eine Mehrfachauswahl möglich ist, ist es farblich hinterlegt.

Eine ähnliche Auswahl gibt es zum Materialschein. Hier können Sie außerdem festlegen, ob Sie einen Sammelschein möchten, d.h. alle für die Stückliste erforderlichen Teile mit einem Materialschein aus dem Lager entnommen werden, oder ob für jede Teleposition ein eigener Lieferschein gedruckt werden soll. Die Variante mit einem Materialschein pro Teleposition ist vor allem dann sinnvoll, wenn sich der Produktionsauftrag über mehrere Tage erstreckt. Dann kann man die Lagerbestände an Hand der Materialentnahmescheine tagaktuell kontrollieren.

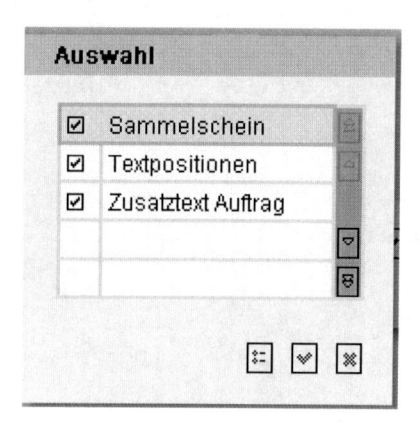

AUSWAHL MATERIALSCHEIN. Neben der Auswahl, welche Texte im Materialschein gedruckt werden sollen, legen Sie hier fest, ob ein Sammelschein gedruckt werden soll, oder für jede Materialposition ein eigener Materialschein erforderlich ist.

Als letztes kommt die Auswahl der Lohnscheine. Auch hier gibt es die Möglichkeit, einen Sammelschein zu drucken, der dann mit der Charge mitwandert, oder für jeden Arbeitsgang einen eigenen Lohnschein zu drucken. Hier ist es vor allem bei Überlappung einzelner Arbeitsgänge sinnvoll, für jeden Arbeitsschritt einen eigenen Lohnschein zu drucken.

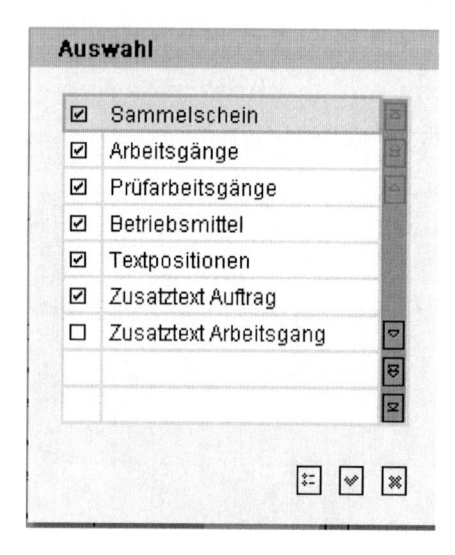

AUSWAHL LOHNSCHEIN. Markieren Sie mit der Leertaste die gewünschten Positionen.

Als erstes wird der Produktionsauftrag gedruckt. Nur wenn er auch tatsächlich gedruckt wird, bekommen Sie in Folge auch die Material- und Lohnscheine. Wenn Sie also keinen Drucker zur Verfügung haben, setzen Sie einfach unter **Datei → Druckeinstellungen** das Häkchen für Druck in Datei. Auch beim Druck in eine Datei wird das Druckkennzeichen korrekt gesetzt.

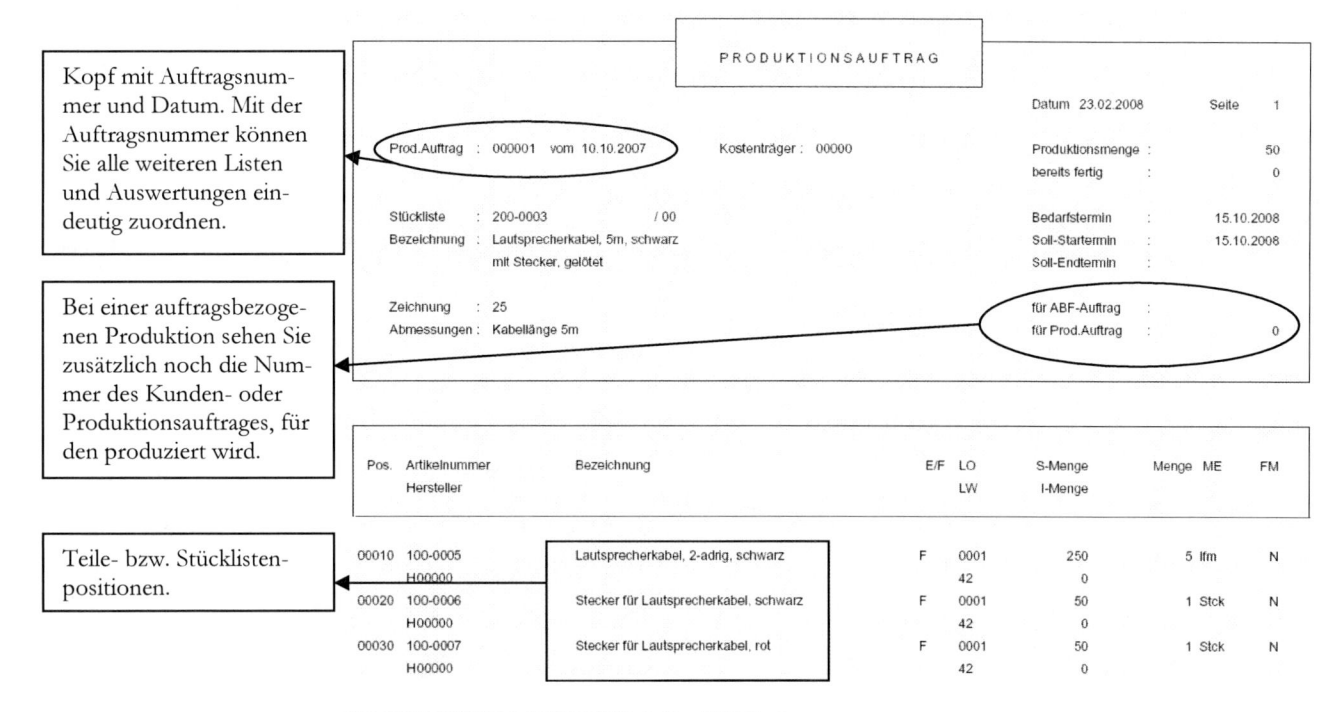

ANLEGEN EINES PRODUKTIONSAUFTRAGES

Kopf mit Auftragsnummer und Datum. Mit der Auftragsnummer können Sie alle weiteren Listen und Auswertungen eindeutig zuordnen.

Bei einer auftragsbezogenen Produktion sehen Sie zusätzlich noch die Nummer des Kunden- oder Produktionsauftrages, für den produziert wird.

Teile- bzw. Stücklistenpositionen.

```
                          PRODUKTIONSAUFTRAG

                                                         Datum 23.02.2008        Seite      1

Prod.Auftrag : 000001  vom 10.10.2007   Kostenträger : 00000    Produktionsmenge :         50
                                                                bereits fertig   :          0

Stückliste   : 200-0003          / 00                           Bedarfstermin    :  15.10.2008
Bezeichnung  : Lautsprecherkabel, 5m, schwarz                   Soll-Starttermin :  15.10.2008
               mit Stecker, gelötet                             Soll-Endtermin   :

Zeichnung    : 25                                               für ABF-Auftrag  :
Abmessungen  : Kabellänge 5m                                    für Prod.Auftrag :          0
```

Pos.	Artikelnummer Hersteller	Bezeichnung	E/F	LO LW	S-Menge I-Menge	Menge ME	FM
00010	100-0005 H00000	Lautsprecherkabel, 2-adrig, schwarz	F	0001 42	250 0	5 lfm	N
00020	100-0006 H00000	Stecker für Lautsprecherkabel, schwarz	F	0001 42	50 0	1 Stck	N
00030	100-0007 H00000	Stecker für Lautsprecherkabel, rot	F	0001 42	50 0	1 Stck	N

PRODUKTIONSAUFTRAG – TEIL 1. Mit Auftragskopf und Teilepositionen.

Im Produktionsauftrag gibt es 3 Bereiche:

Kopf: Hier sehen Sie Nummer und Datum des Produktionsauftrages, die Stückliste, die produziert wird, die Produktionsmenge und den Produktionstermin.

Teilepositionen: Hier sind alle Teile oder Unterstücklisten aufgeführt, die in diesem Produktionsauftrag vorhanden sind.

Arbeitsgänge: In diesem Teil finden Sie alle Arbeitsgänge mit Rüst- und Fertigungszeiten und einer genauen Beschreibung der Tätigkeit.

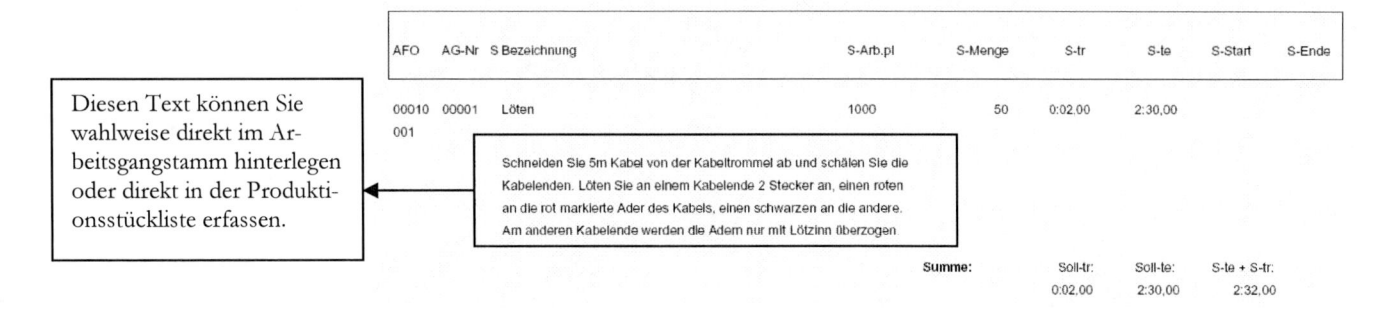

Diesen Text können Sie wahlweise direkt im Arbeitsgangstamm hinterlegen oder direkt in der Produktionsstückliste erfassen.

AFO	AG-Nr	S	Bezeichnung	S-Arb.pl	S-Menge	S-tr	S-te	S-Start	S-Ende
00010 001	00001		Löten	1000	50	0:02,00	2:30,00		

Schneiden Sie 5m Kabel von der Kabeltrommel ab und schälen Sie die Kabelenden. Löten Sie an einem Kabelende 2 Stecker an, einen roten an die rot markierte Ader des Kabels, einen schwarzen an die andere. Am anderen Kabelende werden die Adern nur mit Lötzinn überzogen

```
                     Summe:        Soll-tr:   Soll-te:   S-te + S-tr:
                                   0:02,00    2:30,00    2:32,00
```

PRODUKTIONSAUFTRAG – TEIL 2. Mit Arbeitsgängen, Rüst- und Fertigungszeiten.

Nach dem Druck des Produktionsauftrags geht es weiter mit den Materialscheinen für die Materialentnahme im Lager. Und zuletzt werden die Lohnscheine gedruckt.

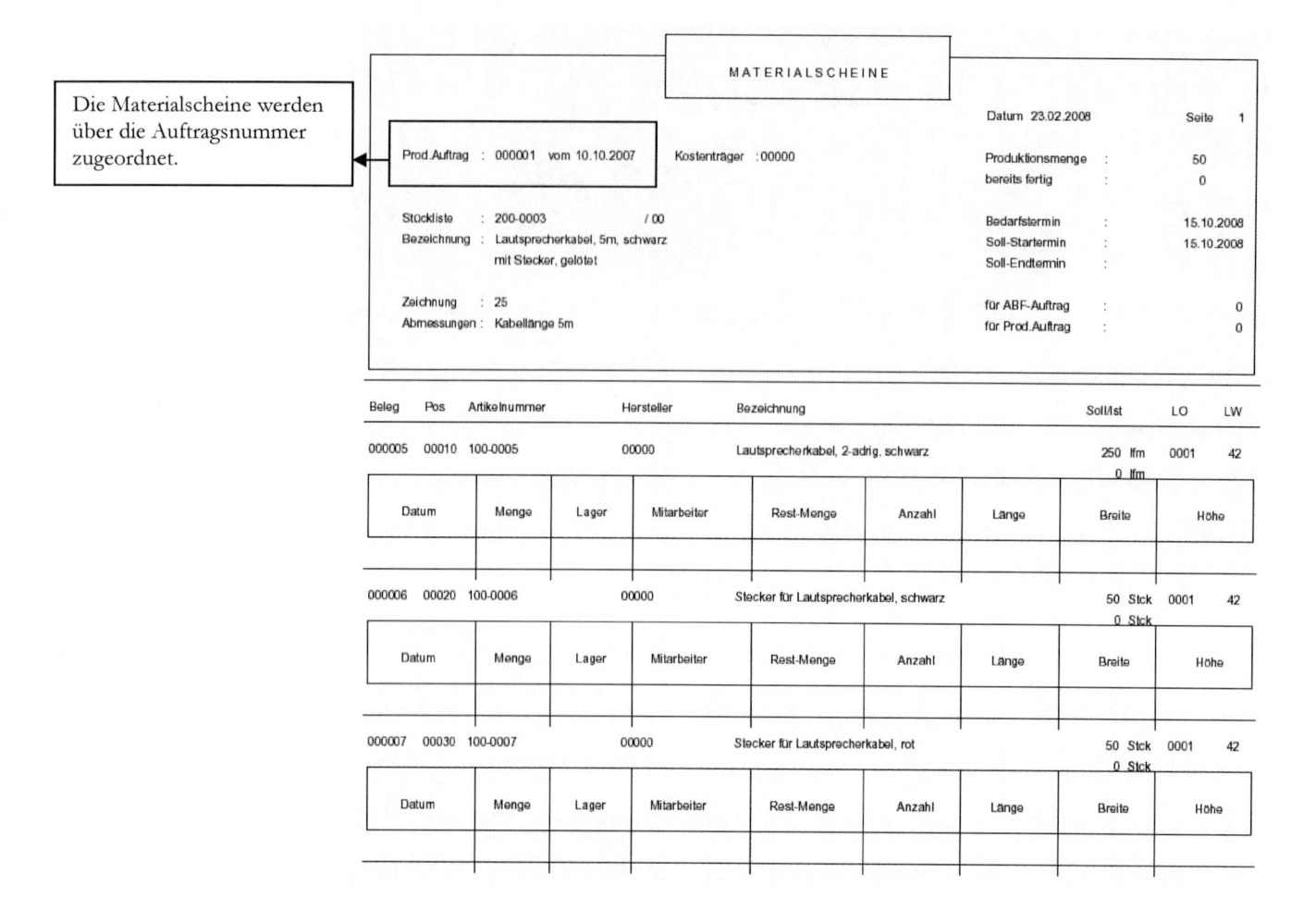

ANLEGEN EINES PRODUKTIONSAUFTRAGES

Die Materialscheine werden über die Auftragsnummer zugeordnet.

					MATERIALSCHEINE			
						Datum 23.02.2008		Seite 1
Prod.Auftrag	: 000001 vom 10.10.2007		Kostenträger :00000			Produktionsmenge :		50
						bereits fertig :		0
Stückliste	: 200-0003	/ 00				Bedarfstermin :		15.10.2008
Bezeichnung	: Lautsprecherkabel, 5m, schwarz					Soll-Startermin :		15.10.2008
	mit Stecker, gelötet					Soll-Endtermin :		
Zeichnung	: 25					für ABF-Auftrag :		0
Abmessungen : Kabellänge 5m						für Prod.Auftrag :		0

Beleg	Pos	Artikelnummer	Hersteller	Bezeichnung	Soll/Ist	LO	LW
000005	00010	100-0005	00000	Lautsprecherkabel, 2-adrig, schwarz	250 lfm 0 lfm	0001	42

Datum	Menge	Lager	Mitarbeiter	Rest-Menge	Anzahl	Länge	Breite	Höhe

Beleg	Pos	Artikelnummer	Hersteller	Bezeichnung	Soll/Ist	LO	LW
000006	00020	100-0006	00000	Stecker für Lautsprecherkabel, schwarz	50 Stck 0 Stck	0001	42

Datum	Menge	Lager	Mitarbeiter	Rest-Menge	Anzahl	Länge	Breite	Höhe

Beleg	Pos	Artikelnummer	Hersteller	Bezeichnung	Soll/Ist	LO	LW
000007	00030	100-0007	00000	Stecker für Lautsprecherkabel, rot	50 Stck 0 Stck	0001	42

Datum	Menge	Lager	Mitarbeiter	Rest-Menge	Anzahl	Länge	Breite	Höhe

MATERIALSCHEINE. Je nach Auswahl erhalten Sie einen Sammelschein oder einen Schein für jede einzelne Materialposition.

Ob Sie für die Materialentnahme einen Sammelschein drucken oder mehrere einzelne Entnahmescheine, hängt von der Produktion ab. In unserem Fall handelt es sich um einen kleinen Produktionsauftrag für wenige Stunden und auch nur um einige, kleine Teile. Hier würde es sich nicht lohnen, die Materialentnahme auf mehrere Schritte aufzuteilen.[42]

---

[42] Aber denken Sie auch an andere Produktionen, z.B. für Garagentore. Hier ist schon alleine durch die Größe und das Gewicht der Tore ein sehr viel engerer Rahmen gesetzt für die Materialentnahme, die hier in der Regel Schritt für Schritt erfolgt. Oder nehmen Sie die Automobilindustrie: hier werden die Teile vom Zulieferer oft direkt an die Produktionsstrasse geliefert und die Lagerhaltung ist teilweise so niedrig, dass die Produktion schon nach wenigen Stunden steht, wenn nur ein einziger Lieferant ausfällt.

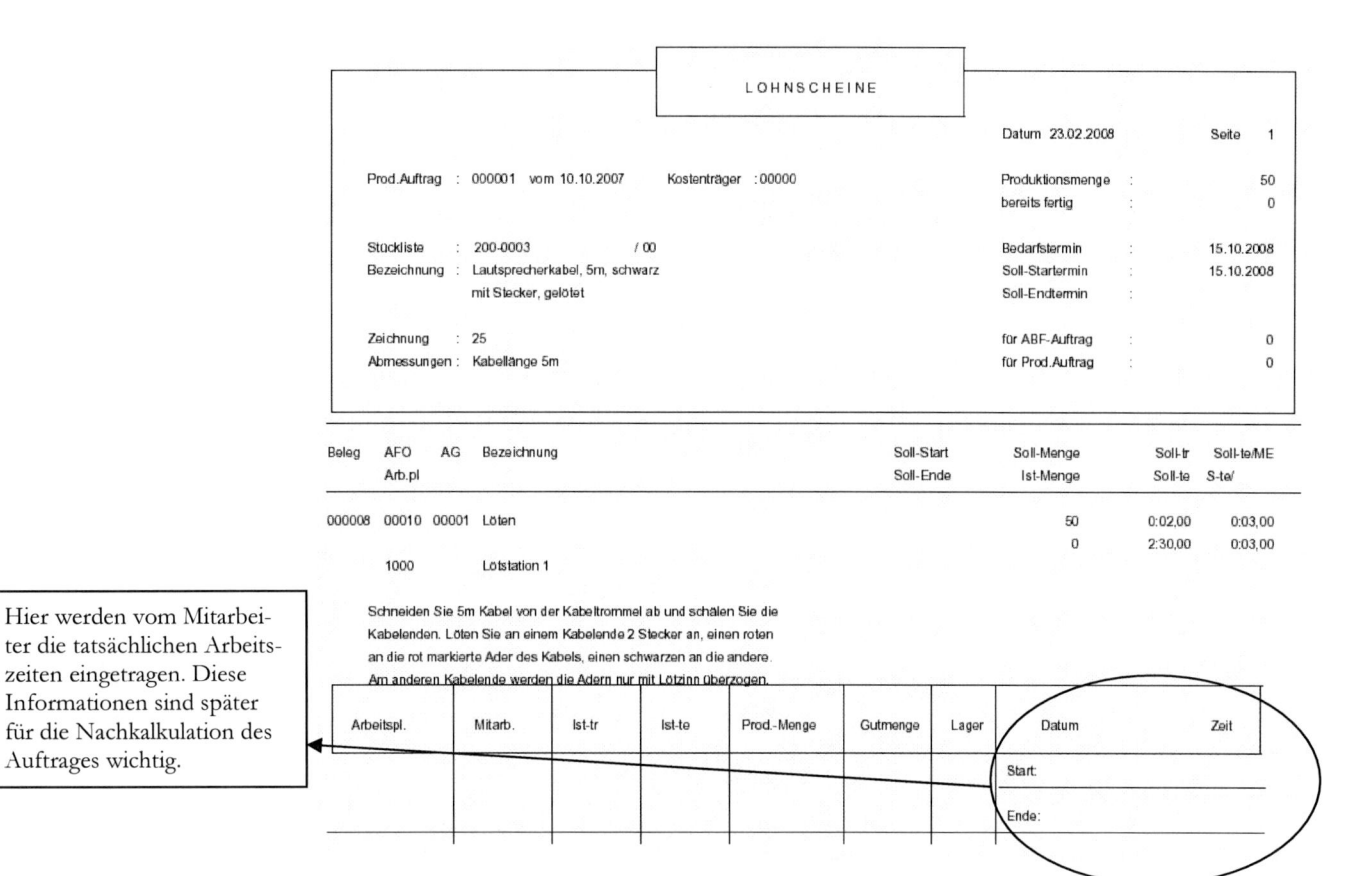

ANLEGEN EINES PRODUKTIONSAUFTRAGES

```
                    LOHNSCHEINE

                                        Datum 23.02.2008         Seite   1

Prod.Auftrag : 000001  vom 10.10.2007  Kostenträger : 00000  Produktionsmenge :    50
                                                             bereits fertig    :     0

Stückliste   : 200-0003      / 00                            Bedarfstermin     : 15.10.2008
Bezeichnung  : Lautsprecherkabel, 5m, schwarz                Soll-Startermin   : 15.10.2008
               mit Stecker, gelötet                          Soll-Endtermin    :

Zeichnung    : 25                                            für ABF-Auftrag   :     0
Abmessungen  : Kabellänge 5m                                 für Prod.Auftrag  :     0


Beleg   AFO    AG    Bezeichnung              Soll-Start    Soll-Menge    Soll-tr    Soll-te/ME
        Arb.pl                                 Soll-Ende     Ist-Menge     Soll-te    S-te/

000008  00010  00001 Löten                                      50         0:02,00    0:03,00
                                                                 0         2:30,00    0:03,00
        1000         Lötstation 1
```

Schneiden Sie 5m Kabel von der Kabeltrommel ab und schälen Sie die Kabelenden. Löten Sie an einem Kabelende 2 Stecker an, einen roten an die rot markierte Ader des Kabels, einen schwarzen an die andere. Am anderen Kabelende werden die Adern nur mit Lötzinn überzogen.

Arbeitspl.	Mitarb.	Ist-tr	Ist-te	Prod.-Menge	Gutmenge	Lager	Datum	Zeit
							Start:	
							Ende:	

> Hier werden vom Mitarbeiter die tatsächlichen Arbeitszeiten eingetragen. Diese Informationen sind später für die Nachkalkulation des Auftrages wichtig.

LOHNSCHEINE. Neben der benötigten Zeit wird auf dem Lohnschein auch für jeden Arbeitsschritt die Gutmenge eingetragen. Auf diese Weise ist es später möglich, nachzuvollziehen, an welcher Stelle Ausschuss entsteht. Dann kann man gezielt Maßnahmen zur Optimierung dieser Arbeitsgänge einleiten.

Wenn Sie den Produktionsauftrag jetzt wieder aufrufen, sehen rechts oben die Information: gedruckt.

> Mit dem Druck wird im Auftrag ein entsprechendes Kennzeichen gesetzt.

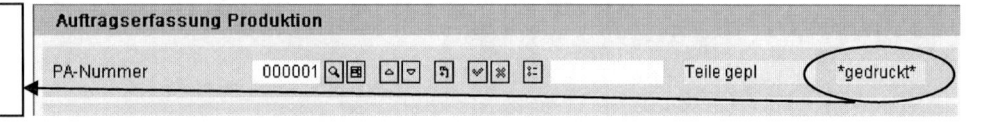

```
Auftragserfassung Produktion
PA-Nummer         000001                     Teile gepl    *gedruckt*
```

AUFTRAG. Nach dem Druck ist der Auftrag auch entsprechend gekennzeichnet.

Fragen zur Lernzielkontrolle

☺ **Testen Sie Ihr Wissen**

1) Wie vergeben Sie eine neue Auftragsnummer?

2) Was versteht man unter Überlappung?

3) Was ist der Unterschied zwischen Produktionsmenge und Sollmenge?

4) Was versteht man unter dem Begriff "Losgröße"?

5) Warum wird der Einzelpreis je Stück in der Regel günstiger, wenn man die Losgröße des Produktionsauftrages erhöht?

© Jörg Merk – Neue Welt Verlag GmbH

ANLEGEN EINES PRODUKTIONSAUFTRAGES

6) Was versteht man unter dem Begriff Vorwärtsterminierung bzw. Rückwärtsterminierung?

7) Welche der beiden Möglichkeiten zur Terminierung der Produktionsaufträge wird von der Classic Line unterstützt?

8) Was versteht man unter einer Zuschlagskalkulation?

9) Was ist ein Materialsammelschein? Welche Alternative gibt es?

10) Was sollten Sie bei der Anlage eines neuen Produktionsauftrages machen, wenn Sie für einen bestimmten Kundenauftrag produzieren?

Praktische Übungen

Tastaturübungen

1) Legen Sie einen neuen Produktionsauftrag an für die Produktion von 50 Lautsprecherkabeln. Wir rechnen ohne Ausschuss. Bedarfstermin ist der 10.10.07, Sollstarttermin der 15.10.2007.

2) Machen Sie eine Vorkalkulation für die unter 1) erfasste Menge mit folgenden Werten:

   Gewinnzuschlag: 10%
   Vertreterprovision: 5%
   Kundenskonto: 3%
   Kundenrabatt: 5%

3) Planen Sie die Arbeitsgänge ein.

4) Drucken Sie die Strukturübersicht.

5) Drucken Sie den Produktionsauftrag inkl. Materialschein und Lohnschein (Sammelscheine).

Kapitel 7

Listen, Auswertungen und Rückmeldungen

Nach der Anlage unseres Produktionsauftrages stehen uns verschiedene Listen und Auswertungen zur Verfügung.

Es gibt verschiedene Bereiche mit Listen und Auswertungen zum Produktionsauftrag. Der erste Bereich findet sich unter **Produktion → Produktionsaufträge**. Hier haben Sie die Möglichkeit, eine Liste aller Aufträge, eine Liste der offenen Aufträge oder eine Rückstandsliste zu drucken.

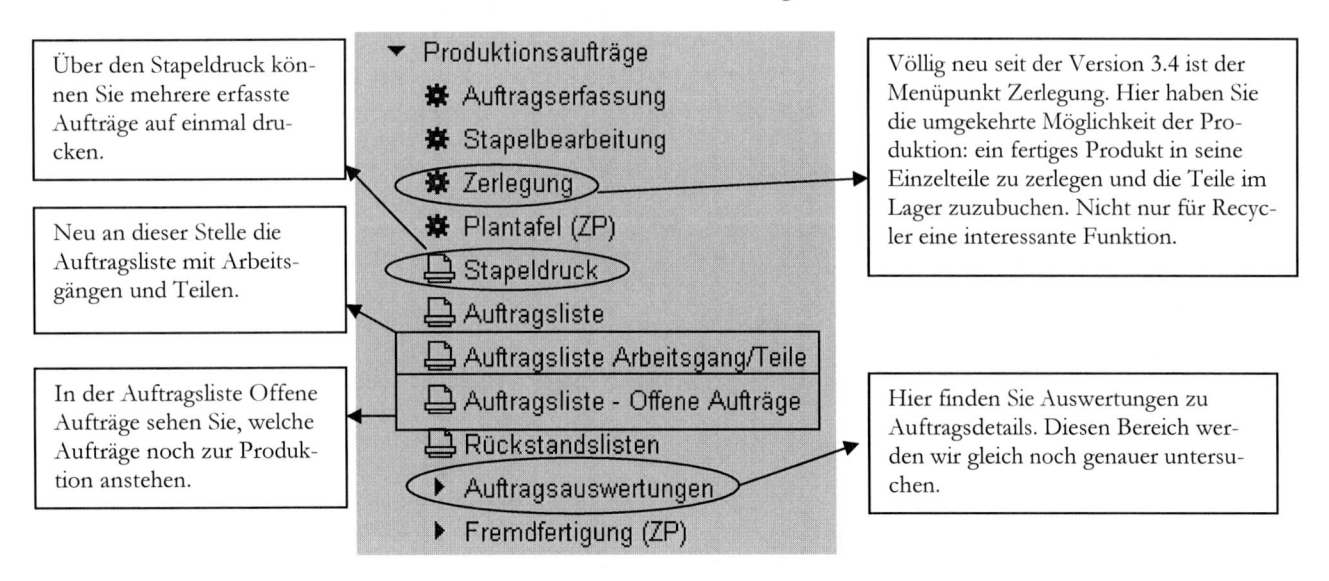

Über den Stapeldruck können Sie mehrere erfasste Aufträge auf einmal drucken.

Neu an dieser Stelle die Auftragsliste mit Arbeitsgängen und Teilen.

In der Auftragsliste Offene Aufträge sehen Sie, welche Aufträge noch zur Produktion anstehen.

▼ Produktionsaufträge
* Auftragserfassung
* Stapelbearbeitung
* Zerlegung
* Plantafel (ZP)
* Stapeldruck
* Auftragsliste
* Auftragsliste Arbeitsgang/Teile
* Auftragsliste - Offene Aufträge
* Rückstandslisten
* Auftragsauswertungen
* Fremdfertigung (ZP)

Völlig neu seit der Version 3.4 ist der Menüpunkt Zerlegung. Hier haben Sie die umgekehrte Möglichkeit der Produktion: ein fertiges Produkt in seine Einzelteile zu zerlegen und die Teile im Lager zuzubuchen. Nicht nur für Recycler eine interessante Funktion.

Hier finden Sie Auswertungen zu Auftragsdetails. Diesen Bereich werden wir gleich noch genauer untersuchen.

AUFTRAGSLISTEN. Hier können Sie verschiedene Auftragslisten drucken.

In der Auftragsliste finden Sie alle Produktionsaufträge, unabhängig davon, ob Sie noch offen oder bereits erledigt sind. In der Liste offene Aufträge, finden Sie alle offenen Aufträge und in der Rückstandsliste nur die offenen Produktionsaufträge, deren Bedarfstermin bereits überschritten ist.

Die weiteren Auswertungen zu den Aufträgen finden Sie unter: **Produktion → Produktionsaufträge → Auftragsauswertungen**. Hier können Sie unterschiedliche Details zu den einzelnen Aufträgen abrufen. Die Listen beziehen sich dabei immer auf den ausgewählten Auftrag, d.h. hier wird jeder einzelne Auftrag analy-

LISTEN, AUSWERTUNGEN UND RÜCKMELDUNGEN

siert. Dabei stehen einige Auswertungen, wie z.B. die Nachkalkulation, erst nach der Rückmeldung des Auftrages zur Verfügung.

Die Nachkalkulation steht erst nach der Rückmeldung des Auftrages zur Verfügung. Sie ist vor allem dann interessant, wenn Sie mit einer auftragsbezogenen Zeiterfassung arbeiten.

In der Vorkalkulation können Sie für verschiedene Produktionsmengen den Angebotspreis je Stück berechnen. Dabei werden neben den Produktionskosten auch die Kosten für den Vertrieb und der Gewinnzuschlag berücksichtigt.

Der Teilenachweis ist hilfreich, wenn es während der Produktion zu Engpässen kommt.

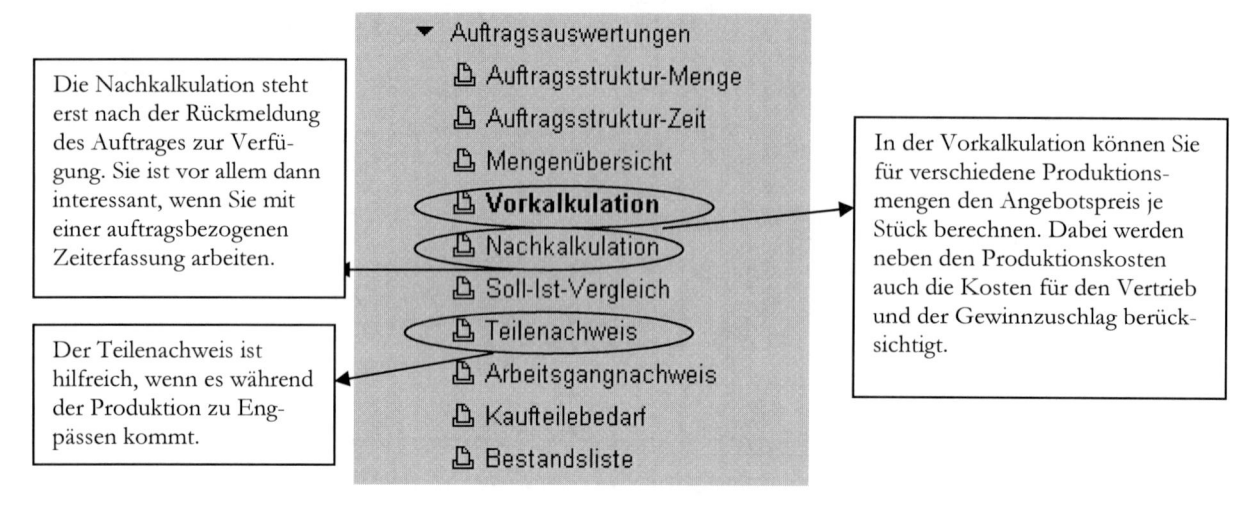

AUFTRAGSAUSWERTUNGEN. Wählen Sie hier die gewünschte Detailauswertung.

Die letzte Möglichkeit, die wir ansprechen wollen, finden Sie unter: **Produktion → Auswertungen**. Hier haben Sie die Möglichkeit, eine Artikelstatistik oder eine Arbeitsplatzstatistik zu drucken. Dabei steht jeweils der Artikel oder der Arbeitsplatz im Mittelpunkt der Auswertung und nicht mehr der einzelne Produktionsauftrag. D.h. hier werden alle erledigten Aufträge berücksichtigt.

▱ Wichtig

Achtung: Diese Auswertungen sind immer erst nach Druck der Fertigmeldung und dem Statistiklauf aktuell.

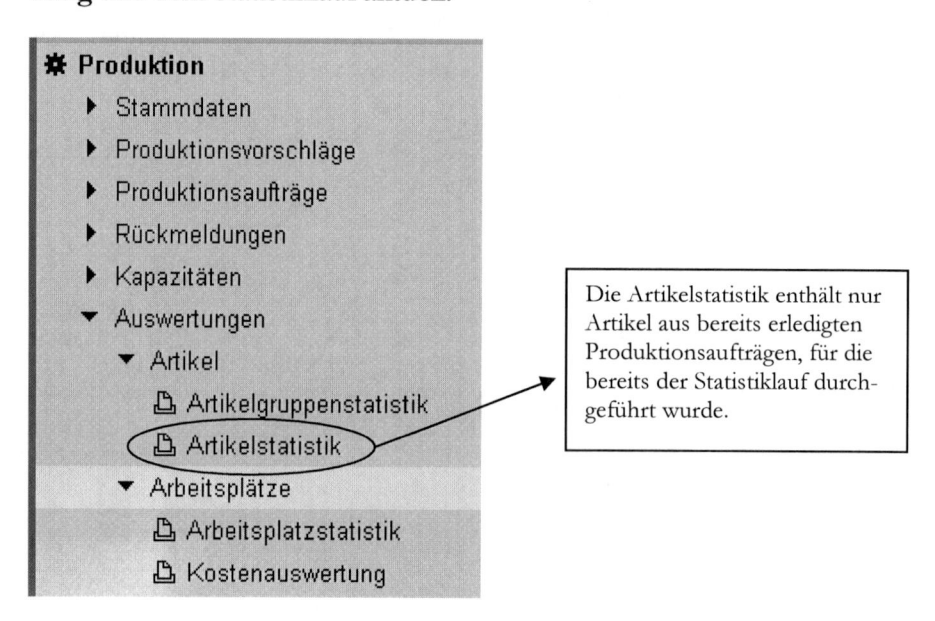

Die Artikelstatistik enthält nur Artikel aus bereits erledigten Produktionsaufträgen, für die bereits der Statistiklauf durchgeführt wurde.

AUSWERTUNGEN. Hier können Sie die Artikelstatistik und die Arbeitsplatzstatistik abrufen.

Wir wollen im Folgenden die Auswahlmöglichkeiten in der Auswahlmaske der Liste Produktionsaufträge einmal kurz erläutern. Im Grunde ist die Handhabung der Listen mit den Stammdatenlisten vergleichbar. Sie haben unterschiedliche Möglichkeiten, die Auswahl der Aufträge einzuschränken.

© Jörg Merk – Neue Welt Verlag GmbH

LISTEN, AUSWERTUNGEN UND RÜCKMELDUNGEN

Produktionsauftragslisten			
01 Von Auftrag	000001 Auftrag	13 Von Starttermin	
02 Bis Auftrag	999999	14 Bis Starttermin	
03 Von Stückliste		15 Von Endtermin	
04 Bis Stückliste		16 Bis Endtermin	
05 Von Variante	00	17 Von ABF-Auftrag	0000-0000000
06 Bis Variante	99	18 Bis ABF-Auftrag	9999-9999999
07 Von Stückl.- Matchcode			
08 Bis Stückl.- Matchcode		19 Von Kunde	00000
09 Von Zeichnung		20 Bis Kunde	99999
10 Bis Zeichnung			
11 Von Bearbeiter	000000	21 Von Prod-Oberauftrag	000000
12 Bis Bearbeiter	999999	22 Bis Prod-Oberauftrag	999999
23 Auftragsstatus	Auswahl	27 Kostenpositionen	Ja
24 Zusatztext	Ja	28 Seitenvorschub	Nein
25 Teilepositionen	mit Zusatztext		
26 Arbeitsgangposition	mit Zusatztext	29 Sortierung nach	Auftrag

> Sie haben immer eine obere und eine untere Grenze für Ihre Auswahl. Je mehr Kriterien Sie einschränken, desto kleiner wird Ihre Liste, denn es kommen immer nur die Aufträge, die **alle** gewählten Kriterien erfüllen.

PRODUKTIONSLISTE. Wählen Sie hier die gewünschten Optionen aus.

Praxistipp

In den **Feldern 01 – 22** können Sie wählen, welche Aufträge in der Liste enthalten sein sollen (Selektion). Bei Verwendung mehrerer Einschränkungen werden nur noch die Aufträge gedruckt, die alle eingestellten Kriterien erfüllen. Entspricht die Liste nicht Ihren Wünschen, weil offensichtlich Aufträge fehlen, dann prüfen Sie bitte Ihre Einstellungen im Auswahlfilter.

In den **Feldern 23 – 28** können Sie wählen, welche Informationen zusätzlich in der Liste angedruckt werden sollen, und ob Sie nach jedem Auftrag eine neue Seite beginnen möchten.

Das **Feld 29** bietet die Möglichkeit, festzulegen, in welcher Reihenfolge die Aufträge gedruckt werden (Sortierung).

Die Filter und Auswahlmöglichkeiten unterscheiden sich von Liste zu Liste. Die grundlegende Funktionalität aber ist immer gleich. Sie haben immer unterschiedliche Selektionskriterien und können eine Reihe von Optionen auswählen, welche Informationen in der Liste gedruckt werden sollen. Meistens haben Sie auch die Möglichkeit, festzulegen, wie die Datenausgabe sortiert werden soll.

Am Sinnvollsten ist es, einmal verschiedene Varianten durchzuspielen und dabei die Druckvorschau einzustellen. Dann kann man sich mit den Möglichkeiten auseinandersetzen, ohne gleich Unmengen von Papier zu verbrauchen.

Bei Bedarf können Sie die einzelnen Listen jederzeit über den Reportdesigner anpassen und um zusätzliche Felder aus verknüpften Tabellen erweitern. Bei diesen Anpassungen hilft Ihnen Ihr Fachhändler bestimmt gerne weiter.

Wichtig

Wenn Sie Formulare in der Classic Line ändern, bitte immer erst das Original ausdrucken und die gewünschten Änderungen eintragen. Nur so ist gewährleistet, dass die Änderungen dann auch in der richtigen Liste und wunschgemäss ausgeführt werden. Sinnvoll ist es, vor allem bei umfangreichen Anpassungen, zwischendurch die Formulare zu sichern.

© Jörg Merk – Neue Welt Verlag GmbH

LISTEN, AUSWERTUNGEN UND RÜCKMELDUNGEN

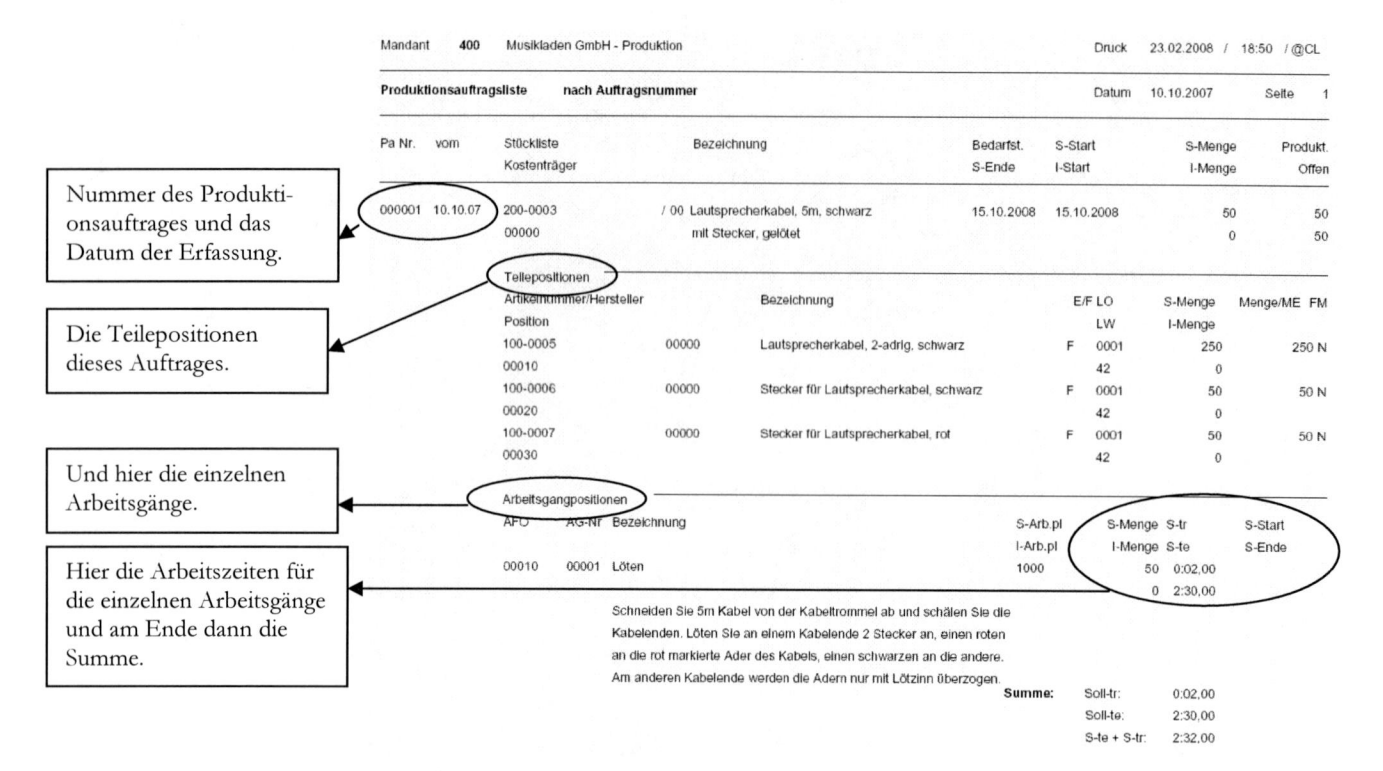

Mandant	400	Musikladen GmbH - Produktion			Druck	23.02.2008 / 18:50 /@CL

Produktionsauftragsliste	nach Auftragsnummer			Datum	10.10.2007	Seite 1

Pa Nr.	vom	Stückliste	Bezeichnung	Bedarfst.	S-Start	S-Menge	Produkt.
		Kostenträger		S-Ende	I-Start	I-Menge	Offen
000001	10.10.07	200-0003	/ 00 Lautsprecherkabel, 5m, schwarz	15.10.2008	15.10.2008	50	50
		00000	mit Stecker, gelötet			0	50

Teilepositionen

Artikelnummer/Hersteller		Bezeichnung	E/F	LO	S-Menge	Menge/ME	FM
Position				LW	I-Menge		
100-0005	00000	Lautsprecherkabel, 2-adrig, schwarz	F	0001	250	250 N
00010				42	0	
100-0006	00000	Stecker für Lautsprecherkabel, schwarz	F	0001	50	50 N
00020				42	0	
100-0007	00000	Stecker für Lautsprecherkabel, rot	F	0001	50	50 N
00030				42	0	

Arbeitsgangpositionen

AFO	AG-Nr	Bezeichnung	S-Arb.pl	S-Menge	S-tr	S-Start
			I-Arb.pl	I-Menge	S-te	S-Ende
00010	00001	Löten	1000	50	0:02,00	
				0	2:30,00	

Schneiden Sie 5m Kabel von der Kabeltrommel ab und schälen Sie die
Kabelenden. Löten Sie an einem Kabelende 2 Stecker an, einen roten
an die rot markierte Ader des Kabels, einen schwarzen an die andere.
Am anderen Kabelende werden die Adern nur mit Lötzinn überzogen.

	Summe:	Soll-tr:	0:02,00
		Soll-te:	2:30,00
		S-te + S-tr:	2:32,00

Anmerkungen am Rand:
- Nummer des Produktionsauftrages und das Datum der Erfassung.
- Die Teilepositionen dieses Auftrages.
- Und hier die einzelnen Arbeitsgänge.
- Hier die Arbeitszeiten für die einzelnen Arbeitsgänge und am Ende dann die Summe.

PRODUKTIONSAUFTRAGSLISTE. So sieht die Produktionsauftragsliste im Standard, ohne zusätzliche Optionen aus.

Für diese Auftragsliste wurden die Standardeinstellungen in der Auswahlmaske übernommen und keine zusätzlichen Optionen eingestellt.

Produktionsauftrag rückmelden.

Es gibt verschiedene Möglichkeiten, einen Produktionsauftrag zurückzumelden. Welche Variante ein Betrieb in der Praxis einsetzt, ist nicht zuletzt davon abhängig, was und wie produziert wird. Die Art der Rückmeldung kann aber für jeden Auftrag unterschiedlich erfolgen. So können Sie z.B. kleinere Aufträge komplett fertig melden und komplexere Aufträge mit mehreren Produktionsschritten einzeln, Schritt für Schritt fertig melden. Damit wir den ganzen Ablauf der einzelnen Produktionsschritte mit Ihrem Einfluss auf den Artikelstamm nachvollziehen können, fangen wir noch einmal bei der Erfassung unseres Produktionsauftrages an:

Was ist bei der Anlage unseres Produktionsauftrages passiert?

In dem Moment, in dem wir einen Produktionsauftrag anlegen, werden im Artikelstamm entsprechende Reservierungen vorgenommen. D.h. für jeden Artikel, der in der Produktionsstückliste enthalten ist, wird in der Wochendisposition ein Bedarf angemeldet. Ist der Artikel in der geforderten Menge verfügbar, passiert weiter nichts. Ist der Artikel nicht oder nicht in ausreichender Menge verfügbar, besteht die Möglichkeit, im Bestellwesen einen automatischen Bestellvorschlag zu erstellen, in dem alle benötigten Artikel zur Bestellung vorgeschlagen werden.

Um uns das im Detail anzuschauen, öffnen wir unseren Artikelstamm unter **Produktion → Stammdaten → Artikel → Artikelstamm** und wählen unseren Artikel **100-0006** (Stecker für Lautsprecherkabel, schwarz) aus. Im Artikel selbst können

PRODUKTIONSAUFTRAG RÜCKMELDEN

wir jetzt in der OK-Abfrage ein **W** für **W**ochendisposition eingeben oder über **F2** die Wochendisposition auswählen.

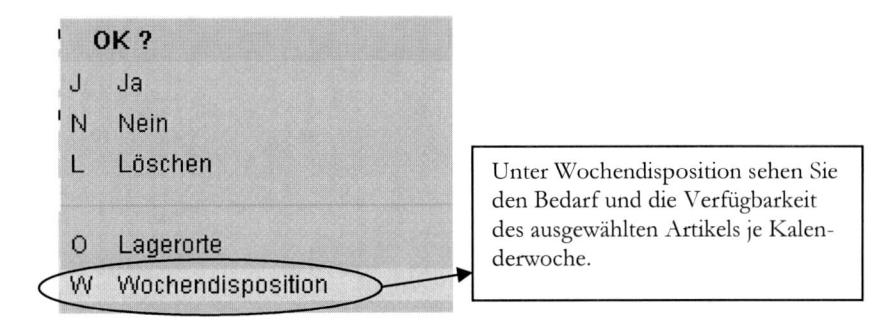

> **OK ?**
> J Ja
> N Nein
> L Löschen
> O Lagerorte
> W Wochendisposition

Unter Wochendisposition sehen Sie den Bedarf und die Verfügbarkeit des ausgewählten Artikels je Kalenderwoche.

AUSWAHL WOCHENDISPOSITION IM ARTIKELSTAMM. Wählen Sie aus mit **F2**.

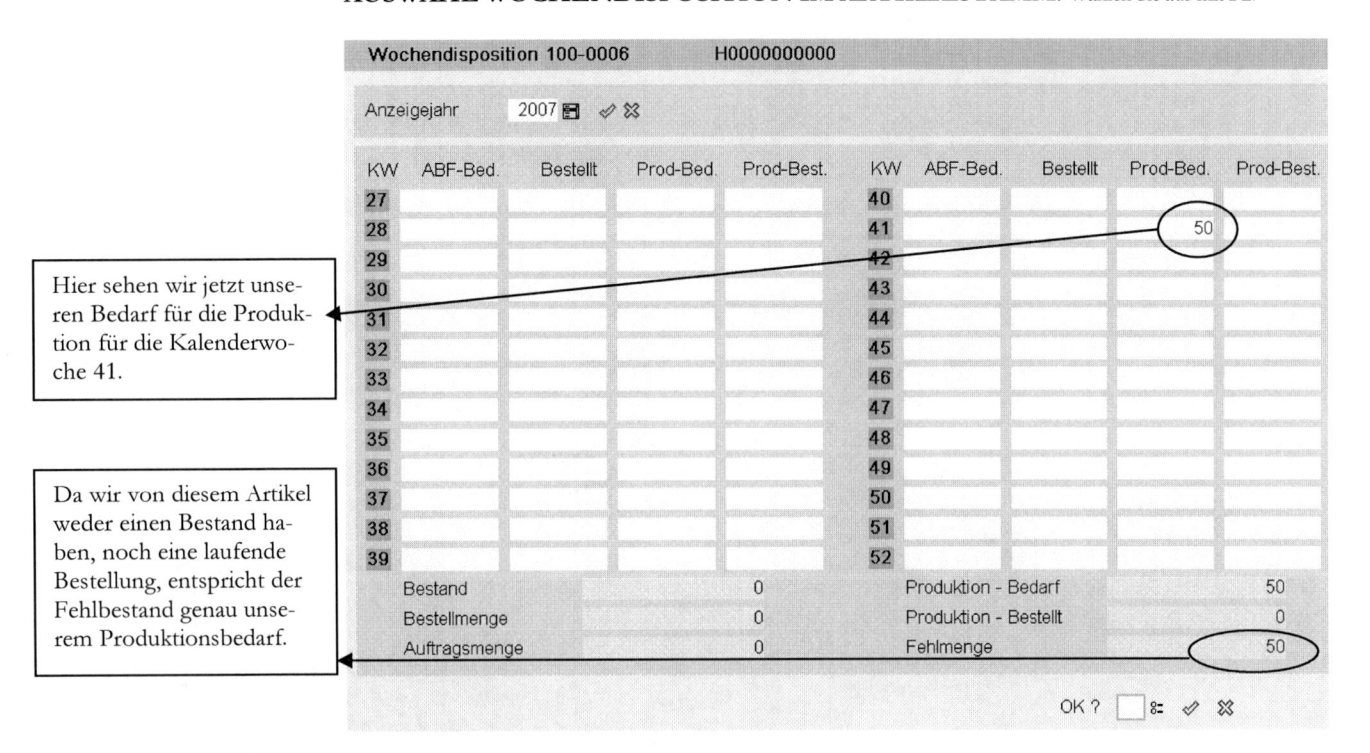

Hier sehen wir jetzt unseren Bedarf für die Produktion für die Kalenderwoche 41.

Da wir von diesem Artikel weder einen Bestand haben, noch eine laufende Bestellung, entspricht der Fehlbestand genau unserem Produktionsbedarf.

WOCHENDISPOSITION. Hier sehen Sie für die einzelnen Kalenderwochen den Bestand und den Bedarf des ausgewählten Artikels.

Der Bestand ist der tatsächlich auf Lager befindliche, körperlich vorhandene Bestand. Die Fehlmenge berechnet sich aus: **Bestand + Bestellmengen – Auftragsmenge – Produktionsbedarf + Produktion + Bestellt**.

In der Wochendisposition sehen Sie sehr schön, in welcher Woche Sie welchen Bedarf haben. Bei Engpässen in der Produktion können Sie jetzt prüfen, für welche Aufträge / Produktionsaufträge der Artikel reserviert ist und entscheiden, welcher Auftrag bevorzugt abgewickelt wird.

Was passiert bei der Fertigmeldung (Rückmeldung) eines Produktionsauftrages?

Die einzelnen Artikel, die in der Stückliste gebraucht werden, werden vom Lager abgebucht. Der fertige Artikel wird im Lager zugebucht.

PRODUKTIONSAUFTRAG RÜCKMELDEN

Für die Rückmeldung gibt es 2 verschiedene Möglichkeiten: Die einfachste ist es, den Auftrag komplett fertig zu melden. Alternativ dazu ist es auch möglich, jeden einzelnen Arbeitsschritt einzeln fertig zu melden.

Wir werden an dieser Stelle unseren Produktionsauftrag komplett fertig melden und dabei prüfen, welche Buchungen das Programm vornimmt. Später, wenn wir uns mit der mehrstufigen Stückliste beschäftigen, werden wir einmal die Einzelrückmeldung näher untersuchen.

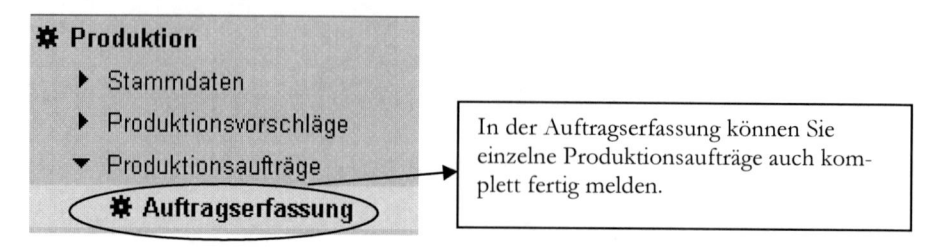

Produktion
- Stammdaten
- Produktionsvorschläge
- Produktionsaufträge
  - **Auftragserfassung**

> In der Auftragserfassung können Sie einzelne Produktionsaufträge auch komplett fertig melden.

AUFTRAGSERFASSUNG. In der Auftragserfassung haben Sie auch die Möglichkeit, Rückmeldungen zu erzeugen.

Wählen Sie den gewünschten Auftrag aus und geben Sie in der OK-Abfrage **F2** ein, um in die Übersicht / Auswahl zu gelangen.

> Auftrag fertig melden erzeugt eine Fertigmeldung. Dabei wird automatisch die im Auftrag erfasste Menge zurückgemeldet.

> Im Gegensatz zur Fertigmeldung haben Sie bei der Rückmeldung die Möglichkeit, eine Gutmenge zu erfassen, d.h. Sie können Ausschuss mit berücksichtigen.

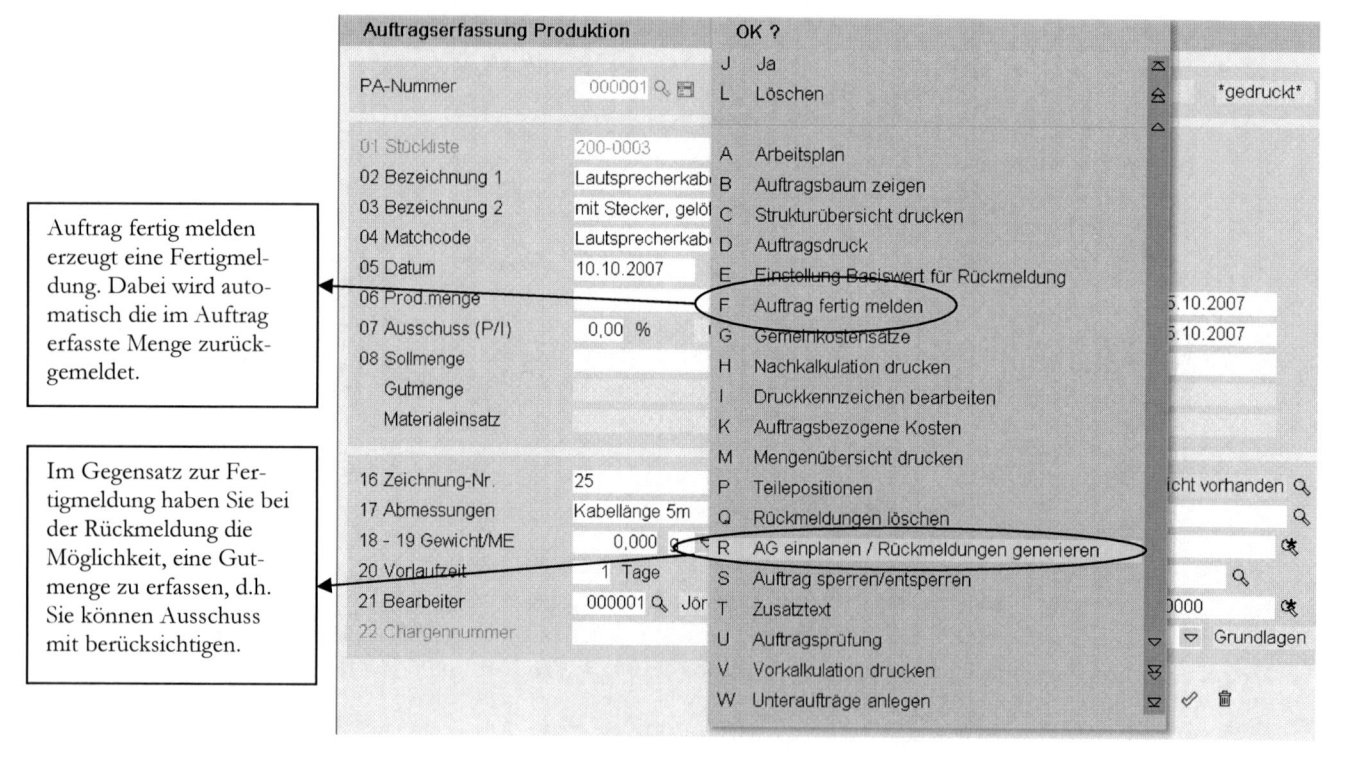

Auftragserfassung Produktion		OK ?	
		J	Ja
PA-Nummer	000001	L	Löschen
01 Stückliste	200-0003	A	Arbeitsplan
02 Bezeichnung 1	Lautsprecherkab	B	Auftragsbaum zeigen
03 Bezeichnung 2	mit Stecker, gelöt	C	Strukturübersicht drucken
04 Matchcode	Lautsprecherkab	D	Auftragsdruck
05 Datum	10.10.2007	E	Einstellung Basiswert für Rückmeldung
06 Prod.menge		F	Auftrag fertig melden
07 Ausschuss (P/I)	0,00 %	G	Gemeinkostensätze
08 Sollmenge		H	Nachkalkulation drucken
Gutmenge		I	Druckkennzeichen bearbeiten
Materialeinsatz		K	Auftragsbezogene Kosten
		M	Mengenübersicht drucken
16 Zeichnung-Nr.	25	P	Teilepositionen
17 Abmessungen	Kabellänge 5m	Q	Rückmeldungen löschen
18 - 19 Gewicht/ME	0,000	R	AG einplanen / Rückmeldungen generieren
20 Vorlaufzeit	1 Tage	S	Auftrag sperren/entsperren
21 Bearbeiter	000001 Jör	T	Zusatztext
22 Chargennummer		U	Auftragsprüfung
		V	Vorkalkulation drucken
		W	Unteraufträge anlegen

PRODUKTIONSAUFTRAG. In der Übersicht können Sie jetzt den Punkt "Rückmeldungen generieren" auswählen.

Sie können wahlweise für die Auswahl den entsprechenden Buchstaben eingeben oder mit den Pfeiltasten auswählen.

Im nächsten Schritt wählen Sie die Produktionsstufe und den Auftrag aus.

PRODUKTIONSAUFTRAG RÜCKMELDEN

Ansicht der Baumstruktur						
Stufe+Auftrag	Status	Stückliste	Prod.-Me.	Gut.-Me.	Start	Ende
000001	Teile gepl	200-0003	50	0	15.10.2007	

ANSICHT IN DER BAUMSTRUKTUR. In der Übersicht sehen sie die einzelnen Produktionsstufen des ausgewählten Auftrages. Hier sehen Sie, der Auftrag wurde am 15.10.2007 gestartet und wurde noch keine Gutmenge erfasst.

Mit **ENTER** kommen Sie in die nächste Maske.

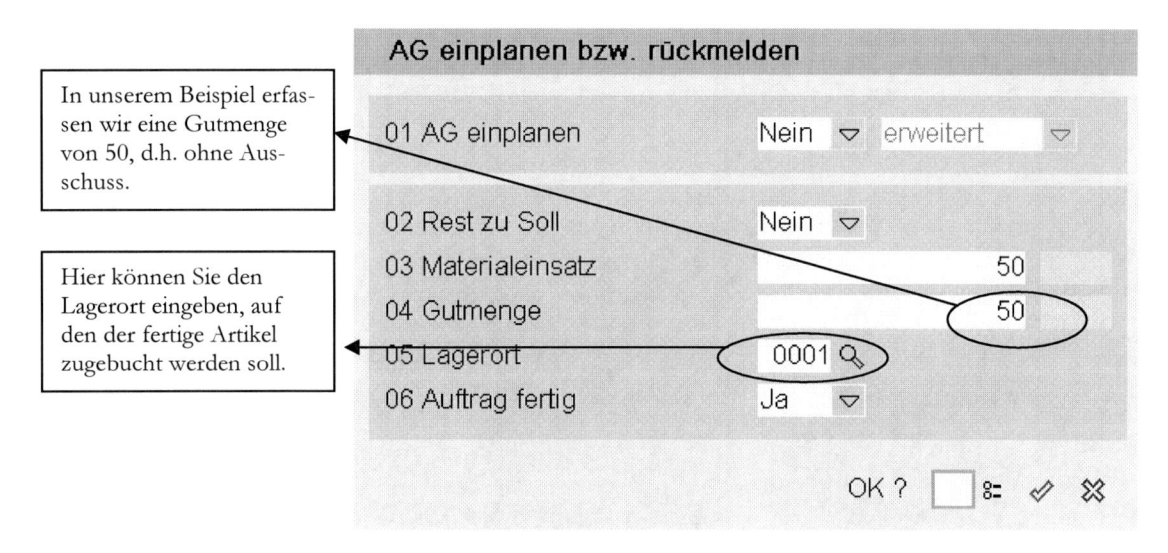

AG einplanen bzw. rückmelden		
01 AG einplanen	Nein	erweitert
02 Rest zu Soll	Nein	
03 Materialeinsatz		50
04 Gutmenge		50
05 Lagerort	0001	
06 Auftrag fertig	Ja	

In unserem Beispiel erfassen wir eine Gutmenge von 50, d.h. ohne Ausschuss.

Hier können Sie den Lagerort eingeben, auf den der fertige Artikel zugebucht werden soll.

ARBEITSGANG EINPLANEN / RÜCKMELDEN. Hier haben Sie die Möglichkeit, die einzelnen Arbeitsgänge mit der dazugehörigen Gutmenge zurückzumelden.

Neben der Erfassung der Gutmenge können Sie festlegen, auf welches Lager die Gutmenge gebucht werden soll und haben anschließend die Möglichkeit, den Auftrag fertig zu melden.

Wenn Sie den Auftrag jetzt in der Auftragserfassungsmaske anschauen, sehen Sie im Auftragskopf den aktuellen Status unseres Auftrages: er wurde gedruckt und fertig gemeldet, dafür gibt es jetzt oben rechts die entsprechenden Hinweise.

Dabei wird in der Version 2007 auch der Prozentsatz der Fertigstellung angezeigt, d.h. wenn Sie erst einen Teil zurückgemeldet haben, sehen Sie jederzeit den aktuellen Stand der Produktion.

PRODUKTIONSAUFTRAG RÜCKMELDEN

Der Vermerk "**gedruckt**" wurde bereits durch den Ausdruck des Auftrages erzeugt.

Hier sehen Sie, dass der Auftrag bereits fertig gemeldet wurde. Neu in der Classic Line 2007 ist die Anzeige des Prozentsatzes der Fertigstellung.

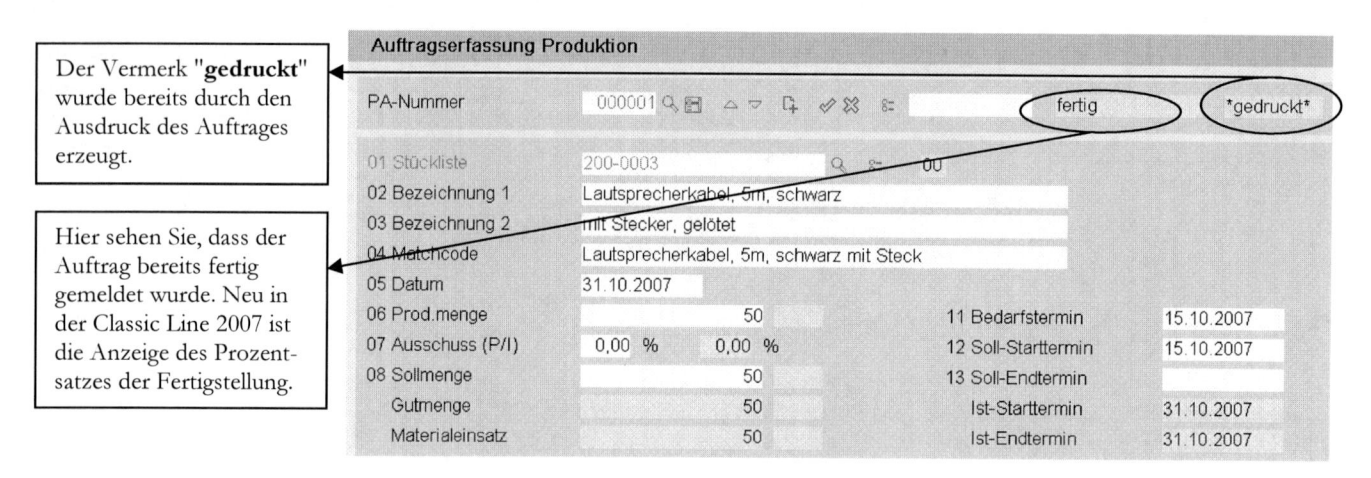

Auftragserfassung Produktion			
PA-Nummer	000001	fertig	*gedruckt*
01 Stückliste	200-0003		
02 Bezeichnung 1	Lautsprecherkabel, 5m, schwarz		
03 Bezeichnung 2	mit Stecker, gelötet		
04 Matchcode	Lautsprecherkabel, 5m, schwarz mit Steck		
05 Datum	31.10.2007		
06 Prod.menge	50	11 Bedarfstermin	15.10.2007
07 Ausschuss (P/I)	0,00 % 0,00 %	12 Soll-Starttermin	15.10.2007
08 Sollmenge	50	13 Soll-Endtermin	
Gutmenge	50	Ist-Starttermin	31.10.2007
Materialeinsatz	50	Ist-Endtermin	31.10.2007

AUFTRAGSERFASSUNG. Oben rechts sehen Sie jetzt den Auftragsstatus.

Jetzt können wir unsere Veränderungen im Artikelstamm untersuchen. Am einfachsten sehen wir in unserem Fall die Veränderungen in der Auswahl der Artikelliste. Unter **Produktion → Stammdaten → Artikel → Artikelliste** geben Sie im Feld Artikelnummer **F2** ein und bestätigen Sie. Es werden alle Artikel am Bildschirm angezeigt. Scrollen Sie jetzt in der Übersicht ganz nach rechts, bis Sie die Spalte Bestand sehen.

Die Einzelteile unserer Produktionsstückliste wurden vom Lager abgebucht.

Hier haben wir jetzt auf unserem Produktionsartikel unsere Gutmenge von 50 Stück.

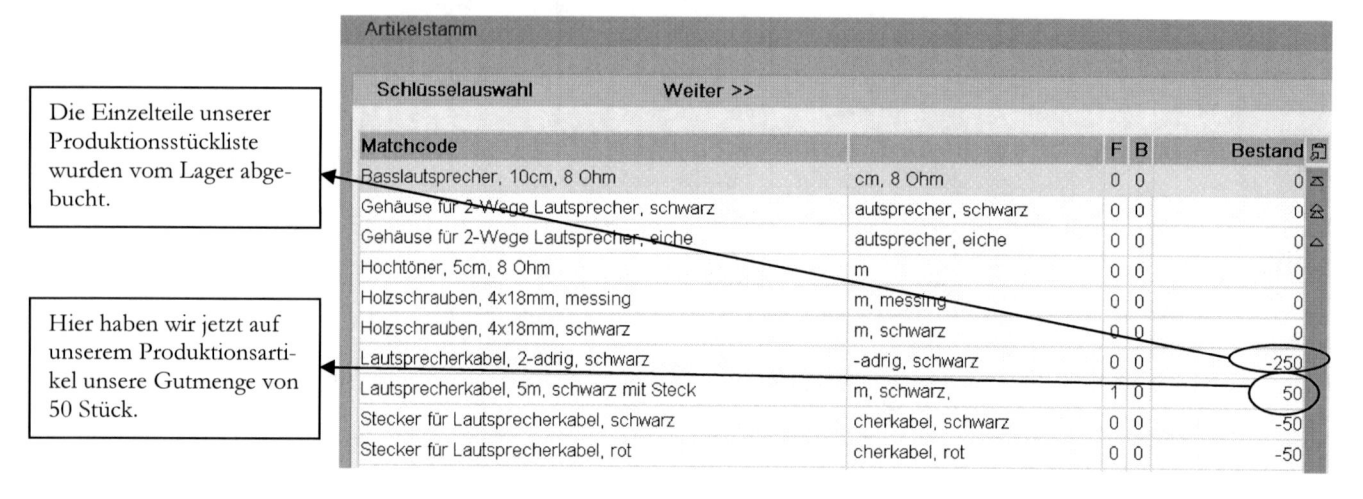

Artikelstamm				
Schlüsselauswahl	Weiter >>			
Matchcode		F	B	Bestand
Basslautsprecher, 10cm, 8 Ohm	cm, 8 Ohm	0	0	0
Gehäuse für 2-Wege Lautsprecher, schwarz	autsprecher, schwarz	0	0	0
Gehäuse für 2-Wege Lautsprecher, eiche	autsprecher, eiche	0	0	0
Hochtöner, 5cm, 8 Ohm	m	0	0	0
Holzschrauben, 4x18mm, messing	m, messing	0	0	0
Holzschrauben, 4x18mm, schwarz	m, schwarz	0	0	0
Lautsprecherkabel, 2-adrig, schwarz	-adrig, schwarz	0	0	-250
Lautsprecherkabel, 5m, schwarz mit Steck	m, schwarz,	1	0	50
Stecker für Lautsprecherkabel, schwarz	cherkabel, schwarz	0	0	-50
Stecker für Lautsprecherkabel, rot	cherkabel, rot	0	0	-50

ARTIKELLISTE. In der Übersicht sehen Sie ganz rechts den aktuellen Bestand.

Wie Sie sehen, wurden folgende Buchungen im Artikelstamm vorgenommen: Die einzelnen Artikel der Produktionsstückliste wurden vom Lager abgebucht, der fertige Artikel wurde zugebucht. Da wir am Anfang noch keine Lagerbestände hatten, wurden die verbrauchten Teile ins Minus gebucht. In der Praxis werden Sie die Teile vor Beginn der Produktion bestellen und auf das Lager zubuchen. In unserem Beispiel ist es mit Minusbeständen übersichtlicher, die Bestandsveränderungen zu verfolgen.

Allerdings werden wir auch vor unserem nächsten Beispiel mit einer mehrstufigen Stückliste unsere Lagerbestände entsprechend auffüllen.

Nach der Fertigmeldung können wir jetzt einen Statistiklauf machen.

Statistiklauf

Während die Lagerbestände bereits bei der Rückmeldung des Auftrages aktualisiert werden, wird die Statistik erst beim Statistiklauf aktualisiert. Sinnvoll ist es, mindestens 1x pro Woche einen Statistiklauf zu machen, um in den Auswertungen und den Karteikarten auch aktuelle Werte zu haben. Beim Statistiklauf wird jetzt im Artikelstamm der Mittlere Einkaufspreis gepflegt. Außerdem werden alle Karteikarteneinträge geschrieben. Erst nach dem Statistiklauf haben Sie im Artikelstamm folglich den aktuellen MEK und den Karteieintrag über den Lagerzugang oder Lagerabgang. Bitte verwechseln Sie hier jetzt nicht den Karteieintrag mit dem Bestand im Feld Bestand im Artikelstamm. Der Bestand wurde bereits mit der Rückmeldung des Produktionsauftrages aktualisiert. Hier geht es lediglich um den Karteieintrag. Und die Kartei finden Sie im Artikelstamm, wenn Sie in der OK-Abfrage ein **K** für Artikelhistorie (früher Artikel**k**artei) eingeben. Diese Einträge werden erst beim Statistiklauf erzeugt.

▱ **Wichtig**

Bevor Sie den Statistiklauf machen, ist es erforderlich, für die zurückgemeldeten Aufträge eine **Fertigmeldung zu drucken**. Ähnlich, wie beim Rechnungsausgangsbuch in der Auftragsbearbeitung, werden in der Statistik nur die Aufträge verarbeitet, für die eine Fertigmeldung gedruckt wurde. Sollten Sie zu Übungszwecken keinen Drucker zur Verfügung haben, können Sie auch ersatzweise in eine Datei drucken. Dabei wird ebenfalls ein Druckkennzeichen gesetzt. Danach ist eine Änderung der Aufträge nicht mehr möglich.

Dazu wählen Sie: **Produktion** → **Produktionsaufträge** → **Fertigmeldungen**. Im Anschluss an die Fertigmeldung wird dann automatisch der Statistiklauf gestartet.

Was für die Auftragsbearbeitung das Rechnungsausgangsbuch, sind für die Produktion die Fertigmeldungen. Nach dem Druck wird automatisch der Statistiklauf gestartet.

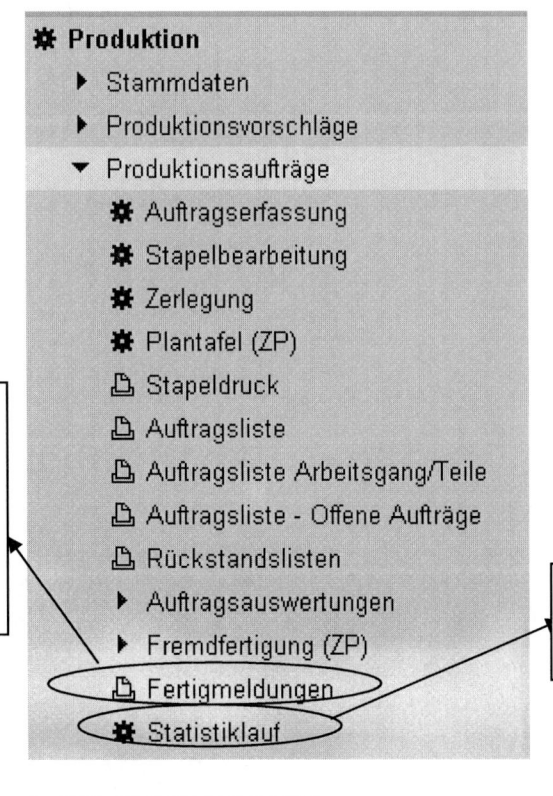

Der Statistiklauf wird im Anschluss an die Fertigmeldungen automatisch gestartet.

FERTIGMELDUNGEN. Programmaufruf.

STATISTIKLAUF

Beim Druck der Fertigmeldungen können Sie jetzt selbst bestimmen, welche Details der Auswertung mit gedruckt werden sollen. Dabei wird im Standard vom Programm vorgeschlagen, alle Auswertungen zu drucken. Setzen Sie deshalb in den **Feldern 13 – 18** alle Auswertungen, die Sie nicht benötigen, auf nein. Gerade bei größeren Produktionsaufträgen werden die Auswertungen sonst sehr umfangreich.

Wählen Sie aus, welche Informationen in den Fertigmeldungen mit gedruckt werden sollen. Im ersten Schritt ist es am sinnvollsten, einmal die vollständige Auswahl zu drucken und dann an Hand der Liste zu entscheiden, was zukünftig alles benötigt wird.

Beim Wertansatz können Sie wählen zwischen MEK und kalkulatorischen EK. Sinnvoll ist der MEK, der auch die Herstellkosten der Lagerbestände mit einbezieht.

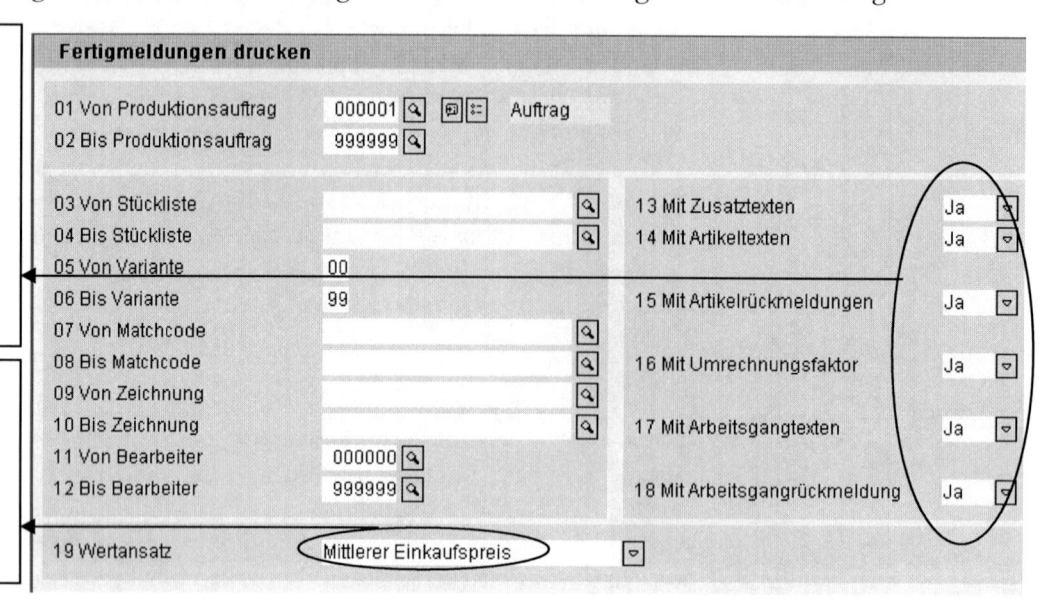

FERTIGMELDUNGEN. In dieser Maske wählen Sie aus, welche Informationen gedruckt werden sollen.

Im Folgenden finden Sie einen Ausschnitt aus der Fertigmeldung, die bei der Wahl aller Optionen mindestens 2 Seiten je Produktionsauftrag umfasst.

FERTIGMELDUNG. In der Fertigmeldung finden Sie alle wichtigen Daten des Produktionsauftrages im Überblick.

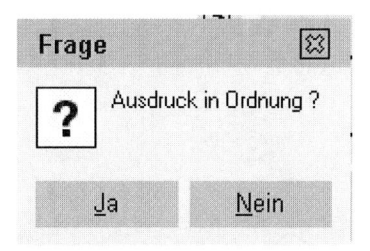

STATISTIKLAUF

FRAGE: AUSDRUCK IN ORDNUNG?. Bitte diese Frage erst mit ja beantworten, wenn der Druck fertig ist.

Wenn Sie diese Frage mit Ja beantworten, werden in den Aufträgen die entsprechenden Druckkennzeichen gesetzt. Eine Druckwiederholung ist dann nicht mehr möglich. Deshalb diese Meldung bitte immer erst bestätigen, wenn der Ausdruck vollständig ist.

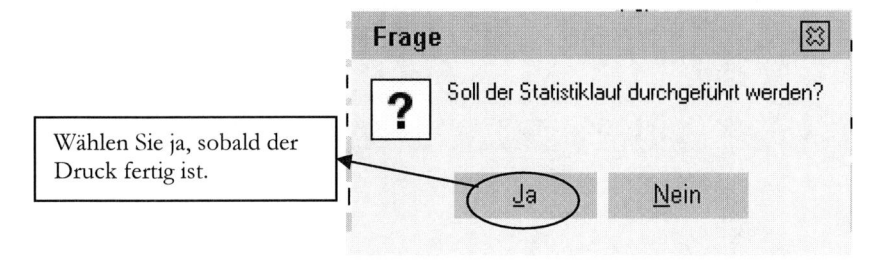

> Wählen Sie ja, sobald der Druck fertig ist.

STATISTIKLAUF. Nach dem Druck der Fertigmeldung startet automatisch der Statistiklauf.

Wir bestätigen den Statistiklauf mit Ja. Jetzt werden vom Programm folgende Aktualisierungen vorgenommen:

- Die Einkaufspreise der produzierten Artikel werden im Artikelstamm aktualisiert.

- Die Karteikarteneinträge werden geschrieben.

- Die Statistiken werden aktualisiert.

Mandant	400	Musikladen GmbH - Produktion					Druck	23.02.2008 / 19:35 / @CL
Lagerbewegungsprotokoll							Datum 31.10.2007	Seite 2
Lieferant	Datum	LS-Nr.	Artikelnummer	Hersteller/Bezeichnung	LO	Menge PE	G-Preis	WKZ
70001	31.10.07	0000-0000001	100-0005	00000 Lautsprecherkabel, 2-adrig, schwarz	0001	-250	-200,00 Eur	
			100-0006	00000 Stecker für Lautsprecherkabel, schwarz	0001	-50	-5,00 Eur	
			100-0007	00000 Stecker für Lautsprecherkabel, rot	0001	-50	-5,00 Eur	
			200-0003	70001 Lautsprecherkabel, 5m, schwarz, mit Stecker, gelötet	0001	50	326,73 Eur	

> Der Preis bezieht sich immer auf die produzierte Menge, in unserem Fall also auf 50 Stück.

LAGERBEWEGUNGSPROTOKOLL. Nach dem Statistiklauf wird automatisch ein Lagerbewegungsprotokoll gedruckt, mit Artikel, Lagerort, Menge und Preis.

STATISTIKLAUF

Nach dem Statistiklauf wird automatisch ein Lagerbewegungsprotokoll[43] gedruckt.. Hier sehen Sie dann alle durch die Produktion ausgelösten Lagerbewegungen, sowohl von den Einzelteilen aus der Produktionsstückliste, als auch von den produzierten Produkten. Sie finden in der Liste also alle Lager Zu- und Abgänge aus den abgeschlossenen Produktionsaufträgen.

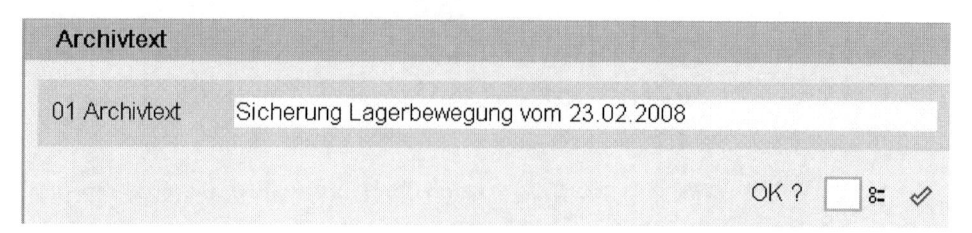

Archivtext	
01 Archivtext	Sicherung Lagerbewegung vom 23.02.2008
	OK ?

ARCHIVIERUNG. Nach dem Druck haben Sie die Möglichkeit, das Protokoll als Datei zu sichern.

Zur Kontrolle öffnen wir unseren produzierten Artikel im Artikelstamm und prüfen die Aktualisierungen. Nach dem Statistiklauf sind jetzt der kalkulatorische und der mittlere EK neu berechnet.

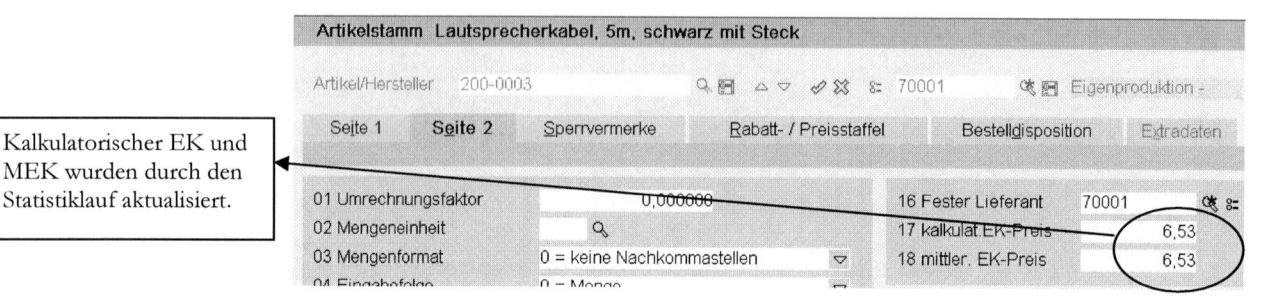

Kalkulatorischer EK und MEK wurden durch den Statistiklauf aktualisiert.

Artikelstamm Lautsprecherkabel, 5m, schwarz mit Steck				
Artikel/Hersteller 200-0003			70001	Eigenproduktion -
Seite 1 Seite 2 Sperrvermerke Rabatt-/Preisstaffel Bestelldisposition Extradaten				
01 Umrechnungsfaktor	0,000000		16 Fester Lieferant	70001
02 Mengeneinheit			17 kalkulat.EK-Preis	6,53
03 Mengenformat	0 = keine Nachkommastellen		18 mittler. EK-Preis	6,53

ARTIKELSTAMM. MEK nach Statistiklauf.

Während beim MEK der gleitende Durchschnitt der Einkaufspreise ermittelt wird (Lagerbestand x EK plus Neuzugang x EK geteilt durch die Gesamtmenge), wird im kalkulatorischen EK der zuletzt erzielte Einkaufspreis eingetragen.

Wenn Sie dann in der OK-Abfrage ein K für Artikelhistorie eingeben, sehen Sie, dass auch der Karteieintrag geschrieben wurde.

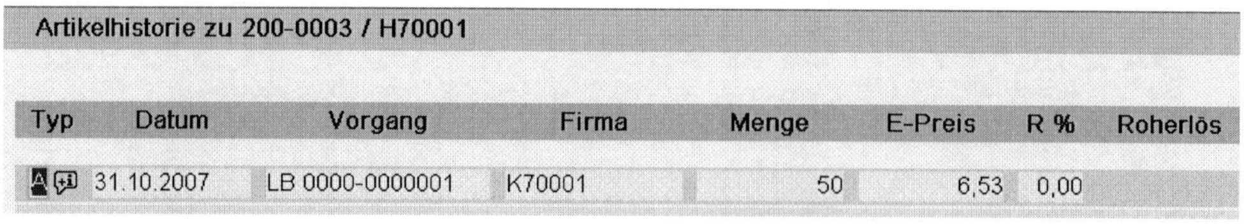

Artikelhistorie zu 200-0003 / H70001							
Typ	Datum	Vorgang	Firma	Menge	E-Preis	R %	Roherlös
A	31.10.2007	LB 0000-0000001	K70001	50	6,53	0,00	

ARTIKELKARTEI. In der Buchungszeile sehen Sie jetzt, welche Menge zu welchem Einkaufspreis an welchem Tag auf unser Lager zugebucht wurde.

In der Artikelhistorie finden Sie jetzt den Eintrag der Lagerbewegung mit dem Datum der Produktion. Es wäre ja auch nicht sinnvoll, das Datum des Statistiklaufes zu verwenden. Da die Einträge in der Kartei chronologisch vorgenommen werden, ist es sinnvoll, die Fertigmeldungen regelmäßig, mindestens 1x pro Woche durchzuführen.

---

[43] Erst beim Druck des Lagerbewegungsprotokolls werden im Artikelstamm die Einkaufspreise aktualisiert. Aus diesem Grund ist es wichtig, den Druck auch auszuführen.

STATISTIKLAUF

Praxistipp

Wenn Sie Ihren Produktionsauftrag bereits in der Auftragserfassung fertig gemeldet haben, kommt bei der Fertigmeldung der Hinweis: Es konnte kein Auftrag selektiert werden. In diesem Fall starten Sie bitte den Statistiklauf manuell aus dem Menü.

Testen Sie Ihr Wissen

Fragen zur Lernzielkontrolle

1) Was ist zu beachten, wenn Sie beim Aufruf einer Liste mehrere Selektionsmerkmale gleichzeitig auswählen?

2) Was ist der Unterschied zwischen Auftragsliste, offene Aufträge und Rückstandsliste?

3) Wie können Sie einen Auftrag rückmelden?

4) Was versteht man unter Gutmenge?

5) Wann werden im Artikelstamm die Bestände aktualisiert?

6) Wofür dient der Statistiklauf?

7) Wann genau werden im Artikelstamm die Preise (MEK, kalkulatorischer EK) aktualisiert?

Tastaturübungen

Praktische Übungen

1) Drucken Sie eine Produktionsauftragsliste.

2) Melden Sie den erfassten Produktionsauftrag zurück mit einer Gutmenge von 50 Stück und setzen Sie den Auftrag fertig.

3) Kontrollieren Sie im Artikelstamm unseres Produktionsartikels Bestand, MEK und Artikelkartei.

4) Drucken Sie die Fertigmeldungen und führen Sie den Statistiklauf durch, inkl. Druck der Lagerbewegungen.

5) Kontrollieren Sie im Artikelstamm noch einmal für den produzierten Artikel Bestand, MEK und die Artikelkartei.

© Jörg Merk – Neue Welt Verlag GmbH

Kapitel 8

Kapazitätsplanung und mehrstufige Produktionsstücklisten

Jetzt wollen wir unsere Kapazität mit einer mehrstufigen Stückliste planen.

Dazu ist es im ersten Schritt erforderlich, unsere Standardarbeitszeiten zu erfassen. Im nächsten Schritt können wir dann eine mehrstufige Stückliste erstellen und einen neuen Produktionsauftrag anlegen, den wir dann unter Berücksichtigung der verfügbaren Kapazitäten einlasten und anschließend unsere Produktionsauslastung prüfen.

Die Kapazitätsplanung

Für die Kapazitätsplanung müssen wir festlegen, ob wir in einer oder in mehreren Schichten arbeiten wollen. Bei Schichtbetrieb sind für die einzelnen Tage die Stunden der einzelnen Schichten zu addieren. Als Nächstes ist zu klären, an wie vielen Tagen die Woche gearbeitet wird. Der Einfachheit halber wählen wir in unserem Beispiel eine 5 Tage Woche ohne Schichtbetrieb. Dann bleibt noch die Frage, ob an allen Tagen gleich lang gearbeitet wird. Hier ist es in vielen Betrieben so, dass am Freitag kürzere Arbeitszeiten gelten. So haben wir uns auch in unserem Beispiel dafür entschieden, von Montag bis Donnerstag jeweils 8 Stunden pro Tag zu arbeiten und am Freitag nur 6 Stunden.

Wichtig

Neben den Standardarbeitszeiten sind bei der Standardarbeitszeit auch noch die gesetzlichen Feiertage[44] und eventuelle Betriebsfeiertage und Betriebesferien zu berücksichtigen.

Unter **Grundlagen → Grundlagen Produktion → Standardarbeitszeit → Standardarbeitszeit bearbeiten** erfassen wir unsere Arbeitszeiten.

Seit der Classic Line Version 3.3 sind die Grundlagen in einem eigenen Menüpunkt zusammengefasst. Auf diese Weise konnten doppelte Menüeinträge entfernt werden und die Struktur ist übersichtlicher geworden.

---

[44] Nachdem in Deutschland jedes Bundesland andere Feiertage hat und dazu auch noch der ein oder andere regionale Feiertag kommt, werden die Feiertage vom Programm her nicht automatisch eingepflegt.

DIE KAPAZITÄTSPLANUNG

Hier erfassen Sie Ihre Arbeitszeiten, Feiertage und Betriebsferien für die Kapazitätsplanung.

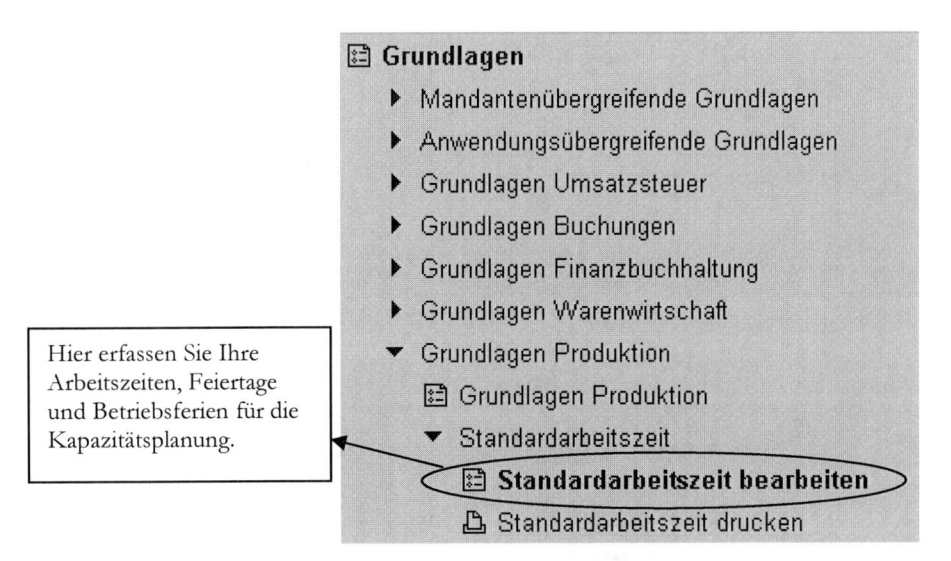

- **Grundlagen**
  - ▶ Mandantenübergreifende Grundlagen
  - ▶ Anwendungsübergreifende Grundlagen
  - ▶ Grundlagen Umsatzsteuer
  - ▶ Grundlagen Buchungen
  - ▶ Grundlagen Finanzbuchhaltung
  - ▶ Grundlagen Warenwirtschaft
  - ▼ Grundlagen Produktion
    - Grundlagen Produktion
    - ▼ Standardarbeitszeit
      - **Standardarbeitszeit bearbeiten**
      - Standardarbeitszeit drucken

STANDARDARBEITSZEIT. Programmaufruf.

In der Erfassungsmaske können Sie jetzt manuell die Arbeitszeit für jeden einzelnen Tag eingeben, oder über **F2** in der OK-Abfrage **S** für Standardarbeitszeit pro Tag auswählen. Dann können Sie den Kalender automatisch pflegen und müssen nur noch Abweichungen (z.B. Feiertage) manuell berücksichtigen.

Mit Standardarbeitszeit pro Tag können Sie automatisch die Arbeitszeiten für das ganze Jahr vorbelegen. Danach müssen nur noch individuelle Anpassungen vorgenommen werden.

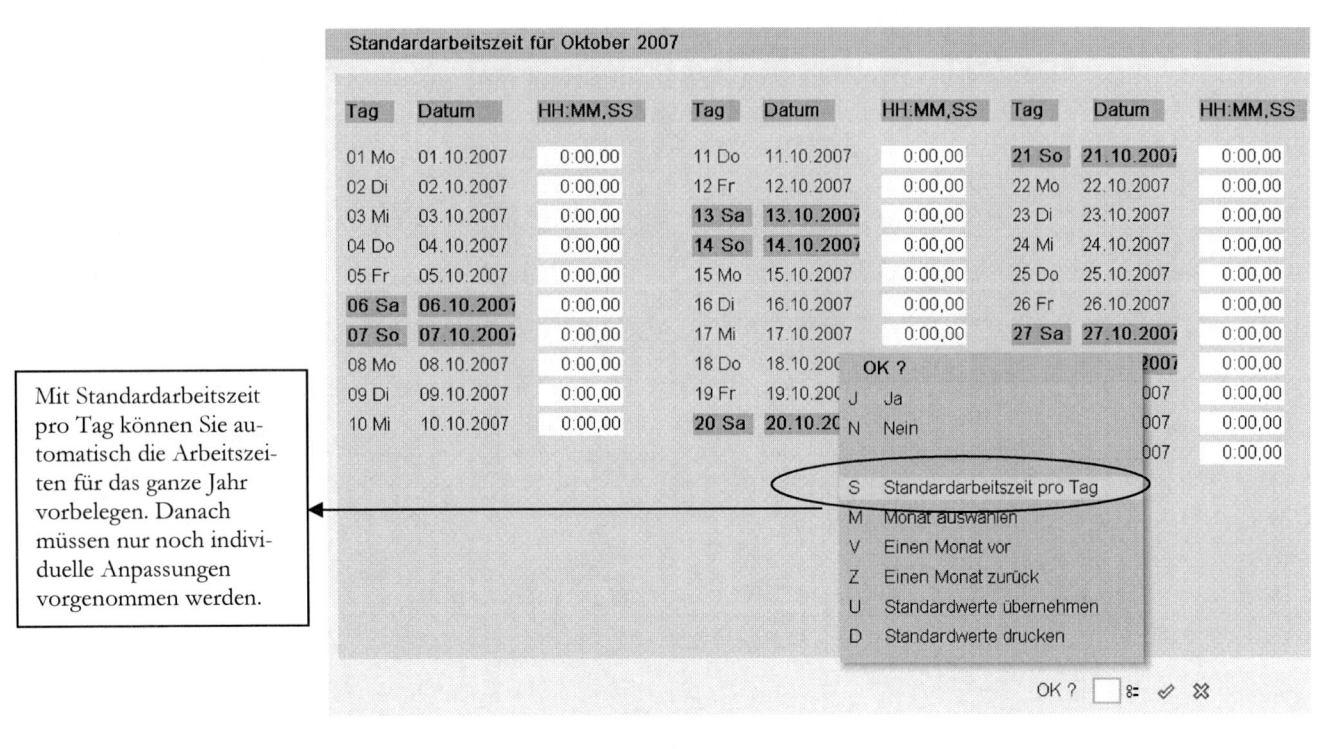

Standardarbeitszeit für Oktober 2007

Tag	Datum	HH:MM,SS	Tag	Datum	HH:MM,SS	Tag	Datum	HH:MM,SS
01 Mo	01.10.2007	0:00,00	11 Do	11.10.2007	0:00,00	21 So	21.10.2007	0:00,00
02 Di	02.10.2007	0:00,00	12 Fr	12.10.2007	0:00,00	22 Mo	22.10.2007	0:00,00
03 Mi	03.10.2007	0:00,00	13 Sa	13.10.2007	0:00,00	23 Di	23.10.2007	0:00,00
04 Do	04.10.2007	0:00,00	14 So	14.10.2007	0:00,00	24 Mi	24.10.2007	0:00,00
05 Fr	05.10.2007	0:00,00	15 Mo	15.10.2007	0:00,00	25 Do	25.10.2007	0:00,00
06 Sa	06.10.2007	0:00,00	16 Di	16.10.2007	0:00,00	26 Fr	26.10.2007	0:00,00
07 So	07.10.2007	0:00,00	17 Mi	17.10.2007	0:00,00	27 Sa	27.10.2007	0:00,00
08 Mo	08.10.2007	0:00,00	18 Do	18.10.200			2007	0:00,00
09 Di	09.10.2007	0:00,00	19 Fr	19.10.200			007	0:00,00
10 Mi	10.10.2007	0:00,00	20 Sa	20.10.20			007	0:00,00
							007	0:00,00

OK ?
J Ja
N Nein

S Standardarbeitszeit pro Tag
M Monat auswählen
V Einen Monat vor
Z Einen Monat zurück
U Standardwerte übernehmen
D Standardwerte drucken

OK ?

STANDARDARBEITSZEIT ERFASSEN. Neben der manuellen Eingabe können Sie die Arbeitszeiten auch automatisch vorbelegen.

Hier können Sie jetzt die tägliche Arbeitszeit für jeden einzelnen Wochentag erfassen. Diese sogenannten Standardarbeitszeiten können dann für einen beliebigen Zeitraum übernommen werden.

DIE KAPAZITÄTSPLANUNG

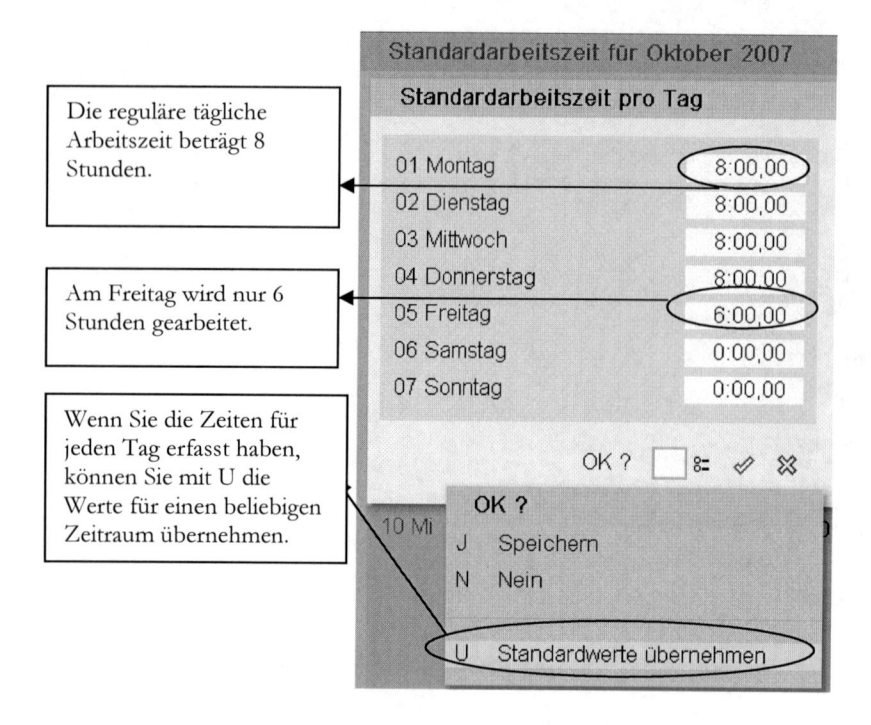

Standardarbeitszeit für Oktober 2007

Standardarbeitszeit pro Tag

01 Montag	8:00,00
02 Dienstag	8:00,00
03 Mittwoch	8:00,00
04 Donnerstag	8:00,00
05 Freitag	6:00,00
06 Samstag	0:00,00
07 Sonntag	0:00,00

OK ?
- J Speichern
- N Nein
- U Standardwerte übernehmen

Die reguläre tägliche Arbeitszeit beträgt 8 Stunden. (→ 01 Montag 8:00,00)

Am Freitag wird nur 6 Stunden gearbeitet. (→ 05 Freitag 6:00,00)

Wenn Sie die Zeiten für jeden Tag erfasst haben, können Sie mit U die Werte für einen beliebigen Zeitraum übernehmen. (→ U Standardwerte übernehmen)

STANDARDARBEITSZEIT PRO TAG. Geben Sie hier für jeden Wochentag die tägliche Arbeitszeit ein.

Das Format ist HMMSS: Stunden, Minuten und Sekunden. Achten Sie bei der Eingabe von Minuten bitte darauf, ob Sie mit Industrieminuten oder mit Echtminuten arbeiten und rechnen Sie, falls erforderlich die Zahlen entsprechend um. So entspricht eine Eingabe von 8:30:00 in Echtminuten einer Eingabe von 8:50:00 in Industrieminuten. Zur Erinnerung: die Einstellung zur Wahl der Minuten finden Sie unter: **Grundlagen → Grundlagen Produktion → Grundlagen Produktion**.

Die Eingabe mit ja bestätigen oder diese Zeiten als Standardwerte mit **U für Standardwerte übernehmen** auf einen beliebigen Zeitraum übernehmen.

Dabei ist es möglich, die Arbeitszeiten für alle Tage zu übernehmen (das ist vor allem bei der ersten Erfassung sinnvoll) oder auch eine Übernahme nur für einzelne Tage. Die zweite Möglichkeit ist vor allem hilfreich, wenn Sie nur für einzelne Tage Korrekturen vornehmen möchten. Z.B. weil Sie am Freitag jetzt doch auch 8 Stunden arbeiten möchten.

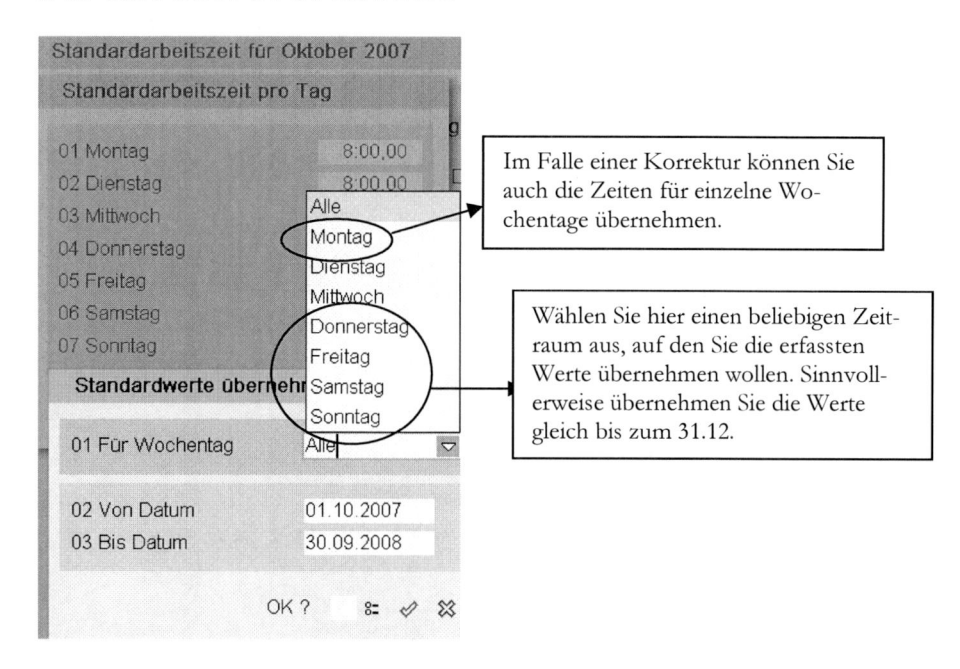

DIE KAPAZITÄTSPLANUNG

Im Falle einer Korrektur können Sie auch die Zeiten für einzelne Wochentage übernehmen.

Wählen Sie hier einen beliebigen Zeitraum aus, auf den Sie die erfassten Werte übernehmen wollen. Sinnvollerweise übernehmen Sie die Werte gleich bis zum 31.12.

STANDARDWERTE ÜBERNEHMEN. Wir übernehmen in unserem Beispiel die Standardwerte für alle Tage.

Das System schlägt automatisch vor, die erfassten Zeiten für ein Jahr zu übernehmen. Natürlich können Sie diesen Vorschlag individuell ändern.

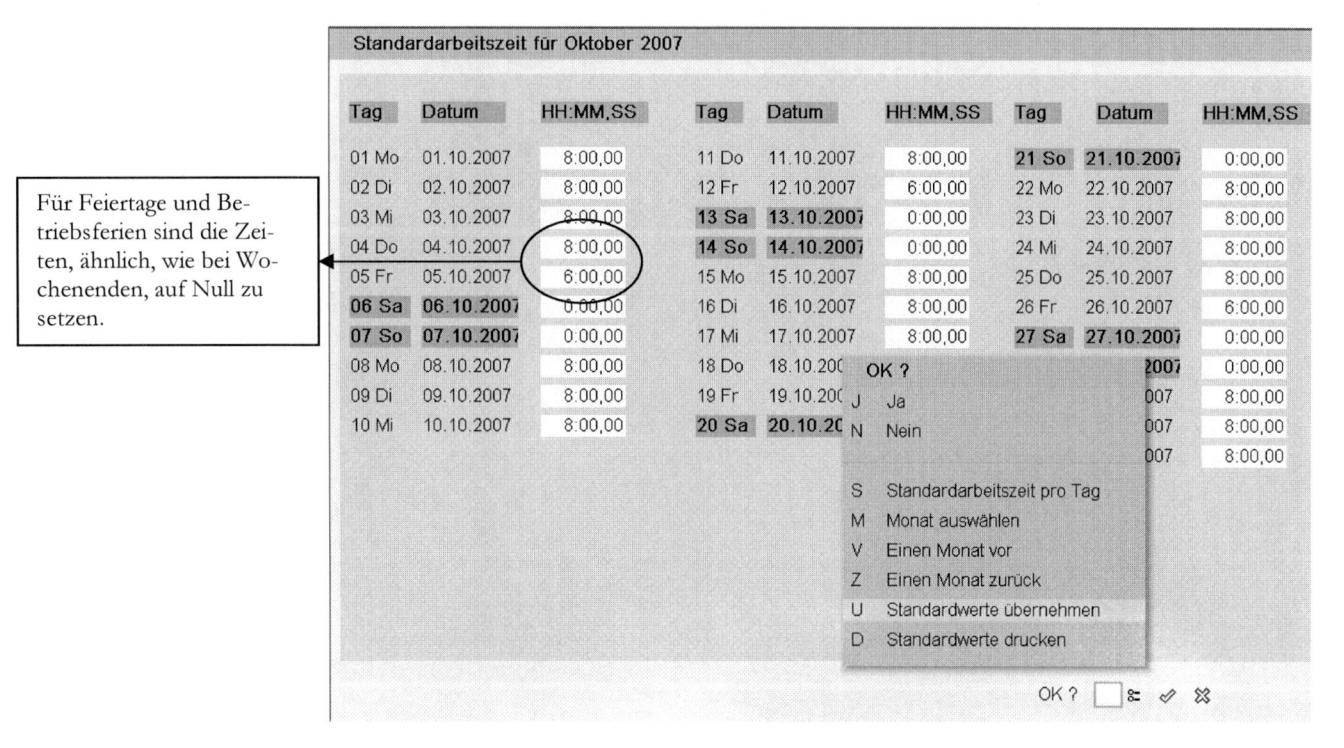

Für Feiertage und Betriebsferien sind die Zeiten, ähnlich, wie bei Wochenenden, auf Null zu setzen.

STANDARDARBEITSZEIT IM ÜBERBLICK. Jetzt können Sie noch Ihre Feiertage nachpflegen.

In unserem Beispiel hat die Firma Ihren Sitz in Bayern, d.h. der 25./26.12. und der 01. Januar sind Feiertage. Deshalb wechseln wir mit **M** für **M**onat in den Dezember und in den Januar und löschen für diese Tage unsere Arbeitszeit und bestätigen unsere Eingabe. Sollten Sie Betriebsferien haben in der Zeit vom 22.12. – 06.01.,

DIE KAPAZITÄTSPLANUNG

dann müssen Sie entsprechend für alle Tage die Arbeitszeiten löschen. Wenn Sie alle Änderungen eingetragen haben, speichern Sie die Daten.

Die mehrstufige Produktionsstückliste

Sie können in der Produktionsstückliste auch mit Zwischenprodukten arbeiten und in eine Stückliste eine weitere Stückliste integrieren. Auf diese Weise können Sie in bis zu 50 Stufen verschachteln. Damit ist es möglich, in der Produktion auch komplexe Teile, wie z.B. einen Motor abzubilden, der aus unterschiedlichen Baugruppen gefertigt wird, die aber wiederum selbst auch wieder kleinere Baugruppen enthalten, usw. Wichtig dabei ist, sich nicht im Kreis zu bewegen und eine Stückliste in sich selbst zu verschachteln.

📁 Wichtig

Wenn Sie also bei einer Stückliste in die Tiefe gehen möchten, ist es unverzichtbar, sich erst einmal ein klares Bild von der gewünschten Stücklistenstruktur zu machen.

Wir werden in unserem Beispiel nur in eine 2. Stufe verzweigen, damit für Sie leichter nachvollziehbar ist, was im Hintergrund passiert. Zu diesem Zweck werden wir eine neue Produktionsstückliste anlegen. Dafür wählen wir einen fertigen Lautsprecher, der aus einzelnen Bauteilen gefertigt wird. Dabei ist eines der Bestandteile unser gerade produziertes Lautsprecherkabel. Alle anderen Teile werden zugekauft. D.h. unsere Stückliste besteht dann aus einer Stückliste und einigen Zukaufteilen. Die Erfassung der Stückliste ist identisch zur Erfassung unserer 1. Stückliste, deshalb werden wir jetzt nur noch die Schritte einzeln aufführen, die Sie benötigen, um den roten Faden zu behalten.

Bevor wir unsere neuen Artikel mit mehrstufiger Produktionsstückliste anlegen, benötigen wir noch 2 weitere Arbeitsgänge, die wir unter **Produktion → Stammdaten → Arbeitsgänge → Arbeitsgangstamm** anlegen:

- die Lautsprechermontage

- den Lautsprechertest.

DIE MEHRSTUFIGE PRODUKTIONSSTÜCKLISTE

Arbeitsgangstamm

Arbeitsgangnummer: 00002

01 Bezeichnung 1	Lautsprechermontage 2-Wege System
02 Bezeichnung 2	
03 Rüstzeit (tr)	0:01,00
04 Stückzeit (te)	0:05,00 / 05 Einheit 1
06 Arbeitsplatz	1001 Endmontage
07 Quelle Lohnsatz	Manuelle Zuordnung
08 Betrag	0,00
09 Kostenstelle	00000 **nicht angelegt**
10 Übergabe an LA-Nr.	000
11 Teil Lohnart-Nr. 1	000 12 v.H. 0,00
13 Teil Lohnart-Nr. 2	000 14 v.H. 0,00
15 Teil Lohnart-Nr. 3	000 16 v.H. 0,00
17 Teil Lohnart-Nr. 4	000 18 v.H. 0,00
19 Teil Lohnart-Nr. 5	000 20 v.H. 0,00
	Gesamt % 0,00

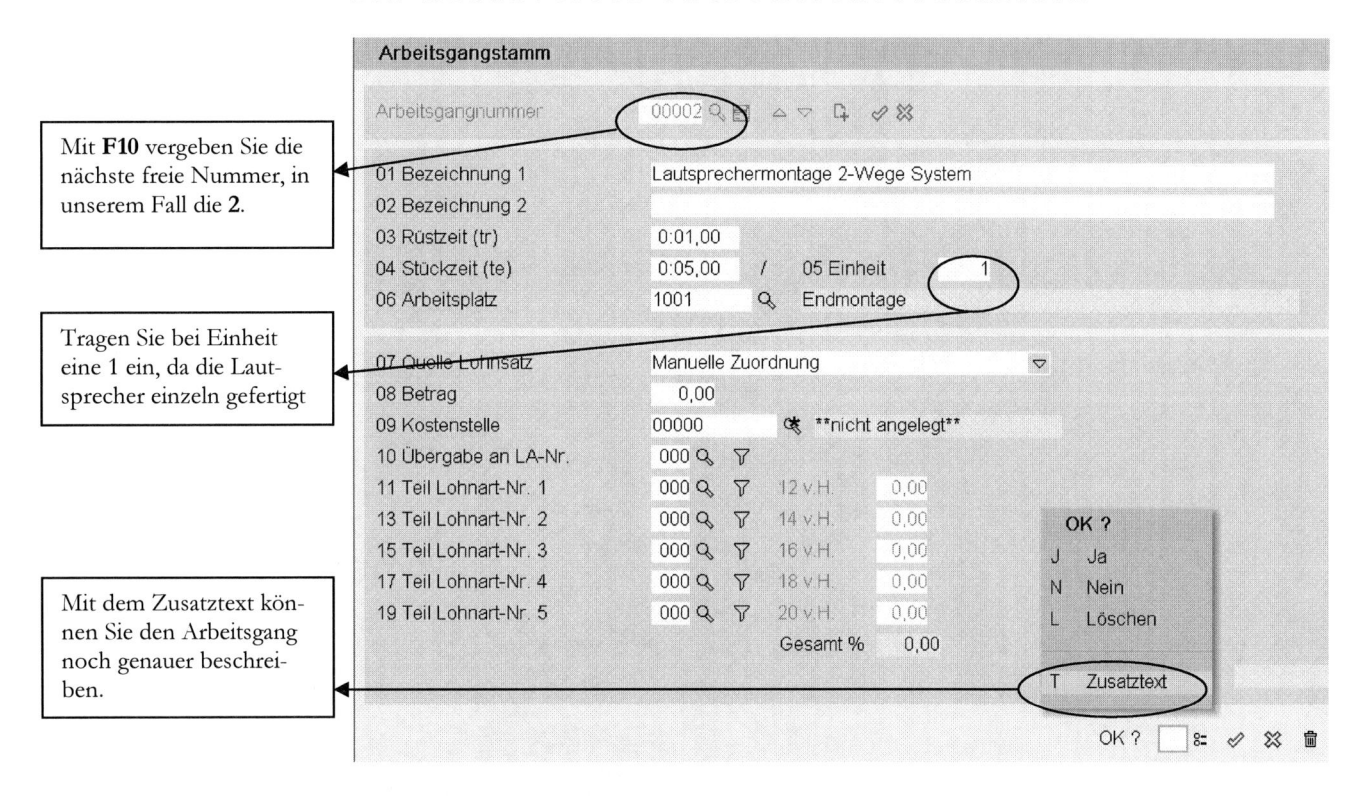

OK ?
J Ja
N Nein
L Löschen
T Zusatztext

- Mit **F10** vergeben Sie die nächste freie Nummer, in unserem Fall die **2**.
- Tragen Sie bei Einheit eine 1 ein, da die Lautsprecher einzeln gefertigt
- Mit dem Zusatztext können Sie den Arbeitsgang noch genauer beschreiben.

ARBEITSGANGSTAMM. Mit **T** für **T**ext können Sie einen Zusatztext hinterlegen mit einer genauen Beschreibung der auszuführenden Arbeiten.

Geben Sie anschließend in der OK-Abfrage ein **T** für Zusa**t**ztext ein und hinterlegen Sie eine genaue Beschreibung der auszuführenden Tätigkeit. Das hat den Vorteil, dass bei der Erfassung des Arbeitsplanes dann automatisch dieser Text gezogen wird und Sie nicht jedes Mal manuell die Tätigkeit neu beschreiben müssen.

Memo

Öffnen Sie das Gehäuse. Setzen Sie einen Hochtöner und einen Basslautsprecher ein und befestigen diese mit je 4 Schrauben. Löten Sie alle Anschlüsse und das Lautsprecherkabel an und schrauben Sie das Gehäuse wieder zu.

MEMO. Im Memo geben Sie die Beschreibung des Arbeitsganges ein.

Mit **ESC** können Sie das Memo wieder verlassen und haben dabei folgende Auswahl:

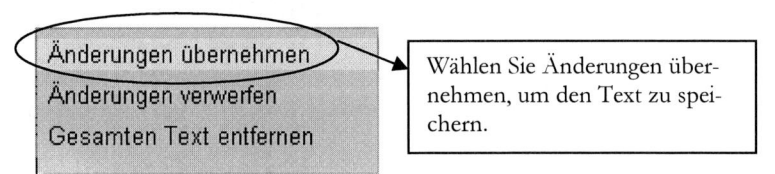

Änderungen übernehmen
Änderungen verwerfen
Gesamten Text entfernen

Wählen Sie Änderungen übernehmen, um den Text zu speichern.

ÄNDERUNGEN SPEICHERN. Mit **ENTER** bestätigen.

Jetzt benötigen wir noch einen Arbeitsgang für den Lautsprechertest.

DIE MEHRSTUFIGE PRODUKTIONSSTÜCKLISTE

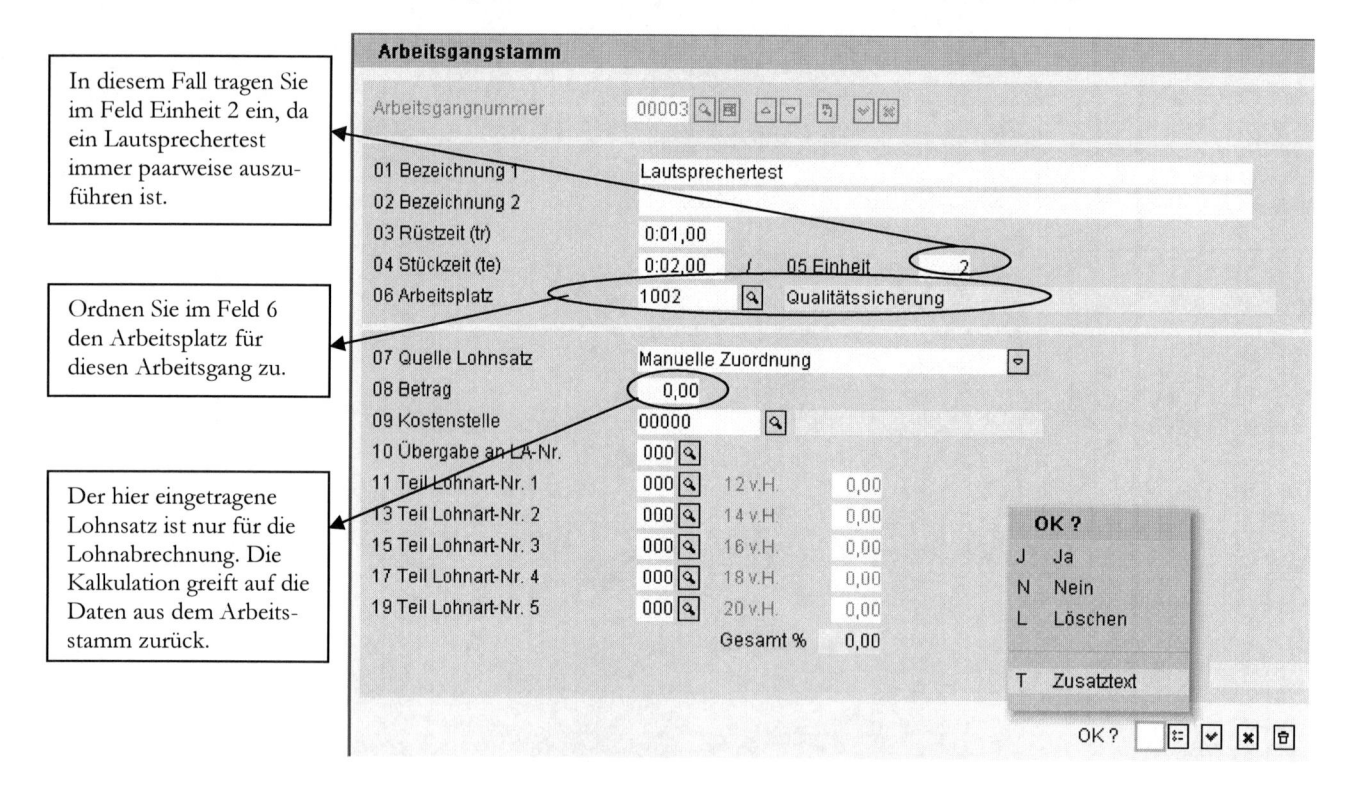

> In diesem Fall tragen Sie im Feld Einheit 2 ein, da ein Lautsprechertest immer paarweise auszuführen ist.

> Ordnen Sie im Feld 6 den Arbeitsplatz für diesen Arbeitsgang zu.

> Der hier eingetragene Lohnsatz ist nur für die Lohnabrechnung. Die Kalkulation greift auf die Daten aus dem Arbeitsstamm zurück.

ARBEITSGANG LAUTSPRECHERTEST. Wichtig ist die Zuordnung des richtigen Arbeitsplatzes.

📁 **Wichtig**

Eine besondere Bedeutung kommt hier dem Eintrag des Arbeitsplatzes im **Feld 06** zu: Im Arbeitsplatzstamm sind die kalkulatorischen[45] Stundensätze für den Arbeitsplatz hinterlegt, aufgeteilt nach Lohnkosten und Maschinenkosten. Die hier eingetragenen kalkulatorischen Werte werden für die Kalkulation der Stückliste verwendet. Auf die Pflege der **Felder 07 – 19** wird verzichtet; Sie sind nur bei Einsatz der Schnittstelle zum Akkordlohn erforderlich.

Um uns die weitere Arbeit zu erleichtern, erfassen wir auch hier gleich unsere Tätigkeitsbeschreibung als Zusatztext.

> Das Memo wird später automatisch in die Produktionsstückliste übernommen.

Memo

Schließen Sie ein Lautsprecherpaar an die Stereoanlage an und testen Sie mit unserer Geräusch-CD.

ZUSATZTEXT FÜR UNSEREN LAUTSPRECHERTEST.

Nach diesen Vorarbeiten können wir jetzt unseren neuen Artikel anlegen und auch gleich die vollständigen Produktionsdaten mit erfassen unter **Produktion → Stammdaten → Artikel → Artikelstamm**.

---

[45] Der kalkulatorische Stundensatz liegt über dem tatsächlichen Stundensatz des Mitarbeiters, weil hier auch die Lohnnebenkosten berücksichtigt werden.

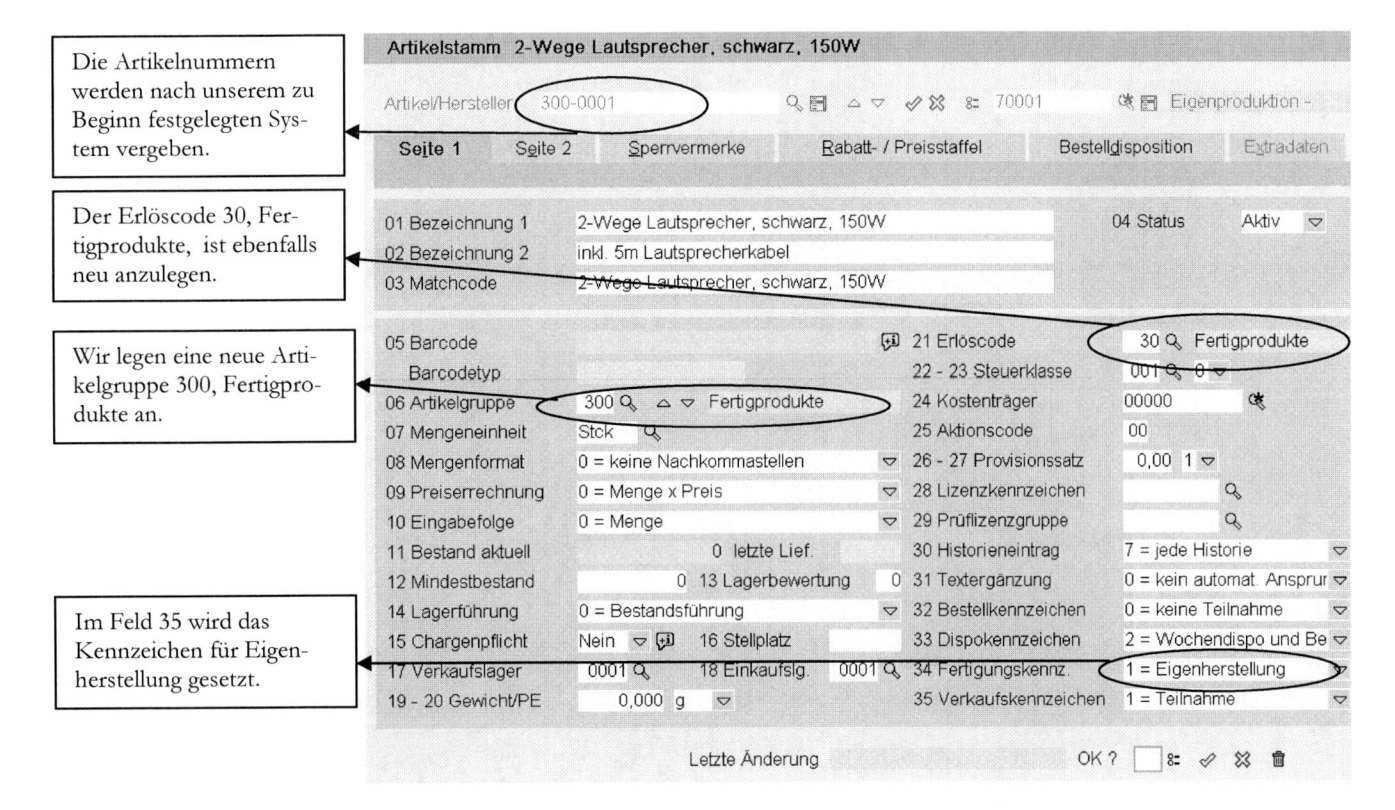

DIE MEHRSTUFIGE PRODUKTIONSSTÜCKLISTE

> Die Artikelnummern werden nach unserem zu Beginn festgelegten System vergeben.

> Der Erlöscode 30, Fertigprodukte, ist ebenfalls neu anzulegen.

> Wir legen eine neue Artikelgruppe 300, Fertigprodukte an.

> Im Feld 35 wird das Kennzeichen für Eigenherstellung gesetzt.

Artikelstamm 2-Wege Lautsprecher, schwarz, 150W		
Artikel/Hersteller 300-0001	70001	Eigenproduktion
Seite 1	Seite 2	Sperrvermerke	Rabatt-/Preisstaffel	Bestelldisposition	Extradaten

Feld	Wert	Feld	Wert
01 Bezeichnung 1	2-Wege Lautsprecher, schwarz, 150W	04 Status	Aktiv
02 Bezeichnung 2	inkl. 5m Lautsprecherkabel		
03 Matchcode	2-Wege Lautsprecher, schwarz, 150W		
05 Barcode		21 Erlöscode	30 Fertigprodukte
Barcodetyp		22 - 23 Steuerklasse	001 0
06 Artikelgruppe	300 Fertigprodukte	24 Kostenträger	00000
07 Mengeneinheit	Stck	25 Aktionscode	00
08 Mengenformat	0 = keine Nachkommastellen	26 - 27 Provisionssatz	0,00 1
09 Preiserrechnung	0 = Menge x Preis	28 Lizenzkennzeichen	
10 Eingabefolge	0 = Menge	29 Prüflizenzgruppe	
11 Bestand aktuell	0 letzte Lief.	30 Historieneintrag	7 = jede Historie
12 Mindestbestand	0 13 Lagerbewertung 0	31 Textergänzung	0 = kein automat. Anspru
14 Lagerführung	0 = Bestandsführung	32 Bestellkennzeichen	0 = keine Teilnahme
15 Chargenpflicht	Nein 16 Stellplatz	33 Dispokennzeichen	2 = Wochendispo und Be
17 Verkaufslager	0001 18 Einkaufslg. 0001	34 Fertigungskennz.	1 = Eigenherstellung
19 - 20 Gewicht/PE	0,000 g	35 Verkaufskennzeichen	1 = Teilnahme

Letzte Änderung   OK?

ARTIKELSTAMM. Hier erfassen wir unseren neuen Produktionsartikel.

Die Artikelnummer ist die 300-0001, der Hersteller 70001 (Eigenproduktion).

Bitte beachten Sie bei der Anlage des Artikels, dass es sich hier um unseren 1. Fertigartikel handelt und wir dafür noch keine Artikelgruppe und keinen Erlöscode angelegt haben. Das machen wir jetzt direkt bei der Erfassung unseres Artikels und geben im Feld Artikelgruppe die **300** ein; wir beantworten die Abfrage mit ja und tragen beim Namen der Artikelgruppe ein: **Fertigprodukte**. Genauso verfahren wir beim Erlöscode: Wir geben die 30 ein und legen den **Erlöscode 30** mit der Bezeichnung **Fertigprodukte** an.

Setzen Sie im Feld 31, Historieneintrag, die **7 = jede Historie** ein und im Feld 35, Fertigungskennzeichen, tragen Sie **1 = Eigenherstellung** ein.

DIE MEHRSTUFIGE PRODUKTIONSSTÜCKLISTE

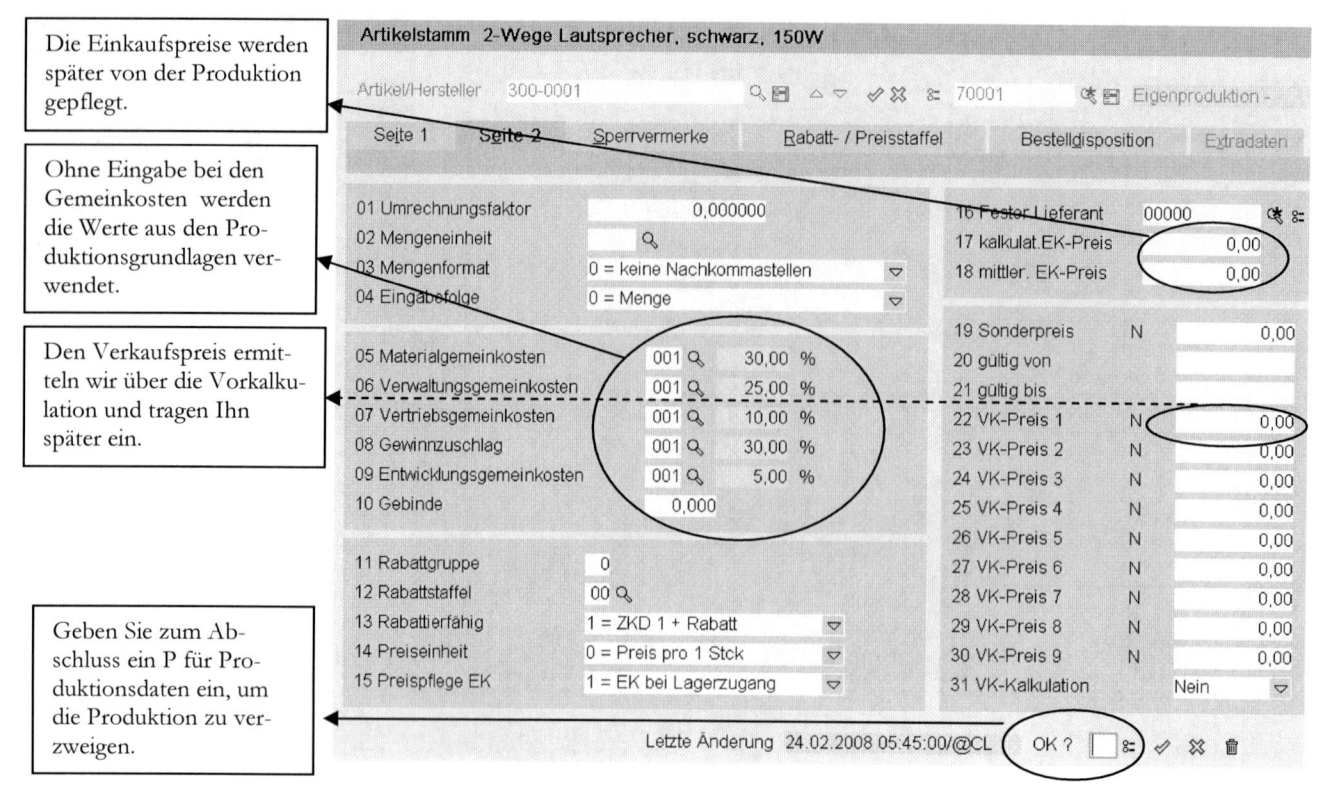

Die Einkaufspreise werden später von der Produktion gepflegt.

Ohne Eingabe bei den Gemeinkosten werden die Werte aus den Produktionsgrundlagen verwendet.

Den Verkaufspreis ermitteln wir über die Vorkalkulation und tragen Ihn später ein.

Geben Sie zum Abschluss ein P für Produktionsdaten ein, um die Produktion zu verzweigen.

ARTIKELSTAMM SEITE 2. Mit Eingabe eines **P** für **Produktionsdaten** in der OK-Abfrage verzweigen Sie in die Produktion und können alle relevanten Daten erfassen.

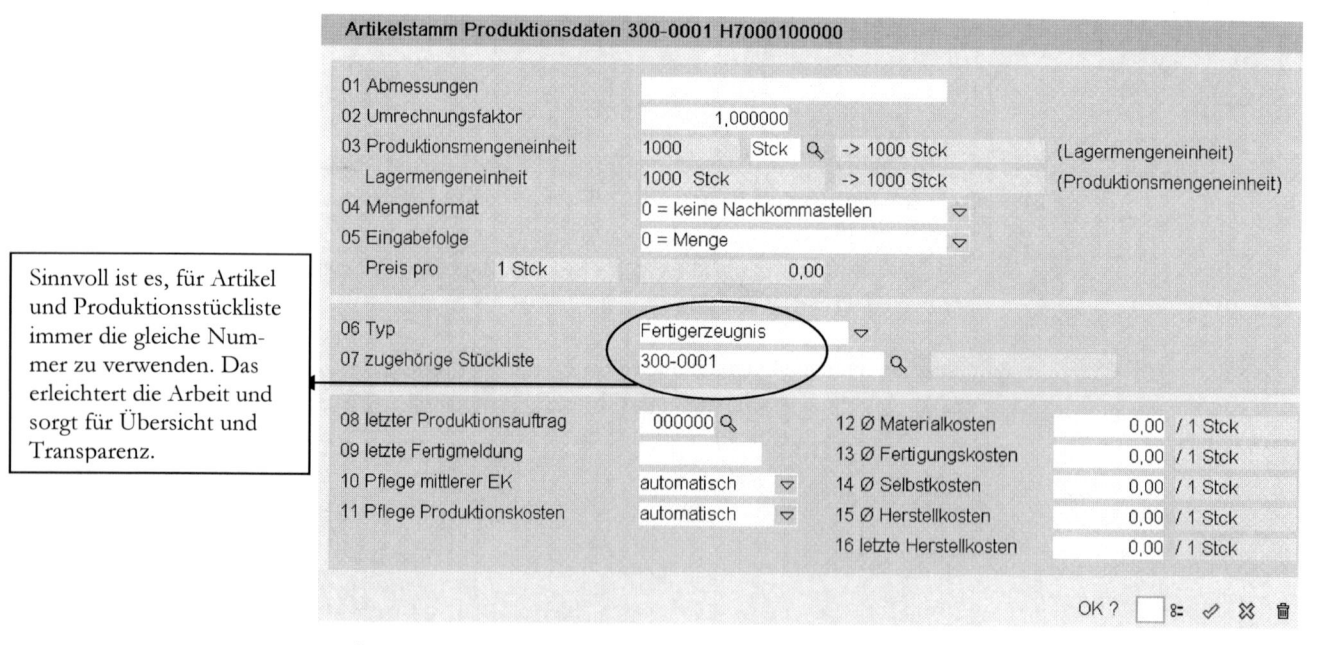

Sinnvoll ist es, für Artikel und Produktionsstückliste immer die gleiche Nummer zu verwenden. Das erleichtert die Arbeit und sorgt für Übersicht und Transparenz.

STÜCKLISTENZUORDNUNG. Hier ordnen Sie dem Artikel die Produktionsstückliste.

Hier ordnen Sie dem Artikel die dazugehörige Stückliste zu. Als Nummer der Stückliste übernehmen Sie die Artikelnummer. Dabei kommt in unserem Fall die Meldung: Stückliste ist nicht vorhanden. Das ist völlig korrekt, denn die Stückliste legen wir ja erst noch neu an.

Im nächsten Schritt wird in den Stücklistenstamm der Produktion verzweigt und Sie können für Ihre Stückliste die Teilepositionen erfassen und die einzelnen Arbeits-

DIE MEHRSTUFIGE PRODUKTIONSSTÜCKLISTE

gänge. Anschließend können Sie den Artikel über die Vorkalkulation kalkulieren und den hier ermittelten Verkaufspreis im Artikelstamm nachpflegen.

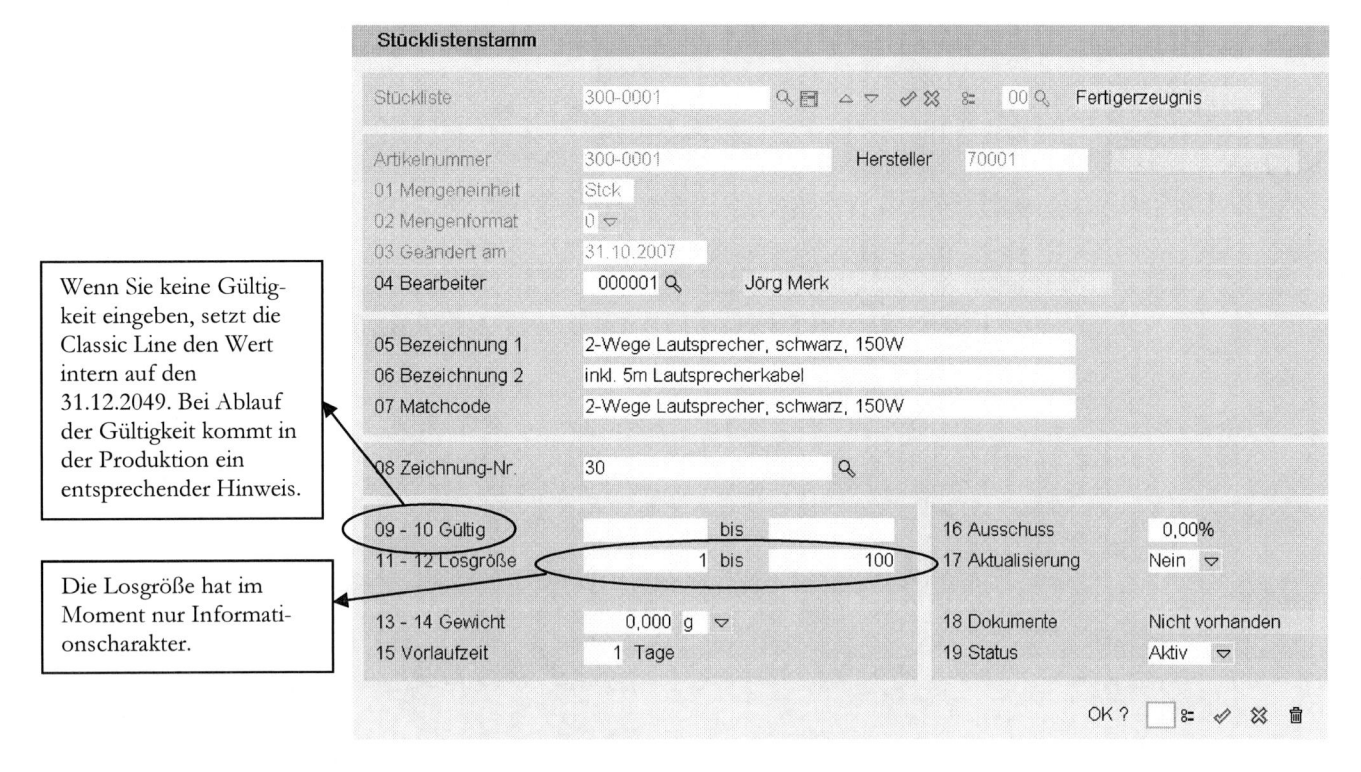

> Wenn Sie keine Gültigkeit eingeben, setzt die Classic Line den Wert intern auf den 31.12.2049. Bei Ablauf der Gültigkeit kommt in der Produktion ein entsprechender Hinweis.

> Die Losgröße hat im Moment nur Informationscharakter.

STÜCKLISTENSTAMM. Wählen Sie in der OK-Abfrage mit **F2** weitere Optionen.

Tragen Sie sich als Bearbeiter in die Stückliste ein und bestätigen Sie alle anderen Felder. Anschließend verzweigen Sie in die Teilepositionen.

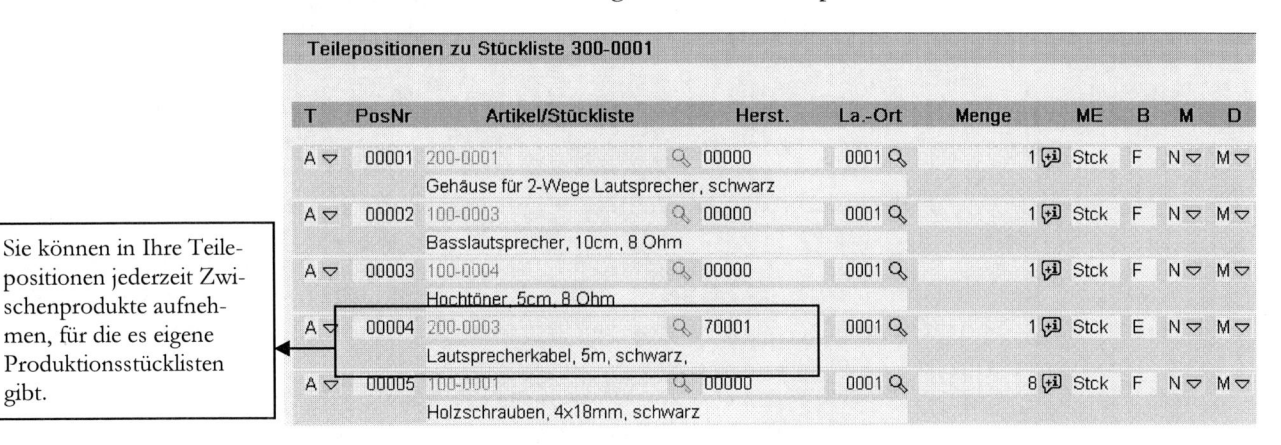

> Sie können in Ihre Teilepositionen jederzeit Zwischenprodukte aufnehmen, für die es eigene Produktionsstücklisten gibt.

TEILEPOSITIONEN. Ob Sie bei den Teilepositionen Zukaufteile oder selbst hergestellte Zwischenprodukte verwenden, spielt keine Rolle.

Wenn Sie in Ihrer Stückliste selbst hergestellte Teile haben, können Sie bei der Erfassung eines Produktionsauftrages wahlweise auch alle weiteren Produktionsstücklisten auflösen und automatisch entsprechende Produktionsaufträge anlegen. In der Strukturübersicht (mit **U** für **Strukturübersicht** in der OK-Abfrage aufzurufen) sehen Sie sofort an Hand der Einrückung, dass hier eine weitere Stückliste vorhanden ist. Gäbe es in dieser Stückliste dann eine weitere, würde wieder um einen Punkt eingerückt, usw.

DIE MEHRSTUFIGE PRODUKTIONSSTÜCKLISTE

Mandant: 400 Musikladen GmbH - Produktion	Druck 24.02.2008 / 05:55 / @CL
Strukturübersicht Stückliste	Datum 31.10.2007 Seite 1

Stückliste	S300-0001	/ 00 2-Wege Lautsprecher, schwarz, 150W		1 Stck
Stufe +	Artikelnummer	Bezeichnung	Menge	verfügbar
	.200-0001	Gehäuse für 2-Wege Lautsprecher,	1	0
	.100-0003	Basslautsprecher, 10cm, 8 Ohm	1	0
	.100-0004	Hochtöner, 5cm, 8 Ohm	1	0
	.200-0003	Lautsprecherkabel, 5m, schwarz mi	1	100
	..100-0005	Lautsprecherkabel, 2-adrig, schwa	5	-500
	..100-0006	Stecker für Lautsprecherkabel, sc	1	-100
	..100-0007	Stecker für Lautsprecherkabel, ro	1	-100
	.100-0001	Holzschrauben, 4x18mm, schwarz	8	0

Diese Teile gehören zu einer weiteren Stückliste und ergeben unseren Artikel 200-0003. Sollte dieser Artikel nicht vorrätig sein, könnten wir automatisch einen weiteren Produktionsauftrag erzeugen.

STRUKTURÜBERSICHT PRODUKTIONSAUFTRAG. Mit jeder weiteren Verzweigung wandert die entsprechende Position um einen Punkt weiter nach rechts.

Als nächstes sind unsere Arbeitsgänge einzugeben, damit wir unseren Artikel kalkulieren und unseren Verkaufspreis ermitteln können. Da wir im Arbeitsgangstamm bereits alle wichtigen Informationen erfasst haben, müssen wir hier nur noch unter **A** wie **A**rbeitsplan unsere Arbeitsgänge eintragen.

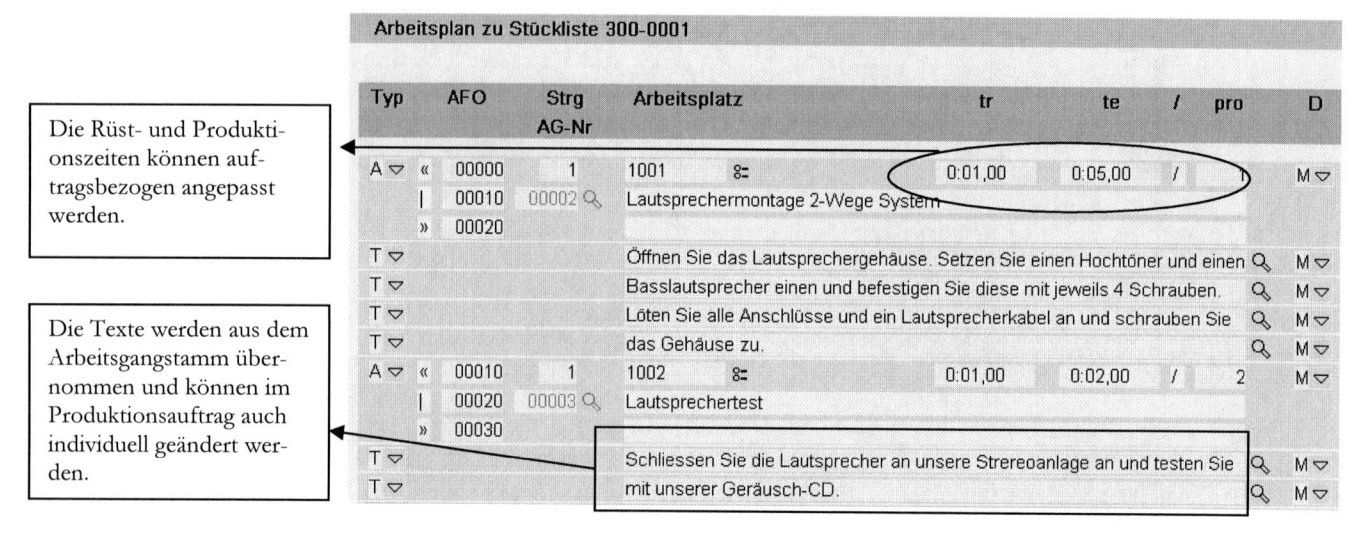

Arbeitsplan zu Stückliste 300-0001							
Typ	AFO	Strg AG-Nr	Arbeitsplatz	tr	te	/ pro	D
A «	00000	1	1001	0:01,00	0:05,00	/	M
|	00010	00002	Lautsprechermontage 2-Wege System				
»	00020						
T			Öffnen Sie das Lautsprechergehäuse. Setzen Sie einen Hochtöner und einen				M
T			Basslautsprecher einen und befestigen Sie diese mit jeweils 4 Schrauben.				M
T			Löten Sie alle Anschlüsse und ein Lautsprecherkabel an und schrauben Sie				M
T			das Gehäuse zu.				M
A «	00010	1	1002	0:01,00	0:02,00	/ 2	M
|	00020	00003	Lautsprechertest				
»	00030						
T			Schliessen Sie die Lautsprecher an unsere Strereoanlage an und testen Sie				M
T			mit unserer Geräusch-CD.				M

Die Rüst- und Produktionszeiten können auftragsbezogen angepasst werden.

Die Texte werden aus dem Arbeitsgangstamm übernommen und können im Produktionsauftrag auch individuell geändert werden.

ARBEITSGÄNGE ERFASSEN. Mit der Erfassung der Texte im Arbeitsplatzstamm haben wir die meiste Arbeit bereits vorweggenommen..

Wir tragen hier unsere beiden Arbeitsgänge ein und haben mit dem Speichern dieser Eingabe schon eine fertige Stückliste.[46]

Jetzt können wir über **V** für **V**orkalkulation unseren Verkaufspreis ermitteln. Dabei können Sie natürlich die Preise auch noch entsprechend runden, denn in der Regel arbeitet man mit optischen Preisen und nicht mit auf den Cent kalkulierten. Ergänzen Sie den berechneten Verkaufspreis dann im Artikelstamm.

---

[46] Wir haben unsere Produktionsstückliste bewusst einfach gehalten, weil hier nicht das Produkt im Vordergrund steht, sondern der Ablauf in der Produktion. In der Praxis sieht so eine Stückliste in der Regel ein wenig komplexer aus, mit weiteren Bauteilen und Arbeitsgängen.

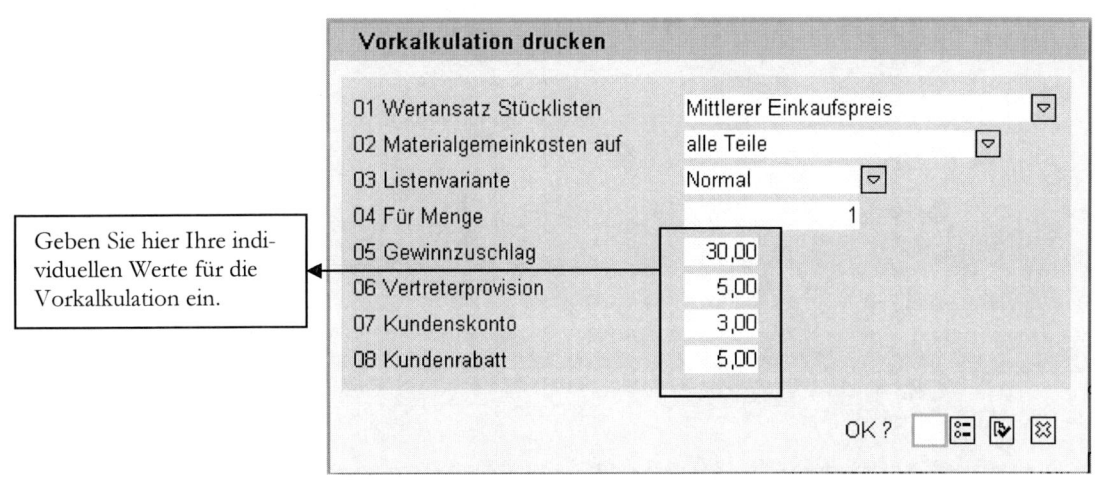

DIE MEHRSTUFIGE PRODUKTIONSSTÜCKLISTE

```
Vorkalkulation drucken

01 Wertansatz Stücklisten      Mittlerer Einkaufspreis
02 Materialgemeinkosten auf    alle Teile
03 Listenvariante              Normal
04 Für Menge                                         1
05 Gewinnzuschlag                               30,00
06 Vertreterprovision                            5,00
07 Kundenskonto                                  3,00
08 Kundenrabatt                                  5,00

                                      OK ?
```

Geben Sie hier Ihre individuellen Werte für die Vorkalkulation ein.

VORKALKULATION. Geben Sie hier die Werte für Ihre Vorkalkulation ein.

In der Liste der Vorkalkulation sehen Sie jetzt alle Kosten sauber aufgelistet und können auch gleich den Verkaufspreis entnehmen. Bitte beachten Sie dabei, dass der Preis natürlich, abhängig von der produzierten Menge schwanken kann.

Mandant 400 Musikladen GmbH - Produktion				Druck 24.02.2008 / 06:08 /@CL
Vorkalkulation Stückliste			Datum 31.10.2007	Seite 1

Stückliste	Menge ME						
				Lohn		+	Gewinnzuschlag
			+	Fert.-GK		+	Kundenskonto
		Material	+	Maschine	+	Verw.GK	Vertreterprov.
			+	Fremdfertigung			
	+	Mat.-GK	+	Entw.-GK	+	Vert.GK	Kundenrabatt
		Materialkosten		Herstellkosten		Selbstkosten	Barverkaufspreis
							Angebotspreis
300-0001 / 00 1 Stck			+	3,00		+	26,27
2-Wege Lautsprecher, schwarz, 150W			+	0,00		+	3,71
		56,59	+	0,22	+	16,22	6,19
			+	0,00			
		1,96	+	3,09		6,49	6,51
		58,55		64,86		87,57	113,84
							130,25

Der hier ermittelte Angebotspreis bezieht sich auf die in der Vorkalkulation eingegebene Menge. In unserem Fall auf 1 Stück.

VORKALKULATION DER STÜCKLISTE. Hier haben Sie Herstellkosten und Angebotspreis auf einen Blick.

Der Angebotspreis bezieht sich immer auf die in der Kalkulation erfasste Menge, d.h. wenn Sie in der Vorkalkulation 10 Stück eingeben, dann bezieht sich auch der Preis auf 10 Stück. Dann müssen Sie den Preis durch die Produktionsmenge teilen, um den Angebotspreis zu erhalten. In unserem Beispiel erhalten wir einen Angebotspreis von EUR 130,25 und tragen diesen Wert als VK1 im Artikelstamm ein. Alternativ können Sie aus der Vorkalkulation heraus gleich automatisch die Preise im Artikelstamm aktualisieren: wählen Sie dazu in der Vorkalkulation in der OK-Abfrage **P** für **P**reisaktualisierung und markieren Sie die Preise, die aktualisiert werden sollen. In unserm Fall sind das:

- MEK

- kalkulatorischer EK

- VK1

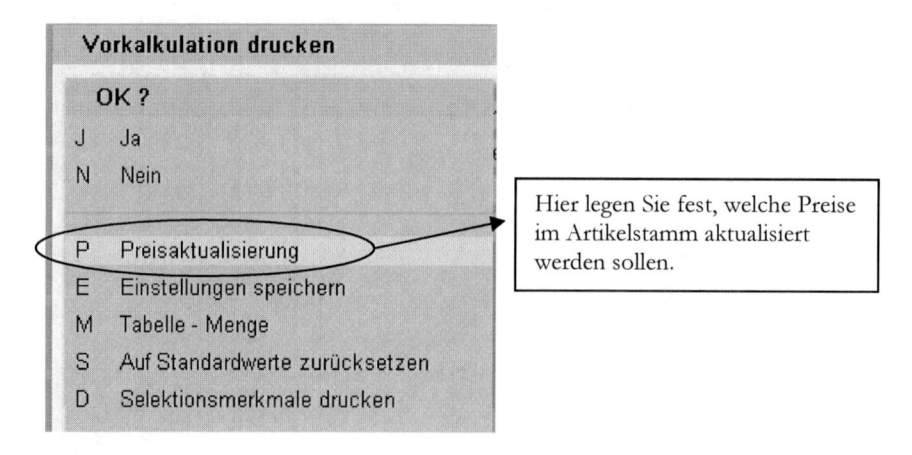

DIE MEHRSTUFIGE PRODUKTIONSSTÜCKLISTE

Vorkalkulation drucken

OK ?
- J Ja
- N Nein
- P Preisaktualisierung — Hier legen Sie fest, welche Preise im Artikelstamm aktualisiert werden sollen.
- E Einstellungen speichern
- M Tabelle - Menge
- S Auf Standardwerte zurücksetzen
- D Selektionsmerkmale drucken

VORKALKULATION PREISAKTUALISIERUNG. Optional können Sie aus der Kalkulation heraus auch gleich automatisch Ihre Preise aktualisieren.

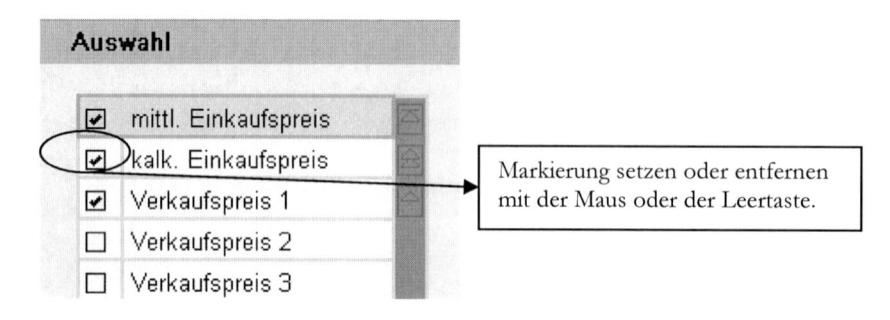

Auswahl

- ☑ mittl. Einkaufspreis
- ☑ kalk. Einkaufspreis — Markierung setzen oder entfernen mit der Maus oder der Leertaste.
- ☑ Verkaufspreis 1
- ☐ Verkaufspreis 2
- ☐ Verkaufspreis 3

VORKALKULATION – AUSWAHL PREISAKTUALISIERUNG. Hier markieren Sie mit der Maus oder der Leertaste alle Preise, die aktualisiert werden sollen.

Bitte prüfen Sie nach der Aktualisierung Ihre Preise im Artikelstamm.

Die beiden EK-Preise wurden mit den Herstellkosten aktualisiert.

Der Angebotspreis wurde als VK1 übernommen. Ändern Sie den Preis auf EUR 131,00.

Artikelstamm 2-Wege Lautsprecher, schwarz, 150W

Artikel/Hersteller 300-0001   70001   Eigenproduktion -

Seite 1   Seite 2   Sperrvermerke   Rabatt- / Preisstaffel   Bestelldisposition   Extradaten

01 Umrechnungsfaktor	0,000000		16 Fester Lieferant	00000
02 Mengeneinheit			17 kalkulat EK-Preis	64,86
03 Mengenformat	0 = keine Nachkommastellen		18 mittler. EK-Preis	64,86
04 Eingabefolge	0 = Menge			
			19 Sonderpreis N	0,00
05 Materialgemeinkosten	001	30,00 %	20 gültig von	
06 Verwaltungsgemeinkosten	001	25,00 %	21 gültig bis	
07 Vertriebsgemeinkosten	001	10,00 %	22 VK-Preis 1 N	130,25

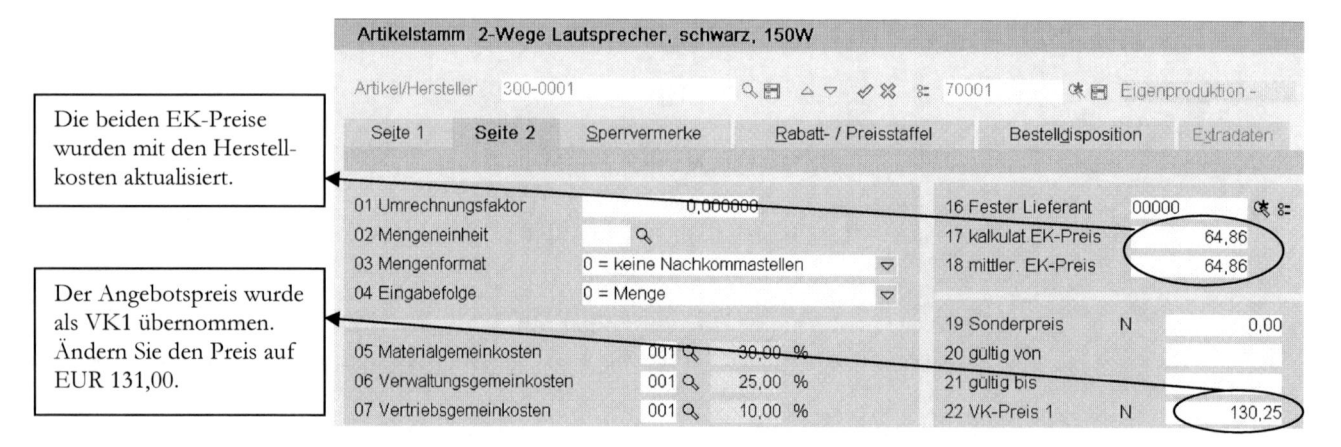

ARTIKELSTAMM NACH PREISAKTUALISIERUNG. Hier sehen Sie die Herstellkosten im kalkulatorischen EK und im MEK und den Angebotspreis als VK1.

Produktionsauftrag für eine mehrstufige Stückliste

Im Unterschied zu einer einstufigen Stückliste haben Sie bei der Anlage eines Produktionsauftrages mit einer mehrstufigen Stückliste die Möglichkeit, die Stückliste aufzulösen und für Unterstücklisten automatisch Produktionsaufträge anzulegen.

PRODUKTIONSAUFTRAG FÜR EINE MEHRSTUFIGE STÜCKLISTE

Legen Sie unter **Produktion** → **Produktionsaufträge** → **Auftragserfassung** einen neuen Produktionsauftrag für unsere Stückliste **300-00001**, 2-Wegelautsprecher, schwarz, 150 Watt, an. Tragen Sie als Produktionsmenge 100 Stück ein und setzen Sie den Bedarfstermin und den Sollendtermin auf den 31.10.2007.[47]

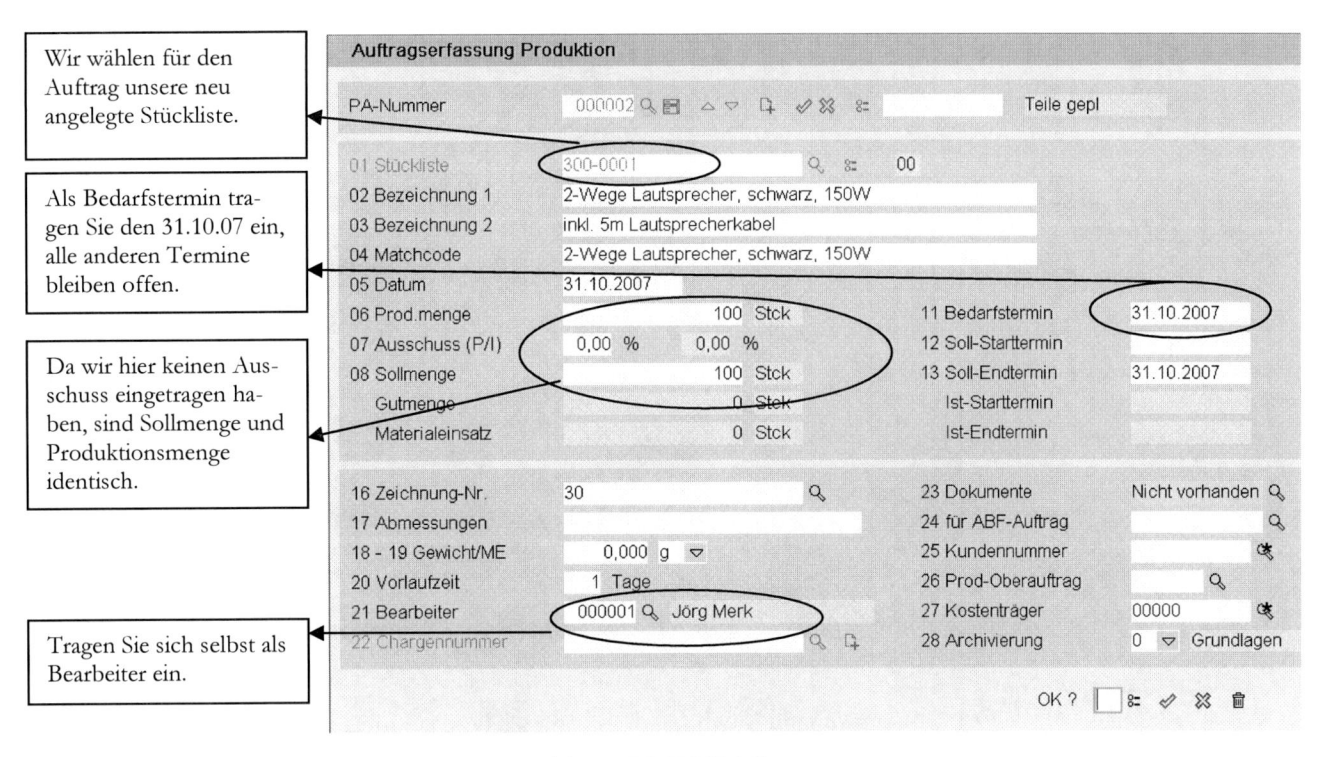

Wir wählen für den Auftrag unsere neu angelegte Stückliste.	*(zeigt auf Stückliste 300-0001)*
Als Bedarfstermin tragen Sie den 31.10.07 ein, alle anderen Termine bleiben offen.	*(zeigt auf Bedarfstermin 31.10.2007)*
Da wir hier keinen Ausschuss eingetragen haben, sind Sollmenge und Produktionsmenge identisch.	*(zeigt auf Prod.menge/Sollmenge 100 Stck)*
Tragen Sie sich selbst als Bearbeiter ein.	*(zeigt auf Bearbeiter 000001 Jörg Merk)*

Auftragserfassung Produktion

- PA-Nummer: 000002 — Teile gepl
- 01 Stückliste: 300-0001 — 00
- 02 Bezeichnung 1: 2-Wege Lautsprecher, schwarz, 150W
- 03 Bezeichnung 2: inkl. 5m Lautsprecherkabel
- 04 Matchcode: 2-Wege Lautsprecher, schwarz, 150W
- 05 Datum: 31.10.2007
- 06 Prod.menge: 100 Stck
- 07 Ausschuss (P/I): 0,00 %   0,00 %
- 08 Sollmenge: 100 Stck
- Gutmenge: 0 Stck
- Materialeinsatz: 0 Stck
- 11 Bedarfstermin: 31.10.2007
- 12 Soll-Starttermin:
- 13 Soll-Endtermin: 31.10.2007
- Ist-Starttermin:
- Ist-Endtermin:
- 16 Zeichnung-Nr.: 30
- 17 Abmessungen:
- 18 - 19 Gewicht/ME: 0,000 g
- 20 Vorlaufzeit: 1 Tage
- 21 Bearbeiter: 000001 Jörg Merk
- 22 Chargennummer:
- 23 Dokumente: Nicht vorhanden
- 24 für ABF-Auftrag:
- 25 Kundennummer:
- 26 Prod-Oberauftrag:
- 27 Kostenträger: 00000
- 28 Archivierung: 0 Grundlagen

OK ?

NEUER PRODUKTIONSAUFTRAG. Legen Sie mit **ENTER** oder **F10** einen neuen Produktionsauftrag an.

In diesem Fall handelt es sich um eine mehrstufige Produktionsstückliste, deshalb haben wir bei der Auftragserfassung später noch zusätzliche Möglichkeiten, die es bei einer einstufigen Stückliste nicht gibt.

📁 **Wichtig**

Extrem wichtig bei der Arbeit mit mehrstufigen Stücklisten ist allerdings eine klare Struktur, da Sie sonst sehr schnell den Überblick verlieren.

Wir haben jetzt in der OK-Abfrage die Möglichkeit, mit **W Unteraufträge** anzulegen, d.h. das System legt für alle in unserem Auftrag enthaltenen Unterstücklisten einen eigenen Auftrag an.

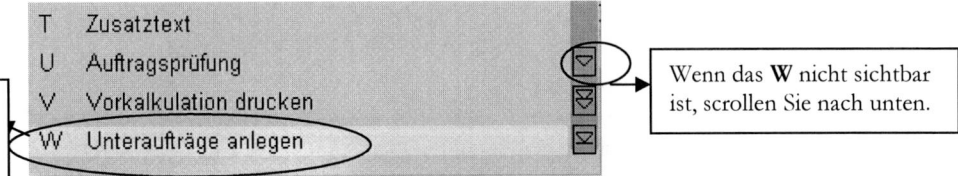

Hier können Sie automatisch alle Unteraufträge anlegen.	T Zusatztext U Auftragsprüfung V Vorkalkulation drucken W Unteraufträge anlegen
	Wenn das **W** nicht sichtbar ist, scrollen Sie nach unten.

UNTERAUFTRÄGE ANLEGEN. Mit **W** für **Unteraufträge** anlegen, können Sie die Stückliste weiter auflösen.

---

[47] Wenn Sie in einer Übungsfirma, wie unserer Musikladen GmbH, in der Vergangenheit arbeiten, ist es sinnvoll, das Belegdatum unter **Datei** → **Geschäftsdaten wählen**, entsprechend zu ändern. Entfernen Sie dazu das Häkchen, Belegdatum immer mit Systemdatum füllen und tragen Sie im Feld Belegdatum das gewünschte Datum ein.

PRODUKTIONSAUFTRAG FÜR EINE MEHRSTUFIGE STÜCKLISTE

Nachdem Sie ein W eingegeben und bestätigt haben, kommt eine Ansicht der Stücklistenstruktur. Hier sehen Sie auf einen Blick alle tieferen Ebenen.

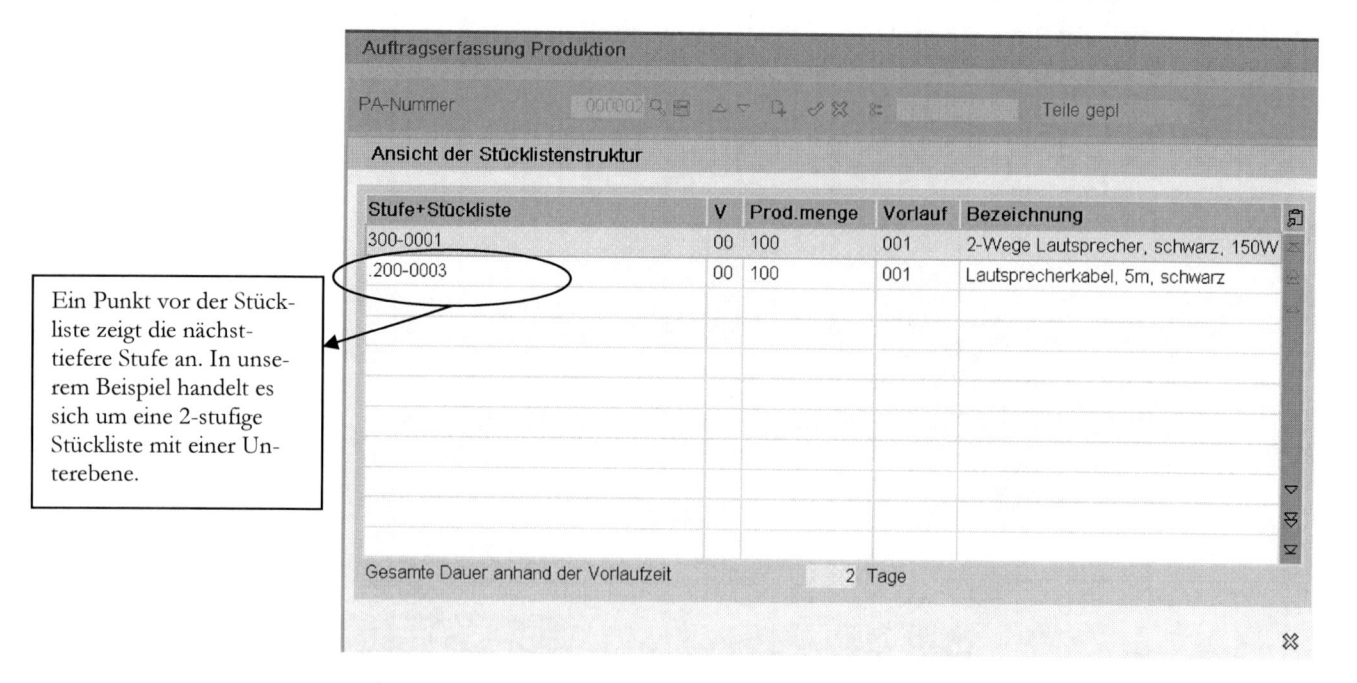

> Ein Punkt vor der Stückliste zeigt die nächsttiefere Stufe an. In unserem Beispiel handelt es sich um eine 2-stufige Stückliste mit einer Unterebene.

UNTERAUFTRÄGE ANLEGEN - STÜCKLISTENSTRUKTUR. Nach der Eingabe wird zuerst die Stücklistenstruktur eingeblendet.

Danach kommt eine Meldung, die auf mögliche Optionen hinweist. Natürlich können Sie in der Produktion auch mit Kostenträgern arbeiten und auf einen Kundenauftrag bezogene Produktionsaufträge anlegen. Das ist aber nur eine Möglichkeit und keinesfalls zwingend. Wir verzichten in unserem Beispiel auf diese Optionen.

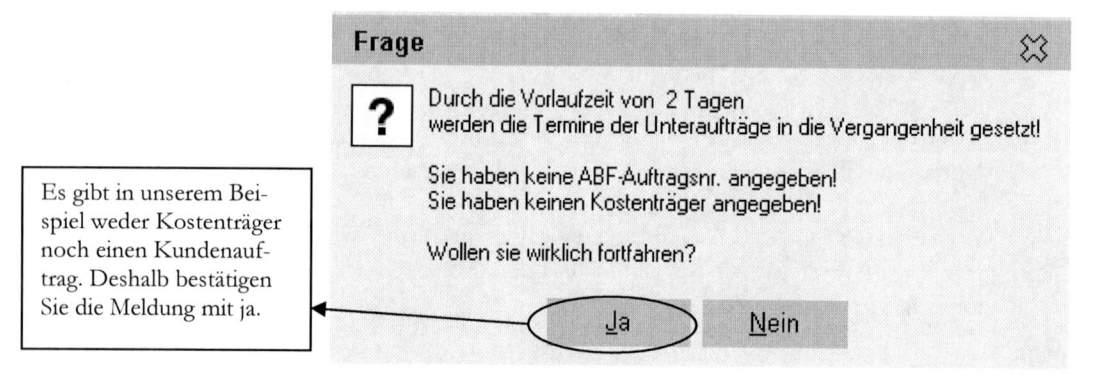

> Es gibt in unserem Beispiel weder Kostenträger noch einen Kundenauftrag. Deshalb bestätigen Sie die Meldung mit ja.

ABFRAGE VON OPTIONEN. In unserem Beispiel können Sie die Frage einfach mit ja beantworten.

Als nächstes kommen Sie in eine Auswahlmaske, in der Sie festlegen können, für welche Artikel oder bis zu welcher Produktionsstufe Sie die Stückliste in Unteraufträge auflösen möchten. Interessant dabei ist die Möglichkeit, die Auflösung auf einzelne Artikel einzugrenzen

PRODUKTIONSAUFTRAG FÜR EINE MEHRSTUFIGE STÜCKLISTE

Optional ist dabei eine Eingrenzung auf einzelne Artikel möglich.

Selektion

01 Von Artikel	
02 Bis Artikel	
03 Artikeltexte	es werden alle Artikeltexte übernommen
04 Bis Stufe	50
05 Protokoll	Ja

Sie können Ihre Stücklisten bis auf Stufe 50 verschachteln, d.h. Sie können bis zu 50 Stücklisten ineinander verschachteln.

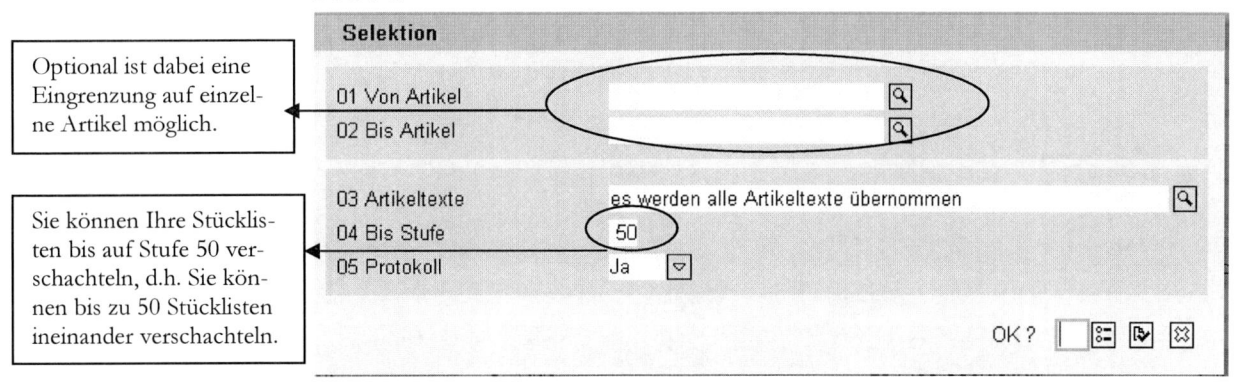

SELEKTION. Da es in unserem Beispiel nur eine Unterstückliste gibt, können wir die Selektion einfach bestätigen.[48]

Nachdem dieser Artikel im Lager ohne Bestand ist, wird ein Produktionsauftrag für die komplette Menge erzeugt.

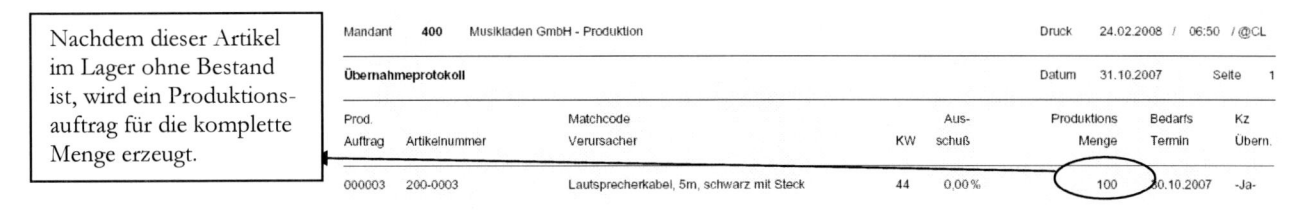

Mandant	400	Musikladen GmbH - Produktion				Druck	24.02.2008 / 06:50 /@CL
Übernahmeprotokoll						Datum	31.10.2007 Seite 1

Prod. Auftrag	Artikelnummer	Matchcode Verursacher	KW	Ausschuß	Produktions Menge	Bedarfs Termin	Kz Übern.
000003	200-0003	Lautsprecherkabel, 5m, schwarz mit Steck	44	0,00 %	100	30.10.2007	-Ja-

PROTOKOLL. Im Übernahmeprotokoll sehen wir, welche Aufträge vom System angelegt wurden.

Das System hat jetzt in unserem Beispiel genau einen weiteren Auftrag angelegt, für unser Zwischenprodukt Lautsprecherkabel, schwarz, 5m, mit Stecker. Wäre jetzt in diesem Produkt eine weitere Stückliste enthalten, würde diese ebenfalls aufgelöst. Das kann sehr weit in die Tiefe gehen. Stellen Sie sich zum Beispiel einmal einen Motor als Stückliste vor, mit all seinen Bestandteilen, Baugruppen und Untergruppen. Dann bekommen Sie eine Vorstellung von den Möglichkeiten, die Sie hier in der Produktion haben.

Nach dem Druck wird die Baumstruktur angezeigt. Alternativ geben Sie über die OK-Abfrage ein **B** für Auftrags**b**aum ein und bekommen eine Baumstruktur unserer Aufträge. Mit jedem Punkt vor dem Auftrag geht es eine Stufe / Ebene tiefer.

Der Auftrag 000003 hat einen Punkt vorangestellt, d.h. er geht genau 1 Stufe tiefer.

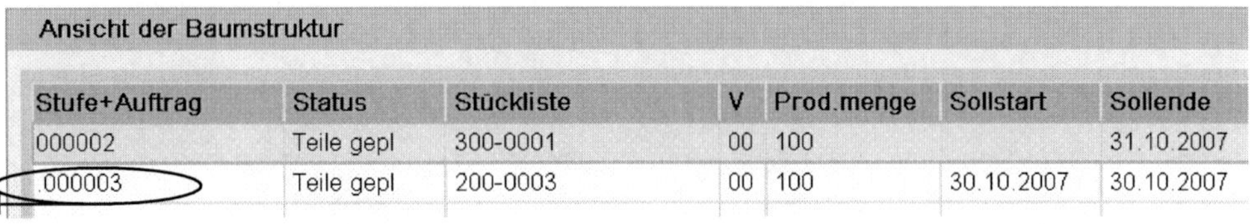

Ansicht der Baumstruktur

Stufe+Auftrag	Status	Stückliste	V	Prod.menge	Sollstart	Sollende
000002	Teile gepl	300-0001	00	100		31.10.2007
.000003	Teile gepl	200-0003	00	100	30.10.2007	30.10.2007

ANSICHT DER BAUMSTRUKTUR. Hier sehen Sie den Auftrag mit allen Unteraufträgen als Baumstruktur.

Mit Bestätigung der Meldung werden die Teile des Auftrags automatisch eingeplant. Die Arbeitsgänge werden in der Regel manuell geplant, d.h. Sie legen fest, wann dieser Auftrag gefertigt werden soll und an welchen Arbeitsplätzen. Dazu geben Sie in der OK-Abfrage ein **R** ein. Es öffnet sich wieder die Baumstruktur und Sie wählen den Auftrag 000002 aus.

---

[48] Die Möglichkeit, die Anlage der Unterstücklisten nach Artikeln einzugrenzen ist insbesondere interessant bei Fremdfertigung und bei sehr komplexen Stücklisten. Hilfreich auch, wenn Sie einzelne Zwischenprodukte auch alternativ zukaufen können.

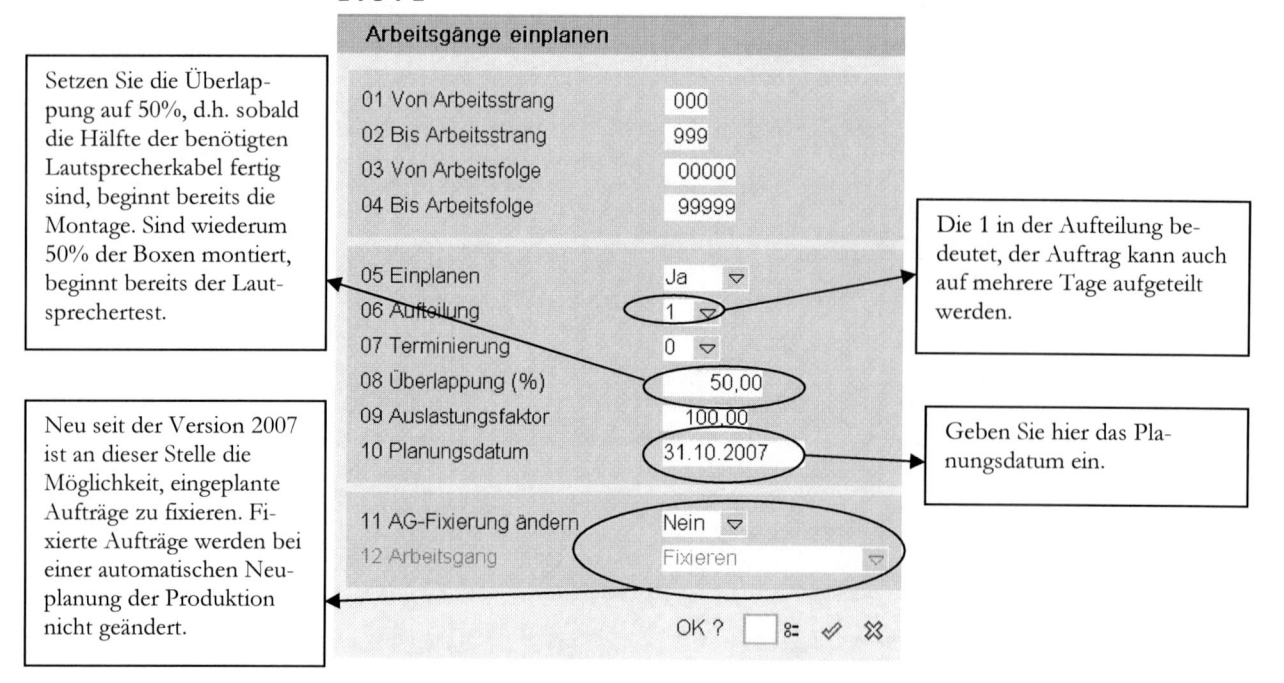

PRODUKTIONSAUFTRAG FÜR EINE MEHRSTUFIGE STÜCKLISTE

Setzen Sie die Überlappung auf 50%, d.h. sobald die Hälfte der benötigten Lautsprecherkabel fertig sind, beginnt bereits die Montage. Sind wiederum 50% der Boxen montiert, beginnt bereits der Lautsprechertest.

Neu seit der Version 2007 ist an dieser Stelle die Möglichkeit, eingeplante Aufträge zu fixieren. Fixierte Aufträge werden bei einer automatischen Neuplanung der Produktion nicht geändert.

Die 1 in der Aufteilung bedeutet, der Auftrag kann auch auf mehrere Tage aufgeteilt werden.

Geben Sie hier das Planungsdatum ein.

ARBEITSGÄNGE EINPLANEN. Geben Sie hier die Werte für Ihre Auftragsterminierung ein.

Dabei können Sie festlegen, ob der Auftrag komplett an einem Tag zu fertigen ist, oder auf mehrere Tage aufgeteilt werden kann, wie weit sich einzelne Arbeitsschritte überlappen können, d.h. wie viele Prozent der Teile müssen einen Arbeitsgang komplett durchlaufen haben, bevor der nächste Arbeitsgang beginnen kann. Auf Grund der knappen Termine arbeiten wir mit einer Überlappung von 50% und können so die Produktionszeit erheblich verkürzen.

Und zu guter Letzt können Sie beim Auslastungsfaktor eingeben, zu wieviel Prozent Ihre Arbeitsplätze verfügbar sind und ausgelastet werden können.

In der Classic Line 2007 ist es jetzt auf vielfachen Kundenwunsch möglich, Aufträge zu fixieren. Ein fixierter Auftrag wird bei einer automatischen Neuplanung durch das System nicht mehr verändert. Eine Änderung ist in diesem Fall nur noch manuell möglich. Diese Option ist hilfreich, wenn beispielsweise ein Fixtermin für die Lieferung in Verbindung mit einer Konventionalstrafe vereinbart ist.

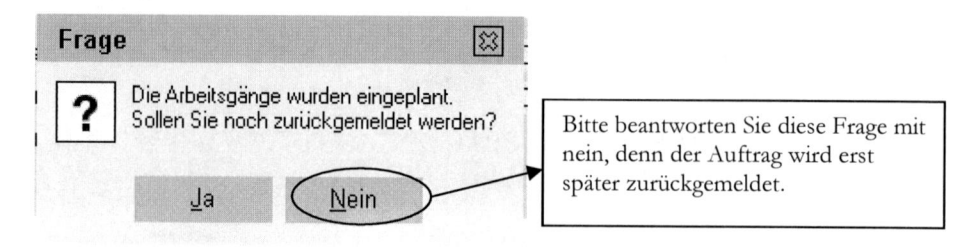

Bitte beantworten Sie diese Frage mit nein, denn der Auftrag wird erst später zurückgemeldet.

FRAGE. Nach der Einplanung der Arbeitsgänge haben Sie auch gleich die Möglichkeit, den Auftrag zurückzumelden. Bitte mit nein beantworten, da wir im nächsten Kapitel die Einzelrückmeldung besprechen.

PRODUKTIONSAUFTRAG FÜR EINE MEHRSTUFIGE STÜCKLISTE

Auftragserfassung Produktion						
Schlüsselauswahl	Weiter >>					
Matchcode	Stücklistennummer	Var	PA-Nr.	%	Status
2-Wege Lautsprecher, schwarz,	300-00001	00	000002	00	AG gepl
Lautsprecherkabel, schwarz, 5	200-00003	00	000003	00	Teile gepl

Für den 2. Auftrag sind nur die Teile geplant; die Arbeitsgänge müssen erst noch terminiert werden.

ÜBERSICHT PRODUKTIONSAUFTRÄGE. Geben Sie in der Auftragserfassung **F2** ein und bestätigen. Jetzt werden alle Aufträge angezeigt.

Wenn wir alle Eingaben abgeschlossen haben, geben wir in der Auftragserfassung **F2** ein und bestätigen. Jetzt werden alle angelegten Produktionsaufträge angezeigt. Bei sehr tief verschachtelten Stücklisten können auf diese Weise sehr viele Unteraufträge automatisch angelegt werden.

Fragen zur Lernzielkontrolle

☺ **Testen Sie Ihr Wissen**

1) Wo können Sie Ihre Standardarbeitszeiten erfassen?

2) Was müssen Sie bei der Arbeit in 2 Schichten beachten?

3) Welche Möglichkeiten haben Sie, die erfassten Arbeitszeiten auf andere Zeiträume zu übertragen?

4) Wie viele Tage die Woche kann mit der Classic Line die Kapazitätsplanung genutzt werden?

5) Was versteht man unter einer mehrstufigen Stückliste?

6) Wie sind die einzelnen Produktionsstufen in der Strukturübersicht zu erkennen?

7) Kann eine mehrstufige Produktionsstückliste bei der Erfassung eines neuen Produktionsauftrages automatisch aufgelöst werden?

8) Was ist unter dem Begriff Fixierung zu verstehen?

9) Wann kann es sinnvoll sein, einen Produktionsauftrag zu fixieren?

PRODUKTIONSAUFTRAG FÜR EINE MEHRSTUFIGE STÜCKLISTE

Praktische Übungen

Tastaturübungen

1) Legen Sie die mehrstufige Stückliste aus unserem Beispiel an und ergänzen Sie dabei die Artikelgruppe 300 und den Erlöscode 30 (Fertigprodukte).

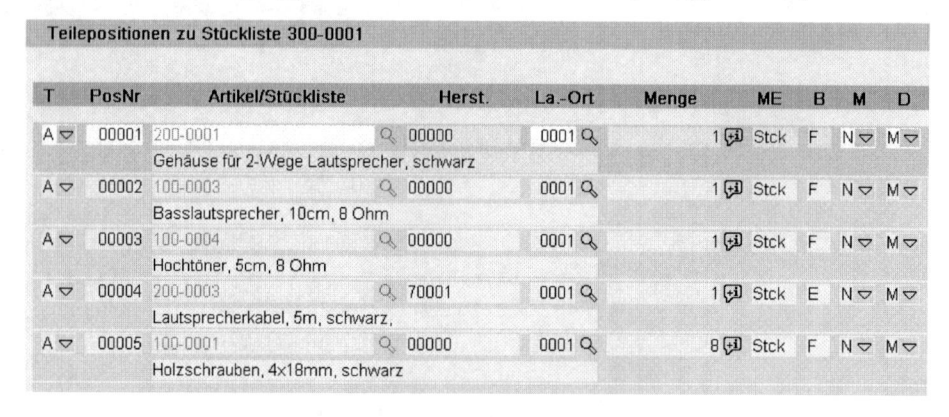

T	PosNr	Artikel/Stückliste	Herst.	La.-Ort	Menge	ME	B	M	D
A	00001	200-0001 Gehäuse für 2-Wege Lautsprecher, schwarz	00000	0001	1	Stck	F	N	M
A	00002	100-0003 Basslautsprecher, 10cm, 8 Ohm	00000	0001	1	Stck	F	N	M
A	00003	100-0004 Hochtöner, 5cm, 8 Ohm	00000	0001	1	Stck	F	N	M
A	00004	200-0003 Lautsprecherkabel, 5m, schwarz.	70001	0001	1	Stck	E	N	M
A	00005	100-0001 Holzschrauben, 4x18mm, schwarz	00000	0001	8	Stck	F	N	M

TEILEPOSITIONEN. Hier die Teile im Überblick.

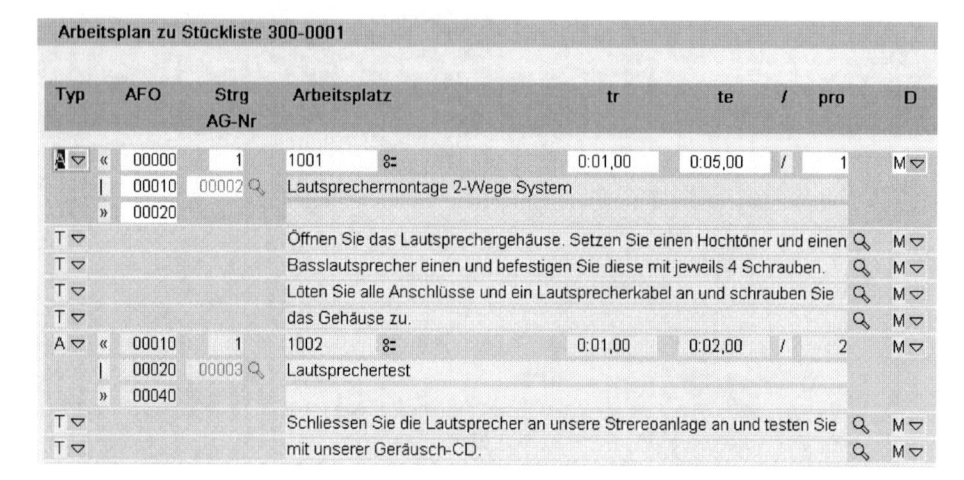

Arbeitsplan zu Stückliste 300-0001

Typ	AFO	Strg AG-Nr	Arbeitsplatz	tr	te / pro	D
A «	00000	1	1001	0:01,00	0:05,00 / 1	M
|	00010	00002	Lautsprechermontage 2-Wege System			
»	00020					
T			Öffnen Sie das Lautsprechergehäuse. Setzen Sie einen Hochtöner und einen			M
T			Basslautsprecher einen und befestigen Sie diese mit jeweils 4 Schrauben.			M
T			Löten Sie alle Anschlüsse und ein Lautsprecherkabel an und schrauben Sie			M
T			das Gehäuse zu.			M
A «	00010	1	1002	0:01,00	0:02,00 / 2	M
|	00020	00003	Lautsprechertest			
»	00040					
T			Schliessen Sie die Lautsprecher an unsere Strereoanlage an und testen Sie			M
T			mit unserer Geräusch-CD.			M

ARBEITSGÄNGE.

2) Erstellen Sie die Vorkalkulation und ermitteln Sie den Verkaufspreis.

3) Aktualisieren Sie den kalkulatorischen EK, den MEK und den VK1 automatisch und ändern Sie anschließend den VK1 im Artikelstamm manuell auf den nächsten vollen Eurobetrag noch oben ab.

4) Drucken Sie den Produktionsauftrag und die dazugehörigen Material- und Lohnscheine.

5) Ändern Sie den Vorlauf in allen Produktionsstücklisten auf 1 Tag.

Kapitel 9

Rückmeldungen

Lernen Sie hier, einzelnen Formen der Rückmeldung kennen.

Bei der Erfassung der Rückmeldungen haben Sie mehrere Möglichkeiten: Sie können den Produktionsauftrag einfach unter **Produktion → Produktionsaufträge → Auftragserfassung** über die Eingabe eines **F** für **Fertigmeldung** in der OK-Abfrage fertig melden. Dabei wird die Gutmenge automatisch aus dem Auftrag vorbelegt. Sie können aber an dieser Stelle auch ein **R** für **Rückmeldung** eingeben. Dann haben Sie die Möglichkeit die Gutmenge manuell zu erfassen und können auf diese Weise auch den Ausschuss korrekt erfassen.

Vorteil bei diesen beiden Varianten: Es geht sehr schnell, den Auftrag fertig zu melden.

Nachteil: Sie haben während der Produktion keine Information über den Produktionsfortschritt im System und Sie haben keine Möglichkeit, die tatsächlich benötigte Arbeitszeit zu erfassen. Die brauchen Sie aber für die Nachkalkulation.

In dem Moment, wo Sie eine umfangreichere Produktionsstückliste haben, die Sie exakt kalkulieren möchten, ist es sinnvoller, mit Einzelrückmeldungen zu arbeiten.

Einzelrückmeldungen erfassen

📖 Praxistipp

Grundsätzlich sollten Sie, wenn Sie mit Einzelrückmeldungen arbeiten wollen, die Material- und Lohnscheine für den entsprechenden Auftrag auch einzeln drucken. Nur so haben Sie die Möglichkeit, alle bereits erledigten Arbeitsschritte sofort an Hand der Belege zu erfassen. Dabei werden die Arbeitsnachweise jeweils während der Produktion sofort ausgefüllt und weitergeleitet. Auf diese Weise ist es möglich, tagaktuell den Produktionsfortschritt zu erfassen und im System mitzuverfolgen[49].

Bei der Einzelrückmeldung haben Sie jetzt die Möglichkeit, bei jeder einzelnen Position Korrekturen vorzunehmen, d.h. Sie können für jeden Arbeitsschritt die Rüstzeiten und Fertigungszeiten auf die tatsächlichen Werte ändern und Sie können bei jedem Arbeitsschritt die Gutmenge erfassen. Auf diese Weise ist später nachvoll-

---

[49] Alternativ ist es auch möglich, die Arbeitszeiten über eine Zeiterfassung mit **BDE**-Terminal (**B**etriebs**d**aten**e**rfassung) direkt an den einzelnen Arbeitsplätzen zu erfassen und automatisch in die Produktion zu übernehmen.

STAPELBEARBEITUNG PRODUKTIONSAUFTRÄGE

ziehbar, an welcher Stelle im Produktionsablauf Ausschuss entstanden ist und Sie können ganz gezielt diese Arbeitsgänge prüfen und optimieren.

Für die Erfassung der Rückmeldungen legen Sie sich bitte Ihre fertig ausgefüllten Material- und Lohnscheine zurecht. Wählen Sie **Produktion → Rückmeldungen → Rückmeldungen erfassen** aus.

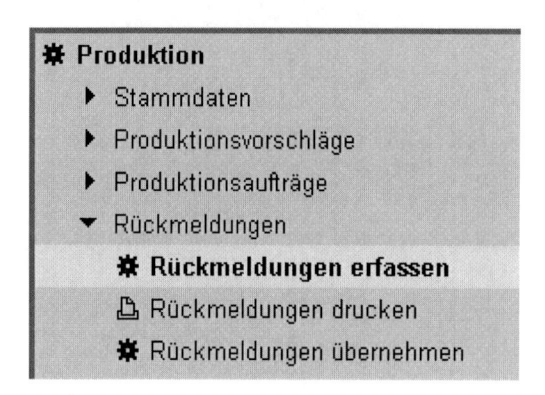

```
❋ Produktion
   ▶ Stammdaten
   ▶ Produktionsvorschläge
   ▶ Produktionsaufträge
   ▼ Rückmeldungen
       ❋ Rückmeldungen erfassen
       🖶 Rückmeldungen drucken
       ❋ Rückmeldungen übernehmen
```

RÜCKMELDUNGEN ERFASSEN. Hier gelangen Sie in die Erfassung der Einzelrückmeldungen.

Mit **ENTER** oder **F10** vergeben Sie die nächste Stapelnummer. Wenn Sie bereits erfasste Stapel weiter bearbeiten wollen, kommen Sie mit **F2** in die Auswahl. Bitte beachten Sie, dass es sich hier um eine Stapelrückmeldung handelt, d.h. solange die Rückmeldungen nicht übernommen werden, ist jederzeit eine Änderung der erfassten Werte möglich.

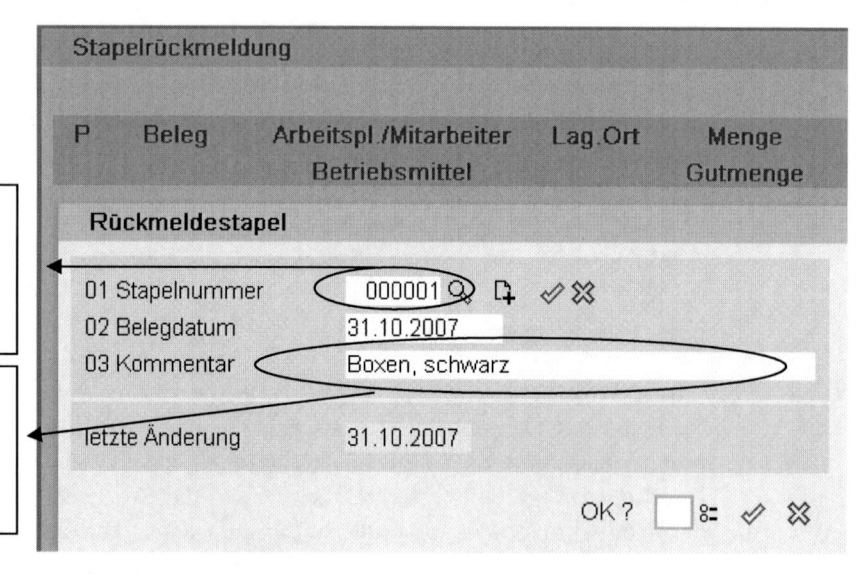

> Mit **ENTER** vergeben Sie eine neue Stapelnummer, mit **F2** können Sie einen bestehenden Stapel suchen.

> In der Kommentarzeile können Sie eine beliebige Bemerkung erfassen, so z.B. auch den Namen des Bearbeiters.

Stapelrückmeldung

P	Beleg	Arbeitspl./Mitarbeiter Betriebsmittel	Lag.Ort	Menge Gutmenge

Rückmeldestapel

01 Stapelnummer   000001
02 Belegdatum   31.10.2007
03 Kommentar   Boxen, schwarz

letzte Änderung   31.10.2007

OK?

RÜCKMELDESTAPEL ANLEGEN / ÖFFNEN. Mit **ENTER** oder **F10** legen Sie einen neuen Stapel an.

Nach Vergabe der Stapelnummer können Sie das Belegdatum eingeben (vorgeschlagen wird das Belegdatum aus der Classic Line) und einen Kommentar erfassen. Diese Kommentarzeile erleichtert die Unterscheidung der einzelnen Stapel, wenn Sie mehrere Erfassungsstapel gleichzeitig bearbeiten. Anschließend mir ja bestätigen und Sie gelangen Erfassung der Produktionsbelege, die zurück-gemeldet werden können. Jetzt können Sie wahlweise manuell die Belegnummer vom Lohnschein eingeben oder über **F2** den gewünschten Vorgang suchen.

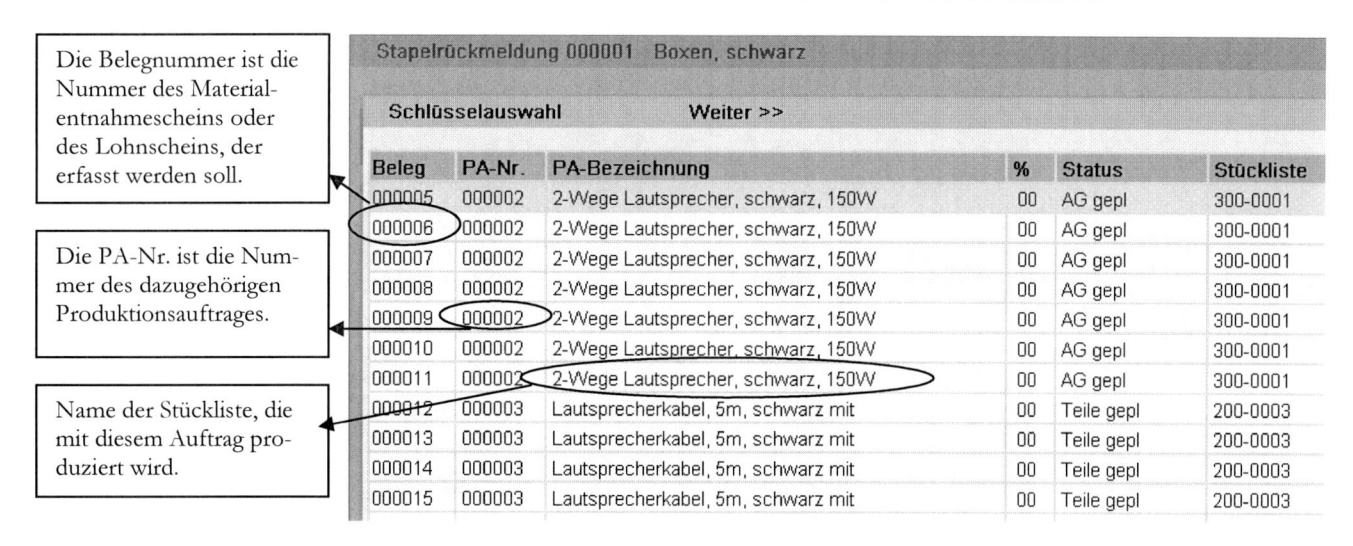

STAPELBEARBEITUNG PRODUKTIONSAUFTRÄGE

Die Belegnummer ist die Nummer des Materialentnahmescheins oder des Lohnscheins, der erfasst werden soll.

Die PA-Nr. ist die Nummer des dazugehörigen Produktionsauftrages.

Name der Stückliste, die mit diesem Auftrag produziert wird.

Beleg	PA-Nr.	PA-Bezeichnung	%	Status	Stückliste
000005	000002	2-Wege Lautsprecher, schwarz, 150W	00	AG gepl	300-0001
000006	000002	2-Wege Lautsprecher, schwarz, 150W	00	AG gepl	300-0001
000007	000002	2-Wege Lautsprecher, schwarz, 150W	00	AG gepl	300-0001
000008	000002	2-Wege Lautsprecher, schwarz, 150W	00	AG gepl	300-0001
000009	000002	2-Wege Lautsprecher, schwarz, 150W	00	AG gepl	300-0001
000010	000002	2-Wege Lautsprecher, schwarz, 150W	00	AG gepl	300-0001
000011	000002	2-Wege Lautsprecher, schwarz, 150W	00	AG gepl	300-0001
000012	000003	Lautsprecherkabel, 5m, schwarz mit	00	Teile gepl	200-0003
000013	000003	Lautsprecherkabel, 5m, schwarz mit	00	Teile gepl	200-0003
000014	000003	Lautsprecherkabel, 5m, schwarz mit	00	Teile gepl	200-0003
000015	000003	Lautsprecherkabel, 5m, schwarz mit	00	Teile gepl	200-0003

ÜBERSICHT PRODUKTIONSBELEGE. Wählen Sie den Produktionsbeleg aus, für den Sie eine Rückmeldung erfassen wollen.

Wählen Sie jetzt den Produktionsbeleg aus, für den Sie eine Rückmeldung erfassen wollen. Wir fangen in unserem Beispiel mit dem **Beleg 15** aus dem Produktionsauftrag **000003** an, da es sich hier um den Unterauftrag für unsere Produktionsstückliste handelt. Dieser wird als erster produziert, weil wir das fertige Kabel für unsere Lautsprecher benötigen. Da es sich hier um Teile handelt, die an unterschiedlichen Arbeitsplätzen hergestellt werden, ist es auch möglich, die beiden Produktionsaufträge parallel abzuwickeln/zu überlappen. Da die Konfektionierung der Kabel weniger Zeit in Anspruch nimmt, als die Montage der Lautsprecher, kann die Lautsprechermontage bereits mit dem ersten selbst hergestellten Kabel beginnen.

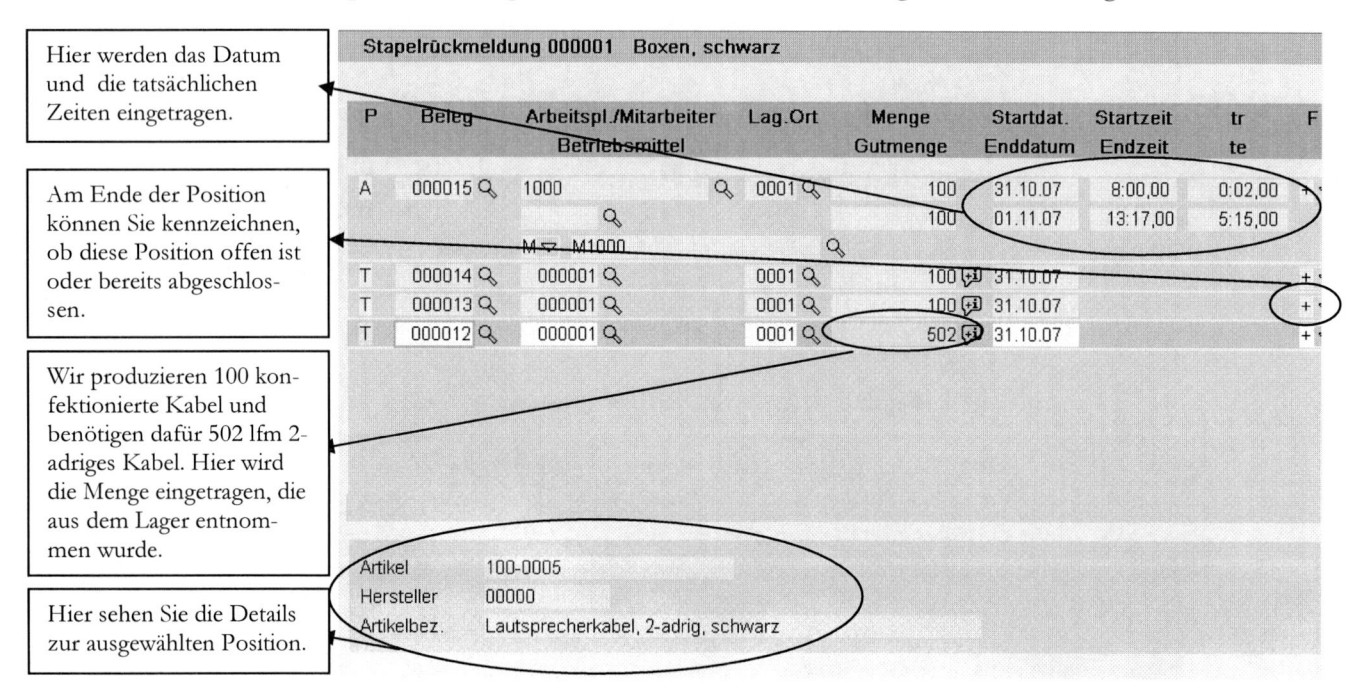

Hier werden das Datum und die tatsächlichen Zeiten eingetragen.

Am Ende der Position können Sie kennzeichnen, ob diese Position offen ist oder bereits abgeschlossen.

Wir produzieren 100 konfektionierte Kabel und benötigen dafür 502 lfm 2-adriges Kabel. Hier wird die Menge eingetragen, die aus dem Lager entnommen wurde.

Hier sehen Sie die Details zur ausgewählten Position.

Stapelrückmeldung 000001 Boxen, schwarz

P	Beleg	Arbeitspl./Mitarbeiter Betriebsmittel	Lag.Ort	Menge Gutmenge	Startdat. Enddatum	Startzeit Endzeit	tr te	F
A	000015	1000	0001	100	31.10.07	8:00,00	0:02,00	+
		M1000		100	01.11.07	13:17,00	5:15,00	
T	000014	000001	0001	100	31.10.07			+
T	000013	000001	0001	100	31.10.07			+
T	000012	000001	0001	502	31.10.07			+

Artikel 100-0005
Hersteller 00000
Artikelbez. Lautsprecherkabel, 2-adrig, schwarz

STAPELRÜCKMELDUNG. Bei der Stapelrückmeldung wird zwischen Materialscheinen und Lohnscheinen unterschieden.

In unserem Beispiel gibt es für den Produktionsauftrag 00003 zur Kabelkonfektionierung 3 Materialpositionen und einen Arbeitsgang, die wir der Übersichtlichkeit

STAPELBEARBEITUNG PRODUKTIONSAUFTRÄGE

halber auch in richtigen Reihenfolge. In der Praxis kommen die Scheine aus unterschiedlichen Aufträgen und nicht in geordneter Reihenfolge. Das spielt aber für die Erfassung keine Rolle.

Während Sie bei den Materialscheinen nur die aus dem Lager entnommene Menge erfassen, haben Sie bei den Lohnscheinen die Möglichkeit, sowohl die Gutmenge, als auch die aufgewendeten Rüst- und Arbeitszeiten[50] zu erfassen. In unserem Beispiel haben wir 502 lfm Kabel verbraucht, d.h. wir hatten 2 Meter Verschnitt. Auch unsere Arbeitszeiten lagen über Plan.

Wenn Sie alle Positionen erfasst haben, können Sie die Erfassung mit **ESC** und **Speichern und Eingabe verlassen**, verlassen.

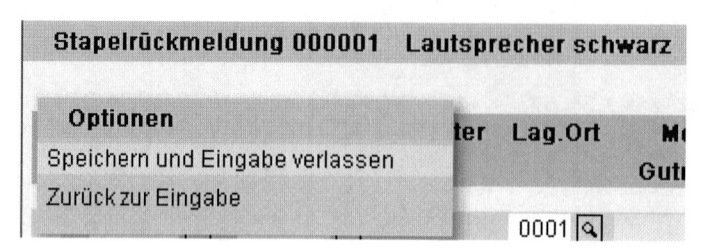

STAPELRÜCKMELDUNG. Mit **ESC** können Sie die Stapelrückmeldung wieder verlassen und Ihre Eingabe speichern.

Zur Kontrolle Ihrer erfassten Werte haben Sie jetzt die Möglichkeit, Ihre Rückmeldungen zu drucken. Gerade zu Beginn der Arbeit mit der Produktion ist es sinnvoll und hilfreich, die Rückmeldungen zu drucken und im Detail zu kontrollieren. Auf diese Weise können Sie mögliche Fehler bei der Erfassung finden und korrigieren.

Erst mit Rückmeldungen übernehmen erfolgt die komplette Verarbeitung. Bis dahin können Sie jederzeit Änderungen / Korrekturen vornehmen.

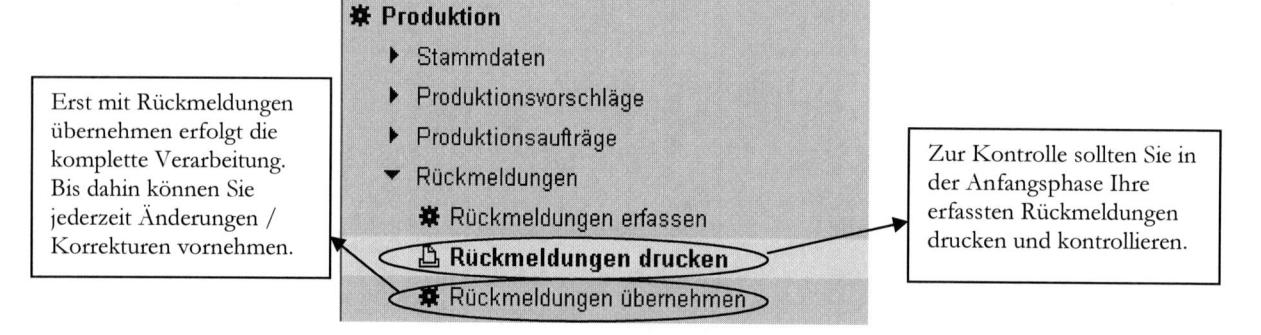

Zur Kontrolle sollten Sie in der Anfangsphase Ihre erfassten Rückmeldungen drucken und kontrollieren.

RÜCKMELDUNGEN DRUCKEN. Drucken Sie Ihre erfassten Rückmeldungen.

Beim Druck der Stapelrückmeldungen können Sie einzelne Rückmeldungen selektieren oder generell alle Rückmeldungen drucken. Bei den gewählten Rückmeldungen können Sie dann optional noch einstellen, ob Sie sowohl Teilerückmeldungen, als auch Arbeitsgangrückmeldungen drucken möchten.

---

[50] Wenn Sie die Arbeitszeiten mit unseren Werten erfassen, werden Sie später in Fertigmeldung sehen, dass die Ist-Werten deutlich von den Sollwerten abweichen. In so einem Fall ist zu prüfen, ob es sich hierbei um eine einmalige Abweichung handelt, z.B. wegen einer Maschinenstörung, oder weil eine Aushilfe eingesetzt wurde, oder ob diese Stückliste generell mit neuen Zeiten zu kalkulieren ist.

STAPELBEARBEITUNG PRODUKTIONSAUFTRÄGE

Stapelrückmeldungen drucken

01 Von Stapel	000001
02 Bis Stapel	999999
03 Von Produktionsauftrag	000001 Auftrag
04 Bis Produktionsauftrag	999999
05 Von Belegnummer	000001
06 Bis Belegnummer	999999
07 Von Artikel	
08 Bis Artikel	
09 Von Hersteller	00000
10 Bis Hersteller	99999
11 Von Arbeitsgang	00001
12 Bis Arbeitsgang	99999
13 Teilerückmeldungen	Ja
14 Arbeitsgangrückmeldungen	Ja

OK ?

Legen Sie hier fest, welche Rückmeldungen für die ausgewählten Aufträge gedruckt werden sollen. (→ 13, 14)

STAPELRÜCKMELDUNGEN DRUCKEN. Hier können Sie nach unterschiedlichen Kriterien auswählen, für welche Aufträge Sie die Rückmeldungen drucken möchten.

Mandant	400	Musikladen GmbH - Produktion						Druck	24.02.2008 / 20:59 /@CL
Rückmeldungsstapel-Nr.	000001	Boxen, schwarz						Datum 31.10.2007	Seite 1

P	Auftrag	Belegnr.	Artikel AFO	AG	Arb.platz	Hersteller Mitarb.	Datum Start	Ende tr	te	Prodmenge	Menge LO Gutmenge LO FKZ
A	000003	000015	00010	00001	1000		31.10.2007	01.11.2007		100	100 0000
			Löten					0:02,00	5:15,00		
T	000003	000014	100-0007			H00000	000001	31.10.2007			100 0001
			Stecker für Lautsprecherkabel, rot								
T	000003	000013	100-0006			H00000	000001	31.10.2007			100 0001
			Stecker für Lautsprecherkabel, schwarz								
T	000003	000012	100-0005			H00000	000001	31.10.2007			502 0001
			Lautsprecherkabel, 2-adrig, schwarz								

*Das **T** steht für Teileposition, das **A** für Arbeitsgang.*

Nummer des Produktionsauftrages.

Belegnummer des Material- oder Lohnscheines.

RÜCKMELDUNGSSTAPEL. Hier sehen Sie jetzt alle in diesem Stapel zurückgemeldeten Aufträge.

Im Rückmeldestapel sehen Sie jetzt alle Positionen im Überblick, inkl. der Menge bei den Teilepositionen und Produktionsmenge, Gutmenge und Rüst- und Produktionszeiten bei den Arbeitsgängen. Wenn Sie alle Werte geprüft haben und keine Korrekturen mehr erforderlich sind, können Sie die Rückmeldungen übernehmen.

📁 **Wichtig**

Achtung: nach der Übernahme der Rückmeldungen ist eine Korrektur nicht mehr möglich.

Dazu starten Sie die Übernahme unter: **Produktion → Rückmeldungen →Rückmeldungen übernehmen**.

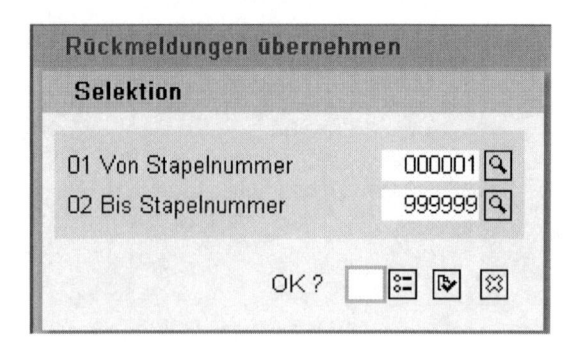

STAPELBEARBEITUNG PRODUKTIONSAUFTRÄGE

RÜCKMELDUNGEN ÜBERNEHMEN. Nach der Übernahme können die Stapel nicht mehr bearbeitet werden.

Wichtig

Die Statistiken und Karteikarten werden allerdings erst beim Statistiklauf aktualisiert. D.h. nach der Übernahme der Rückmeldungen sind noch die Fertigmeldungen zu drucken und der Statistiklauf durchzuführen. Erst danach sind alle Auswertungen und Statistiken auf dem neuesten Stand.

Zeiterfassung über BDE

Alternativ können die Arbeitszeiten auch über ein Zeiterfassungssystem erfasst und mit Hilfe einer BDE-Schnittstelle in die Produktion übernommen werden. Diese Art der Erfassung erfolgt unter **Produktion → Datenaustausch → Betriebsdatenerfassung**. Die Einrichtung der Schnittstelle ist abhängig von den verwendeten Terminals zur Zeiterfassung und erfolgt deshalb immer individuell. Vor allem in größeren Betrieben ist eine solche Zeiterfassung sinnvoll und in der Anschaffung auch lohnend, weil Sie auf diese Weise Ihre Mitarbeiter besser kontrollieren können und verlässlichere Zahlen für die Nachkalkulation einzelner Aufträge erhalten.

Fragen zur Lernzielkontrolle

☺ Testen Sie Ihr Wissen

1) Welche Möglichkeiten gibt es in der Produktion, einen Auftrag zurückzumelden?

2) Was ist der Unterschied zwischen einer Fertigmeldung und einer Rückmeldung?

3) Wie lange können Sie eine erfasste Rückmeldung noch verändern?

4) Für welche Positionen können Sie Rückmeldungen erfassen?

STAPELBEARBEITUNG PRODUKTIONSAUFTRÄGE

Praktische Übungen

Tastaturübungen

1) Erfassen Sie Einzelrückmeldungen für unseren **Produktionsauftrag** Nummer **000003** für die **Positionen 16-19**.

2) Drucken Sie die Rückmeldungen und kontrollieren Sie Ihre Eingabe.

3) Übernehmen Sie die Rückmeldungen.

4) Erfassen Sie die Einzelrückmeldung für unseren Produktionsauftrag Nummer 000002. Legen Sie dazu einen neuen Stapel 2 an.

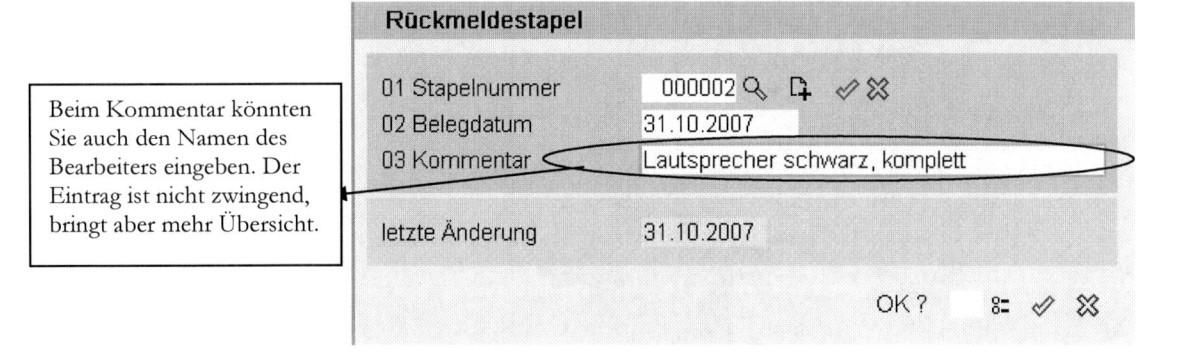

Beim Kommentar könnten Sie auch den Namen des Bearbeiters eingeben. Der Eintrag ist nicht zwingend, bringt aber mehr Übersicht.

Rückmeldestapel

01 Stapelnummer	000002
02 Belegdatum	31.10.2007
03 Kommentar	Lautsprecher schwarz, komplett
letzte Änderung	31.10.2007

OK?

RÜCKMELDUNGEN ERFASSEN. Legen Sie einen neuen Stapel an.

Stapelrückmeldung 000002   Lautsprecher komplett

P	Beleg	Arbeitspl./Mitarbeiter Betriebsmittel	Lag.Ort	Menge Gutmenge	Startdat. Enddatum	Startzeit Endzeit	tr te	F
T	000005	000001	0001	100	31.10.07			+
T	000006	000001	0001	100	31.10.07			+
T	000007	000001	0001	100	31.10.07			+
T	000008	000001	0001	100	31.10.07			+
T	000009	000001	0001	800	31.10.07			+
A	000010	1001		100	31.10.07	8:00,00	0:01,00	+
		000002		100	31.10.07	16:05,00	8:04,00	
		M M1002						

RÜCKMELDUNG FÜR AUFTRAG 000002. Wir erfassen die Rückmeldung mit den Werten aus dem Produktionsauftrag und kürzen die Produktionszeit um 16 Minuten.

Wenn Sie eine falsche Positionsnummer eingegeben haben, lässt sich diese nachträglich nicht mehr ändern. In diesem Fall **löschen** Sie die Position mit **F4** und fügen Sie mit **F3** wieder eine neue Position ein.

5) Drucken Sie die Rückmeldung und übernehmen Sie die Rückmeldung nach der Kontrolle.

6) Melden Sie die beiden Produktionsaufträge fertig, drucken Sie die Fertigmeldungen und führen Sie den Statistiklauf aus.

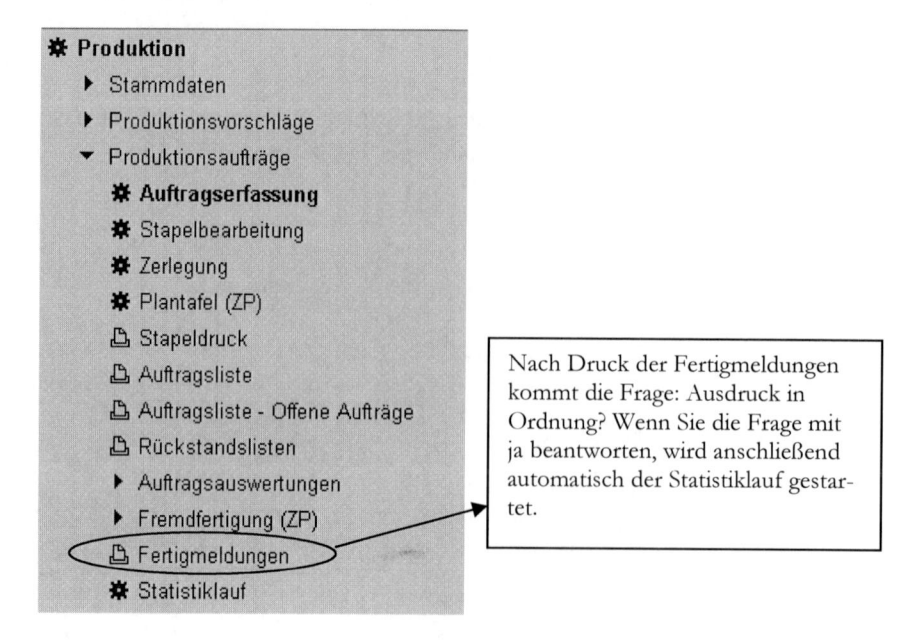

STAPELBEARBEITUNG PRODUKTIONSAUFTRÄGE

* **Produktion**
  * ▶ Stammdaten
  * ▶ Produktionsvorschläge
  * ▼ Produktionsaufträge
    * ✱ **Auftragserfassung**
    * ✱ Stapelbearbeitung
    * ✱ Zerlegung
    * ✱ Plantafel (ZP)
    * 🖨 Stapeldruck
    * 🖨 Auftragsliste
    * 🖨 Auftragsliste - Offene Aufträge
    * 🖨 Rückstandslisten
    * ▶ Auftragsauswertungen
    * ▶ Fremdfertigung (ZP)
    * 🖨 *(Fertigmeldungen)*
  * ✱ Statistiklauf

> Nach Druck der Fertigmeldungen kommt die Frage: Ausdruck in Ordnung? Wenn Sie die Frage mit ja beantworten, wird anschließend automatisch der Statistiklauf gestartet.

FERTIGMELDUNG UND STATISTIKLAUF. Drucken Sie anschließend die Fertigmeldungen und starten Sie den Statistiklauf.

📁 **Wichtig**

Warten Sie bitte, bis der Druck der Fertigmeldungen abgeschlossen ist, bevor Sie die Meldung bestätigen, denn eine Druckwiederholung ist im Zweifel nicht möglich.

Kapitel 10

Perioden- und Jahresabschluss

Zur Abgrenzung der Auswertungen führen wir regelmäßig einen Perioden- und einen Jahresabschluss durch.

Die Abschlüsse in der Produktion sind vollkommen unabhängig von den Abschlüssen in anderen Modulen der Classic Line. Es gibt für jeden Bereich einen eigenen Abschluss. Beim Periodenabschluss in der Produktion werden in den Auswertungen die Periodenwerte auf Null gesetzt. Da es hierbei keine Datumsabgrenzung gibt, wie in der Finanzbuchhaltung, sollte der Periodenabschluss immer pünktlich zum Monatswechsel gemacht werden.

Wir wollen zuvor einmal am Beispiel der Arbeitsplatzstatistik verdeutlichen, was genau beim Periodenabschluss passiert. Dazu starten wir unter **Produktion → Auswertungen → Arbeitsplätze** die Arbeitsplatzstatistik.

```
✱ Produktion
   ▶ Stammdaten
   ▶ Produktionsvorschläge
   ▶ Produktionsaufträge
   ▶ Rückmeldungen
   ▶ Kapazitäten
   ▼ Auswertungen
      ▶ Artikel
      ▼ Arbeitsplätze
         🖨 Arbeitsplatzstatistik
```

ARBEITSPLATZSTATISTIK.

Prüfen Sie vor dem Start, ob in den Druckeinstellungen die Bildschirmvorschau eingestellt ist, damit Sie die Auswertung erst einmal am Bildschirm angezeigt bekommen.

PERIODEN- UND JAHRESABSCHLUSS

Die Spalte mit den Periodenwerten wird beim Periodenabschluss auf Null gesetzt, d.h. einfach gelöscht.

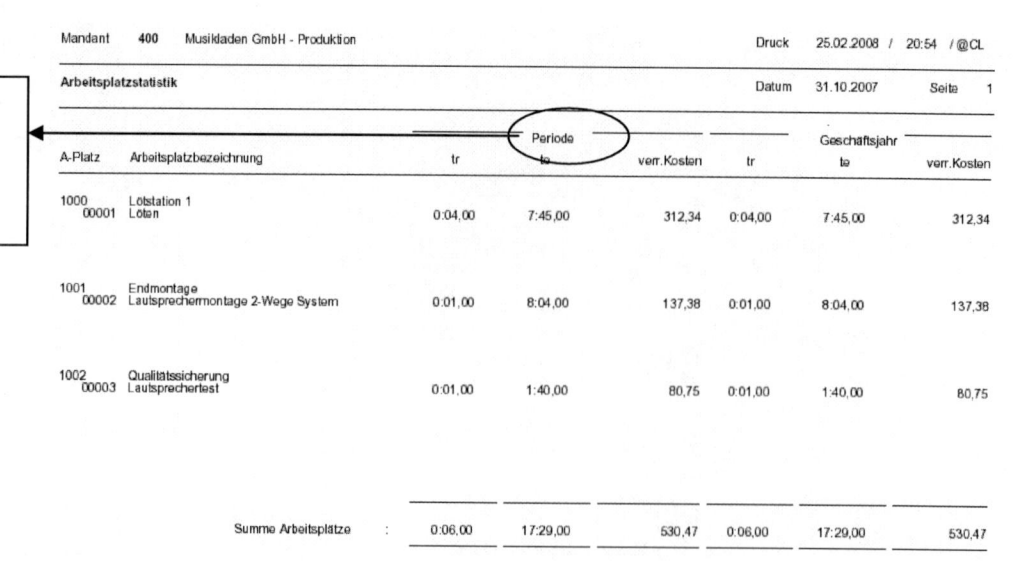

Mandant 400	Musikladen GmbH - Produktion				Druck	25.02.2008 / 20:54 / @CL
Arbeitsplatzstatistik					Datum	31.10.2007 Seite 1
			Periode			Geschäftsjahr
A-Platz	Arbeitsplatzbezeichnung	tr	te	verr.Kosten	tr	te	verr.Kosten
1000 00001	Lötstation 1 Löten	0:04,00	7:45,00	312,34	0:04,00	7:45,00	312,34
1001 00002	Endmontage Lautsprechermontage 2-Wege System	0:01,00	8:04,00	137,38	0:01,00	8:04,00	137,38
1002 00003	Qualitätssicherung Lautsprechertest	0:01,00	1:40,00	80,75	0:01,00	1:40,00	80,75
	Summe Arbeitsplätze :	0:06,00	17:29,00	530,47	0:06,00	17:29,00	530,47

ARBEITSPLATZSTATISTIK. Mit Monats- und Jahreswerten.

Anschließend wird noch ein Summenblatt mit den kumulierten Werten gedruckt.

Mandant 400	Musikladen GmbH - Produktion				Druck	25.02.2008 / 20:55 / @CL
Arbeitsplatzstatistik - Summenblatt					Datum	31.10.2007 Seite 1
	Periode			Geschäftsjahr		
Ausw-KZ	tr	te	verr.Kosten	tr	te	verr.Kosten
	0:06,00	17:29,00	530,47	0:06,00	17:29,00	530,47
**** gesamt	0:06,00	17:29,00	530,47	0:06,00	17:29,00	530,47

ARBEITSPLATZSTATISTIK. Summenblatt.

Stellen Sie sich einfach einmal bildhaft vor, Sie haben zwei Aktenordner, die laufend mit Unterlagen gefüllt werden. In den Ordner 1 kommen die Monatswerte, in den Ordner 2 die Jahreswerte. Bei der Ablage kommt also in den Ordner 2 jeweils eine Kopie der Informationen, die in den Ordner 1 (Monatsordner) kommen.

Am Monatsende leeren Sie den Monatsordner einfach aus, bzw. fangen für den nächsten Monat einen neuen an. Der Jahresordner (Ordner 2) wird unverändert weitergeführt.

📁 **Wichtig**

Da ein Monatsabschluss nicht rückgängig gemacht werden kann, ist es wichtig, vorher eine Datensicherung zu erstellen. Anschließend sollten Sie alle Auswertungen mit Monatswerten drucken, die Sie für Ihre Unterlagen benötigen und dann erst den Periodenabschluss machen. Alternativ dazu können Sie den Mandanten auch erst auf eine neue Nummer kopieren. Dann können Sie nachträglich erforderliche Auswertungen auch noch in der Mandantenkopie drucken.

Dazu wählen Sie **Produktion → Abschluss → Periodenabschluss**, um in die Auswahlmaske für den Periodenabschluss zu gelangen. Tragen Sie dort dann die gewünschten Optionen ein, für welche Bereiche in der Produktion der Abschluss durchgeführt werden soll.

PERIODEN- UND JAHRESABSCHLUSS

* **Produktion**
  - Stammdaten
  - Produktionsvorschläge
  - Produktionsaufträge
  - Rückmeldungen
  - Kapazitäten
  - Auswertungen
  - Abschluss
    * **Periodenabschluss**
    * Jahresabschluss

PERIODENABSCHLUSS PRODUKTION. Programmaufruf.

Periodenabschluss

Beim Periodenabschluss werden die Periodenwerte der ausgewählten Dateien auf Null gesetzt.
Die benötigten Auswertungen mit periodischen Werten müssen vorher gedruckt worden sein.

Nr.	Beschreibung	
01	Produktionszeiten und verrechnete Kosten pro Arbeitsplatz	Ja
02	Produktionszeiten pro Arbeitsplatz und Arbeitsgang	Ja
03	Produktionskosten pro Artikelgruppe	Ja
04	Produktionskosten pro Artikel	Ja
05	Geleistete Stunden (Mitarbeiterstamm)	Ja
06	Leistungen (Betriebsmittelstamm)	Ja
07	Planungshorizont aktualisieren	Ja

OK?

PRIODENABSCHLUSS. Wählen Sie hier die gewünschten Optionen.

Am sinnvollsten ist es, die vorgeschlagenen Optionen zu übernehmen und den Abschluss für alle Bereiche durchzuführen.

Wenn Sie jetzt nach dem Abschluss noch einmal die Arbeitsplatzstatistik aufrufen, sehen Sie, dass die Spalte Periode keine Werte mehr enthält, die Spalte Jahreswerte dagegen unverändert ist.

Am Jahresende wird dann der Jahresabschluss durchgeführt; hier ist bereits der Periodenabschluss mit enthalten, so dass dieser am Jahresende nicht mehr separat ausgeführt werden muss.

PERIODEN- UND JAHRESABSCHLUSS

Fragen zur Lernzielkontrolle

Testen Sie Ihr Wissen

1) Warum sollten Sie vor dem Periodenabschluss eine Datensicherung erstellen?

2) Was passiert beim Periodenabschluss?

3) Was passiert beim Jahresabschluss?

Praktische Übungen

Tastaturübungen

1) Drucken Sie die Arbeitsplatzstatistik.

2) Führen Sie einen Periodenabschluss durch.

3) Drucken Sie nochmals eine Arbeitsplatzstatistik und vergleichen Sie die beiden Auswertungen.

4) Legen Sie einen weiteren Artikel an mit der Artikelnummer 300-00002, 2-Wege Lautsprecher, eiche; verwenden Sie Holzschrauben aus Messing. Der Aufbau ist identisch mit unserem Artikel 300-00001.

Kapitel 11

Produktionsvorschläge

Lernen Sie hier die Arbeit mit Produktionsvorschlägen für Kundenaufträge und für die Lagerproduktion kennen.

Es gibt zwei Möglichkeiten, einen Produktionsvorschlag anzustoßen: Sie können einen Kundenauftrag erfassen oder im Artikelstamm einen Mindestbestand eintragen. Wir werden im folgenden beide Möglichkeiten umsetzen, um Ihnen zu zeigen, wie die Produktionsvorschläge erstellt werden und wie Sie unterscheiden können, wodurch der Vorschlag im Einzelfall ausgelöst wurde. Zu diesem Zweck werden wir bei unserem Artikel **300-00001** (2-Wege Lautsprecher, schwarz) einen Mindestbestand von 160 Stück eintragen und für unseren Artikel **300-00002** (2-Wege Lautsprecher, eiche) einen Kundenauftrag über 20 Stück anlegen.

Erfassen von Mindestbestand und Kundenauftrag

Im ersten Schritt öffnen wir unter **Produktion → Stammdaten → Artikel → Artikelstamm** unseren Artikel 300-00001 (2 Wege-Lautsprecher, schwarz) und tragen im Feld 11 (Mindestbestand) einen Mindestbestand von 160 Stück ein.

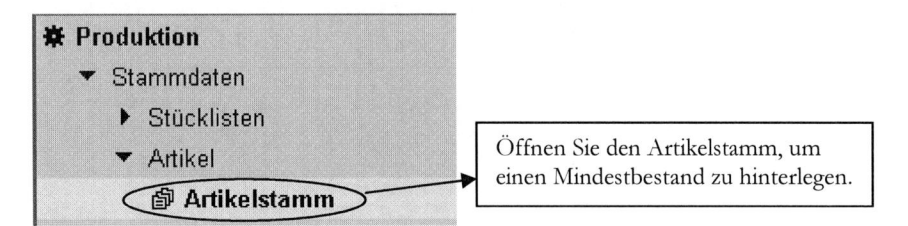

```
☼ Produktion
  ▼ Stammdaten
    ▶ Stücklisten
    ▼ Artikel
      🗐 Artikelstamm
```

Öffnen Sie den Artikelstamm, um einen Mindestbestand zu hinterlegen.

ARTIKELSTAMM. Programmaufruf.

Ob Sie den Artikelstamm in der Produktion, im Auftrag oder im Bestellwesen öffnen, spielt keine Rolle. Es gibt nur einen Artikelstamm im System, auf den alle 3 Programmteile zugreifen.

Durch die Eingabe des Mindestbestandes erstellt das System jetzt bei den Produktionsvorschlägen automatisch einen Vorschlag über 60 Stück (Mindestbestand 160 abzüglich Bestand 100).

ERFASSEN VON MINDESTBESTAND UND KUNDENAUFTRAG

Um den gewünschten Artikel zu öffnen geben Sie bitte die Artikelnummer ein oder suchen Sie mit **F2**.

Der hier eingetragene Mindestbestand wird für die Erstellung von Produktionsvorschlägen herangezogen. Bei Zukaufteilen kann der Mindestbestand an Hand der Bestelldisposition ebenfalls automatisch berücksichtigt werden.

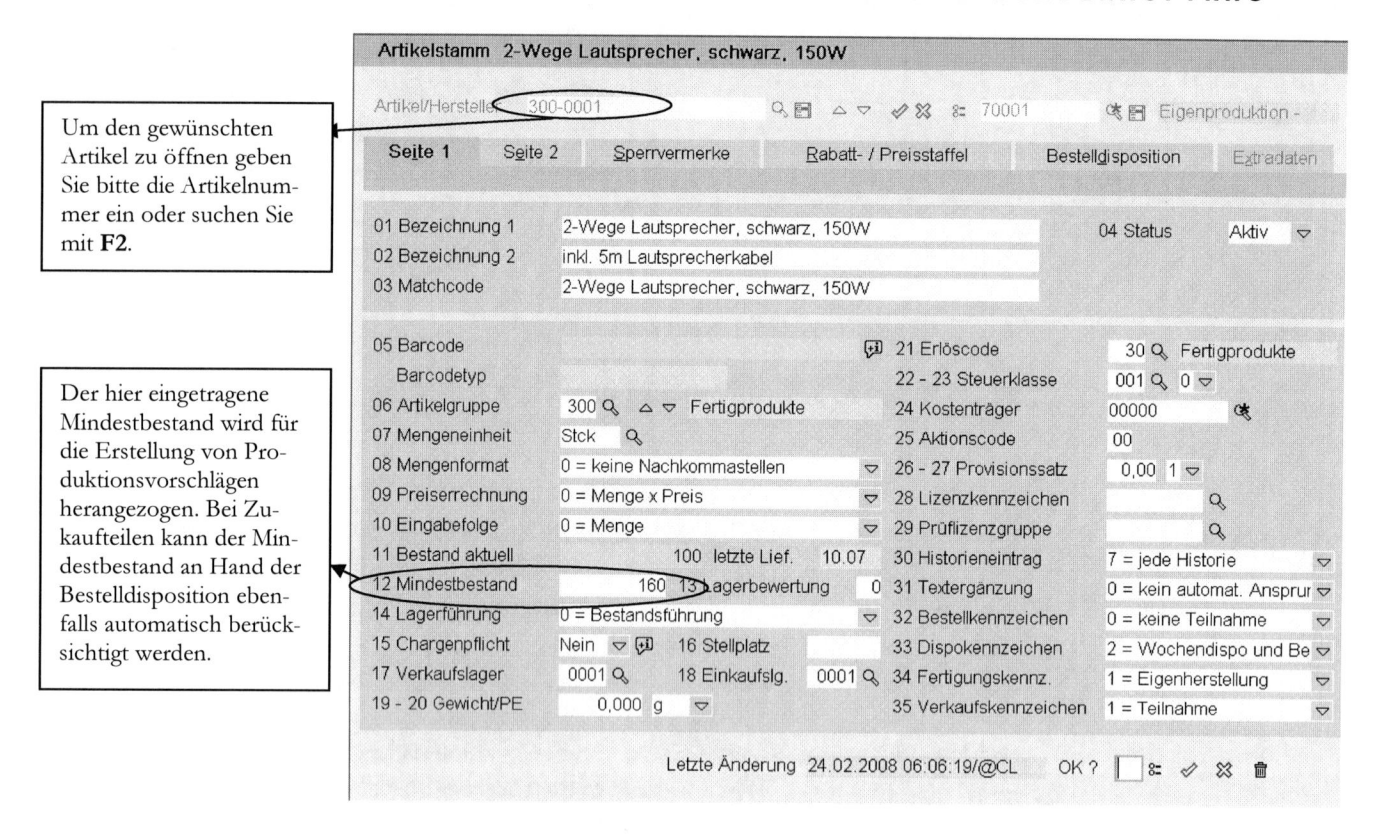

ARTIKEL 300-00001. Tragen Sie im Feld 13 einen Mindestbestand von 160 ein.

Die zweite Möglichkeit, einen Bedarf für die Produktion zu erzeugen, ist die Erfassung eines Kundenauftrages. Dazu wählen Sie: **Auftragsbearbeitung → Auftragsbearbeitung → Auftragserfassung → Einzelaufträge**. Durch die Erfassung eines Auftrages wird ebenfalls ein Bedarf erzeugt. Dabei haben Sie durch den erfassten Auftrag die Möglichkeit, den Produktionsauftrag mit dem Kundenauftrag zu verknüpfen, d.h. Sie sehen bereits in der Produktion, für welchen Kunden und für welchen Auftrag produziert wird.

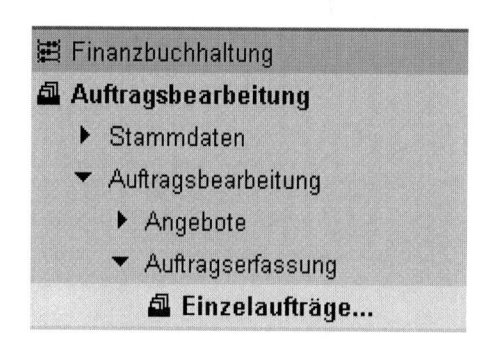

EINZELAUFTRÄGE. Hier starten Sie die Auftragserfassung.

Bevor Sie die Auftragsdaten erfassen können, kommt erst einmal eine Abfrage, für welche Lieferwoche Sie den Auftrag erfassen wollen. Sie können diesen Liefertermin später auch noch im Auftrag selbst für jede einzelne Position individuell verändern. Als Vorschlagswert wird immer das aktuelle Tagesdatum als Lieferdatum angeboten.

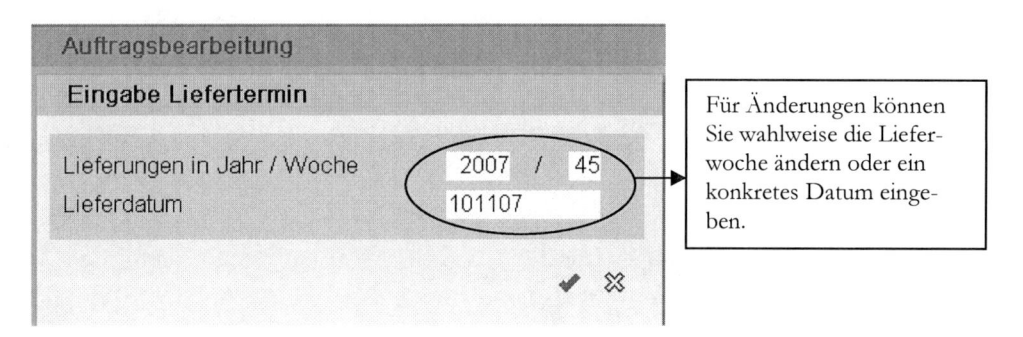

ERFASSEN VON MINDESTBESTAND UND KUNDENAUFTRAG

> Für Änderungen können Sie wahlweise die Lieferwoche ändern oder ein konkretes Datum eingeben.

EINGABE LIEFERWOCHE. Hier geben Sie an, für welche Lieferwoche Sie jetzt Aufträge erfassen möchten.

Wir bestätigen einfach das vorgeschlagene Datum und können in der nächsten Maske mit **ENTER** oder **F10** einen neuen Vorgang anlegen.

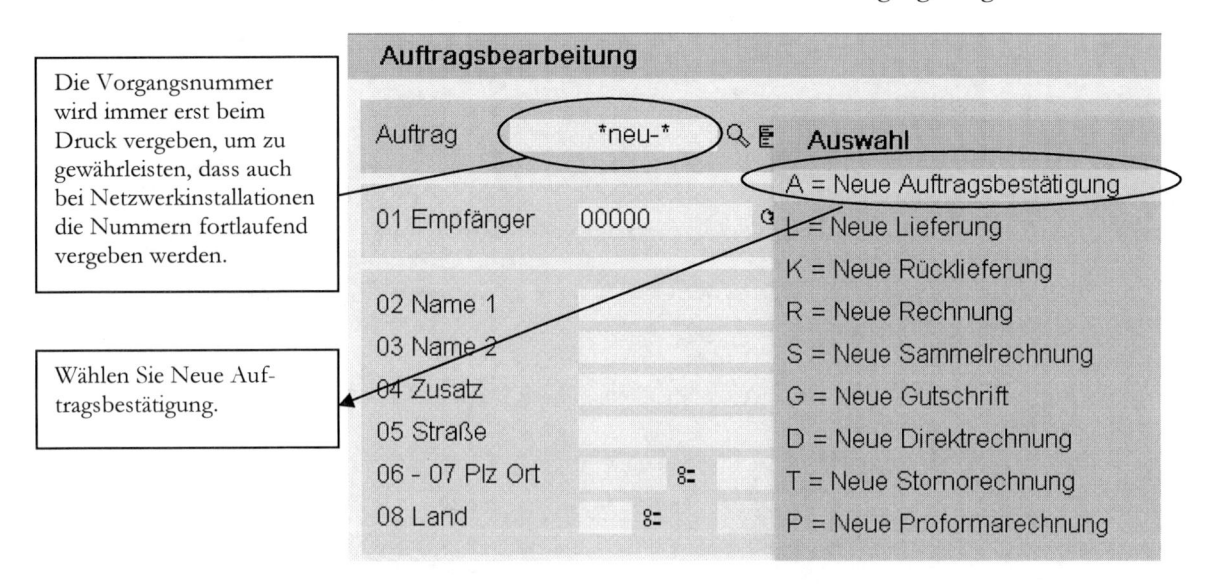

> Die Vorgangsnummer wird immer erst beim Druck vergeben, um zu gewährleisten, dass auch bei Netzwerkinstallationen die Nummern fortlaufend vergeben werden.

> Wählen Sie Neue Auftragsbestätigung.

NEUER AUFTRAG. Mit **ENTER** oder **F10** können Sie einen neuen Vorgang erfassen.

Wir wählen aus **A = Neue Auftragsbestätigung**. Als nächstes müssen wir einen Kunden auswählen, für den wir den Auftrag erfassen wollen. Dabei können wir wahlweise direkt die Kundennummer eingeben, falls bekannt, oder im Feld Kundennummer die ersten 5 Zeichen des Namens (das ist neu seit der Version 2007).

Mit der Eingabe der Kundennummer werden alle erforderlichen Informationen aus dem Kundenstamm in den Auftrag übernommen. Dabei handelt es sich um Vorschlagswerte, die für jeden Auftrag individuell geändert werden können. So können Sie z.B. jederzeit auftragsbezogene Änderungen vornehmen, die dann nur für diesen einen Auftrag gelten (z.B. andere Zahlungskonditionen, abweichende Lieferanschrift,....).

In unserem Beispiel können Sie alle Werte übernehmen, da uns der Kundenauftrag ja nur als Mittel zum Zweck dient, einen Bedarf für unsere Produktion zu erzeugen.

ERFASSEN VON MINDESTBESTAND UND KUNDENAUFTRAG

> Mit Eingabe der Kundennummer werden alle erforderlichen Daten aus dem Kundenstamm übernommen.

> Sie können jederzeit auftragsbezogene Änderungen vornehmen. Eine automatische Übernahme der Änderungen in den Kundenstamm ist dabei nur für Änderungen im Adressteil möglich.

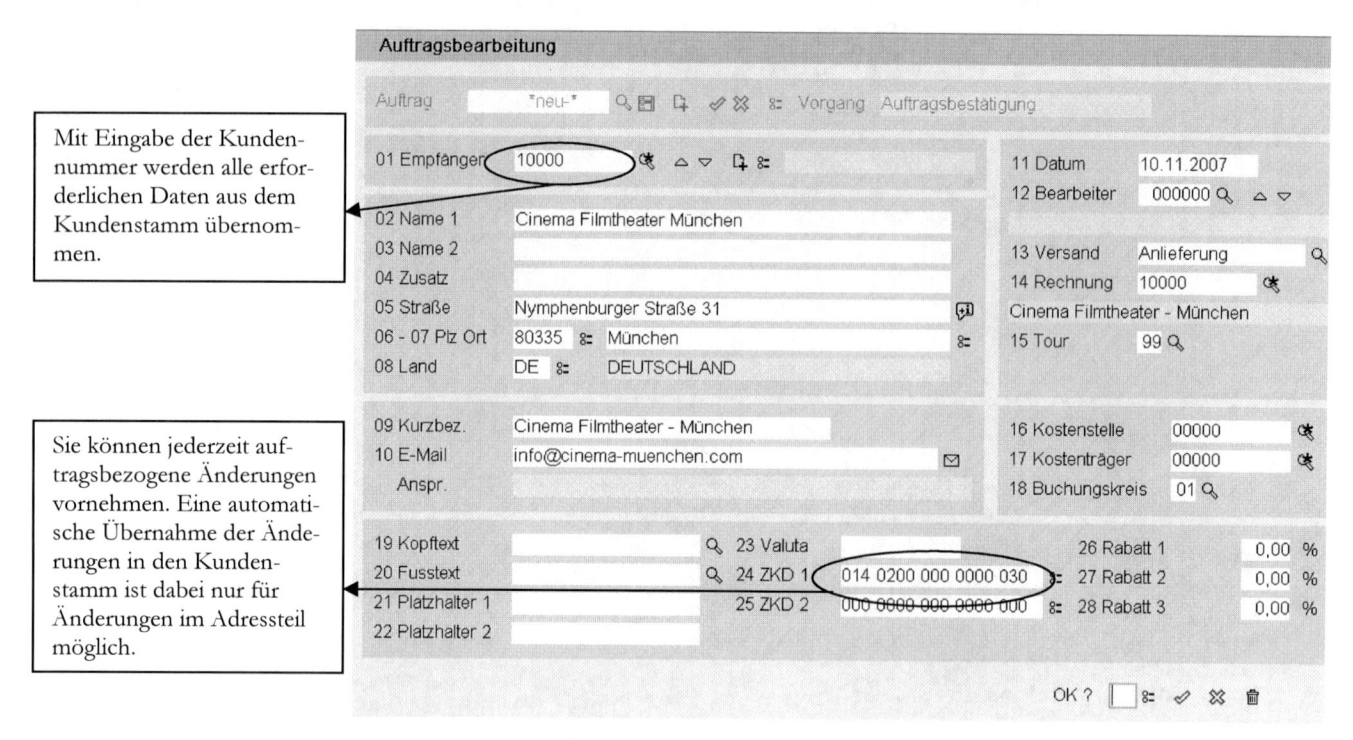

AUFTRAGSBESTÄTIGUNG. Erfassung der Kopfdaten.

Bestätigen Sie am Ende in der OK-Abfrage mit ja, um in die Positionserfassung zu gelangen.

> Geben Sie hier die Artikelnummer ein.

> Tragen Sie hier die gewünschte Menge ein. Sobald Sie die Zeile mit ENTER bestätigen, erfolgt im Artikelstamm eine entsprechende Reservierung, d.h. der verfügbare Bestand wird um die Auftragsmenge reduziert.

> Verfügbar ist der Lagerbestand abzüglich der reservierten / bestellten Menge.

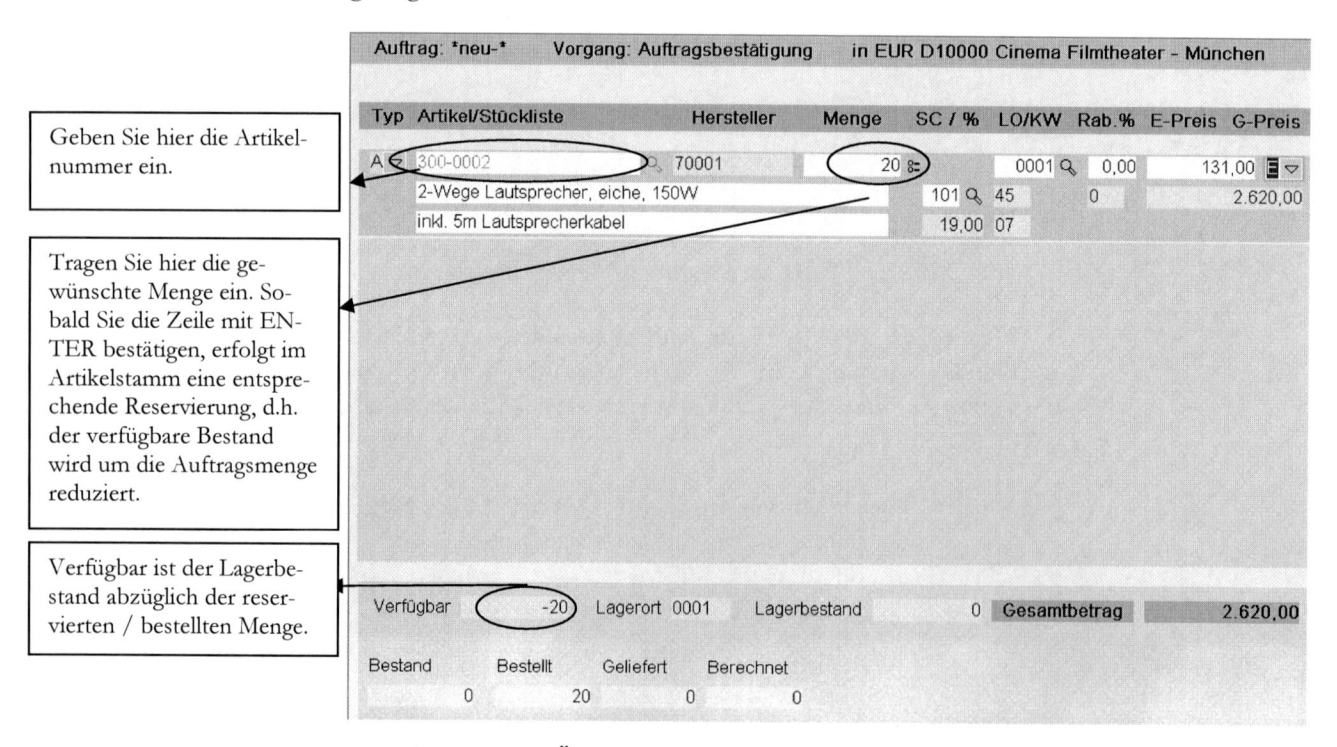

AUFTRAGSBESTÄTIGUNG. Positionserfassung.

Mit der Erfassung der Auftragsmenge erfolgt sofort eine Bestandsreservierung, d.h. der verfügbare Bestand ist bei **–20**. Gerade für Mehrplatzinstallationen ist es wichtig, dass diese Information sofort bei der Positionserfassung aktualisiert wird, damit

© Jörg Merk – Neue Welt Verlag GmbH

ERFASSEN VON MINDESTBESTAND UND KUNDENAUFTRAG

alle Mitarbeiter immer aktuell Zugriff auf die verfügbare Menge eines Artikels haben.

> Klappen Sie das Menü mit dem Pfeil auf oder wählen Sie über **F2**.

> Über die Auswahl **Y** können Sie direkt aus dem Kundenauftrag heraus einen Produktionsauftrag anlegen.

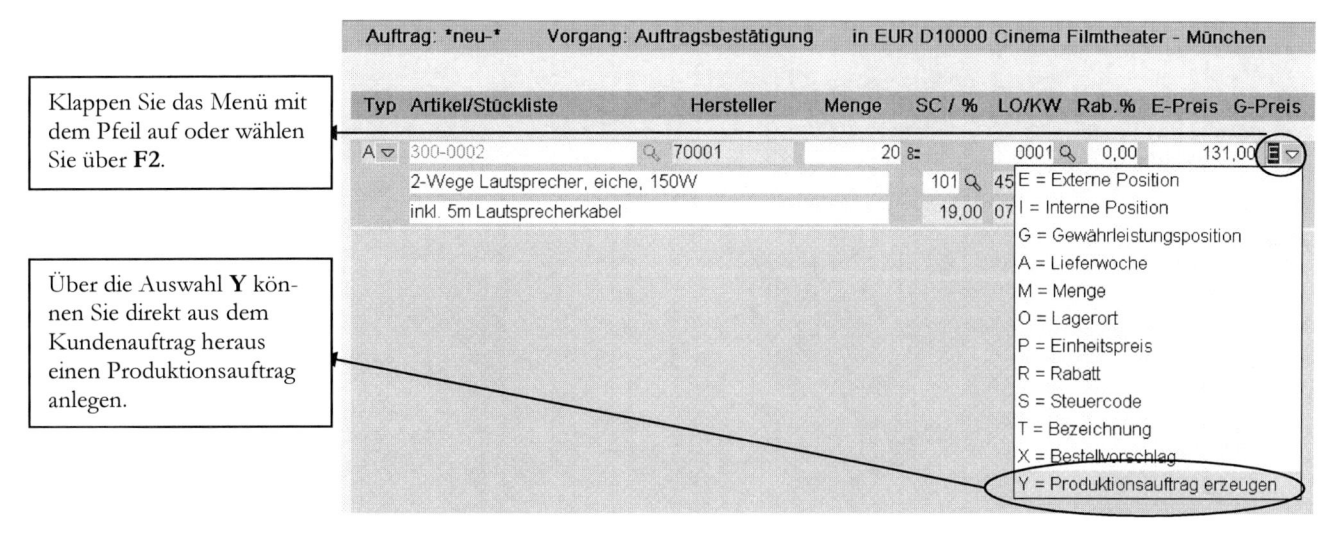

AUFTRAGSBESTÄTIGUNG. Produktionsauftrag auftragsbezogen erzeugen.

📖 **Praxistipp**

Neu seit der Version 3.3: Sie können jetzt direkt aus der Auftragserfassung heraus einen Produktionsauftrag anlegen, falls der gewünschte Artikel nicht auf Lager ist. Dazu geben Sie einfach am Ende der Positionszeile ein **Y = Produktionsauftrag erzeugen** ein oder wählen Sie aus mit **F2**. Diese Variante bietet den Vorteil, dass Sie in der Auftragsbearbeitung sofort sehen können, wann produziert wird. So können Sie gleich den voraussichtlichen Liefertermin eingeben.

> Bitte geben Sie an dieser Stelle nein ein, wenn Sie abbrechen wollen. Wir wollen ja darstellen, wie ich aus unterschiedlichen Quellen einen Produktionsvorschlag erzeugen kann.

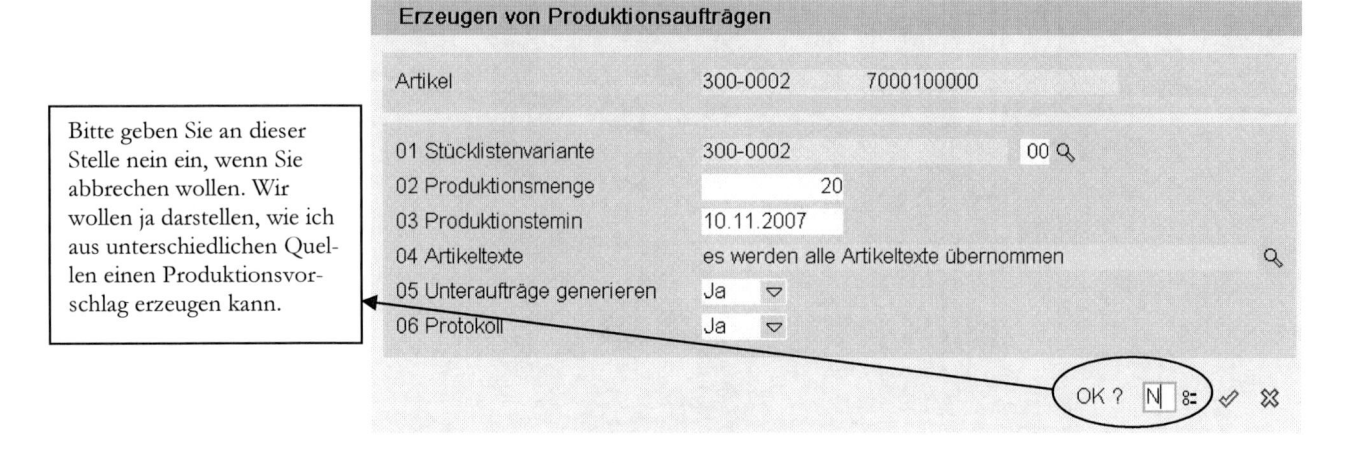

PRODUKTIONSAUFTRAG ERZEUGEN. Bitte geben Sie nein ein.

Bitte geben Sie an dieser Stelle nein ein. Unsere Fragestellung zielt ja auf die Arbeit mit Produktionsvorschlägen in der Produktion arbeiten. Das geht aber nur, wenn wir darauf verzichten, aus der Auftragsbearbeitung gleich direkt einen Produktionsauftrag zu erzeugen und damit den Schritt des Produktionsvorschlags überspringen.

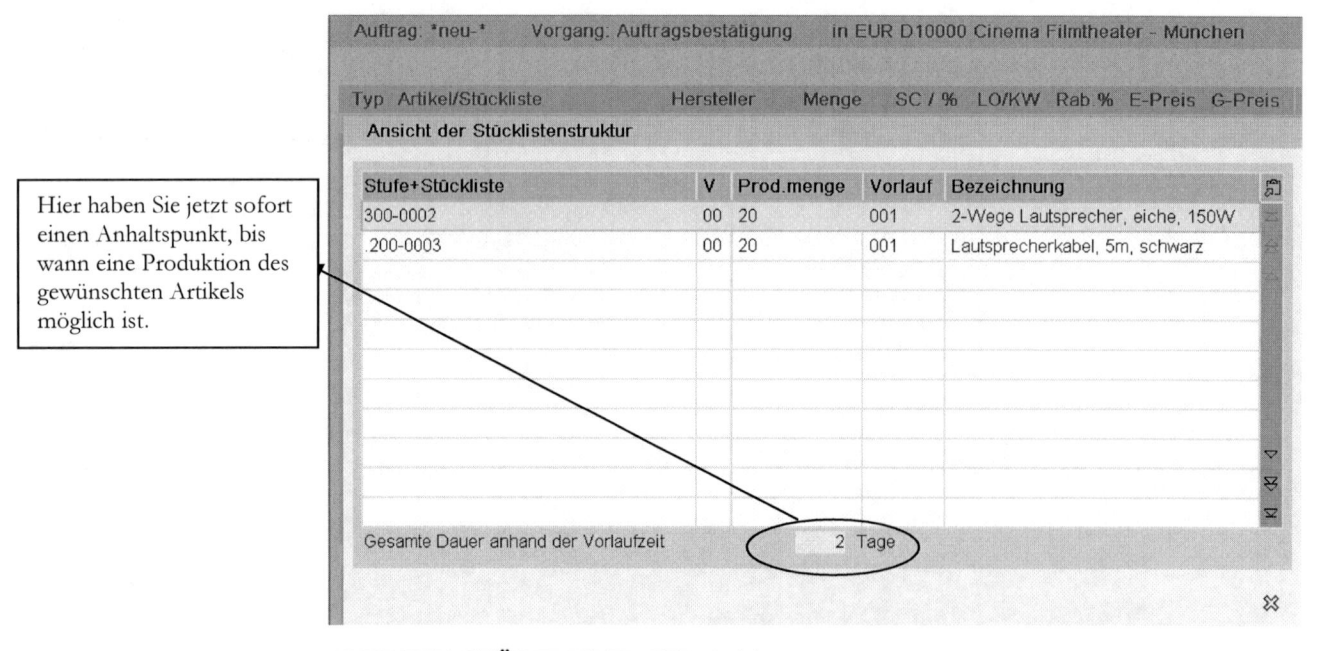

ERFASSEN VON MINDESTBESTAND UND KUNDENAUFTRAG

Hier haben Sie jetzt sofort einen Anhaltspunkt, bis wann eine Produktion des gewünschten Artikels möglich ist.

ANSICHT STÜCKLISTENSTRUKTUR. Als nächstes wird Ihnen die Stücklistenstruktur des erforderlichen Produktionsauftrages angezeigt, inkl. der voraussichtlichen Produktionsdauer.

Optional können Sie mit der Information der Produktionsdauer im Anschluss gleich Ihren Liefertermin in der Auftragsbestätigung entsprechend anpassen.

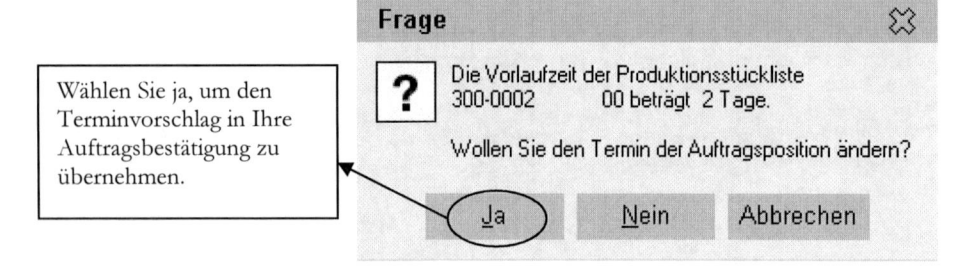

Wählen Sie ja, um den Terminvorschlag in Ihre Auftragsbestätigung zu übernehmen.

AUFTRAG ABSCHLIEßEN. Mit Übernahme können Sie den Auftrag abschließen.

Zum Speichern Ihres Kundenauftrages drücken Sie **ESC** und wählen Übernahme.

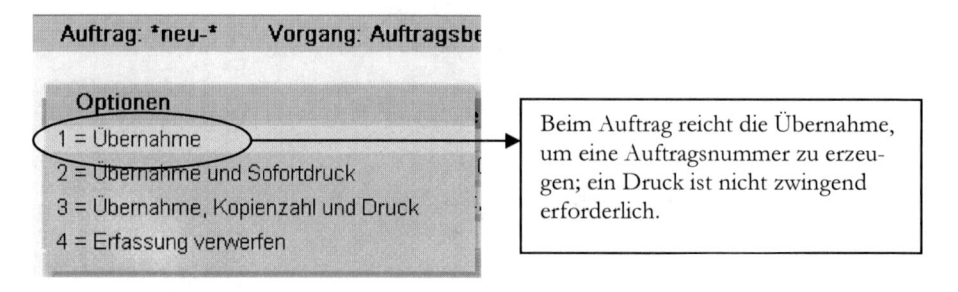

Beim Auftrag reicht die Übernahme, um eine Auftragsnummer zu erzeugen; ein Druck ist nicht zwingend erforderlich.

AUFTRAG ABSCHLIEßEN. Mit Übernahme können Sie den Auftrag abschließen.

In unserem Beispiel verzichten wir auf die Möglichkeit, gleich einen Produktionsauftrag zu erzeugen, weil wir einen Produktionsvorschlag erstellen wollen, in dem wir Vorschläge aus unterschiedlichen Quellen finden. Wenn Sie alle Positionen erfasst haben, drücken Sie **ESC** und wählen Sie Übernahme, um den Auftrag abzuschließen.

ERFASSEN VON MINDESTBESTAND UND KUNDENAUFTRAG

Jetzt haben wir durch die Eingabe unseres Auftrages und die Erfassung eines Mindestbestandes für zwei Artikel einen Bedarf erzeugt. Im nächsten Schritt können wir jetzt einen automatischen Produktionsvorschlag erstellen und daraus alle erforderlichen Produktionsaufträge anlegen.

Der Produktionsvorschlag

Der Produktionsvorschlag dient dazu, automatisch alle Produktionsartikel auf Bedarf zu überprüfen. Anschließend können die Produktionsvorschläge geprüft und bei Bedarf in Produktionsaufträge übernommen werden. Die weitere Verarbeitung der Produktionsaufträge ist dann wieder identisch mit der Bearbeitung eines manuell erfassten Produktionsauftrages.

Wir starten unter **Produktion → Produktionsvorschläge → Produktionsvorschläge erstellen**.

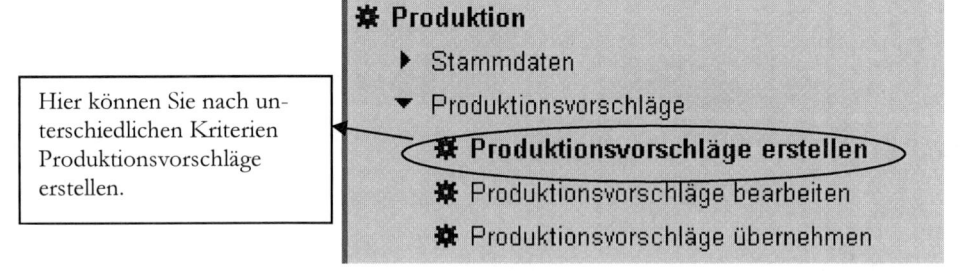

Hier können Sie nach unterschiedlichen Kriterien Produktionsvorschläge erstellen.

PRODUKTIONSVORSCHLÄGE ERSTELLEN. Im ersten Schritt starten wir unseren Produktionsvorschlag.

In der Maske Produktionsvorschläge erstellen haben Sie jetzt die Möglichkeit, nach den unterschiedlichsten Kriterien auszuwählen, für welche Artikel ein Produktionsvorschlag erstellt werden soll. Dabei können Sie z.B. nur auftragsbezogene Produktionsvorschläge erzeugen oder nur solche, die aus Produktionsaufträgen angestoßen werden. Oder nur für Zwischenerzeugnisse oder Fertigerzeugnisse, oder eben einfach für alle Bereiche.

Wir bestätigen einfach alle Optionen mit den Vorschlagswerten und bearbeiten dann unsere Produktionsvorschläge.

Feld 01 – Feld 12: Hier können Sie nach unterschiedlichen Merkmalen festlegen, für welche Artikel und für welchen Zeitraum ein Produktionsvorschlag erstellt werden soll.

Feld 13 – Feld 14: In diesem Bereich können Sie wählen, für welche Artikeltypen (Fertigprodukte, Zwischenprodukte) ein Produktionsvorschlag erstellt werden soll.

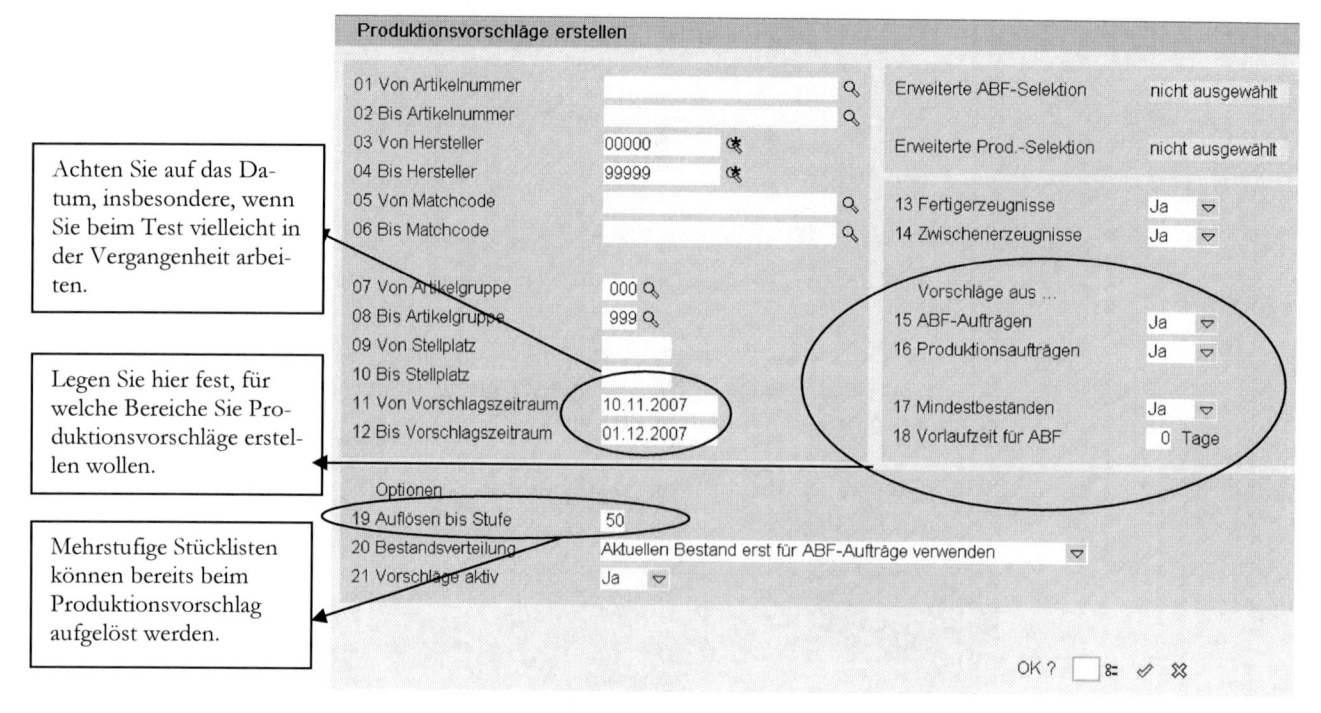

DER PRODUKTIONSVORSCHLAG

Achten Sie auf das Datum, insbesondere, wenn Sie beim Test vielleicht in der Vergangenheit arbeiten.

Legen Sie hier fest, für welche Bereiche Sie Produktionsvorschläge erstellen wollen.

Mehrstufige Stücklisten können bereits beim Produktionsvorschlag aufgelöst werden.

PRODUKTIONSVORSCHLÄGE ERSTELLEN. In dieser Auswahlmaske können Sie jetzt nach unterschiedlichen Kriterien eingrenzen, für welche Artikel Produktionsvorschläge erstellt werden sollen.

Feld 15 – Feld 17: Hier können die sogenannten Bedarfsverursacher ausgewählt werden. So kann ein Bedarf erzeugt werden durch die Erfassung eines Mindestbestandes, durch einen Kundenauftrag oder durch die Auflösung einer mehrstufigen Produktionsstückliste (Produktionsauftrag).

Zu guter Letzt haben Sie unter Optionen die Möglichkeit, zu entscheiden, bis zu welcher Stufe mehrstufige Stücklisten aufgelöst werden sollen, und für welchen Bereich vorhandene Bestände bevorzugt zu verwenden sind. In der Regel werden vorhandene Bestände zuerst für Kundenaufträge verwendet. In unserem Beispiel übernehmen wir die vom Programm vorgeschlagenen Werte.

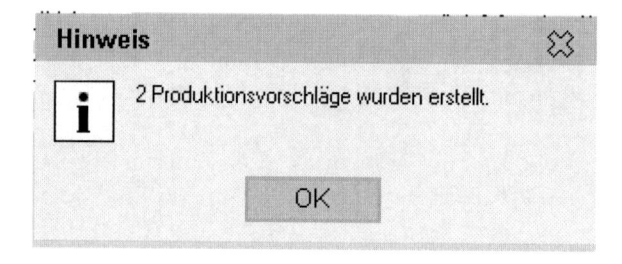

HINWEIS. Nach der Bestätigung erscheint ein Hinweis, wie viele Produktionsvorschläge erstellt wurden.

Nachdem wir einen Mindestbestand eingegeben und für einen weiteren Artikel einen Kundenauftrag erfasst haben, wurden 2 Produktionsvorschläge erstellt. Das erklärt sich, wie folgt: obwohl wie mit der Option, die Stücklisten automatisch aufzulösen arbeiten und beide von uns ausgewählten Artikel aus einer 2-stufigen Stückliste, wurden nur 2 Produktionsvorschläge erstellt. Das liegt daran, dass für das Lautsprecherkabel noch ein Bestand von 100 Stück vorhanden ist, d.h. die benötigte Menge für beide Produktionsaufträge ist vorhanden. Wäre der Bestand hier kleiner, würde unser System automatisch weitere Produktionsvorschläge erstellen.

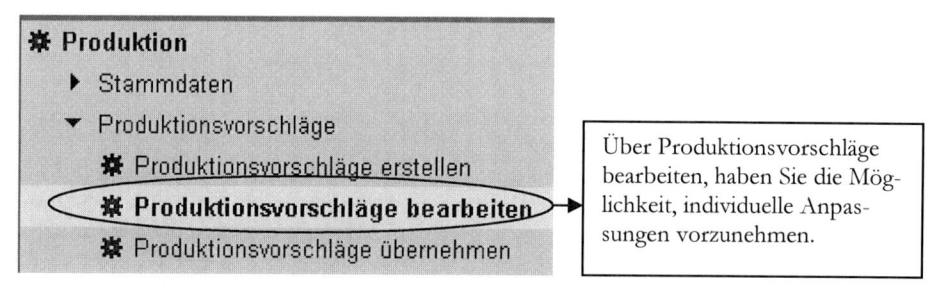

DER PRODUKTIONSVORSCHLAG

> ✱ Produktion
> ▶ Stammdaten
> ▼ Produktionsvorschläge
>   ✱ Produktionsvorschläge erstellen
>   ✱ **Produktionsvorschläge bearbeiten**
>   ✱ Produktionsvorschläge übernehmen

Über Produktionsvorschläge bearbeiten, haben Sie die Möglichkeit, individuelle Anpassungen vorzunehmen.

PRODUKTIONSVORSCHLÄGE BEARBEITEN. Als nächstes haben wir die Möglichkeit, unsere Produktionsvorschläge zu bearbeiten / kontrollieren.

Unter **Produktion → Produktionsvorschläge → Produktionsvorschläge bearbeiten** können Sie die einzelnen Vorschläge prüfen, überarbeiten und festlegen, ob ein Produktionsauftrag erstellt werden soll.

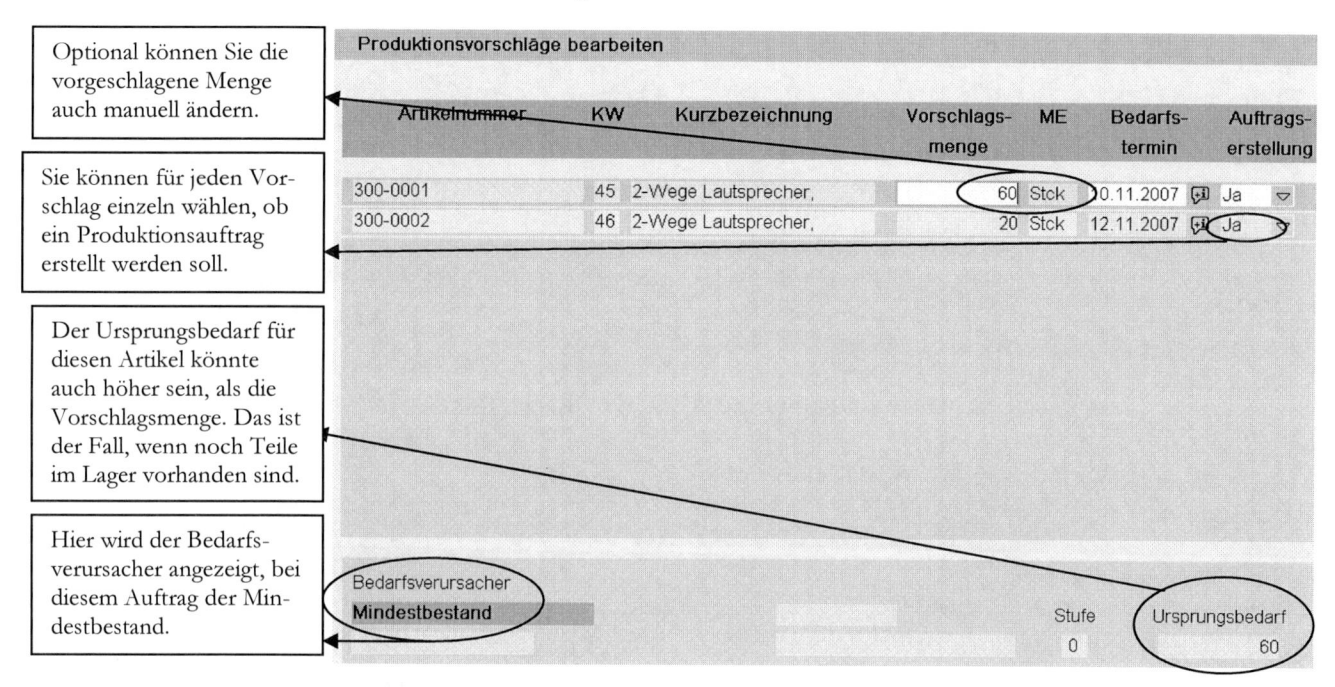

Optional können Sie die vorgeschlagene Menge auch manuell ändern.

Sie können für jeden Vorschlag einzeln wählen, ob ein Produktionsauftrag erstellt werden soll.

Der Ursprungsbedarf für diesen Artikel könnte auch höher sein, als die Vorschlagsmenge. Das ist der Fall, wenn noch Teile im Lager vorhanden sind.

Hier wird der Bedarfsverursacher angezeigt, bei diesem Auftrag der Mindestbestand.

Artikelnummer	KW	Kurzbezeichnung	Vorschlagsmenge	ME	Bedarfstermin	Auftragserstellung
300-0001	45	2-Wege Lautsprecher,	60	Stck	30.11.2007	Ja
300-0002	46	2-Wege Lautsprecher,	20	Stck	12.11.2007	Ja

Bedarfsverursacher: **Mindestbestand**
Stufe: 0
Ursprungsbedarf: 60

PRODUKTIONSVORSCHLÄGE BEARBEITEN. Sie können jeden Produktionsvorschlag einzeln zur weiteren Verarbeitung freigeben.

Wenn Sie mit der Bearbeitung fertig sind, verlassen Sie die Maske mit **ESC** und speichern Ihre Änderungen.

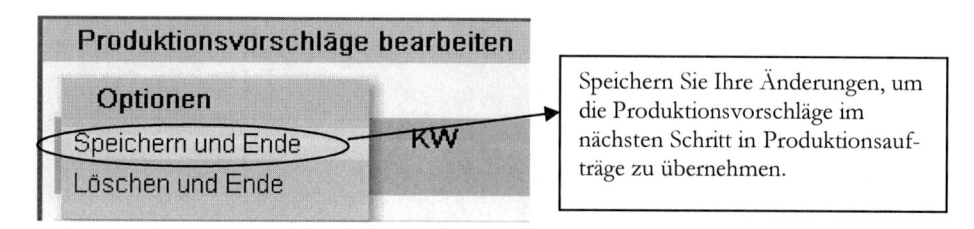

> **Produktionsvorschläge bearbeiten**
> **Optionen**
> Speichern und Ende   KW
> Löschen und Ende

Speichern Sie Ihre Änderungen, um die Produktionsvorschläge im nächsten Schritt in Produktionsaufträge zu übernehmen.

PRODUKTIONSVORSCHLÄGE SPEICHERN. Speichern und Ende speichert die geänderten Vorschläge zur weiteren Verarbeitung.

Bei der Erstellung von Produktionsvorschlägen wurde in der Disposition noch nichts geändert, d.h. Sie können diese Vorschläge auch noch einmal löschen und neu erzeugen. Wählen Sie anschließend **Produktion → Produktionsvorschläge**

DER PRODUKTIONSVORSCHLAG

→ **Produktionsvorschläge übernehmen**, um die Vorschlagswerte in Produktionsaufträge zu übernehmen.

Bei der Übernahme der Produktionsvorschläge wird automatisch ein Übernahmeprotokoll gedruckt. Dieses Protokoll sollten Sie archivieren, damit Sie auch später noch nachvollziehen können, welche Produktionsaufträge automatisch erzeugt wurden.

Auch bei der Übernahme haben Sie wieder eine Selektionsmaske vorgeschaltet, um auszuwählen, welche der Vorschläge übernommen werden sollen.

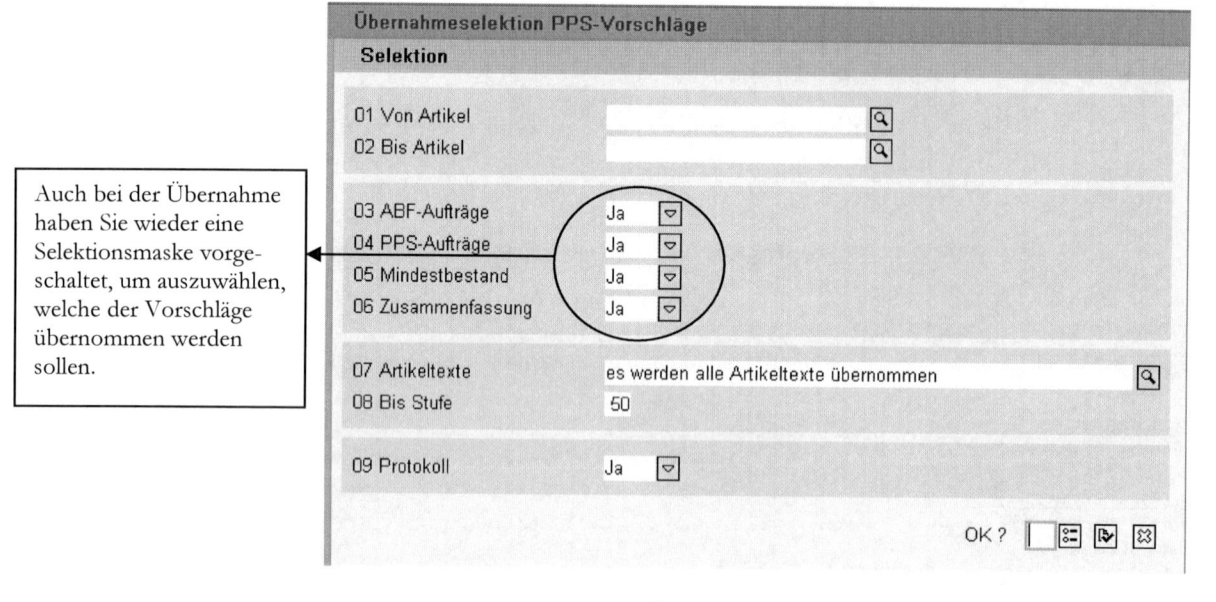

PRODUKTIONSVORSCHLÄGE - ÜBERNEHMEN. Treffen Sie die gewünschte Auswahl.

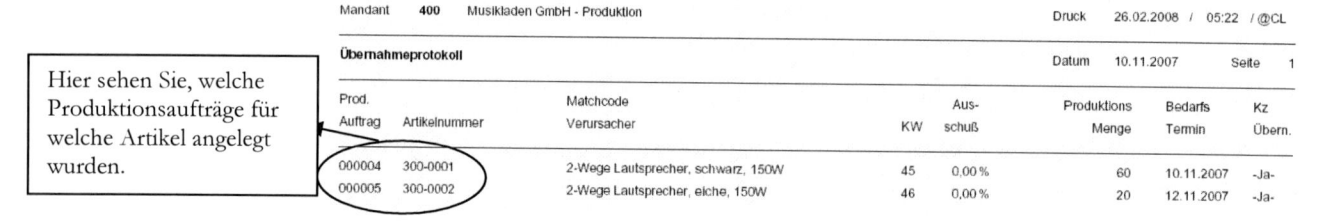

Hier sehen Sie, welche Produktionsaufträge für welche Artikel angelegt wurden.

PRODUKTIONSVORSCHLÄGE - ÜBERNAHMEPROTOKOLL. Im Übernahmeprotokoll werden alle Aufträge mit Produktionsmenge gedruckt.

Anschließend stehen die neuen Produktionsaufträge in der Auftragserfassung der Produktion zur weiteren Bearbeitung zur Verfügung.

Diese zwei Aufträge wurden aus den Produktionsvorschlägen übernommen.

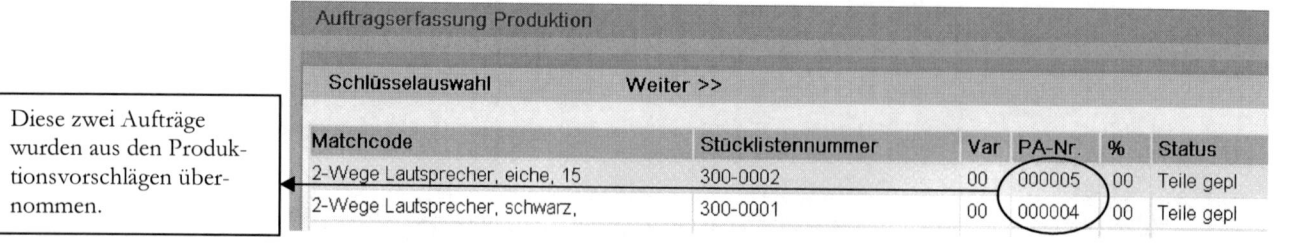

AUFTRAGSERFASSUNG. Übersicht mit **F2**.

Wählen Sie jetzt einen Auftrag nach dem anderen zur weiteren Bearbeitung aus, um die Produktionsaufträge noch einzuplanen. Wenn Sie die Bereiche Arbeitsplät-

DER PRODUKTIONSVORSCHLAG

ze/Arbeitsgänge aktiv nutzen, sollten Sie die Aufträge einzeln einplanen und auch gleich drucken inkl. Material- und Lohnscheinen.

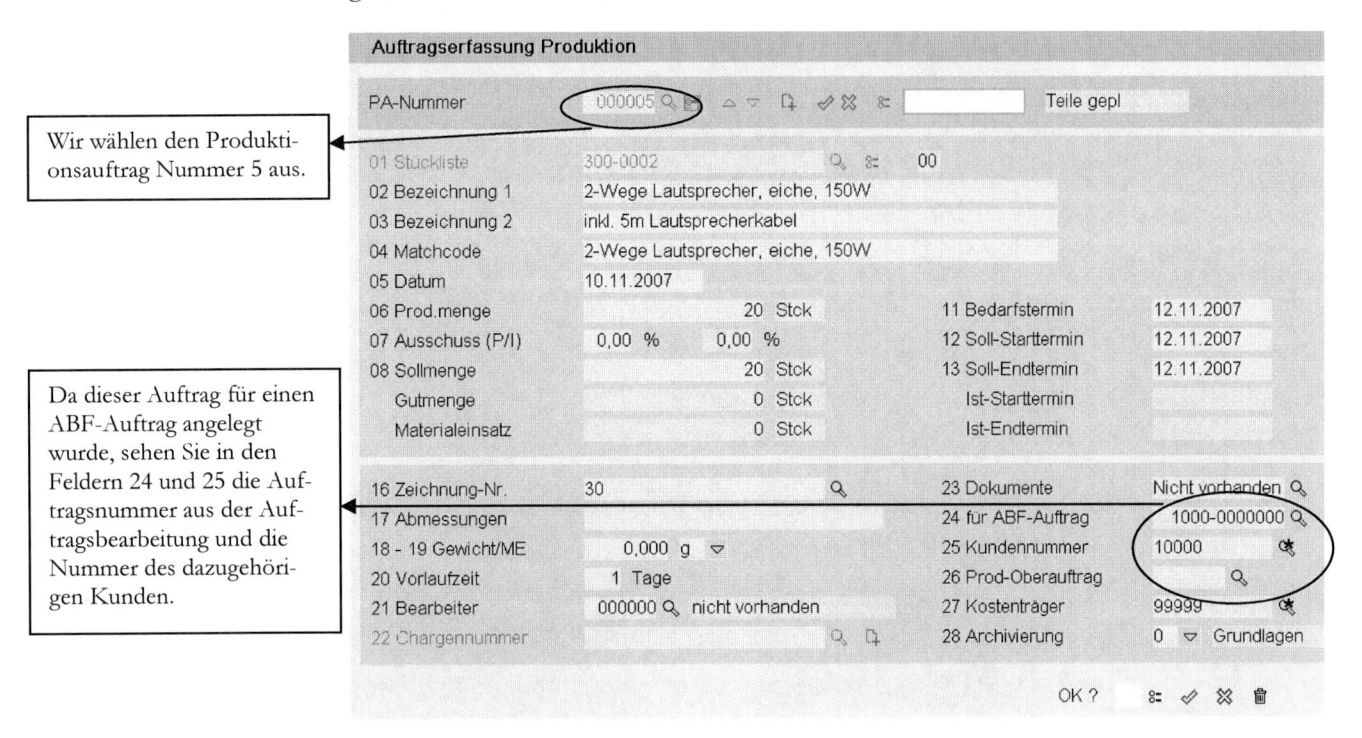

Wir wählen den Produktionsauftrag Nummer 5 aus.

Da dieser Auftrag für einen ABF-Auftrag angelegt wurde, sehen Sie in den Feldern 24 und 25 die Auftragsnummer aus der Auftragsbearbeitung und die Nummer des dazugehörigen Kunden.

PRODUKTIONSAUFTRAG AUS ABF. Hier sehen Sie einen Produktionsauftrag, der aus einem Kundenauftrag aus der Auftragsbearbeitung angelegt wurde.

Stapelbearbeitung Produktionsaufträge

Mit dem in der Version 3.3 neu eingeführten Menüpunkt Stapelbearbeitung Produktionsaufträge haben Sie die Möglichkeit, die Produktionsaufträge in der Baumstruktur anzuzeigen. Dann sehen Sie bei verschachtelten Stücklisten immer nur die oberste und können alle dazugehörigen Unteraufträge in einem Zug gleich mit bearbeiten.

Unter **Produktion → Produktionsaufträge → Stapelbearbeitung** haben Sie jetzt die Möglichkeit, komplette Produktionsstapel in einem Arbeitsgang zu bearbeiten.

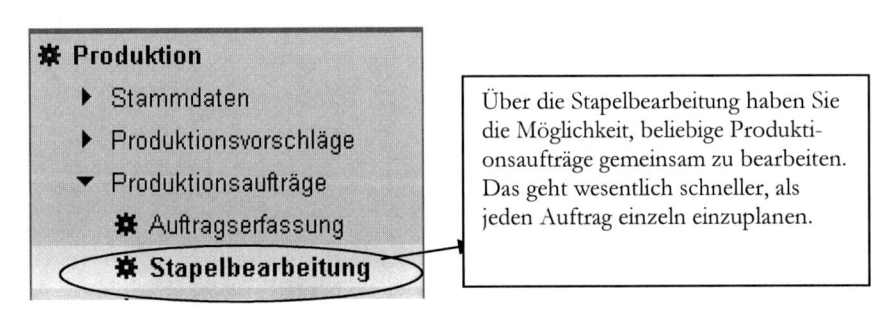

Über die Stapelbearbeitung haben Sie die Möglichkeit, beliebige Produktionsaufträge gemeinsam zu bearbeiten. Das geht wesentlich schneller, als jeden Auftrag einzeln einzuplanen.

STAPELBEARBEITUNG. Hier starten Sie die Stapelbearbeitung.

© Jörg Merk – Neue Welt Verlag GmbH

STAPELBEARBEITUNG PRODUKTIONSAUFTRÄGE

> Klicken Sie auf das Symbol, um das Auswahlfenster zu öffnen

> Während bei der Mehrfachauswahl alle Aufträge angezeigt werden, sehen Sie bei der Auswahl Baumstruktur immer nur die oberste Ebene der Struktur.

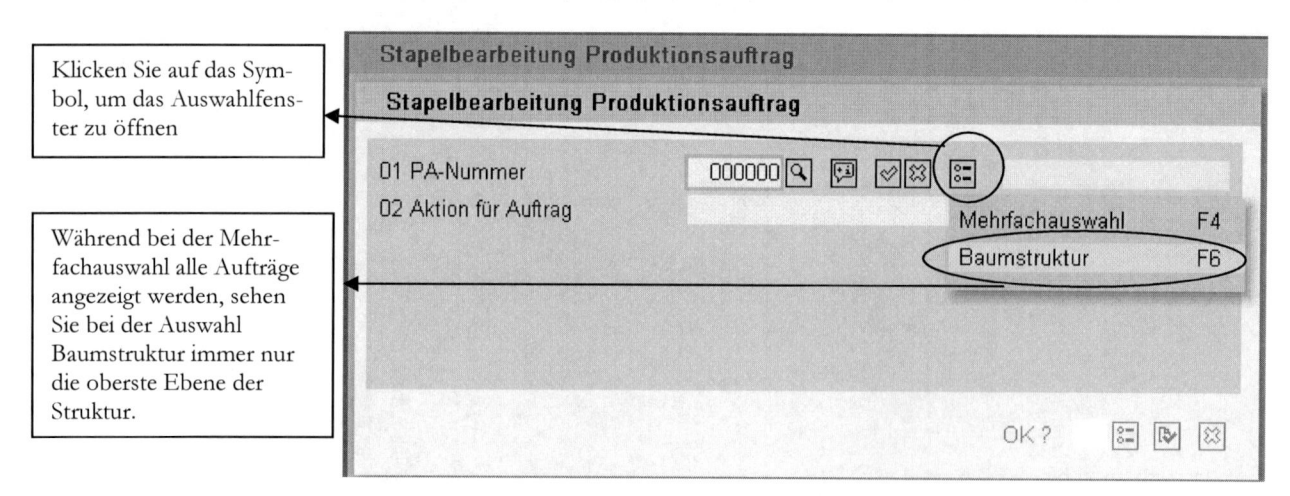

STAPELBEARBEITUNG PRODUKTIONSAUFTRAG. Klicken Sie auf das Symbol, um das Auswahlfenster zu öffnen. Wenn Sie F2 drücken, gelangen Sie automatisch in die Mehrfachauswahl.

Wir wählen die Baumstruktur, damit wir einen Auftrag inklusiv aller dazugehörigen Unteraufträge fertig melden können.

> Mit dieser Einstellung wird immer nur der Hauptauftrag angezeigt, ohne Unteraufträge. Das macht die Sache deutlich übersichtlicher.

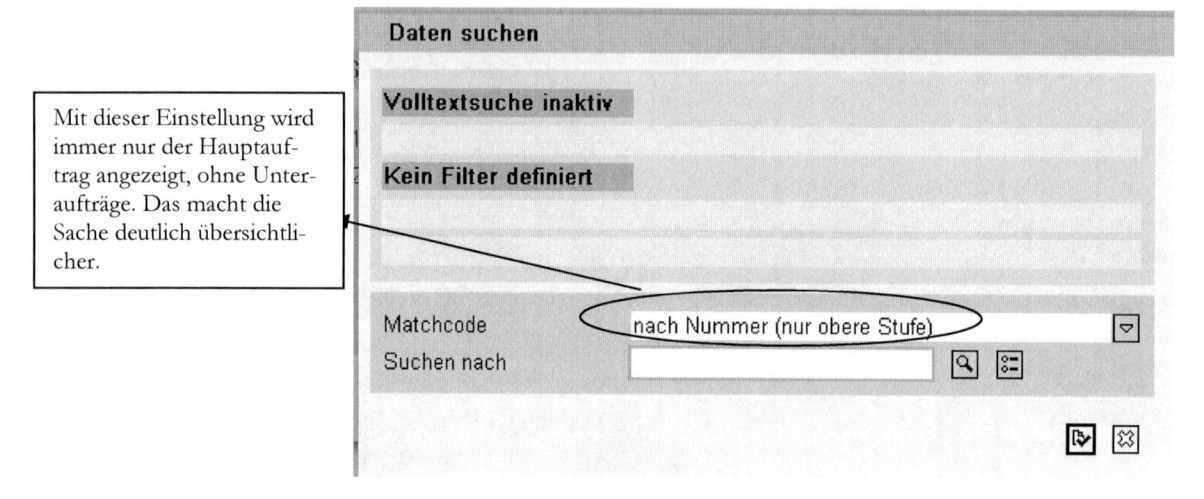

DATEN SUCHEN. Hier können Sie jetzt nach dem gewünschten Auftrag suchen oder einfach bestätigen, um sich alle Vorgänge anzeigen zu lassen.

Wir bestätigen einfach und sehen dann unsere beiden Hauptaufträge. Die Unteraufträge sind jetzt in der Übersicht ausgeblendet. Wir wählen gleich den ersten aus und bestätigen.

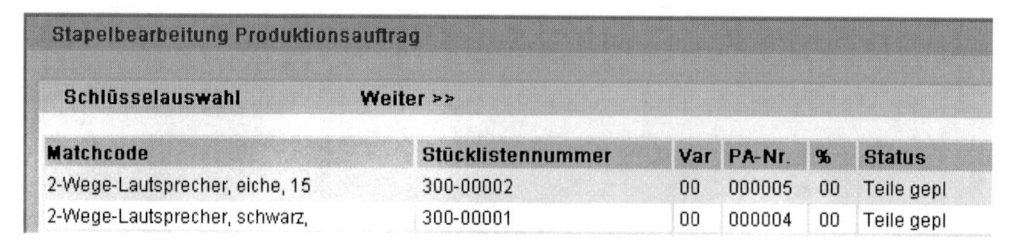

Matchcode	Stücklistennummer	Var	PA-Nr.	%	Status
2-Wege-Lautsprecher, eiche, 15	300-00002	00	000005	00	Teile gepl
2-Wege-Lautsprecher, schwarz,	300-00001	00	000004	00	Teile gepl

AUSWAHL. Wählen Sie jetzt den gewünschten Auftrag aus.

Wenn Sie den Auftrag 00005 auswählen (ENTER oder Doppelklick mit der Maus), sehen Sie den ausgewählten Auftrag mit allen Unteraufträgen, soweit vorhanden.

STAPELBEARBEITUNG PRODUKTIONSAUFTRÄGE

Jetzt können Sie auswählen, welche Aktion Sie mit den ausgewählten Aufträgen durchführen möchten. Dabei können Sie natürlich nacheinander auch mehrere Aktionen für ein und denselben Auftrag ausführen, z.B. erst einplanen und dann Rückmelden.

> Wählen Sie aus, welche Aktion Sie für den gesamten Auftrag ausführen wollen. Bei Bedarf können Sie auch mehrere Aktionen nacheinander ausführen.

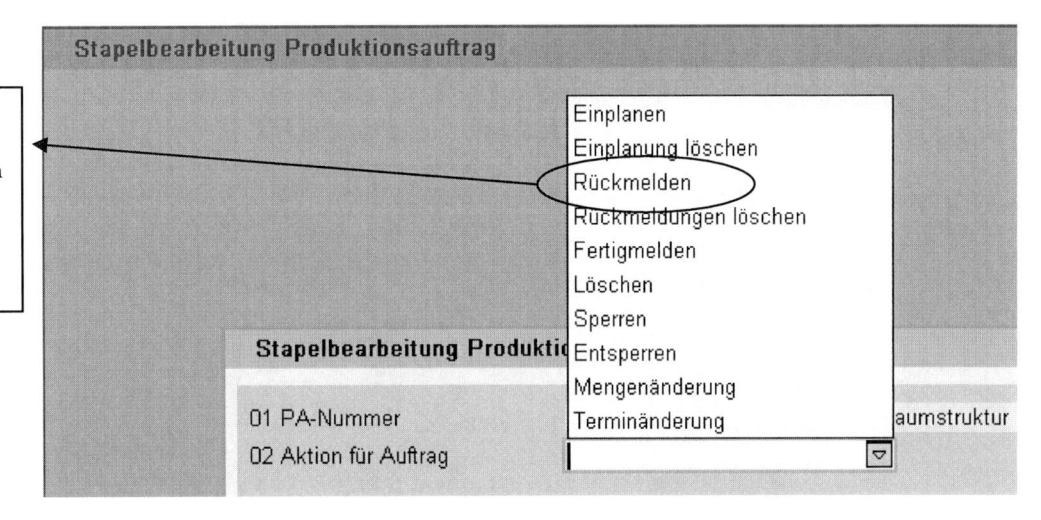

AUSWAHL EINER AKTION. Wählen Sie den gewünschten Bearbeitungsschritt aus.

📁 **Wichtig**

Wir erstellen alle Rückmeldungen und melden unsere Aufträge fertig. Bitte denken Sie daran, dass Sie bei der Stapelbearbeitung nur pauschale Aktionen durchführen können. D.h. wenn Sie hier eine Rückmeldung erfassen, können Sie keine abweichenden Gutmengen eingeben und damit den Ausschuss nicht mit erfassen. Es kann also in der Praxis durchaus sinnvoll sein, die Rückmeldungen für jede Produktionsstufe einzeln zu erfassen.

Für alle, die Ihr Produktionsmodul nur nutzen, um über die Produktionsstückliste ihre Einzelteile aus dem Lager abzubuchen, ist die neue Stapelbearbeitung natürlich eine tolle Sache.

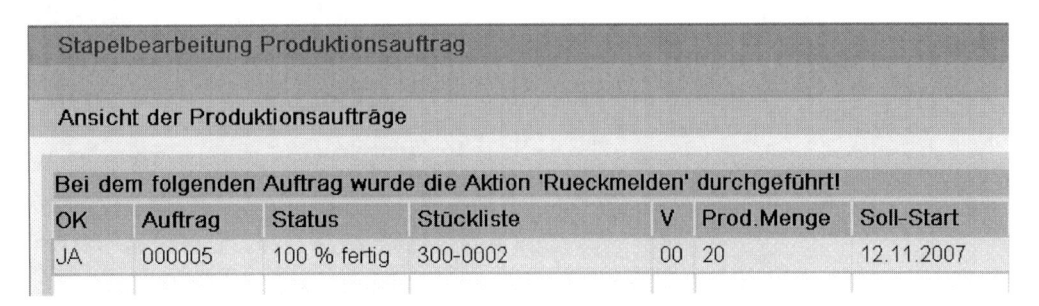

ANSICHT NACH EINER AKTION. Hier sehen Sie, welche Aktion für die gewählten Aufträge ausgeführt wurde.

Interessant an dieser Konstellation ist, dass Sie verschachtelte Stücklisten mit einem Arbeitsgang komplett bearbeiten und fertig melden können. Das spart eine Menge Arbeit und Zeit.

STAPELBEARBEITUNG PRODUKTIONSAUFTRÄGE

Matchcode	Stücklistennummer	Var	PA-Nr.	%	Status
2-Wege Lautsprecher, eiche, 15	300-0002	00	000005	100	teilfertig
2-Wege Lautsprecher, schwarz,	300-0001	00	000004	00	Teile gepl

Der erste Auftrag ist bereits zurückgemeldet. Der zweite Auftrag bleibt für die manuelle Einplanung und Rückmeldung.

ANSICHT DER PRODUKTIONSAUFTRÄGE. Die ausgewählten Aufträge sind jetzt teilfertig. Führen Sie jetzt noch die Fertigmeldung durch, um die Aufträge abzuschließen.

> **Wichtig**
>
> In der Praxis ist es sinnvoll, vor größeren Aktionen in der Stapelbearbeitung eine Datensicherung anzulegen, denn Sie können nicht jede Aktion rückgängig machen.

Fragen zur Lernzielkontrolle

Testen Sie Ihr Wissen

1) Wie erfassen Sie für einen Artikel einen Mindestbestand?
2) Wie legen Sie einen Kundenauftrag an?
3) Für welche Bereiche können Sie automatische Produktionsvorschläge erstellen?
4) Können Sie automatisch erzeugte Produktionsvorschläge auch wieder löschen?
5) Wie werden die Produktionsvorschläge in Aufträge übernommen?
6) Welche Schritte sind nach der Übernahme der Produktionsvorschläge noch erforderlich, bis die fertigen Artikel auf dem Lager zugebucht sind?
7) Welchen Vorteil bietet die neue Stapelbearbeitung?

Praktische Übungen

Tastaturübungen

1) Tragen Sie im Artikel 300-00001 (2-Wege Lautsprecher, schwarz) einen Mindestbestand von 160 Stück ein.
2) Legen Sie einen Kundenauftrag für unseren Kunden Deutsches Theater an über 20 Lautsprecher, eiche, Artikelnummer 300-00002.
3) Erstellen Sie automatische Produktionsvorschläge.
4) Übernehmen Sie die Vorschläge in Produktionsaufträge.
5) Wickeln Sie den ersten Auftrag komplett, wie gewohnt, ab.
6) Erzeugen Sie für den zweiten Auftrag über die Stapelbearbeitung eine Rückmeldung und eine Fertigmeldung.
7) Drucken Sie die Fertigmeldungen und machen Sie den Statistiklauf.
8) Prüfen Sie Ihre Bestände im Artikelstamm.

Kapitel 12

Tipps und Tricks

Zum Abschluss noch ein paar Tipps, die Ihnen die Arbeit in der Classic Line erleichtern.

Es gibt eine ganze Reihe von hilfreichen Einstellungen im Programm, die ein schnelleres und bequemeres Arbeiten ermöglichen. Einige davon wollen wir Ihnen in diesem Kapitel kurz vorstellen.

Arbeiten mit Favoriten

Favoriten sind bevorzugte Programme, mit denen Sie häufig arbeiten. Um diese Programme schneller aufrufen zu können, ohne jedes Mal im Menü zu suchen, haben Sie die Möglichkeit, jedes beliebige Programm als Favorit zu kennzeichnen. Dazu wählen Sie das gewünschte Programm im Menübaum aus, drücken die rechte Maustaste und wählen Favorit (einmal mit der linken Maustaste anklicken).

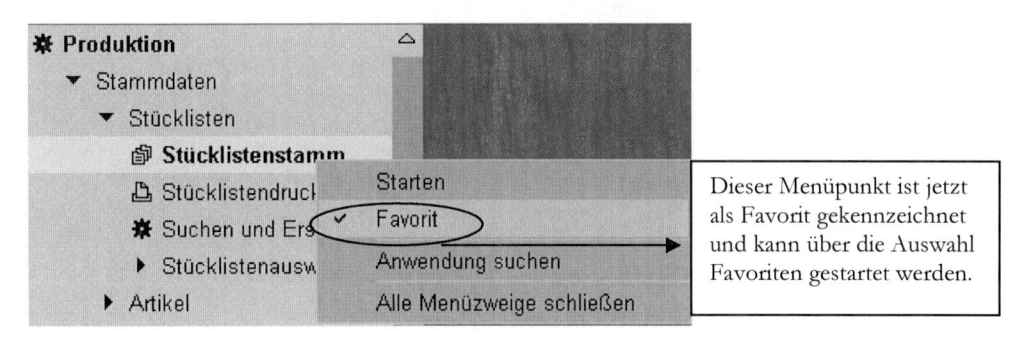

Dieser Menüpunkt ist jetzt als Favorit gekennzeichnet und kann über die Auswahl Favoriten gestartet werden.

FAVORIT. Sie können jedes beliebige Programm aus dem Menü Ihren Favoriten zuordnen.

Jetzt haben Sie die Möglichkeit, alle als Favoriten gekennzeichneten Programme über den Reiter Favoriten aufzurufen. Wenn Sie ein Programm aus den Favoriten entfernen möchten, nehmen Sie die Markierung auf dem gleichen Weg wieder raus.

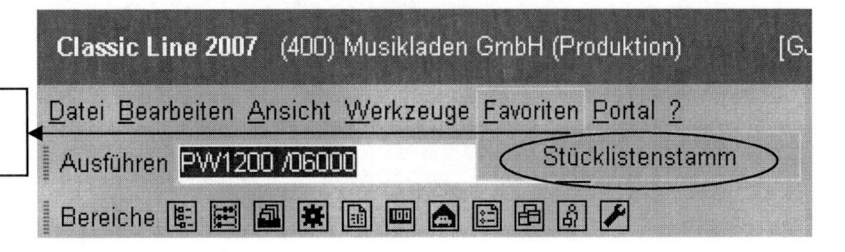

Hier sehen Sie alle Favoriten im Überblick.

Auswahl Favoriten.

TIPPS UND TRICKS

Sie können auch die Ansicht ändern und statt dem Menübaum nur die Favoriten anzeigen. Hierfür wählen Sie **Ansicht → Navigationsleiste → Favoriten**.

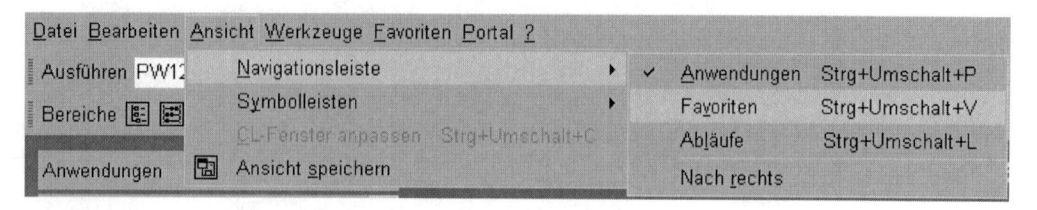

Hier können Sie die Ansicht wechseln.

Machen Sie einen Doppelklick auf dieses Symbol, um wieder das komplette Menü anzuzeigen.

Jetzt werden statt dem Menü nur noch Ihre Favoriten angezeigt.

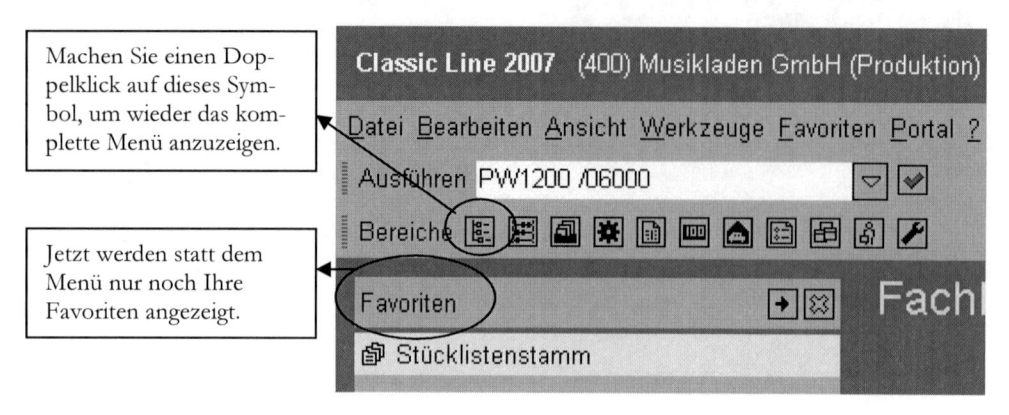

Jetzt werden nur noch ihre Favoriten angezeigt.

Anpassen der Optionen

Hilfreich ist es auch, die Optionen für die Anzeige am Bildschirm anzupassen. Über **Werkzeuge → Optionen** kommen Sie in das entsprechende Menü.

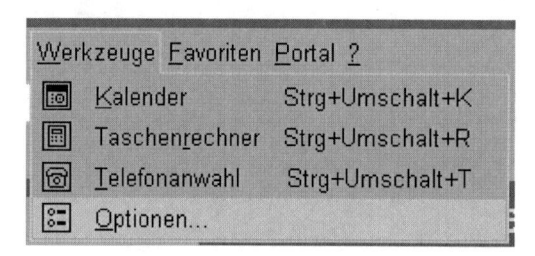

Aufruf Optionen.

In den Optionen können Sie einstellen, was alles am Bildschirm angezeigt wird. Darüber hinaus können Sie die Maussteuerung innerhalb der Classic Line einstellen und festlegen, ob ihre Einstellungen beim Beenden gespeichert werden sollen.

Die beiden interessantesten Punkte sind:

Unter allgemein die Tipps und Tricks deaktivieren.

Unter Aufbau der Titelleiste die aktive Anwendung markieren und auf Position 1 setzen und die Produktbezeichnung auf Position 5. Dann sehen Sie immer sofort, in welchem Classic Line Fenster welche Anwendung geöffnet ist.

TIPPS UND TRICKS

Hier können Sie die Tipps und Tricks ausblenden.

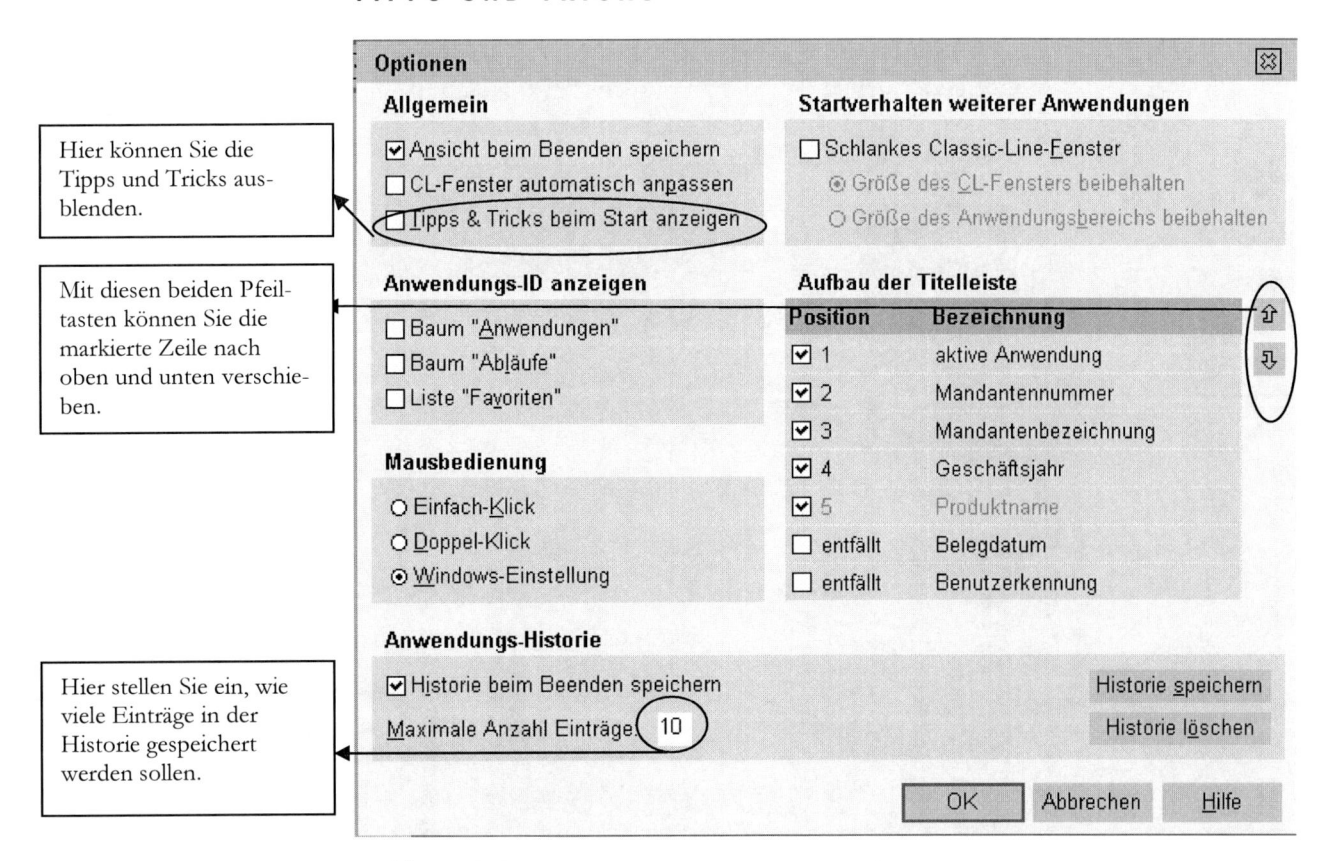

Mit diesen beiden Pfeiltasten können Sie die markierte Zeile nach oben und unten verschieben.

Hier stellen Sie ein, wie viele Einträge in der Historie gespeichert werden sollen.

OPTIONEN. Hier können Sie die Classic Line für jeden Benutzer individuell einstellen.

Über die Historie können Sie sich in den einzelnen Bereichen anzeigen lassen, welche Datensätze Sie zuletzt bearbeitet haben. Das ist eine ganz interessante Funktion, vor allem, wenn Sie Stammdaten überarbeiten und laufend bei der Arbeit gestört werden (z.B. durchs Telefon).

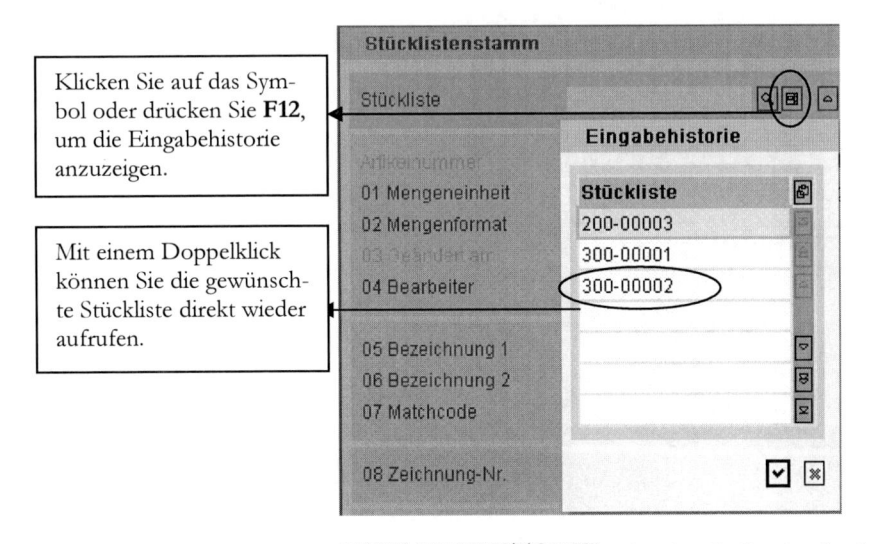

Klicken Sie auf das Symbol oder drücken Sie **F12**, um die Eingabehistorie anzuzeigen.

Mit einem Doppelklick können Sie die gewünschte Stückliste direkt wieder aufrufen.

EINGABEHISTORIE. Hier sehen Sie die zuletzt bearbeiteten Datensätze (für den angemeldeten Benutzer).

Druck in Datei

Manchmal kommt es vor, dass Sie beim üben keinen Drucker zur Verfügung haben, manche Arbeitsschritte aber einen Ausdruck erfordern, um den Vorgang abzu-

DRUCK ZUSÄTZLICHER DOKUMENTE

schließen. Dann können Sie sich behelfen, indem Sie den Ausdruck in eine Datei umleiten. Auch in diesem Fall werden im Programm die Druckkennzeichen gesetzt und Sie können weiterarbeiten. Alternativ können Sie auch mit der Maus arbeiten oder den Kurzbefehl **Strg+Umschalt+D** verwenden.

Mit diesem Kurzbefehl können Sie die Druckeinstellungen auch jederzeit direkt aufrufen.

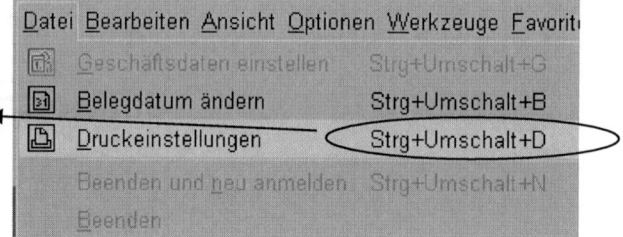

DRUCKEINSTELLUNGEN. Unter Alt-D können Sie die Druckeinstellungen ändern.

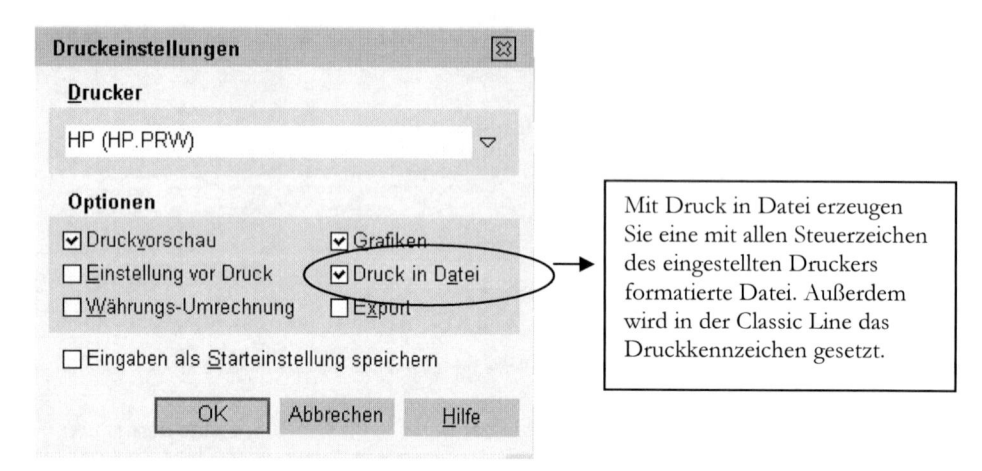

Mit Druck in Datei erzeugen Sie eine mit allen Steuerzeichen des eingestellten Druckers formatierte Datei. Außerdem wird in der Classic Line das Druckkennzeichen gesetzt.

DRUCKEINSTELLUGEN ÄNDERN. Setzen Sie hier zusätzlich das Häkchen für Druck in Datei.

Setzen Sie hier das Häkchen für Druck in Datei und bestätigen Sie mit OK. Wenn Sie jetzt den Druck starten, haben Sie die Möglichkeit, einen Namen und den gewünschten Speicherort für das Dokument anzugeben.

Wählen Sie einen Ordner, in dem Sie die Datei speichern möchten.

Geben Sie hier einen Namen für Ihr Dokument ein.

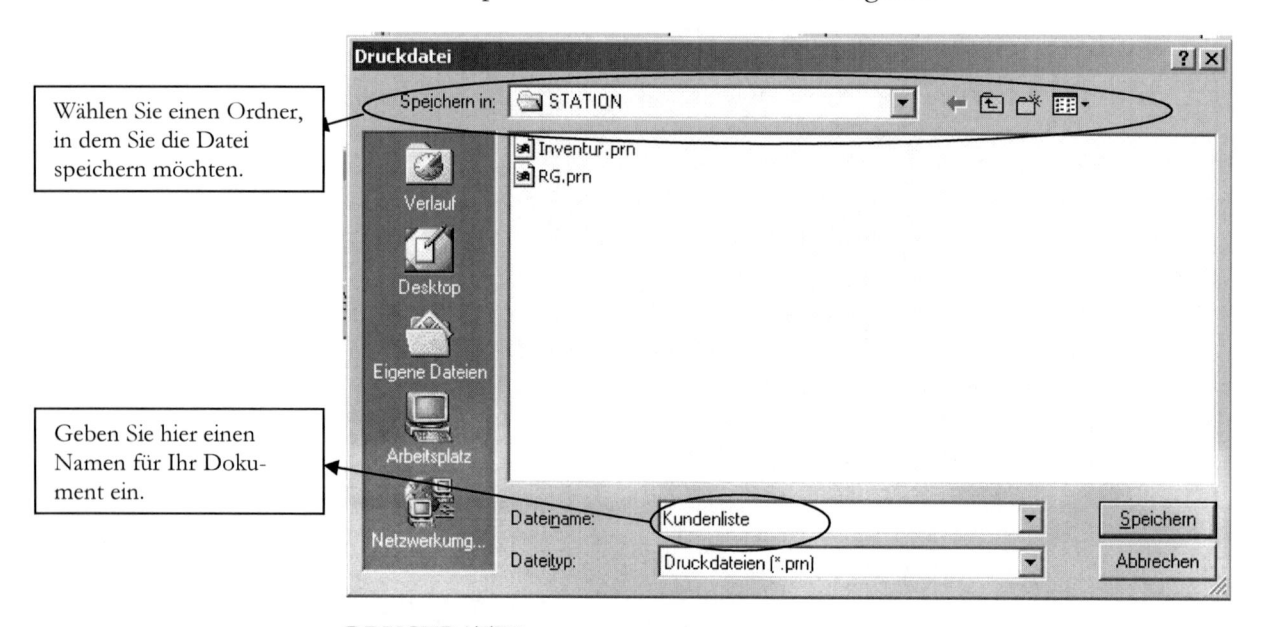

DRUCKDATEI. Wählen Sie einen Ordner und vergeben Sie einen Namen für die Datei.

© Jörg Merk – Neue Welt Verlag GmbH

DRUCK ZUSÄTZLICHER DOKUMENTE

Wenn Sie die Ausdrucke später noch einmal anschauen möchten, ist es sinnvoll, sprechende Dateinamen zu vergeben. Diese Vorgehensweise ist z.B. beim Rechnungsausgangsbuch erforderlich, weil Sie sonst die nächsten Schritte des Programms nicht ausführen können.

Kapitel 13

Fragen und Aufgaben

In diesem Kapitel finden Sie Fragen und praktische Übungen zur Vertiefung.

Wir haben im Folgenden noch einige Fragen und Übungsaufgaben für Sie zusammengestellt. Erfassen Sie alle Belege im Dezember des Jahres 2007.

Lernzielkontrolle

Tastaturübungen

1) Wie erstellen Sie in der Classic Line eine Datensicherung?

2) Welchen Vorteil bietet die Stapelbearbeitung in der Produktion?

3) Wie viele Stellen kann die Artikelnummer in der Classic Line maximal haben?

4) Können Sie Artikeldaten in die Classic Line importieren?

5) Was ist der Unterschied zwischen Lieferant und Hersteller?

6) Erläutern Sie die Vorgehensweise beim Erfassen einer Produktionsstückliste.

7) Wie erzeugen Sie in der Auftragsbearbeitung einen Produktionsauftrag?

8) Welche Optionen haben Sie bei der Erstellung eines Produktionsvorschlages?

9) Mit wie vielen Schichten können Sie in der Produktion arbeiten?

10) Was versteht man unter der Abkürzung BDE?

11) Was ist der Unterschied zwischen Industrieminuten und Normalminuten? Was müssen Sie zwingend einstellen, wenn Sie in der Classic Line mit dem Akkordlohn arbeiten wollen?

12) Was ist beim Periodenabschluss alles zu beachten?

13) Was passiert in der Produktion beim Statistiklauf?

FRAGEN UND AUFGABEN

Praktische Übungen

Tastaturübungen

1) Erstellen Sie eine Datensicherung.

2) Artikelnummer: 200-00004, Hersteller: 00000,
   Bezeichnung 1: Gehäuse für 3-Wege Lautsprecher, schwarz
   Mengeneinheit: Stck, AGR 200 (Zwischenprodukte), Erlöscode 20 (Zwischenprodukte); Teilnahme am Bestellwesen
   EK und MEK: EUR 45;00 VK1: EUR 78,50.
   Dispoformel 0, Dispofaktor 1, Lieferzeit: 1 Woche
   Lieferant: Liebl - Holzhandlung Sägewerk
   Einkaufspreis: EUR 45,00; Lieferzeit 1 Woche;
   Verpackung und Mindestbestellmenge 1 Stück;
   Preiseinheit: 1 Stück
   Artikelnummer beim Lieferanten: 252311s

3) Artikelnummer: 100-00008, Hersteller: Conrad Electronic,
   Bezeichnung 1: Mitteltieftöner, 7cm, 8 Ohm
   Mengeneinheit: Stck (Stück), AGR 100 (Rohmaterial), Erlöscode 10 (Rohmaterial); Teilnahme am Bestellwesen
   EK und MEK: EUR 21,00; VK1: EUR 43,90.
   Dispoformel 0, Dispofaktor 1, Lieferzeit: 1 Woche
   Lieferant: Conrad Electronic
   Einkaufspreis: EUR 21,00; Lieferzeit 1 Woche;
   Verpackung und Mindestbestellmenge 1 Stück;
   Preiseinheit: 1 Stück
   Artikelnummer beim Lieferanten: Mtief_200520

4) Artikelnummer 100-00009; Hersteller 00000
   Bezeichnung 1: Lautsprecherkabel, 2-adrig, weiß
   Artikelgruppe 100 (Rohmaterial), Mengeneinheit: lfm (Laufmeter)
   Erlöscode: 10 (Rohmaterial) Teilnahme am Bestellwesen
   EK und MEK: 0,80; VK1 2,20
   Lieferant: Conrad Electronic; Einkaufspreis: EUR 0,80; Lieferzeit 1 Woche;
   Verpackung und Mindestbestellmenge ; 500 lfm
   Preiseinheit: 1
   Artikelnummer beim Lieferanten: Kabel20500.

5) Legen Sie den Artikel 200-00004 mit dem Hersteller 70001 (Eigenproduktion) an, Lautsprecherkabel, 5m, weis, mit Stecker, setzen Sie das Fertigungskennzeichen und erfassen Sie die Produktionsdaten. Artikelgruppe 200 (Zwischenprodukte) und den Erlöscode 20 (Zwischenprodukte). Für die Produktionsstückliste tragen Sie keine individuellen Zuschlagssätze ein.
   Mindestbestand: 50 Stück

   Legen Sie die folgenden Teilepositionen an:
   5m Lautsprecherkabel, 2-adrig, weiss
   1 Stecker rot
   1 Stecker schwarz

   Legen Sie einen Arbeitsgang an:
   Löten
   Beschreiben Sie im Text möglichst genau alle erforderlichen Tätigkeiten,

© Jörg Merk – Neue Welt Verlag GmbH

FRAGEN UND AUFGABEN

um an einem Ende des Kabels 2 Stecker anzulöten und das andere Ende nur zu verzinnen.

6) Legen Sie folgenden Artikel mit mehrstufiger Produktionsstückliste an:
Art. 300-00003 3-Wege Lautsprecher, 240 Watt, schwarz
ME: Stck, AGR 300, Erlöscode 30, Mindestbestand 20 Stück
Setzen Sie das Fertigungskennzeichen und erfassen Sie die Produktionsstückliste mit folgenden Positionen:
- Basslautsprecher
- Mitteltieftöner
- Hochtöner
- Holzschrauben, 12 Stück
- Lautsprecherkabel

Erfassen Sie folgende Arbeitsgänge:
Löten mit tr = 1 Minute, te = 7 Minuten
Lautsprechertest tr = 1 Minute, te = 3 Minuten

7) Erstellen Sie eine Vorkalkulation mit folgenden Zuschlägen:
Gewinn: 20%
Vertrieb: 8%
Rabatt: 10%
Skonto: 3%

Übernehmen Sie den ermittelten Verkaufspreis in VK1

8) Erstellen Sie einen Produktionsvorschlag.

9) Planen Sie die Produktionsaufträge ein.

10) Erzeugen Sie eine manuelle Rückmeldung für alle Aufträge; berücksichtigen Sie dabei beim Lautsprecherkabel einen Verschnitt von 1m.

11) Erzeugen Sie über die Stapelbearbeitung eine Fertigmeldung für alle Aufträge.

12) Drucken Sie die Fertigmeldungen und führen Sie den Statistiklauf aus.

13) Prüfen Sie Ihre Bestände im Artikelstamm.

Nachwort

Wir haben diese Seminarunterlagen mit sehr viel Freude und Sorgfalt erstellt. Sollten sich Fehler eingeschlichen haben, so freuen wir uns über Ihre Hinweise unter:

info@neue-welt-verlag.de

Selbstverständlich freuen wir uns auch über Lob, Anregungen, Wünsche und Kritik. Wir werden Ihre Wünsche und Anregungen dann, soweit möglich, in der nächsten überarbeiteten Auflage umsetzen.

Unter www.neueweltverlag.de finden Sie eine laufend aktualisierte Übersicht über weitere Schulungsunterlagen zur Classic Line 2008 inkl. Erscheinungstermin und Bestellformular. Dort finden Sie unter **Edition kaufmännisches Wissen** auch praxisnahe Schulungsunterlagen für andere Programme.

Folgende Titel gibt es für die Classic Line 2008:

Sage Classic Line 2008 Finanzbuchhaltung
ISBN 978-3-937957-42-5   EAN 9783937957425

Sage Classic Line 2008 Auftragsbearbeitung
ISBN 978-3-937957-43-2   EAN 9783937957432

Sage Classic Line 2008 Bestellwesen
ISBN 978-3-937957-44-9   EAN 9783937957449

Sage Classic Line 2008 Produktion
ISBN 978-3-937957-45-6   EAN 9783937957289

Sage Classic Line 2008 Lohn & Gehalt
ISBN 978-3-937957-46-3   EAN 9783937957463

Buchen nach Belegen in der Einzelfirma, manuell, SKR03, SKR04 und IKR
ISBN 978-3-937957-40-1   EAN 9783937957401

Buchen nach Belegen in der GmbH, manuell, SKR03, SKR04 und IKR
ISBN 978-3-937957-39-5   EAN 9783937957395

CD mit Lösungsmandanten Version 2008.

Alle Bücher können in Kürze bei uns im Shop oder über den Buchhandel bestellt werden. Kopierlizenzen (für Fachhändler und Schulen) gibt es nur direkt über den Verlag unter: www.neueweltverlag.de oder per Mail an info@neueweltverlag.de .

Die CD mit den Lösungsmandanten gibt es ebenfalls nur direkt beim Verlag.